개발자가 반드시 알아야 할
자바 성능 튜닝 이야기

개발자가 반드시 알아야 할
자바 성능 튜닝 이야기

초판 1쇄 발행 2013년 10월 26일 **6쇄 발행** 2024년 6월 12일 **지은이** 이상민 **펴낸이** 한기성 **펴낸곳** (주)도서출판인사이트 **편집** 조은별 **본문디자인** 신병근 **일러스트** 신병근 **제작·관리** 이유현 **인쇄·제본** 천광인쇄사 **등록번호** 제2002-000049호 **등록일자** 2002년 2월 19일 **주소** 서울시 마포구 연남로5길 19-5 **전화** 02-322-5143 **팩스** 02-3143-5579 **이메일** insight@insightbook.co.kr **ISBN** 978-89-6626-092-8 책값은 뒤표지에 있습니다. 잘못 만들어진 책은 바꾸어 드립니다. 이 책의 정오표는 https://blog.insightbook.co.kr에서 확인하실 수 있습니다.

Copyright ⓒ 2013 이상민, 인사이트

이 책 내용의 일부 또는 전부를 재사용하려면 반드시 저작권자와 인사이트 양측 모두의 서면 동의를 얻어야 합니다.

• 일러두기: 이 책은 2008년에 발간된 한빛미디어 『자바 성능을 결정짓는 코딩 습관과 튜닝 이야기』의 개정판입니다.

프로그래밍 인사이트

개발자가 반드시 알아야 할

자바 성능 튜닝 이야기

이상민 지음

인사이트

새벽에 출근해서 집필할 수 있도록 배려해 준 와이프와
매일매일 웃을 수 있게 만들어 주는 딸에게 이 책을 바칩니다.

개정판 서문 xi   1판 서문 xiii

story 01 디자인 패턴, 꼭 써야 한다   1

- 적어도 MVC 모델은 적용해야죠 3 · J2EE 디자인 패턴이란? 6 · Transfer Object 패턴 12
- Service Locator 패턴 14

story 02 내가 만든 프로그램의 속도를 알고 싶다   17

- 프로파일링 툴이란? 20 · System 클래스 24 · System.currentTimeMillis와 System.nanoTime 29

story 03 왜 자꾸 String을 쓰지 말라는 거야?   41

- String 클래스를 잘못 사용한 사례 43 · StringBuffer 클래스와 StringBuilder 클래스 45
- String vs StringBuffer vs StringBuilder 49 · 버전에 따른 차이 55

story 04 어디에 담아야 하는지…   57

- Collection 및 Map 인터페이스의 이해 58 · Set 클래스 중 무엇이 가장 빠를까? 63 · List 관련 클래스 중 무엇이 빠를까? 72 · Map 관련 클래스 중에서 무엇이 빠를까? 79 · Collection 관련 클래스의 동기화 83

story 05 지금까지 사용하던 for 루프를 더 빠르게 할 수 있다고?   87

- 조건문에서의 속도는? 88 · 반복 구문에서의 속도는? 95 · 반복 구문에서의 필요 없는 반복 99

story 06 static 제대로 한번 써 보자   103

• static의 특징 105 • static 잘 활용하기 108 • static 잘못 쓰면 이렇게 된다 113 • static과 메모리 릭 116

story 07 클래스 정보, 어떻게 알아낼 수 있나?   119

• reflection 관련 클래스들 120 • reflection 관련 클래스를 사용한 예 124 • reflection 클래스를 잘못 사용한 사례 129

story 08 synchronized는 제대로 알고 써야 한다   133

• 자바에서 스레드는 어떻게 사용하나? 134 • interrupt() 메서드는 절대적인 것이 아니다. 140 • synchronized를 이해하자 144 • 동기화는 이렇게 사용한다 – 동일 객체 접근 시 147 • 동기화는 이렇게 사용한다 – static 사용 시 153 • 동기화를 위해서 자바에서 제공하는 것들 156 • JVM 내에서 synchronization은 어떻게 동작할까? 157

story 09 IO에서 발생하는 병목 현상   161

• 기본적인 IO는 이렇게 처리한다 163 • IO에서 병목이 발생한 사례 169 • 그럼 NIO의 원리는 어떻게 되는 거지? 171 • DirectByteBuffer를 잘못 사용하여 문제가 발생한 사례 172 • lastModified() 메서드의 성능 저하 175

story 10 로그는 반드시 필요한 내용만 찍자   183

• System.out.println()의 문제점 185 • System.out.format() 메서드 188 • 로그를 더 간결하게 처리하는 방법 191 • 로거 사용 시의 문제점 194 • 로그를 깔끔하게 처리하게 도와주는 slf4j와 LogBack 196 • 예외 처리도 이렇게 197

story 11 JSP와 서블릿, Spring에서 발생할 수 있는 여러 문제점 201

- JSP와 Servlet의 기본적인 동작 원리는 꼭 알아야 한다 202 · 적절한 include 사용하기 206
- 자바 빈즈, 잘 쓰면 약 못쓰면 독 207 · 태그 라이브러리도 잘 써야 한다 208 · 스프링 프레임워크 간단 정리 210 · 스프링 프레임워크를 사용하면서 발생할 수 있는 문제점들 215

story 12 DB를 사용하면서 발생 가능한 문제점들 219

- DB Connection과 Connection Pool, DataSource 221 · DB를 사용할 때 닫아야 하는 것들 226 · JDK 7에서 등장한 AutoClosable 인터페이스 231 · ResultSet.last() 메서드 233
- JDBC를 사용하면서 유의할 만한 몇 가지 팁 234

story 13 XML과 JSON도 잘 쓰자 237

- 자바에서 사용하는 XML 파서의 종류는? 239 · SAX 파서는 어떻게 사용할까? 241 · DOM 파서는 어떻게 사용할까? 246 · XML 파서가 문제가 된 사례 251 · JSON과 파서들 253 · 데이터 전송을 빠르게 하는 라이브러리 소개 257

story 14 서버를 어떻게 세팅해야 할까? 261

- 설정해야 하는 대상 262 · 아파치 웹 서버의 설정 263 · 웹 서버의 Keep Alive 267 · DB Connection Pool 및 스레드 개수 설정 267 · WAS 인스턴스 개수 설정 271 · Session Timeout 시간 설정 273

story 15 안드로이드 개발하면서 이것만은 피하자 277

- 일반적인 서버 프로그램 개발과 안드로이드 개발은 다르다 279 · 구글에서 이야기하는 안드로이드 성능 개선 280 · 안드로이드 분석에 도움이 되는 기본적인 툴들 283 · 안드로이드 앱의 상황을 확인 하는 방법은? 286 · systrace를 활용하자 289 · 안드로이드에서는 이미지 처리만 잘해도 성능이 좋아진다 292

story 16　JVM은 도대체 어떻게 구동될까? 　　　　　　　　　　　295

• HotSpot VM은 어떻게 구성되어 있을까? 297　• JIT Optimizer라는 게 도대체 뭘까? 299
• JRockit의 JIT 컴파일 및 최적화 절차 302　• IBM JVM의 JIT 컴파일 및 최적화 절차 303
• JVM이 시작할 때의 절차는 이렇다 308　• JVM이 종료될 때의 절차는 이렇다 311　• 클래스 로딩 절차도 알고 싶어요? 312　• 예외는 JVM에서 어떻게 처리될까? 315

story 17　도대체 GC는 언제 발생할까? 　　　　　　　　　　　　　　319

• GC란? 321　• 자바의 Runtime data area는 이렇게 구성된다 323　• GC의 원리 326　• GC의 종류 330　• 5가지 GC 방식 331　• 강제로 GC시키기 340

story 18　GC가 어떻게 수행되고 있는지 보고 싶다 　　　　　　　　343

• 자바 인스턴스 확인을 위한 jps 345　• GC 상황을 확인하는 jstat 346　• jstat 명령에서 GC 튜닝을 위해서 가장 유용한 옵션은 두 개 349　• 원격으로 JVM 상황을 모니터링하기 위한 jstatd 351　• verbosegc 옵션을 이용하여 gc 로그 남기기 354　• 어설프게 아는 것이 제일 무섭다 359

story 19　GC 튜닝을 항상 할 필요는 없다 　　　　　　　　　　　363

• GC 튜닝을 꼭 해야 할까? 364　• GC의 성능을 결정하는 옵션들 367　• GC 튜닝의 절차 369
• 1, 2 단계: GC 상황 모니터링 및 결과 분석하기 371　• 3-1단계: GC 방식 지정 373　• 3-2 단계: 메모리 크기 374　• 4단계: GC튜닝 결과 분석 376

story 20　모니터링 API인 JMX 　　　　　　　　　　　　　　　　379

• JMX란? 380　• MBean에 대해서 조금만 더 자세히 알아보자 383　• Visual VM을 통한 JMX 모니터링 385　• 원격으로 JMX를 사용하기 위해서는… 389

story 21 반드시 튜닝해야 하는 대상은? — 391

- 반드시 튜닝해야 하는 대상 선정 **392** • 왜 로그인 화면을 튜닝(분석)해야 하는가? **398** • 쇼핑몰 사이트에서는… **400**

story 22 어떤 화면이 많이 쓰이는지 알고 싶다 — 403

- 웹 로그란? **405** • 웹 로그를 통해서 접근 통계를 분석하기 싫다면… **409**

story 23 튜닝의 절차는 그때그때 달라요 — 413

- 성능 튜닝을 위한 아주 기초 법칙 **414** • 성능 튜닝 step by step **416** • 성능 튜닝의 비법 **419**

story 24 애플리케이션에서 점검해야 할 대상들 — 425

- 패턴과 아키텍처는 잘 구성되어 있는가? **425** • 기본적인 애플리케이션 코딩은 잘 되어 있는가? **426** • 웹 관련 코딩은 잘 되어 있는가? **430** • DB 관련 코딩은 잘 되어 있는가? **431** • 서버의 설정은 잘 되어 있는가? **433** • 모니터링은 어떻게 하고 있는가? **435**

부록A JMH 설치 및 설정 방법 **439**
부록B jstat 옵션 **453**   **부록C** Cache의 활용 **461**
찾아보기 **470**

몇 년에 걸친 준비 작업과 5개월 동안의 집필 끝에 2008년, 『자바 성능을 결정짓는 코딩 습관과 튜닝 이야기』라는 책을 세상에 내놓았다. 생각보다 훨씬 많은 분들께 지속적인 사랑을 받았고, 책이 나온 지도 벌써 5년이 되었다. PC 앞에 앉을 일이 있으면 틈틈이 책 제목으로 검색을 하면서 많은 개발자 분들의 악평과 호평을 보면서 마음속으로 울기도 하고 기뻐하기도 했다. 그 사이에 회사를 두 번이나 옮기고, 새로운 시스템을 많이 접하면서 애플리케이션의 성능을 저해하는 원인과 개선하는 방법에 대해서 더 자세히, 더 많이 알게 되었다. 필자가 책을 쓰는 가장 큰 이유는 성능 때문에 고생하고 있는 개발자들의 고통을 조금이라도 줄여 주기 위함이다. 따라서 더 나은 개선책을 제공하고자, 책 발간 이후에 얻은 경험을 토대로 기존 책을 보완하기로 마음 먹었다.

개정판인 『개발자가 반드시 알아야 할 자바 성능 튜닝 이야기』는 어떻게 구성되어 있는지 살펴보자. 먼저 결론부터 이야기하면 이 책은 처음부터 다시 쓴 책이 아니다. 첫 번째 책과 비교했을 때, 다음과 같은 차이점이 있다.

- 기존 책에서 설명이 부족한 부분을 보완하거나 불필요한 부분을 삭제
- 전체적인 글의 순서를 관련 있는 주제 순서대로 볼 수 있도록 재배치
- GC 튜닝에 대한 내용을 추가
- 성능 개선 작업을 하는 절차 추가

자바 애플리케이션의 성능은 여러분들이 String을 StringBuffer나 StringBuilder로 변경한다고 해서 혁신적으로 개선되지 않는다. 성능상 병목이 되는 부분을 제거하는 것이 제일 중요하다. 그런데, 그 부분을 제거한다고 해도 모든 것이 해결되지는 않는다. 왜냐하면 병목 지점을 하나 없애고 나면, 숨어 있는 다른 병목 지점이 나타날 확률이 있기 때문이다. 따라서, 이 책을 효율적으로 보기 위해서는 『자바의 신』(로드북, 2013)을 통해서 자바 기본기를 다지고, 『자바 개발자와 시스템 운영자를 위한 트러블슈팅 이야기』(한빛미디어, 2008)와 병행하여 본다면 성능 문제를 해결하는 능력이 분명히 향상될 수 있을 것이다. 아무쪼록 이 책을 통해 많은 개발자 및 운영자 분들이 조금이라도 성능 문제점을 빨리 파악해서, 행복한 생활을 하는 데 도움이 되길 바란다.

사랑하는 가족과 나의 성능 첫 스승인 SK planet의 박종빈 팀장님, 두 번째 성능 스승이신 NHN의 송창현 센터장님께 감사드립니다. 그리고, 개정판이 세상에 나올 수 있도록 배려해 주신 인사이트의 한기성 사장님과 개정판을 눈이 빠지게 보면서 기획 및 편집을 해 주신 조은별님 감사합니다. Spring 부분을 보완해 주신 백기선님도 감사드립니다. 그리고, 블로그나 서평을 통해서 책에 대한 의견을 주신 (개정판을 집필하도록 마음 먹게 만들어 주신) 독자님들 감사합니다.

개정판 집필 작업을 시작한
2012년 10월의 마지막 날 밤에...

1판 서문

지난 5년간 1년에 50여 개에 달하는 프로젝트의 대한 자바 튜닝 및 성능테스트 업무를 하면서, 반드시 수정해야 할 문제점을 많이 봐 왔다. 그러던 중 더 이상 이렇게 반복된 문제점을 방치하면 안 되겠다는 생각에 3년 전부터 자바 성능 튜닝과 관련된 책을 쓰기로 마음을 먹었고, 올해 드디어 그 책이 출간된다.

요즘 많이 사용하는 APM 툴을 사용하면 대부분의 문제점은 발견된다. 하지만 문제는 그야말로 '문제점'만 발견된다는 것이다. 해결 방법은 그 어디에도 나오지 않는다. 그런 시스템을 관리하거나 개발하는 사람 중 고수가 있다면 해결 방법을 알려 주는 경우도 있을 것이다. 하지만 그러한 경우에도 대부분의 개발자는 해결책을 자신의 코드에 반영만 할 뿐, 실제로 '왜' 해야 하는지 모르는 경우가 많을 것이다.

이 책은 필자가 실제로 경험한 5년간의 튜닝 사례를 바탕으로 여러분이 쉽게 이해하고, 자신의 코드에도 반영할 수 있도록 최선을 다해서 작성했다. 하지만 사람에 따라서 정리하는 방식이 다르기 때문에 어렵게 느끼는 독자도 있을 것이다. 또한 기본적인 지식 충전을 위해 API에 대한 내용을 넣는 등 약간 딱딱한 부분도 있지만, 책 내용 진행과 여러분의 이해를 돕기 위한 것이니 너그러이 봐주기 바란다. 물론 모든 자바의 API를 꿰고 있는 독자라면 그 부분은 그냥 넘어가도 좋을 것이다.

책 중간중간에는 툴에 대한 이야기가 나온다. 훌륭한 무료 툴이 다수 존재하는데도 불구하고 대부분의 개발자들이 그 툴의 존재조차 모르는 경우가 대부분이기 때문에, 간단히 사용할 수 있는 툴에 대해서 정리해 놓았다. 필자는 툴은 반드시 필요하다고 생각하지만, 툴 신봉자는 아니다. 이 세상에 완벽한 툴은 없다. 모든 사람이 만족하는 툴은 만들 수도 없다. 다만 꼭 필요한 사람이 적합한 툴을 쓸 때, 툴은 그 빛을 발한다.

마지막으로, 이 책을 쓰는데 주말과 저녁에 PC 앞에 앉아 있어도 아무런 불평불만 없이 아낌없는 지원을 해준 사랑하는 와이프에게 가장 고맙다는 말을 하고 싶습니다. 그리고 필자를 지금까지 보살펴 주신 아버지, 어머니, 장모님 및 모든 가족들에게 감사드리며, 이 책이 나올 수 있도록 도와 주신 한빛미디어 관계자 분들에게도 감사드립니다. 자바 성능 튜닝이라는 업무를 만들고, 필자가 지금의 자리에 있게끔 해 주신 삼성 SDS 박종빈 수석과 물심양면으로 도와주신 삼성 SDS 아키텍쳐 센터의 한인철 센터장님 이하 팀원들에게도 감사드립니다. 그리고 흔쾌히 감수를 해 주신 제니퍼소프트의 이원영 사장님과, 이 책을 읽는 독자들이 실제 튜닝을 해 볼 수 있도록 상용 프로그램의 평가판을 제공해 주신 Compuware, CA Wily, JenniferSoft, Quest Software의 관계자 분들께도 감사드립니다.

2008. 2월
이상민

story 01
디자인 패턴 꼭 써야 한다

나초보씨 소개

이제 개발을 갓 시작한 새내기 개발자인 우리의 나초보씨에 대해 간단히 소개하겠다. 나초보씨는 행성대학교 컴퓨터공학과를 졸업한 후 대기업의 SI 개발팀에 소속된 신입사원이다. 분석 설계 능력을 보면, 학교에서 UML 관련 과정을 수강한 적이 있고 졸업논문 쓸 때 사이트를 하나 만들면서 분석, 설계한 경험이 있다. 하지만 실제 프로젝트에서 분석, 설계해 본 경험은 전무한 상태이다. 한편, 개발 경험을 보면 대학 다닐 때 PHP 코드로 간단한 프로그램을 만들어 봤고, C++ 개발 경험도 조금 있다. 그리고 자바 기본 과정, JSP, 서블릿, 안드로이드에 대한 교육도 받긴 했지만, 자바 기반의 프로젝트 경험은 선배들이 분석 설계한 프로젝트에서 3개월간 개발 업무를 맡은 게 전부다.

들어가며

자바 성능과 관련된 책의 가장 첫 장이 디자인 패턴으로 구성되어 있어서 의아할 것으로 생각된다. 아무리 자바 프로그래밍에 대한 지식을 쌓는다 하더라도, 디자인 패턴이나 UML로 작성된 산출물을 이해할 수 없다면 전체적인 큰 그림을 보지 못한다. 따라서 여러분이 디자인 패턴에 대해서 공부하는 것은 성능 측면뿐 아니라, 여러분의 지식을 한 단계(필자가 생각하기에는 세 단계 이상) 발전시키는 데 반드시 필요하다.

다음 주부터 나초보씨는 6개월간 진행될 프로젝트에 투입된다. 한 달 동안 밤새가며 작성한 제안서가 결실을 맺어 수주에 성공했기 때문이다. 그런데 일주일이 남은 상황이 되자 막상 무엇을 해야 할지 막막하다. 그래서 프로젝트 경험이 많은 김경험 선배에게 자문을 구하기로 마음 먹고, 메신저를 통해 김경험 선배에게 문의했다.

나초보 선배님 바쁘세요?
김경험 쪼금~~~. 얘기해~~.
나초보 제가 다음 주부터 프로젝트 투입되는데, 분석 설계한 적도 없고, 뭘 해야 할지 모르겠어요.
김경험 그래? 분석 설계도 해야 돼?
나초보 네….
김경험 그럼, 니가 프로젝트 표준도 잡아?
나초보 그건 아키텍트팀 사람들이 한다고 들었어요.
김경험 프레임워크는 뭘 쓰는데?
나초보 글쎄요. 스프링 프레임워크를 쓴다던데요?
김경험 그러면, 프레임워크는 천천히 배우면 되고, 패턴이나 공부해 놔.

나초보 패턴? 그게 뭐예요?
김경험 인터넷에서 찾아 봐. 찾으면 다 나와.
나초보 네….

나초보씨는 본인의 무지함을 다시 한번 깨닫고 도서관에서 패턴 책 한 권을 대출하였다.

적어도 MVC 모델은 적용해야죠

나초보씨는 먼저 MVC 모델에 대해서 공부하기로 했다. ASP에서 화면 하나로 모든 걸 처리하도록 만들기만 했던 나초보씨는 '왜 이렇게 복잡하게 해야 하나?'라는 생각이 든다.

J2EE 패턴을 공부하려면, MVC 모델에 대해 먼저 이해해야 한다. 왜냐하면 J2EE 패턴에는 MVC 구조가 기본으로 깔려 있고, 요즘 많이 사용하는 Spring 프레임워크의 Spring MVC도 매우 인기 있는 부분이기 때문이다. MVC는 Model, View, Controller의 약자이다. 하나의 JSP나 스윙(Swing)처럼 화면에 모든 처리 로직을 모아 두는 것이 아니라 모델 역할, 뷰 역할, 컨트롤러 역할을 하는 클래스를 각각 만들어서 개발하는 모델이다. 보통 MVC 모델이라고 하면 웹 환경에서의 JSP MVC 모델을 이야기하지만, 개념에 더 쉽게 접근하기 위해서 스윙이나 SWT 기반의 2 티어(tier) 애플리케이션을 만들 때의 관점에서 접근하겠다. 다음의 그림을 바탕으로 알아보자.

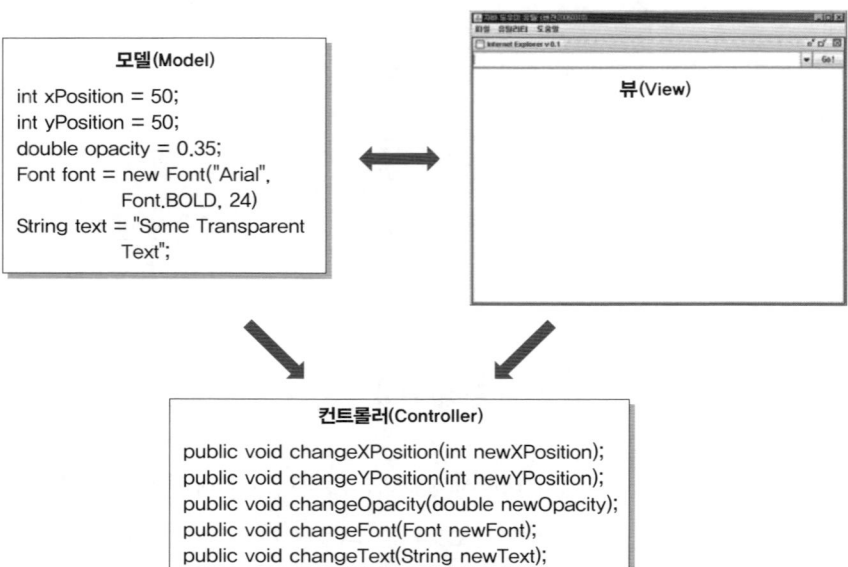

그림1 | 모델-뷰-컨트롤러의 관계

먼저 뷰는 사용자가 결과를 보거나 입력할 수 있는 화면이라고 생각하면 된다. 이벤트를 발생시키고, 이벤트의 결과를 보여주는 역할을 한다. 컨트롤러는 뷰와 모델의 연결자라고 생각하면 된다. 뷰에서 받은 이벤트를 모델로 연결하는 역할을 한다. 이 그림에서는 인터페이스를 제공하여 뷰에서 호출하는 부분이다. 모델은 뷰에서 입력된 내용을 저장, 관리, 수정하는 역할을 한다. 이벤트에 대한 실질적인 일을 하는 부분이다.

웹이 아닌 2 티어 구조에서는 위와 같이 처리되지만, 3 티어로 되어있는 JSP 모델은 주로 모델1과 모델2를 사용한다.

JSP 모델1은 JSP에서 자바 빈을 호출하고 데이터베이스에서 정보를 조회, 등록, 수정, 삭제 업무를 한 후 결과를 브라우저로 보내 주는 방식이다. 간단하게 개발할 수 있다는 장점이 있지만, 개발 후 프로세스 변경이 생길 경우에 수정이 어렵다는

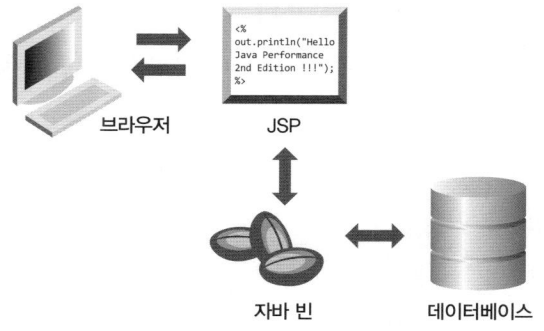

그림2 | JSP 모델1

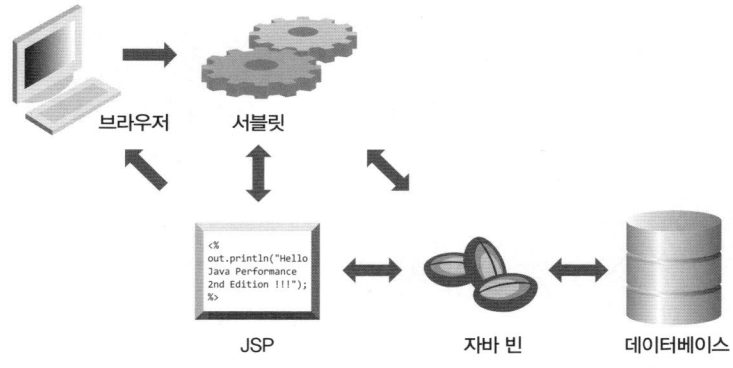

그림3 | JSP MVC 모델2

단점이 있다. 그리고 더 큰 문제는, 이러한 구조로 개발하면 화면과 비즈니스 모델의 분업화가 어려워 개발자의 역량에 따라서 코드가 많이 달라질 수 있다는 것이다. 또한, 이 모델은 컨트롤러가 없기 때문에 MVC 모델이라고 하기는 어렵다.

이러한 단점을 해결하기 위해서 나온 것이 JSP 모델2다. JSP 모델2는 MVC 모델을 정확히 따른다. 그림3의 구조는 스트럿츠와 같다. JSP로 요청을 직접 하는 JSP 모델1과 가장 큰 차이점은 서블릿으로 요청을 한다는 것이다. 모델2에서는 서블릿이 컨트롤러 역할을 수행한다.

story **01** ● 디자인 패턴 꼭 써야 한다　5

왜 김경험 선배는 MVC 모델과 구식인 JSP 모델1, 2에 대해서 공부를 하라고 했을까? 이것 또한 성능과 관련이 있기 때문이다. 개발자 한 명이 처음 개발할 때는 MVC, JSP 모델1, 모델2 어느 것을 쓰더라도 성능에서 별 차이가 나지 않는다. 하지만 그 개발자가 프로젝트에서 철수하거나, 여섯 달 뒤에 누군가가 관련 시스템을 수정하면 어떻게 될까?

필자가 지원한 프로젝트 중 어떤 시스템은 성능 테스트 시에 1,000명의 가상 사용자 부하를 견뎌야 하는 상황에서 응답 속도의 조건이 무조건 3초였다. 다른 화면은 모르겠지만, 부하 상황에서 포털 시스템의 초기 화면의 응답 속도를 3초에 맞춘다는 것은 대개 굉장히 힘들다. (그 이유는 '21장. 반드시 튜닝 및 점검해야 하는 대상은?'을 참조하기 바란다).

여러 가지 문제를 튜닝한 후, 해당 시스템은 성능 테스트 목표를 겨우 만족하고 성공적인 오픈을 했다. 시스템의 문제 중 하나는 자바 애플리케이션이 JSP 모델1을 사용하고 있다는 것이었다. 특정 화면이 성능 목표를 만족하지 못했는데, 그 화면을 구성하는 JSP 소스를 보니 하나의 JSP에서 다수의 메서드를 호출하는 구조였다. 소스의 상단에서 호출된 메서드를 중복해서 사용하는 문제를 발견해서 해결한 다음에야 성능 목표를 만족할 수 있었다. 여러분은 HTML과 혼재되어 있는 3,000라인이 넘는 JSP 소스에서 중복되는 호출이 없다고 보장할 수 있는가? 아무도 그러한 중복 호출이 없다고 장담할 수 없다. 결국 해당 시스템 중 성능 목표에 도달하지 못한 몇몇 화면은 JSP에 중복되는 호출이 없는지를 일일이 조사하여 수정해야 했다.

J2EE 디자인 패턴이란?

MVC 모델에 대해서 간단히 공부한 나초보씨는 나머지 아키텍처에 대한 내용은 천천히 공부하기로 하고, 본격적으로 J2EE 패턴에 대한 공부를 시작하기로 했다.

J2EE 디자인 패턴에 대해서 설명을 시작하기 전에, 이 책은 디자인 패턴 책이 아니라는 것을 명시하고 싶다. 다시 말해서, 모든 디자인 패턴을 다루지 않는다. 디자인 패턴에 대해서 전혀 모르는 독자들을 위해 디자인 패턴이란 이런 것이고, 어떻게 이해해야 하는 것인가에 대해서만 간단히 정리할 예정이다. 그리고 가장 중요한 부분인 성능과 관련된 패턴에 대해서 설명할 것이다.

J2EE 디자인 패턴에 대해서 알아보기 전에, 먼저 패턴이 무엇인지 알아보자. 패턴이란 용어를 이해하기 위해 인터넷 포털 사전에서 검색해도 원하는 답을 쉽게 찾을 수는 없겠지만, 그나마 영영 사전에 나와 있는 의미가 가장 적합해 보인다.

pattern [명사]: a model, guide or set of instructions for making something
(무엇인가를 만들기 위한 모델이나 가이드, 설명의 집합을 의미함)

즉, 시스템을 만들기 위해서 전체 중 일부 의미 있는 클래스들을 묶은 각각의 집합을 디자인 패턴이라고 생각하면 된다. 반복되는 의미 있는 집합을 정의하고 이름을 지정해서, 누가 이야기하더라도 동일한 의미의 패턴이 되도록 만들어 놓은 것이다.

에릭 감마(Erich Gamma), 리처드 헬름(Richard Helm), 랄프 존슨(Ralph Johnson), 존 블라시디스(John Vlissides)라는 아저씨들이 『Design Patterns: Elements of Reusable Object-Oriented Software』(『GoF의 디자인 패턴』(피어슨에듀케이션코리아, 2007))라는 책에 최초로 객체지향에 맞는 디자인 패턴을 정리해 놓았다. 4명의 아저씨가 만들었기 때문에, GoF 패턴이라고 부른다(참고로, GoF라는 것은 Gang-Of-Four의 약자이다). 다만 이 책에 있는 패턴의 예는 전부 C++과 smalltalk로 되어 있기 때문에 자바용 패턴 소스가 없다는 것이다. 그러므로 본질적인 패턴을 알기 위해서는 이 책을 보는 것도 좋고, Core J2EE Pattern이라는 사이트를 방문하면 패턴에 대한 설명이 있으니 그를 참고하는 것도 좋다. (http://www.corej2eepatterns.com/) 단, 여기서 주의할 점은 전부 영어이고, 링크가 많이 깨져 있다는 것이다. 영어 울렁증이 있는 독자는 한글로 번역된 J2EE 패턴 책이 있으니 그 책으로 공부해도 된다. 그리고 Toby의 Spring 책에도 패턴에 대한 설명이 아주 자세히 나오니, 자바의 패턴에 대해서 더 자세하고 쉽게 공부하고 싶은 분들은 이 책을 참고하기 바란다.

J2EE 디자인 패턴에 대해 간단히 알아보자. 먼저 Sun에서 제공했던 Core J2EE 패턴 카탈로그를 보자(그림4). 이 그림을 처음 본 사람은 엄청 어지럽다고 느낄 것이다. 이걸 다 언제 공부할지 걱정하는 사람도 많겠다. 하지만 잘 살펴보면 중복되는 것도 몇 개 있고, 알고 보면 별로 어렵지 않은 내용이다.

   이 그림은 사용자의 요청이 처리되는 순서로 생각하면서 위에서부터 아래로 보면 된다. 가장 윗부분은 프레젠테이션 티어이고, 중간 부분은 비즈니스 티어, 하단 부분은 인테그레이션 티어다. 위로 갈수록 화면에 가깝고, 아래로 갈수록 DB와 같은 저장소에 가깝다고 생각하면 이해하기 쉽다. 각 패턴의 특징을 간단히 알아보면 다음과 같다.

- Intercepting Filter 패턴 : 요청 타입에 따라 다른 처리를 하기 위한 패턴이다.
- Front Controller 패턴 : 요청 전후에 처리하기 위한 컨트롤러를 지정하는 패턴이다.
- View Helper 패턴 : 프레젠테이션 로직과 상관 없는 비즈니스 로직을 헬퍼로 지정하는 패턴이다.
- Composite View 패턴 : 최소 단위의 하위 컴포넌트를 분리하여 화면을 구성하는 패턴이다.
- Service to Worker 패턴 : Front Controller와 View Helper 사이에 디스패처를 두어 조합하는 패턴이다.
- Dispatcher View 패턴 : Front Controller와 View Helper로 디스패처 컴포넌트를 형성한다. 뷰 처리가 종료될 때까지 다른 활동을 지연한다는 점이

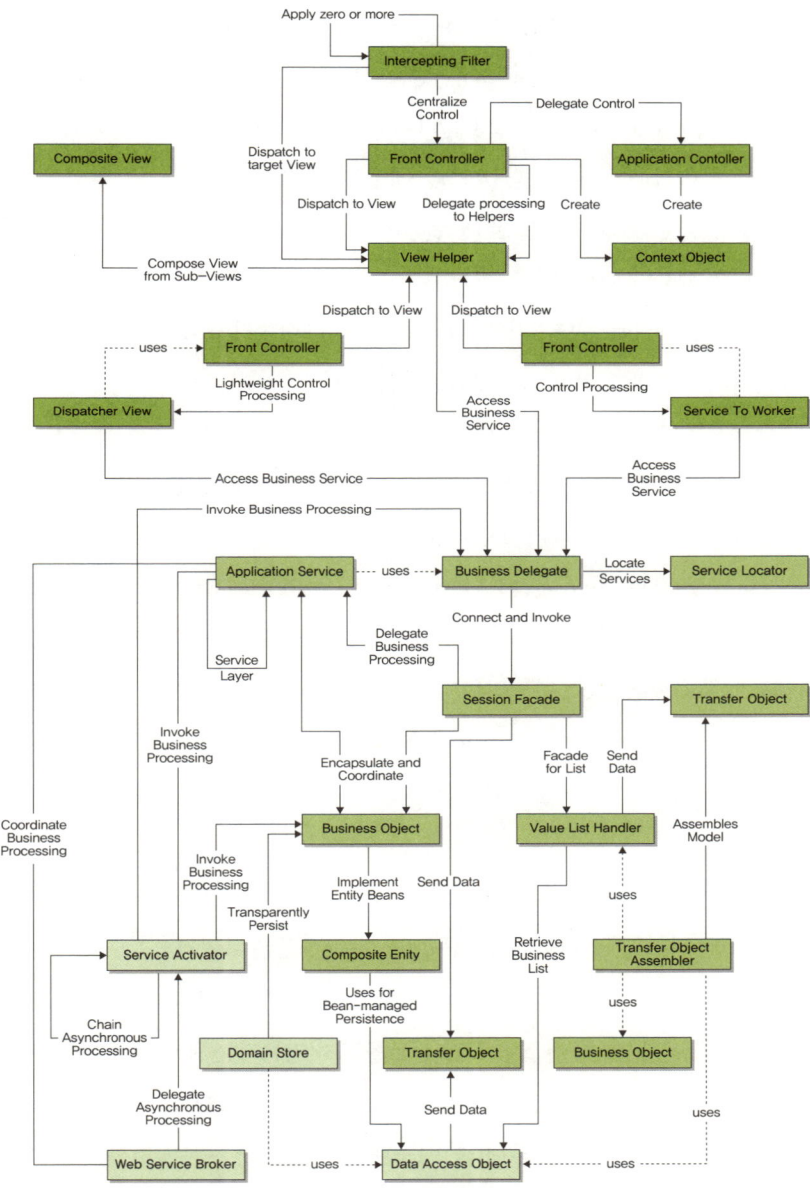

그림4 | Core J2EE Patterns, 2nd Edition

Service toWorker 패턴과 다르다.
- Business Delegate 패턴 : 비즈니스 서비스 접근을 캡슐화하는 패턴이다.
- Service Locator 패턴 : 서비스와 컴포넌트 검색을 쉽게 하는 패턴이다.
- Session Facade 패턴 : 비즈니스 티어 컴포넌트를 캡슐화하고, 원격 클라이언트에서 접근할 수 있는 서비스를 제공하는 패턴이다.
- Composite Entity 패턴 : 로컬 엔티티 빈과 POJO를 이용하여 큰 단위의 엔티티 객체를 구현한다.
- Transfer Object 패턴 : 일명 Value Object 패턴이라고 많이 알려져 있다. 데이터를 전송하기 위한 객체에 대한 패턴이다.
- Transfer Object Assembler 패턴 : 하나의 Transfer Object로 모든 타입 데이터를 처리할 수 없으므로, 여러 Transfer Object를 조합하거나 변형한 객체를 생성하여 사용하는 패턴이다.
- Value List Handler 패턴 : 데이터 조회를 처리하고, 결과를 임시 저장하며, 결과 집합을 검색하여 필요한 항목을 선택하는 역할을 수행한다.
- Data Access Object 패턴 : 일명 DAO라고 많이 알려져 있다. DB에 접근을 전담하는 클래스를 추상화하고 캡슐화한다.
- Service Activator 패턴 : 비동기적 호출을 처리하기 위한 패턴이다.

여기서 Service to Worker 패턴과 Dispatcher View 패턴이 의미가 비슷하여 혼동될 수 있는데, 클래스 다이어그램을 보면 다음과 같은 차이가 있다.

그림 5-1과 5-2 두 개의 다이어그램을 보면 대충 감이 잡히겠지만, Dispatcher View 패턴은 Helper 클래스를 직접 컨트롤하지 않는다는 차이가 있다. 어떤 패턴을 사용할지는 프로젝트 상황에 달려 있으니, 알맞게 선택하기 바란다.

그럼 도대체 여기 명시된 패턴 중 성능과 관련된 패턴은 무엇일까? 패턴은 모두 직간접적으로 성능과 관련이 있는데, J2EE 패턴 중 성능과 가장 밀접한 패턴은 Service Locator 패턴이다. 그리고 성능에 직접적으로 많은 영향을 미치지는 않

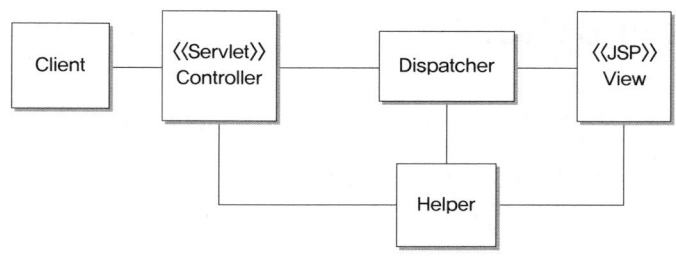

그림 5-1 | Service to Worker 패턴 클래스 다이어그램

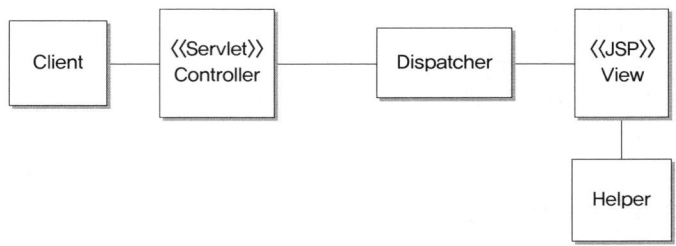

그림 5-2 | Dispatcher View 패턴 클래스 다이어그램

지만, 애플리케이션 개발 시 반드시 사용해야 하는 Transfer Object 패턴도 짚고 넘어가자.

나초보씨는 패턴이 너무 많다 보니 처음부터 걱정이 되어 김경험 선배에게 어떤 패턴 위주로 공부해야 하는지 물어보았다. 그러자 김경험 선배는 적어도 Business Delegate, Session Facade, Data Access Object, Service Locator, TransferObject 패턴에 대해서 공부하라고 했다. 나초보씨는 그중 성능과 관련이 있다는 Transfer Object, Service Locator 패턴에 대해서 공부하기로 했다.

Transfer Object 패턴

Value Object라고도 불리는 Transfer Object는 데이터를 전송하기 위한 객체에 대한 패턴이다. 먼저 Transfer Object 예제 소스 코드를 보자.

코드 1.1

```java
packagecom.perf.pattern;
importjava.io.Serializable;
public class EmployeeTO implements Serializable {
    private String empName;
    private String empID;
    private String empPhone;
    publicEmployeeTO() {
        super();
    }
    Public EmployeeTO(String empName, String empID, String empPhone) {
        super();
        this.empName = empName;
        this.empID = empID;
        this.empPhone = empPhone;
    }
    public String getEmpID() {
        return empID;
    }
    public void setEmpID(String empID) {
        this.empID = empID;
    }
    public String getEmpName() {
        if(empName==null) return "";
        else return empName;
    }
    public void setEmpName(String empName) {
        this.empName = empName;
    }
```

```
    public String getEmpPhone() {
        return empPhone;
    }
    public void setEmpPhone(String empPhone) {
        this.empPhone = empPhone;
    }
    public String toString() {
        StringBuilder sb=new StringBuilder();
        sb.append("empName=").append(empName).append(" empID=")
            .append(empID).append(" empPhone=").append(empPhone);
        return sb.toString();
    }
}
```

소스를 보면 쉽게 이해하겠지만, Transfer Object 패턴은 Transfer Object를 만들어 하나의 객체에 여러 타입의 값을 전달하는 일을 수행한다.

Transfer Object를 사용할 때 필드를 private로 지정해서 getter() 메서드와 setter() 메서드를 만들어야 할지, 아니면 public으로 지정해서 메서드들을 만들지 않을지에 대해 정답은 없지만, 성능상으로 따져 볼 때 getter()와 setter()를 만들지 않는 것이 더 빠르다. 하지만, 정보를 은닉하고, 모든 필드의 값들을 아무나 마음대로 수정할 수 없게 하려면 예제 코드 1.1과 같이 getter(), setter() 메서드를 작성하는 것이 일반적이다. 게다가, 각 setter()와 getter()를 이클립스나 기타 개발 툴에서 자동으로 생성해 주는 기능이 있기 때문에 그리 불편한 일은 아니라고 생각한다. 그리고 getter() 메서드나 setter() 메서드를 사용하면 getEmpName() 메서드처럼 empName이 null 값이라도 null을 리턴하지 않고 길이가 0인 String을 리턴한다. 즉, Transfer Object를 잘 만들어 놓으면 각 소스에서 일일이 null 체크를 할 필요가 없기 때문에 개발할 때 오히려 더 편해진다.

여기서 한 가지 더 짚고 넘어가야 하는 부분은 toString() 메서드다. Transfer Object를 생성할 때는 반드시 이 메서드를 구현하기 바란다. 이 메서드를 구현하지 않고, EmployeeTO 객체의 toString() 메서드를 수행하면 com.pattern.

EmployeeTO@c1716처럼 알 수 없는 값을 리턴한다. 나중에 JUnit 기반에서 테스트해 보면 값 비교를 할 때나 데이터를 확인할 일이 있을 때 매우 유용하게 사용된다. 조금 귀찮더라도, 이 메서드를 반드시 구현하기 바란다.

> **참고** Serializable는 왜 구현(implements)했을까? 이 인터페이스를 구현했다고 해서 반드시 구현해야 하는 메서드가 있는 것도 아니고, 변수가 존재하는 것도 아니다. 그러나 이 인터페이스를 구현하면, 객체를 직렬화할 수가 있다. 다시 말해 서버 사이의 데이터 전송이 가능해진다. 그러므로 원격지 서버에 데이터를 전송하거나, 파일로 객체를 저장할 경우에는 이 인터페이스를 구현해야 한다.

그렇다면 이 Transfer Object를 사용한다고 성능이 좋아질까? 이 패턴을 사용한다고 애플리케이션에 엄청난 성능 개선 효과가 발생하는 것은 아니다. 하지만, 하나의 객체에 결과 값을 담아 올 수 있어 두 번, 세 번씩 요청을 하는 일이 발생하는 것을 줄여 주므로, 이 패턴을 사용하기를 권장한다.

Service Locator 패턴

이제부터 정말 성능에 영향을 주는 Service Locator 패턴에 대해서 알아보자.

코드 1.2
```
Package com.perf.pattern;
Import java.util.*;
Import javax.naming.*;
Import java.rmi.RemoteException;
import javax.ejb.*;
import javax.rmi.PortableRemoteObject;

public class ServiceLocator {
```

```
    private InitialContext ic;
    private Map cache;
    private static ServiceLocator me;
    static {
        me = new ServiceLocator();
    }
    private ServiceLocator() {
        cache = Collections.synchronizedMap(new HashMap());
    }
    public InitialContext getInitialContext() throws Exception {
        try {
            if (ic == null) {
                ic = new InitialContext();
            }
        } catch (Exception e) {
            throw e;
        }
        return ic;
    }
    public static ServiceLocator getInstance() {
        return me;
    }
 ... // 지면상 생략
}
```

소스 코드 1.2에는 많은 기술이 녹아 있다. static, 컬렉션, 스레드에 대한 설명은 4장, 6장, 8장에서 자세히 설명되어 있으니, 지금 당장 모르거나 이해가 안 된다 하더라도 너무 걱정하지 말기 바란다.

Service Locator 패턴은 예전에 많이 사용되었던 EJB의 EJB Home 객체나 DB의 DataSource를 찾을 때(lookup할 때) 소요되는 응답 속도를 감소시키기 위해서 사용된다. 위의 소스를 간단히 보면, cache라는 Map 객체에 home 객체를 찾은 결과를 보관하고 있다가, 누군가 그 객체를 필요로 할 때 메모리에서 찾아서 제공하도록 되어 있다. 만약 해당 객체가 cache라는 맵에 없으면 메모리에서 찾는다.

> 📝 **참고** ms란 무엇인가? '02. 내가 만든 프로그램의 속도를 알고 싶다'에서 자세히 설명하겠지만, ms는 1/1000초를 의미한다.

나초보씨는, Transfer Object, Service Locator 두 가지 패턴과 나머지 Business Delegate, Session Facade, Data Access Object 패턴에 대해서 공부하고 나니, 이제 분석 설계 시 사용되는 패턴에 대해서는 어느 정도 자신감이 생겼다.

정리하며

자바 기반의 시스템을 분석, 설계하고 개발하면서 패턴을 모른다면 반쪽 분석 설계자나 개발자라고 할 수 있다. 운전을 할 때 내비게이션 없이 하는 것과 마찬가지다. 더 빠르고 효율적인 길이 있는데도 불구하고 가던 길로만 가는 것과 같다. 요즘 많이 사용하는 프레임워크를 사용할 때에도 마찬가지다. 그 프레임워크를 만든 사람의 사상과 프레임워크의 구조, 기능을 정확히 알고 있어야 제대로 프레임워크를 활용할 수 있다.

필자는 성능 개선은 물론 개발과 유지보수의 편의를 위해서 앞서 명시된 여러 가지 J2EE 패턴 중에 적어도 Business Delegate, Session Facade, Data Access Object, Service Locator, Transfer Object 패턴은 적용해야 한다고 생각한다.

내가 만든 프로그램의 속도를 알고 싶다

들어가며

설이나 추석에 차가 막히는 것을 보면, '왜 고속도로의 병목 지점은 없애지 못할까?'라는 생각이 든다(필자의 직업병 같기도 하다). 고속도로의 병목 지점을 파악해서 없애면, 모든 사람이 빨리 이동할 수 있고 세금이 대부분인 기름값을 길에서 낭비하지 않아도 될 텐데 말이다. 헬기나 비행기를 타고 한번 쫙 훑어서 어디가 문제인지 파악하고, 차들이 어디에서 정체되는지 쉽게 알 수 있지 않을까? 아니면 오토바이라도 타고 다니면서 어디서 막히는지 확인하면 되지 않을까? 시스템의 성능이 느릴 때 가장 먼저 해야 하는 작업은 병목 지점을 파악하는 것이다. 자바 기반의 시스템에 대하여 응답 속도나 각종 데이터를 측정하는 프로그램은 많다. 애플리케이션의 속도에 문제가 있을 때 분석하기 위한 툴로는 프로파일링 툴이나 APM 툴 등이 있다. 이 툴을 사용하면, 고속도로 위에서 헬기나 비행기로 훑어보듯이 병목 지점을 쉽게 파악할 수 있다. 하지만 대부분의 프로젝트나 운영 사이트에서는 예산상의 이유로 분석 툴을 사용하지 않는다. 참으로 안타까운 현실이다. 이러한 현실에서 우리가 할 수 있는 방법에 대해서 알아보자.

드디어 프로젝트에 투입된 나초보씨는 분석 설계 작업 중이다. 패턴을 공부한 다음에 선배들이 설계해 놓은 다이어그램을 보니, 왜 이러한 구조를 가지고 있는지 이해가 되기 시작했다. 알고 보니 쉬운데 그동안 공부하지 않은 것이 후회되었다.

앞으로 이 책에 계속 등장하는 김경험 선배와 이튜닝 선배에 대해서 간단히 소개하겠다. 앞 장에서 이미 나온 김경험과 처음 소개하는 이튜닝 두 선배는 동기 사이다. 김경험은 지금까지 13년간 여러 금융 및 정부 프로젝트 개발을 해 본 베테랑이다. 책을 찾아서 확인하기보다는 지금까지의 경험을 바탕으로 문제를 해결하는 스타일이다. 이튜닝은 물론 개발 경험이 있지만, 주로 성능 테스트 및 애플리케이션 진단과 튜닝을 전문적으로 하고 있다. 이론과 경험을 바탕으로 문제를 해결하는 스타일이다.

나초보씨는 자신이 만든 프로그램의 각 구간별 응답 속도가 알고 싶어졌다. 지난 번 프로젝트 때, 자신이 만든 프로그램 속도가 느려서 선배들에게 혼난 것을 생각하면 벌써부터 또 그렇게 될까 두려워진다. 나초보씨는 이튜닝 선배와 저녁 약속을 잡고 어떻게 답을 찾아야 하는지 문의하기로 했다.

나초보 선배님, 자바에서 응답 속도 체크 어떻게 해요?

이튜닝 응? 그거 툴로 하지.

나초보 툴이요? 그거 돈 주고 사야 하는 거잖아요.

이튜닝 야, 공짜가 어디 있어? 목수가 못을 박으려면 망치가 있어야 하듯 개발자가 튜닝을 하려면 툴이 있어야지. 너 요즘도 성능 테스트할 때, 옛날처럼 무식하게 사람들 모아 놓고 준비 땅~~ 해서 동시에 클릭하고 응답 속도 체크하는 줄 아냐?

나초보 아니요.

이튜닝 안 그러잖아. 요즘 다 툴 쓰지, 누가 초 시계로 재고 있나?

나초보 그런 데도 있긴 하다던데. 그럼 어떤 툴들이 있는데요?

이튜닝 프로파일링 툴이란 게 있고, 요즘은 APM이란 것도 있어.

나초보 그게 뭔데요? 프로파일링 툴? APM?

이튜닝 그런 게 있어. 내가 정리한 게 있는데 메일로 보내 줄까?

나초보 넵. 그럼 좋죠. 그런데 그런 툴은 PM님이 안 사주실 텐데요.

이튜닝 안 사주겠지.

나초보 그럼 선배님, 그 툴들을 쓸 수 있는 방법은 없나요?

이튜닝 없어. 소프트웨어 만드는 사람이 라이선스를 그렇게 쉽게 생각하면 안 되지.

나초보 그럼 어떻게 해요?

이튜닝 공짜 툴도 있고, 상용 툴도 임시 라이선스로 사용은 해 볼 수 있고, 개발 상황에서는 무료로 사용할 수 있는 툴도 있어.

나초보씨는 이튜닝 선배가 가르쳐 준 대로 며칠간 툴을 찾아본 끝에 여러 분석 툴을 발견하였다. 하지만 이튜닝 선배 말대로 대부분이 상용 툴이라서 마음대로 사용하기 힘든 상황이었다. 그러던 중 개발 툴에서 사용할 수 있는 프로파일러를 발견했는데, 무료 라이선스로 사용할 수 있는 프로파일러 중 가장 좋은 것 같다. 이제 도구를 발견했으니 써 봐야겠는데, 사용법을 모르겠다. 어쩔 수 없이 맨땅에 헤딩하면서 헤브는 수밖에….

프로파일링 툴이란?

필자는 프로파일링 툴을 사용하여 튜닝을 진행한다. 물론 APM 툴도 사용한다. 이 툴의 유지보수 계약(1년 단위로 계약을 해야 하는데, 유지보수 계약 비용은 보통 툴 가격의 20% 내외다. 계약 기간 내 지속적인 툴의 업그레이드 및 기술 지원이 보장된다)을 하려고 하는데, 당시의 팀장이 필자에게 프로파일링 툴이 뭐냐고 물어봤다. '프로파일링 툴이 프로파일링 툴이지 그게 뭐냐고 물으시면….' 필자는 속으로 난감한 생각이 들었다.

  profile이라는 단어의 의미를 사전에서 찾아보니 정말 마음에 드는 답이 없다. 그래서 profiler라는 단어에 대해서 찾아 보았다.

profiler 《《美》》 (=수사 기관 등의) 범죄 심리 분석관

이 의미를 IT에 적용해 보면, 프로파일링 툴은 시스템 문제 분석 툴이라고 이해하면 되지 않을까?
  요즘 많이 사용하는 툴로는 APM(Application Performance Monitoring 혹은 Management)이 있다. 국산 APM은 미소 정보사의 WebTune, 케이와이즈사의 Pharos, 외산으로는 CA Wily의 Introscope, Compuware의 dynaTrace라는 툴이 존재하고, 이 툴들은 운영용 서버를 진단 및 모니터링하기 위해서 사용한다.

이 중에 미소 정보사의 WebTune은 개발 장비에서 사용하는 라이선스가 무료다. 자세한 내용은 http://www.misoinfo.co.kr/solutions/webtune/webtune-overview/를 참고하기 바라며 개발사의 정책은 변경될 수 있다.

APM 툴을 프로파일링 툴과 비교하면 프로파일링 툴은 개발자용 툴이고, APM 툴은 운영 환경용 툴이라고 할 수 있다. 각각 장단점이 있기 때문에 뭐가 더 낫다고 말하기는 쉽지 않다. 혼동이 될 것 같아 간단하게 비교표를 만들었다.

구분	특징
프로파일링 툴	• 소스 레벨의 분석을 위한 툴이다. • 애플리케이션의 세부 응답 시간까지 분석할 수 있다. • 메모리 사용량을 객체나 클래스, 소스의 라인 단위까지 분석할 수 있다. • 가격이 APM 툴에 비해서 저렴하다. • 보통 사용자수 기반으로 가격이 정해진다. • 자바 기반의 클라이언트 프로그램 분석을 할 수 있다.
APM 툴	• 애플리케이션의 장애 상황에 대한 모니터링 및 문제점 진단이 주 목적이다. • 서버의 사용자 수나 리소스에 대한 모니터링을 할 수 있다. • 실시간 모니터링을 위한 툴이다. • 가격이 프로파일링 툴에 비하여 비싸다. • 보통 CPU 수를 기반으로 가격이 정해진다. • 자바 기반의 클라이언트 프로그램 분석이 불가능하다.

더 많은 차이가 있겠지만, 이 정도면 충분히 특징을 파악했으리라 생각된다. 참고로 프로파일링 툴은 대부분 느린 메서드, 느린 클래스를 찾는 것을 목적으로 하지만, APM 툴은 목적에 따라 용도가 상이하다. 어떤 APM 툴은 문제점 진단에 강한 한편, 다른 APM 툴은 시스템 모니터링 및 운영에 강하다. 여러분들이 APM 툴을 선택할 때는 어떤 목적으로 사용할 것인가를 잘 생각해야 한다.

자바 기반의 애플리케이션을 분석하는 프로파일링 툴은 상용과 비 상용으로 나뉜다. 대표적인 상용 툴로는 퀘스트 소프트웨어의 JProbe와 ej-technologies의 JProfiler, YourKit의 YourKit이라는 툴이 있다. 비 상용 툴은 굉장히 많은데, 대표적인 비 상용 툴은 대부분 개발 툴과 연계해서 사용하도록 되어 있다. 넷빈즈에서 사용하는 프로파일러가 있고, 이클립스(Elipse)에서 사용하는 TPTP(Eclipse Test & Performance Tools Platform)도 있다. 이 TPTP 툴의 범위는 굉장히 넓어서 프로파일링에 대한 내용만 공부하려 해도 양이 좀 많다.

> 참고 TPTP에 대한 자세한 설명은 http://www.eclipse.org/tptp/platform/index.php 사이트에 정리가 잘 되어 있으니 사이트를 참조하면 된다.

그럼 프로파일링 툴이 기본적으로 제공하는 기능은 어떤 것이 있을까? 각 툴이 제공하는 기능은 다양하고 서로 상이하지만, 응답 시간 프로파일링과 메모리 프로파일링 기능을 기본적으로 제공한다.

- 응답 시간 프로파일링 기능

    응답 시간 프로파일링을 하는 주된 이유는 응답 시간을 측정하기 위함이다. 하나의 클래스 내에서 사용되는 메서드 단위의 응답 시간을 측정한다. 툴에 따라서 소스 라인 단위로 응답 속도를 측정할 수도 있다. 응답 시간 프로파일링을 할 때는 보통 CPU 시간과 대기 시간, 이렇게 두 가지 시간이 제공된다.

- 메모리 프로파일링

  메모리 프로파일링을 하는 주된 이유는 잠깐 사용하고 GC의 대상이 되는 부분을 찾거나, 메모리 부족 현상(Memory Leak)이 발생하는 부분을 찾기 위함이다. 클래스 및 메서드 단위의 메모리 사용량이 분석된다. 마찬가지로 툴에 따라서 소스 라인 단위의 메모리 사용량도 측정할 수 있다.

> **참고** CPU 시간과 대기 시간이란 하나의 메서드, 한 라인을 수행하는데 소요되는 시간은 무조건 CPU 시간과 대기 시간으로 나뉜다. CPU 시간은 CPU를 점유한 시간을 의미하고, 대기 시간은 CPU를 점유하지 않고 대기하는 시간을 의미한다. 따라서 CPU 시간과 대기 시간을 더하면 실제 소요 시간(Clock time)이 된다. CPU 시간은 툴에 따라서 스레드(Thread) 시간으로 표시되기도 한다. 해당 스레드에서 CPU를 점유한 시간이기 때문에 표현만 다르지 사실은 같은 시간이다.

프로파일링 툴에 대한 설명을 마치면서 한가지 더 덧붙이자면, APM 툴이건 프로파일링 툴이건 자동으로 분석해주는 툴은 없다. 간혹 툴만 사면 모든 것이 자동으로 해결된다고 생각하는 사람들이 있는데, 잘못된 생각이다. 일단 툴에서 분석을 하려면 해당 메서드가 수행이 되어야 한다. 수행되지 않은 메서드는 분석 자체가 되지 않는다. 또한 문제가 되는 메서드가 수행되어야 하므로, 메모리 부족 현상이 가장 분석하고 찾아내기 어렵다.

그리고 1억 원짜리 툴이 있다고 해도 사용법을 모르면 무용지물이다. 툴에서 제공하는 여러 기능을 이해하고, 결과를 분석할 수 있는 사람이 사용해야 툴의 가치가 살아나는 것이다. 이 책이 여러분에게 그런 능력을 키워줄 수 있었으면 하는 작은 바람이다.

나초보씨는 상용 툴을 원하는 대로 사용할 수 없는 현실을 안타까워하면서 비상용 툴을 공부하기 시작했다. 어쨌든 툴을 사용하면 속도 측정에 대해 간단히 답이 나온다. 그런데 더 간단하게 프로그램의 속도를 측정할 수 있는 방법은 없을까? 가장 간단하게 측정할 수 있는 방법은 System 클래스에서 제공하는 메서드를 활용하는 것이다.

System 클래스

자바를 처음 배울 때부터 아무 생각 없이 쓰는 클래스가 있다. 다름 아닌 System 클래스다. System이 클래스가 아니라고 생각하고 있던 사람도 분명히 있으리라 생각된다. 모든 System 클래스의 메서드는 static으로 되어 있고, 그 안에서 생성된 in, out, err과 같은 객체들도 static으로 선언되어 있으며, 생성자(Constructor)도 없다. 다시 말하면, System 객체는 우리가 생성을 할 수 없으며, System.XXX와 같은 방식으로 써야 한다. 본론에 들어가기 전에, System 클래스에서 자주 사용하지는 않지만 알아두면 매우 유용한 메서드에는 어떤 것들이 있는지 알아보자.

- static void arraycopy(Object src, int srcPos, Object dest, int destPos, int length)
  특정 배열을 복사할 때 사용한다. 여기서 src는 복사 원본 배열, dest는 복사한 값이 들어가는 배열이다. srcPos는 원본의 시작 위치, destPos는 복사본의 시작 위치, length는 복사하는 개수이다.

이 메서드는 사용 예를 보면 쉽게 이해가 될 것이다.

코드 2.1

```
package com.perf.timer;
public class SystemArrayCopy {
    public static void main(String arg[]) {
        String[]arr=new String[] {"AAA","BBB","CCC","DDD","EEE"};
```

```
        String [] copiedArr=new String[3];
        System.arraycopy(arr, 2, copiedArr, 1, 2);
        for(String value: copiedArr) {
            System.out.println(value);
        }
    }
}
```

원본 배열의 2번 위치부터 복사하기 때문에 'CCC'부터 복사를 시작한다. copiedArr 배열의 1번 위치부터 복사한 데이터를 저장하고, 복사하는 개수가 두 개이기 때문에 'DDD'까지 복사를 수행한다. 결과 값은 다음과 같다.

결과
null
CCC
DDD

여기서 만약 length를 2가 아닌 3으로 하거나 그 이상으로 지정하게 되면 copiedArr의 크기가 3개밖에 되지 않기 때문에 ArrayIndexOutOfBounds Exception이 발생한다.

자바의 JVM에서 사용할 수 있는 설정은 크게 두가지로 나뉜다. 하나는 속성(Property)값이고, 다른 하나는 환경(Environment)값이다. 속성은 JVM에서 지정된 값들이고, 환경은 장비(서버)에 지정되어 있는 값들이다. 자바에서는 영어 단어 그대로 "속성"은 Properties로, "환경"은 env로 사용한다. 먼저 Properties를 사용하는 메서드에 대해서 알아보자.

- static Properties getProperties()
  현재 자바 속성 값들을 받아 온다.

- static String getProperty(String key)

  key에 지정된 자바 속성 값을 받아 온다.

- static String getProperty(String key, String def)

  key에 지정된 자바 속성 값을 받아 온다. def는 해당 key가 존재하지 않을 경우 지정할 기본값이다.

- static void setProperties(Properties props)

  props 객체에 담겨 있는 내용을 자바 속성에 지정한다.

- static String setProperty(String key, String value)

  자바 속성에 있는 지정된 key의 값을 value 값으로 변환한다.

이러한 자바 속성 관련 메서드를 어떻게 사용하는지 다음의 예를 통해 알아보자.

코드 2.2

```
package com.perf.timer;
import java.util.*;
public class GetProperties {
    public static void main(String args[]) {
        System.setProperty("JavaTuning", "Tune Lee");
        Properties prop=System.getProperties();
        Set key=prop.keySet();
        Iterator it=key.iterator();
        while(it.hasNext()) {
            String curKey=it.next().toString();
            System.out.format("%s=%s\n",curKey, prop.getProperty(curKey));
        }
    }
}
```

이 소스는 'Java Tuning'이라는 키를 갖는 시스템 속성에 'Tune Lee'라는 값을 지정한 후, 시스템 속성 전체 값을 화면에 출력해 주는 프로그램이다. 이 프로그램을 수행하면 수십 개의 자바의 시스템 속성 값을 출력한다. 그 결과 중 우리가 지정한 'Java Tuning' 키를 갖고 'Tune Lee' 값을 가지는 속성이 추가되어 출력될 것이다.

- static Map〈String,String〉 getenv()
  현재 시스템 환경 값 목록을 스트링 형태의 맵으로 리턴한다.
- static String getenv(String name)
  name에 지정된 환경 변수의 값을 얻는다.

시스템 환경 변수 관련 메서드를 사용하는 것은 자바 속성 관련 메서드를 사용하는 것과 비슷하다.

코드 2.3
```java
package com.perf.timer;
import java.util.*;
public class GetEnv {
    public static void main(String args[]) {
        Map<String,String> envMap=System.getenv() ;
        Set key=envMap.keySet();
        Iterator it=key.iterator();
        while(it.hasNext()) {
            String curKey=it.next().toString();
            System.out.format("%s = %s\n",curKey,envMap.get(curKey));
        }
    }
}
```

코드 2.3 수행 결과는 윈도의 커맨드 창에서 'set' 명령어를 치는 결과와 동일하다. 네이티브 라이브러리를 활용할 때 사용할 수 있는 System 클래스는 다음과 같다.

- static void load(String filename)

    파일명을 지정하여 네이티브 라이브러리를 로딩한다.
- static void loadLibrary(String libname)

    라이브러리의 이름을 지정하여 네이티브 라이브러리를 로딩한다.

네이티브 라이브러리는 사용할 기회가 많지 않을 것이므로 예제는 생략하겠다. 직접 해 보고 싶은 분들은 오라클 사이트에서 제공하는 JNI 가이드(http://docs.oracle.com/javase/7/docs/technotes/guides/jni/)를 참고하기 바란다.

그리고, 여러분들이 운영중인 코드에 절대로 사용해서는 안되는 메서드가 있다.

- static void gc()

    자바에서 사용하는 메모리를 명시적으로 해제하도록 GC를 수행하는 메서드다.
- static void exit(int status)

    현재 수행중인 자바 VM을 멈춘다. 이 메서드는 절대로 수행하면 안 된다. 그에 대한 자세한 이유는 '21. 반드시 점검 및 튜닝해야 하는 대상은?'에 잘 설명되어 있다.
- static void runFinalization()

    Object 객체에 있는 finalize()라는 메서드는 자동으로 호출되는데, 가비지 콜렉터가 알아서 해당 객체를 더 이상 참조할 필요가 없을 때 호출한다. 하지만 이 메서드를 호출하면 참조 해제 작업을 기다리는 모든 객체의 finalize() 메서드를 수동으로 수행해야 한다.

다시 이야기하지만, 이 세 거의 메서드들은 여러분들이 절대 사용하면 안 된다.

System.currentTimeMillis와 System.nanoTime

이제 우리가 봐야 할 시간 관련 메서드에 대해서 본격적으로 알아보자.

- static long currentTimeMillis()
  현재의 시간을 ms로 리턴한다(1/1,000초).

currentTimeMillis() 메서드에서 리턴해 주는 결과 값은 ms(밀리초)이다. UTC라는 시간 표준 체계를 따르는데, 1970년 1월 1일부터의 시간을 long 타입으로 리턴해 준다. 따라서 호출할 때마다 다르다. 이 시간 값을 변환하면 현재 날짜를 구할 수도 있다.

> 📝 참고   UTC란 Coordinated Universal Time의 약자로 굉장히 정확도를 가진 시간 표준이다. 참고로 우리는 UTC+9 지역에서 살고 있다.

ms는 1/1000 초를 의미한다. 이 책에서 별도로 명시하지 않는 한 ms 단위를 사용한다. 자바에서 성능을 이야기할 때는 ms로 이야기 하는 것이 가장 편하고, 확실하다. 다만 추후에 일반 초로 명시할 때도 가끔 있을 것이다. 다음의 예로 감을 잡아 보자.

   20 ms
   1,200 ms
   6,000,000 ms

콤마를 찍어서 표시하면, 뒤에서부터 네 번째 자리에 오는 숫자가 일반 초를 나타내게 된다. 첫 번째 시간은 0.02초, 두 번째 시간은 1.2초, 세 번째 시간은 6,000초, 즉 100분, 1시간 40분이다. 가독성이 떨어지지 않고, 적응하면 무척 편하다. 다음의 간단한 예를 보자.

코드 2.4

```java
package com.perf.timer;

import java.util.ArrayList;
import java.util.HashMap;

public class CompareTimer {
    public static void main(String[] args) {
        CompareTimer timer=new CompareTimer();
        for(int loop=0;loop<10;loop++) {
            timer.checkNanoTime();
            timer.checkCurrentTimeMillis();
        }
    }
    private DummyData dummy;

    public void checkCurrentTimeMillis() {
        long startTime=System.currentTimeMillis(); ...... 1)
        dummy=timeMakeObjects(); ...... 2)
        long endTime=System.currentTimeMillis(); ...... 3)
        long elapsedTime=endTime-startTime; ...... 4)
        System.out.println("milli="+elapsedTime);
    }

    public void checkNanoTime() {
        long startTime=System.nanoTime(); ...... 5)
        dummy=timeMakeObjects();
        long endTime=System.nanoTime();
        double elapsedTime=(endTime-startTime)/1000000.0;
        System.out.println("nano="+elapsedTime);
```

```
        }

        public DummyData timeMakeObjects() {
            HashMap<String,String> map=new HashMap<String,String>(1000000);
            ArrayList<String> list=new ArrayList<String>(1000000);
            return new DummyData(map,list);
        }
    }
```

추가로 여기서 계산한 결과를 담는 DummyData라는 클래스의 소스는 다음과 같다.

코드 2.5

```
package com.perf.timer;

import java.util.ArrayList;
import java.util.HashMap;

public class DummyData {
    HashMap<String, String> map;
    ArrayList<String> list;

    public DummyData(HashMap<String, String> map, ArrayList<String> list) {
        this.map = map;
        this.list = list;
    }
}
```

먼저 checkCurrentTimeMillis () 메서드를 보자.

① System.currentTimeMillis()를 사용하여 시작과 함께 시작한 밀리초를 startTime이라는 변수에 할당한다.

② HashMap과 ArrayList 클래스를 생성한 후
③ 종료된 시점의 밀리초를 endTime이라는 변수에 할당하여
④ 그 차이 값인 응답 시간을 확인한다. 실제 수행을 해 보면, 간단히 숫자만 나온다. 그 숫자가 바로 수행된 ms이다.
⑤ checkNanoTime() 메서드는 System.currentTimeMillis() 대신 System.nanoTime()을 사용하여 시간을 측정한다.

그런데 여기서 사용한 nanoTime()이라는 메서드는 뭘까?

- static long nanoTime()
  현재의 시간을 ns로 리턴한다(1/1,000,000,000초).

이 메서드는 JDK 5.0부터 추가된 메서드다. JDK 1.4 버전에서는 이 메서드가 없어 System.currentTimeMillis() 메서드만을 써야 했다. 그래서 1ms 이하의 시간은 측정하기가 어려웠다. 또한 JDK에 있는 설명에 의하면 nanoTime() 메서드를 만든 목적은 수행된 시간 측정이기 때문에 오늘의 날짜를 알아내는 부분에는 사용하면 안 된다.

nanoTime()을 사용한 checkNanoTime() 메서드에서 elapsedTime의 값을 구할 때 1,000,000으로 나누는 이유는 ms로 표현하기 위해서다. 10^{-9}의 숫자 결과를 갖고 분석하기란 상당히 머리가 아픈 일이고, 이해하기도 힘들기 때문이다.

필자는 nanoTime() 메서드가 나노 단위의 시간을 리턴해 주기 때문에 currentTimeMillis() 메서드보다 정확하다고 생각한다. 비교 측정을 해보면 currentTimeMillis() 메서드와 차이가 나는데, 어떤 때는 nanoTime()이 오래 걸리는 것으로 나타나고, 그 반대의 경우도 있다. 되도록이면 nanoTime() 메서드의 결과로 판단하도록 하자.

어떤 결과가 예상되는가? 별 차이 없을 것이라고 생각할 수 있지만, 실제 결과를 보면 다음과 같다.

결과

nano=6.720132
milli=7
nano=6.047872
milli=39
nano=1.989248
milli=2
nano=1.937061
milli=21
nano=1.896381
milli=2
nano=3.386365
milli=4
nano=6.049927
milli=6
nano=6.127591
milli=39
nano=2.051296
milli=2
nano=2.310174
milli=2

여기서 앞에 있는 결과는 무시하자. 이 결과를 보면, System.currentTimeMillis() 로 측정한 결과가 System.nanoTime()으로 측정한 것보다 더 느린 것으로 나타난다. 많지는 않지만 결과 차이가 발생하므로, 사용 중인 자바 버전이 JDK 5.0 이상이라면 시간 측정용으로 만들어진 nanoTime() 메서드를 사용하기를 권장한다.

추가로 초기에 성능이 느리게 나온 이유는 여러 가지이지만, 클래스가 로딩되면서 성능 저하도 발생하고, JIT Optimizer가 작동하면서 성능 최적화도 되기 때문이라고 보면 된다. JIT Optimizer에 대한 내용은 "16. JVM은 도대체 어떻게 구동될까?"를 참고하기 바란다.

작성된 메서드의 성능을 측정하는 여러 가지 방법이 존재한다. 앞 절에서 살펴본 nanoTime()과 같은 메서드로 측정할 수도 있지만, 전문 측정 라이브러리를 사용하는 것도 좋은 방법이다. 필자가 확인해 본 라이브러리를 나열해 보면 다음과 같다.

- JMH (http://openjdk.java.net/projects/code-tools/jmh/)
- Caliper (https://code.google.com/p/caliper/)
- JUnitPerf (http://www.clarkware.com/software/JUnitPerf.html)
- JUnitBench (http://code.google.com/p/junitbench/)
- ContiPerf (http://databene.org/contiperf.html)

이 중에서 JMH와 Caliper를 제외한 나머지 툴들은 JUnit으로 만든 테스트 코드들을 실행하는데 사용된다. 개인적으로는 ContiPerf가 사용하기 매우 간편하고, 그래프로 된 결과도 제공해서 좋았지만, 응답 시간이 나노 단위로 제공되지 않아 (ms이 가장 최소 단위라서) 이 책에서는 Caliper(이하 캘리퍼)를 활용하기로 결정했었다. 하지만, 이 캘리퍼가 0.5 버전에서 1.0 버전으로 변경된 이후에 매우 많은 변화 (API의 전면적인 수정, 결과 페이지의 변경 등)가 발생하였고, 아직까지는 안정적이지 않다는 판단하에 부득이하게 JMH라는 툴을 활용하기로 최종 결정했다.

> ✏️ **참고** 캘리퍼는 미국식 발음으로는 "캘러퍼얼" 정도인데, 영국식 발음으로 "캘리퍼"이기 때문에 캘리퍼로 하기로 결정했다. 남성 독자 분들은 중학교 때 배운 "버니어 캘리퍼스"라는 공구를 기억할 것이다. 이 공구는 1/100mm까지 측정이 가능한데, 지금 설명하는 캘리퍼도 그렇게 정밀한 측정이 가능한 도구라고 보면 된다.

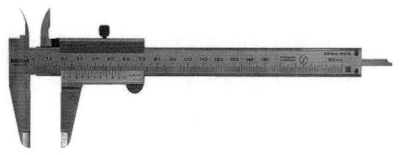

여기서 JUnit은 개발된 자바 코드를 테스트하기 위한 프레임워크다. JUnit만으로도 책 한 권이 나오니 자세한 설명은 『JUnit in action』(2011, 인사이트)이라는 책을 참고하기 바란다.

JMH(Java Microbenchmark Harness)는 JDK를 오픈 소스로 제공하는 OpenJDK에서 만든 성능 측정용 라이브러리다(왠지 믿음이 간다). 해당 라이브러리 소스코드는 OpenJDK 툴 사이트http://openjdk.java.net/projects/code-tools/jmh/에서 다운로드 할 수 있다. JMH의 환경 설정과 관련 옵션등은 "부록1. JMH 사용하기"를 참고하기 바란다.

그런데, JMH의 관련 자료는 매우 적다. 홈페이지에도 그냥 메이븐을 이용해서 소스코드를 다운로드하고 컴파일하여 간단하게 사용할 수 있는 정도로만 되어 있다. 따라서, 자세한 이해를 위해서는 소스와 함께 제공되는 샘플 코드들을 보면서 익히는 작업이 필요하다.

환경 설정이 완료되었으면, 앞서 살펴본 HashMap과 ArrayList 객체 생성 속도를 JMH로 확인하는 예제 코드를 살펴 보자.

코드 2.6

```java
package com.perf.timer;

import java.util.ArrayList;
import java.util.HashMap;
import java.util.concurrent.TimeUnit;

import org.openjdk.jmh.annotations.BenchmarkMode;
import org.openjdk.jmh.annotations.GenerateMicroBenchmark;
```

```
import org.openjdk.jmh.annotations.Mode;
import org.openjdk.jmh.annotations.OutputTimeUnit;

@BenchmarkMode({ Mode.AverageTime })                        ...... 1)
@OutputTimeUnit(TimeUnit.MILLISECONDS)                      ...... 2)
public class CompareTimerJMH {

    @GenerateMicroBenchmark                                 ...... 3)
    public DummyData makeObject() {
        HashMap<String, String> map = new HashMap<String, String>(1000000);
        ArrayList<String> list = new ArrayList<String>(1000000);
        return new DummyData(map, list);
    }
```

부록을 살펴보지 않고 코드만 본 독자는 이해하기가 쉽지는 않을 것이다. 간단히 살펴보면 다음과 같다.

① JMH는 클래스 선언시 반드시 어노테이션을 지정할 필요는 없다. 하지만, 그렇게 하면 기본 옵션으로 수행되기 때문에 평균 응답 시간을 측정하기 위해서 @BenchmarkMode로 옵션을 지정하였다.

② @OutputTimeUnit 어노테이션을 사용하여 출력되는 시간 단위를 밀리초로 지정하였다. 기본이 밀리초이지만, 나중에 옵션을 지정하는 것을 확인하기 위해서 명시적으로 지정을 해 주었다.

③ @GenerateMicroBenchmark는 측정 대상이 되는 메서드를 선언할 때 사용한다. 해당 클래스에 메서드가 많이 있더라도 이 어노테이션을 지정하지 않으면 테스트 대상에서 제외된다.

그러면 JMH 실행 결과를 보자.

결과

```
$ java -jar target/microbenchmarks.jar .*CompareTimerJMH.* -i 3 -r 1s
# Measurement Section
# Runtime (per iteration): 1s
# Iterations: 3
# Thread counts (concurrent threads per iteration): [1, 1, 1]
# Threads will synchronize iterations
# Benchmark mode: Average time, time/op
# Running: com.perf.timer.CompareTimerJMH.makeObjectWithSize1000000
# Warmup Iteration   1 (3s in 1 thread): 2.694 msec/op
# Warmup Iteration   2 (3s in 1 thread): 2.112 msec/op
# Warmup Iteration   3 (3s in 1 thread): 2.331 msec/op
# Warmup Iteration   4 (3s in 1 thread): 2.186 msec/op
# Warmup Iteration   5 (3s in 1 thread): 2.126 msec/op
Iteration   1 (1s in 1 thread): 2.015 msec/op
Iteration   2 (1s in 1 thread): 2.125 msec/op
Iteration   3 (1s in 1 thread): 2.127 msec/op

Run result "makeObjectWithSize1000000": 2.089 ±(95%) 0.160 ±(99%) 0.369 msec/op
```
Run statistics "makeObject": min = 2.015, avg = 2.089, max = 2.127, stdev = 0.064
```
Run confidence intervals "makeObjectWithSize1000000": 95% [1.929, 2.249], 99% [1.720, 2.458]


Benchmark              Mode Thr   Cnt   Sec        Mean   Mean error   Units
c.p.t.CompareTimerJMH.makeObject  avgt   1    3      1     2.089    0.369   msec/op
```

이처럼 JMH는 여러 개의 스레드로 테스트도 가능하고, 워밍업 작업도 자동으로 수행해주기 때문에 정확한 측정이 가능하다. 여러 결과를 제공하지만, 굵은 글씨로 표시한 값만 확인하면 된다. (Run으로 시작하는 나머지 결과 값도 중요하긴 하지만, 통계에 익숙하지 않은 독자는 이 내용을 이해하려면 몇 번의 깨달음을 거쳐야만 한다. 자세히 확인하고 싶은 독자는 통계학 책에서 confidence interval(신뢰 구간)에 대해서 확인해 보기 바란다.)

결과에서 필자가 확인하라는 값은 어떤 의미를 가질까? 관련된 값을 다시 보자.

> Run statistics "makeObject": min = 2.015, avg = 2.089, max = 2.127, stdev = 0.064

min은 최소, avg는 평균, max는 최대 값을 의미한다. 그리고 stdev는 표준편차를 말한다. 그러므로 이와 같은 수치를 볼 때는 평균과 표준편차를 중심으로 보면 된다. 즉, 이 실험은 2.089ms 정도가 소요되었다고 보면 된다.

> 참고 표준편차는 여러 값들이 평균을 중심으로 얼마나 분산되어 있는지(떨어져 있는지)를 나타내는 수치이며, 값이 적을수록 대부분의 데이터들이 평균에 가깝다고 생각하면 된다.

이처럼 JMH를 사용하면 일일이 케이스를 구성할 필요 없이 각 케이스별로 테스트를 수행하고 그 결과를 확인할 수 있다. System.nanoTime()이나 System.currentTimeMillis() 메서드를 사용하는 것과는 서로 장단점이 존재하지만, 어떤 API의 메서드를 사용할지, 성능 차이가 도대체 얼마나 발생하는지 확인하기에는 매우 좋은 툴이다.

참고로 이 책에서 제공되는 측정 값들은 필자의 노트북에서 진행한 것이다. 필자의 노트북 스펙은 다음과 같다.

구분	값
CPU	Intel i5-2520M 2.5 GHz
Memory	Memory 8 GB
OS	Windows 7 64 bit
Java	Oracle JVM 7 update 5

그러니 여러분들이 측정한 값보다 작거나 크다고 이상하게 생각할 필요는 없다.

정리하며

프로파일링 툴이나 APM 툴은 프로젝트에서 적어도 하나 정도는 사용하는 것이 좋다. 비싼 툴을 사 놓고 사용할 수 있는 사람이 없다면 무용지물이 되겠지만, 성능이 이슈가 되는 사이트의 경우 반드시 필요하다. 앞서 이야기 했지만 프로젝트의 상황에 맞는 APM 및 프로파일링 툴을 잘 선택해야 한다. 이 세상에 완벽한 툴은 절대로 없다. 모든 툴에는 장단점이 있다. 어떤 툴을 사용할지 여러분이 비교해서 선택해야 한다.

그리고, 결과는 동일할 수 있으나 서로 다른 방식의 API 에서 제공하는 메서드를 활용할 경우 성능 면에서 어떤 차이가 발생하는지 확인하고 싶다면, 이 장에서 소개한 JMH를 사용하면 확실한 차이를 비교할 수 있을 것이다. 뭐 "나노초, 밀리초차이가 발생하는 것이 얼마나 문제가 된다고?"라고 생각하는 독자가 있을 수 있지만, 이렇게 작은 것들이 쌓이면 1초, 10초, 100초가 된다는 점을 잊지 말자.

왜 자꾸 String을 쓰지 말라는 거야

들어가며

모든 개발자가 알면서도 지키지 않는 것이 있다. 바로 문자열 관련 부분이다. String 클래스는 잘 사용하면 상관이 없지만, 잘못 사용하면 메모리에 많은 영향을 준다.

나초보씨는 이제 시스템 분석 설계를 마치고, 개발에 들어 갔다. 나초보씨가 투입된 프로젝트는 3차 이터레이션에 걸쳐서 개발하기로 했기 때문에, 나초보씨는 1차 이터레이션의 파일럿 부분에 대한 개발을 맡았다.

> **참고** 여러 이터레이션(iteration)에 걸쳐서 개발한다는 말은 하나의 프로젝트를 여러 차수에 걸쳐서 개발하는 방식이다. 고전적인 소프트웨어 개발 방법론인 폭포수 모델의 경우 분석, 설계, 개발 단계를 한 번만 거치기 때문에 지속적으로 변경되는 요구사항에 대처하기 어려운데, 여러 이터레이션에 거쳐 개발하면 이러한 단점을 보완할 수 있다.

1차 파일럿 부분 개발을 마치고 성능 테스트를 진행했더니, GC(Garbage Collection)가 많이 발생한다는 테스터 보고서가 나왔다. 특히 나초보씨가 개발한 부분에서 메모리를 많이 사용한다는 지적을 받았다. PM과 PL에게 혼난 나초보씨는 어떻게 해결해야 하는지 몰라서 이튜닝 선배에게 문의 하기로 했다. 이튜닝 선배가 소스를 보내 달라고 해서, 소스를 메일로 보냈다. 한 시간 후 이튜닝 선배로부터 답장이 왔다.

> **제목:** 소스 분석 결과
>
> **발신:** 이튜닝
>
> **수신:** 나초보
>
> **내용:** 가장 큰 문제는 쿼리를 생성할 때 String으로 된 문자열을 더하는 거다.
> 그 부분을 StringBuffer나 StringBuilder로 바꿔.

나초보씨도 String 클래스를 그냥 쓰면 안 된다는 사실을 알고 있긴 했지만, 별 상관 없어 보이고, 시간도 없어서 그냥 사용하고 있었다. 선배가 바꾸라면 바꾸면 되

겠지만, 왜 바꿔야 하는지 알고 싶었으므로 그 원인에 대해서 알아보기로 했다.

> **참고** GC는 Garbage Collection의 약자로, 자바에서 사용하는 한정된 공간의 메모리가 꽉 찼을 때 더 이상 필요 없는 객체들을 제거 하는 작업을 의미한다. 이에 대한 상세한 내용은 "17. 도대체 GC는 언제 발생할까"를 참고하기 바란다.

본론으로 들어가기 전에 한가지 독자 여러분들이 꼭 짚고 넘어가야 하는 것이 있다. 잠시 후에 배우겠지만, String이 GC에 영향을 주는 것은 확실하다. 하지만, 이것만 고친다고 해서 여러분들이 개발한 애플리케이션의 메모리가 효율적으로 사용된다는 것은 아니다. 성능 개선에 있어 작은 부분이지만 이것부터 적용하라는 의미이다. 또한, 지금부터 이 책에서 설명하는 모든 내용을 작업에 적용하면 '기본적'인 성능 개선은 이루어지지만, 이외에도 성능 개선을 위해서 고려해야 할 사항은 여러분들이 라이브러리(혹은 jar와 같은 작은 단위)나 시스템의 티어를 추가 시킬 때마다 몇 배씩 증가한다는 사실을 꼭 기억해 주기 바란다.

String 클래스를 잘못 사용한 사례

자바 기반의 프로그래밍을 할 때 java.lang.Object를 제외하고 가장 많이 사용하는 객체가 뭘까? (모든 자바의 객체는 java.lang.Object 클래스를 확장하기 때문에 java.lang.Object 객체가 가장 많이 사용된다고 볼 수 있다.) 필자가 보기에는 int, long 등과 같은 기본 자료형(Primitive Type)을 제외하면, 가장 많이 사용하는 객체 1위는 String 클래스, 2위는 Collection 관련 클래스라고 생각한다. 대부분의 웹 기반 시스템은 DB에서 데이터를 갖고 와서 그 데이터를 화면에 출력하는 시스템이기 때문에, 쿼리 문장을 만들기 위한 String 클래스와 결과를 처리하기 위한 Collection 클래스를 가장 많이 사용하게 된다.

다음은 일반적으로 사용하는 쿼리 작성 문장이다.

코드 3.1
```
String strSQL = "";
strSQL += "select * ";
strSQL += "from ( ";
strSQL += "select A_column, ";
strSQL += "B_column ,";
// 중간 생략(약400라인)
...
```

요즘은 myBatis, Hibernate와 같은 데이터 매핑 프레임워크를 사용하지만, 예전에는 보통 이렇게 쿼리를 작성했다. 꼭 쿼리 문장이 아니더라도, 문자열을 다루는 경우는 많을 것이다. 그런데 이렇게 쿼리를 작성하면, 개발 시에는 좀 편할지 몰라도 메모리를 많이 사용하게 된다는 문제가 있다. 나초보씨는 위의 문자열을 더하는 4개 라인과 같은 패턴을 100회 수행(총 400라인 수행)한다는 가정하에 이 메서드를 한 번 수행하면, 몇 MB의 메모리를 사용하는지 직접 확인해 보기로 했다.
수행해 보니 다음의 결과를 얻을 수 있었다.

구분	결과
메모리 사용량	10회 평균 약 5MB
응답 시간	10회 평균 약 5ms

그래서 나초보씨는 메모리 사용량과 응답 시간을 줄이기 위해 이튜닝 선배가 시킨 대로 소스를 다음과 같이 StringBuilder로 변경하였다.

코드 3.2
```
StringBuilder strSQL = new StringBuilder();
strSQL.append(" select * ");
```

```
strSQL.append(" from ( ");
strSQL.append(" select A_column, ");
strSQL.append(" B_column ,");
// 중간 생략(약400라인)
...
```

이렇게 코드 3.1을 3.2처럼 변경한 후 수행한 결과는 다음과 같다.

구분	결과
메모리 사용량	10회 평균 약371KB
응답 시간	10회 평균 약0.3ms

나초보씨는 왜 이러한 결과가 나오는지 의아하기만 했다. 왜 이런 결과가 나오는 것일까? 당장 원인을 알고 싶겠지만, 그 전에 잠시 StringBuffer 클래스와 StringBuilder 클래스에 대해서 알아보자.

StringBuffer 클래스와 StringBuilder 클래스

JDK 5.0을 기준으로 문자열을 만드는 클래스는 String, StringBuffer, StringBuilder가 가장 많이 사용된다. 여기서 StringBuilder 클래스는 JDK 5.0에서 새로 추가되었다. StringBuffer 클래스나 StringBuilder 클래스에서 제공하는 메서드는 동일하다. 그러면 StringBuffer 클래스와 StringBuilder 클래스는 뭐가 다를까? StringBuffer 클래스는 스레드에 안전하게(ThreadSafe) 설계되어 있으므로, 여러 개의 스레드에서 하나의 StringBuffer 객체를 처리해도 전혀 문제가 되지 않는다. 하지만 StringBuilder는 단일 스레드에서의 안전성만을 보장한다. 그렇기 때문에 여러 개의 스레드에서 하나의 StringBuilder 객체를 처리하면 문제가 발생한다.

간단하게 두 클래스의 생성자와 메서드를 확인하고 정리해 보자(StringBuffer를 기준으로 보자). 두 클래스에는 아래 표와 같이 4개의 생성자가 있다. 필요에 따라서 생성자를 선택해 사용하기 바란다.

생성자	
StringBuffer()	아무 값도 없는 StringBuffer 객체를 생성한다. 기본 용량은 16개의 char 이다.
StringBuffer (CharSequence seq)	CharSequence를 매개변수로 받아 그 seq 값을 갖는 StringBuffer를 생성한다.
StringBuffer (int capacity)	capacity에 지정한 만큼의 용량을 갖는 StringBuffer를 생성한다.
StringBuffer (String str)	str의 값을 갖는 StringBuffer를 생성한다.

> **참고** CharSequence는 뭘까? CharSequence는 인터페이스이다. 다시 말하면, 클래스가 아니기 때문에 이 인스턴스로 객체를 생성할 수 없다. 이 인터페이스를 구현한 클래스로는 CharBuffer, String, StringBuffer, StringBuilder가 있으며, StringBuffer 나 StringBuilder로 생성한 객체를 전달할 때 사용된다.
>
> 다음 예를 보면 쉽게 이해가 될 것이다.
>
> 코드 3.3
> ```
> package com.perf.string;
>
> public class StringBufferTest1 {
>     public static void main(String args[]) {
>         StringBuilder sb=new StringBuilder();
>         sb.append("ABCDE");
>         StringBufferTest1 sbt=new StringBufferTest1();
>         sbt.check(sb);
>     }
>     public void check(CharSequence cs) {
> ```

```
        StringBuffer sb=new StringBuffer(cs);
        System.out.println("sb.length="+sb.length());
    }
}
```

결과는 어떻게 나올까? StringBuilder를 CharSequence로 받고 StringBuffer로 처리했으니, 컴파일 오류 혹은 런타임 오류가 발생할까?

둘 다 정답이 아니다. 이 소스를 컴파일하고 수행하면 결과는 아래와 같이 나온다.

결과

```
sb.length=5
```

즉, 정상적으로 처리된다. StringBuffer나 StringBuilder로 값을 만든 후 굳이 toString을 수행하여 필요 없는 객체를 만들어서 넘겨주기보다는 CharSequence로 받아서 처리하는 것이 메모리 효율에 더 좋다.

주로 사용하는 두 개의 메서드만 알아보자(당연히 toString() 메서드는 알 터이니 넘어가겠다). 바로 append() 메서드와 insert() 메서드다. 이 두 가지 메서드는 여러 가지 타입의 매개변수를 수용하기 위해서 다음의 타입들을 매개변수로 사용할 수 있다.

- boolean
- char
- char[]
- CharSequence
- double
- float
- int

- long
- Object
- String
- StringBuffer

append() 메서드는 말 그대로 기존 값의 맨 끝 자리에 넘어온 값을 덧붙이는 작업을 수행하고, insert() 메서드는 지정된 위치 이후에 넘어온 값을 덧붙이는 작업을 수행한다. 단약 insert() 메서드를 수행할 때 지정한 위치까지 값이 할당되어 있지 않으면 StringIndexOutOfBoundsException이 발생한다.

다음 예제를 보면 이해가 쉬울 것이다.

코드 3.4

```java
public class StringBufferTest2 {
    public static void main(String args[]) {
        StringBuffer sb=new StringBuffer();
        //이렇게 사용해도 되고
        sb.append("ABCDE");
        sb.append("FGHIJ");
        sb.append("KLMNO");

        //이렇게 사용해도 된다.
        sb.append("ABCDE")
        .append( FGHIJ")
        .append( KLMNO");

        //하지만 제발 이렇거는 사용하지 말기 바란다.
        sb.append("ABCDE"+"="+"FGHIJ");
        sb.insert(3, "123");
        System.out.println(sb);
    }
}
```

append() 메서드를 사용할 때 코드 3.4의 굵게 표시된 부분처럼 append() 메서드 내에서 +를 이용해 문자열을 더하면 StringBuffer를 사용하는 효과가 전혀 없다. 그러므로 되도록이면 append() 메서드를 이용하여 문자열을 더하기 바란다. 왜 그러면 안 되는지 지금부터 자세히 설명하겠다.

String vs. StringBuffer vs. StringBuilder

본격적으로 왜 append() 메서드를 이용하여 문자열을 더해야 하는지 알기 위해, 예제를 통해서 비교해 보자. 아무리 이론적인 내용을 자세히 이야기해 봤자 예제를 통해서 보지 않으면 이해하기 힘들다.

코드 3.5

```
<%
final String aValue="abcde";
for(int outLoop=0;outLoop<10;outLoop++) {
    String a=new String();
    StringBuffer b=new StringBuffer();
    StringBuilder c=new StringBuilder();
    for(int loop=0;loop<10000;loop++) {
        a+=aValue;
    }
    for(int loop=0;loop<10000;loop++) {
        b.append(aValue);
    }
    String temp=b.toString();
    for(int loop=0;loop<10000;loop++) {
        c.append(aValue);
    }
    String temp2=c.toString();
}
%>
OK
<%= System.currentTimeMillis() %>
```

소스를 JSP로 만든 이유는 이 코드를 java 파일로 만들어 반복 작업을 수행할 경우, 클래스를 메모리로 로딩하는 데 소요되는 시간이 발생하기 때문이다. 그래서 JSP로 만들어서 최초에 이 화면을 호출했을 때의 응답 시간 및 메모리 사용량은 측정에서 제외하고, 두 번째 호출한 내용부터 10회 반복 수행한 결과의 누적 값을 구하였다.

코드 3.4에 대해서 간단히 살펴보자.

- 더할 값(avalue)에서 임시로 사용되는 객체가 생성되지 않도록 하기 위해서 finalString으로 지정해 놓았다.
- 그리고 문자열을 더하기 위한 객체를 3가지로 만들었다(4~6라인).
- 각각의 객체를 만 번(10,000번)씩 수행하면서 각 객체에 'abcde'를 추가한다 (7~16라인).
- StringBuffer와 StringBuilder가 String 클래스의 객체로 변환되는 동일한 역할을 할 수 있도록 toString()를 호출한다(13, 17라인).
- 이러한 행위를 10회 반복한다.
- 앞서 수행된 결과 화면과 다른지 확인하기 위해서 현재 시간을 프린트한다.

정말 이렇게 단 번 정도 문자열을 더하는 경우가 발생하겠냐는 의문을 품는 독자들이 있을지도 모른다. 필자는 튜닝을 하러 다니면서 만 번까지는 아니더라도 100번이나 1,000번 수행하는 경우를 많이 보았다. 회계 프로그램과 같이 쿼리가 굉장히 복잡한 시스템의 경우 보통 쿼리 하나가 적어도 4~5페이지 정도 된다. 어느 경우에는 PreparedStatement 문장을 만들기 위해서 쿼리 문장을 다음과 같이 반복할 때도 있다.

```
for(int i=0; i<a.size(); i++) {
    queryStr+=",?";
}
```

일부 시스템의 경우는 기존 웹 모듈을 사용하기 위해서 배치(batch) 프로그램을 자바 기반으로 작성하는 경우도 많다. 그 경우에는 반복 횟수가 더 많기 때문에 이 부분에 더욱 유의하여 개발해야 한다. 실제 이러한 코드가 차이를 얼마나 발생시키는지, 더 확연하게 드러내기 위해서 좀 과하게 반복을 했으니 이해해 주기 바란다.

> **참고** 여러분이 자바 기반의 애플리케이션의 응답을 측정할 경우, '무조건' 처음 수행한 화면의 결과 값은 무시해야 한다. 클래스를 메모리로 로딩할 때는 시간이 오래 걸리기 때문에, 그 때 측정한 결과 값은 의미가 없기 때문이다.
>
> 참고로 이 테스트는 톰캣 5.5를 사용하였다. JDK 버전은 5.0이며, 테스트 PC는 노트북이며, 1.83GHz 듀얼 코어, 메모리는 2GB이다. 이러한 환경에서 수행을 하면 응답 시간은 의미가 없다고 생각할 수도 있다. 하지만, 이 응답 시간은 OS에 따라서 상대적이기 때문에 그 비율의 차이는 별로 없을 것이다. 그리고, OS가 어떤 것이든 메모리 사용량은 똑같다.

그럼 한번 소스만 보고 결과를 예상해 보자. String, StringBuffer, StringBuilder 셋 중 어느 것이 가장 빠르고 메모리를 적게 사용할까? 총 반복 횟수를 알아보면 다음과 같다.

- 10,000회 반복하여 문자열을 더하고, 이러한 작업을 10회 반복한다.
- 그리고 이 화면을 10회 반복 호출한다.

그러므로 각 문자열을 더하는 라인은 총 100만 번씩 수행된다. 프로파일링 툴을 사용하여 코드 3.5를 실행한 결과는 다음과 같다.

주요 소스 부분	응답 시간 (ms)	비고
a+=aValue;	95,801.41ms	95초
b.append(aValue); String temp=b.toString();	247.48ms 14.21ms	0.24초
c.append(aValue); String temp2=b.toString();	174.17ms 13.38ms	0.17초

왜 String 클래스를 쓰면 문제가 된다고 하는지 이제 좀 감이 잡힐 것이다. 하지만 여기서 끝이 아니다. 메모리 사용량을 보자.

주요 소스 부분	메모리 사용량(bytes)	생성된 임시 객체수	비고
a+= aValue;	100,102,000,000	4,000,000	약 95Gb
b.append(aValue); String temp=b.toString();	29,493,600 10,004,000	1,200 200	약 28Mb 약 9.5Mb
c.append(aValue); String temp2=b.toString();	29,493,600 10,004,000	1,200 200	약 28Mb 약 9.5Mb

응답 시간은 String보다 StringBuffer가 약 367배 빠르며, StringBuilder가 약 512배 빠르다. 메모리는 StringBuffer와 StringBuilder보다 String에서 약 3,390배 더 사용한다. 이러한 결과가 왜 발생하는지 알아보자.

    a -=aValue; // 이것은 a=a+aValue와 같다.

이 소스 라인이 수행되면 어떻게 될까? 여기에 우리가 지금까지 간과해 온 부분이 존재한다. a에 aValue를 더하면 새로운 String 클래스의 객체가 만들어지고, 이전에 있던 a 객체는 필요 없는 쓰레기 값이 되어 GC 대상이 되어 버린다.

결과

a +=aValue 값(첫 번째 수행) : abcde
a +=aValue 값(두 번째 수행) : abcdeabcde
a +=aValue 값(세 번째 수행) : abcdeabcdeabcde

그림으로 나타내면 다음과 같다.

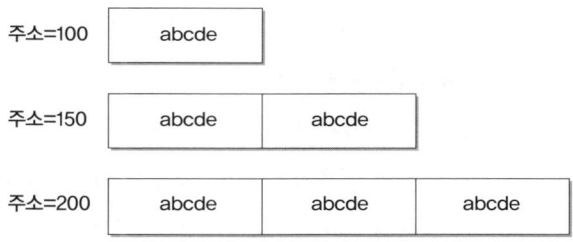

그림6 | String 클래스의 원리

가장 처음에 a 객체에는 'abcde' 값이 저장되어 있었다. 값이 더해지기 전의 a 객체는 a+=aValue;를 수행하면서 사라지고(쓰레기가 되고), 새로운 주소와 'abcdeabcde'라는 값을 갖는 a 객체가 생성된다. 세 번째 수행되면 'abcdeabcdeabcde'라는 값을 갖는 또 다른 새로운 객체가 만들어진다.

 이런 작업이 반복 수행되면서 메모리를 많이 사용하게 되고, 응답 속도에도 많은 영향을 미치게 된다. 앞에서도 보았지만, GC를 하면 할수록 시스템의 CPU를 사용하게 되고 시간도 많이 소요된다. 그래서 프로그래밍을 할 때, 메모리 사용을 최소화하는 것은 당연한 일이다.

그러면 StringBuffer나 StringBuilder는 어떻게 작동되는지 알아보자. 이 두 가지 클래스가 동작하는 원리는 다음 그림과 같이 나타낼 수 있다.

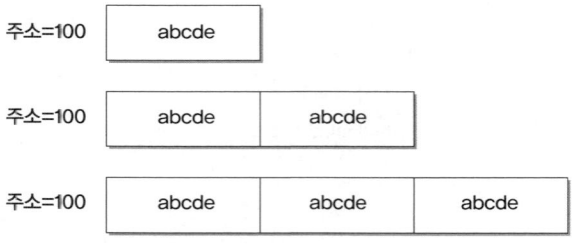

그림7 | StringBuffer나 StringBuilder의 원리

StringBuffer나 StringBuilder는 String과는 다르게 새로운 객체를 생성하지 않고, 기존에 있는 객체의 크기를 증가시키면서 값을 더한다.

그렇다면 String을 쓰는 것은 무조건 나쁘고, 무조건 StringBuffer와 StringBuilder 클래스만을 사용해야 하는 것일까? 나초보씨는 고민에 빠졌다. 이튜닝 선배에게 문의를 하고, 날아온 답변을 정리한 내용은 다음과 같다.

- String은 짧은 문자열을 더할 경우 사용한다.
- StringBuffer는 스레드에 안전한 프로그램이 필요할 때나, 개발 중인 시스템의 부분이 스레드에 안전한지 모를 경우 사용하면 좋다. 만약 클래스에 static으로 선언한 문자열을 변경하거나, singleton으로 선언된 클래스(JVM에 객체가 하나만 생성되는 클래스)에 선언된 문자열일 경우에는 이 클래스를 사용해야만 한다.
- StringBuilder는 스레드에 안전한지의 여부와 전혀 관계 없는 프로그램을 개발할 때 사용하면 좋다. 만약 메서드 내에 변수를 선언했다면, 해당 변수는 그 메서드 내에서만 살아있으므로, StringBuilder를 사용하면 된다.

String 사용 시 스레드에 안전한지는 "06. static 제대로 한번 써 보자."와 "08. synchronized는 제대로 알고 써야 한다."에 자세히 설명되어 있으니 참고하기 바란다.

버전에 따른 차이

지금까지의 이야기는 틀린 내용이 아니지만, 만약 여러분이 JDK 5.0 이상을 사용한다면 결과가 약간 달라진다. 아래의 예와 같은 소스가 있다고 하자.

코드 3.6

```
package com.perf.string;
public class VersionTest {
    String str="Here "+"is "+"a "+"sample.";
    public VersionTest() {
        int i=1;
        String str2="Here "+"is "+i +" samples.";
    }
}
```

먼저 JDK 1.4를 사용해서 컴파일해 보자. 일반적으로 많이 쓰이는 JAD를 사용하여 역 컴파일한 소스는 다음과 같다.

코드 3.7

```
package com.perf.string;
public class VersionTest{
    public VersionTest() {
        str = "Here is a sample.";
        int i = 1;
        String s = "Here is " + i + " samples.";
    }
    String str;
}
```

역 컴파일한 소스를 보면 자바 컴파일러가 문자열 더한 것을 컴파일할 때 알아서 더해 놓고 있다. 그래도 중간에 int나 다른 객체가 들어가게 되면 위의 예와 같이 그대로 더하도록 되어 있다. 어차피 필요 없는 객체는 생성이 된다는 의미이다. 그럼 JDK 5.0에서는 얼마나 달라졌는지 알아보자.

코드 3.8

```
package com.perf.string;
public class VersionTest {
    public VersionTest() {
        str = "Here is a sample.";
        int i = 1;
        String str2 = (new StringBuilder("Here is "))
            .append(i).append(" samples.").toString();
    }
    String str;
}
```

예전에 JVM을 만든 Sun에서도 고민을 많이 한 기색이 역력하다. 만약 여러분이 문자열을 그냥 더하도록 프로그래밍했다면, 컴파일할 때 위와 같이 변환된다. 개발자의 실수를 어느 정도는 피할 수 있게 된다는 것이다.

정리하며

문자열을 처리하기 위한 String, StringBuffer, StringBuilder 세 가지 클래스 중에서, 메모리를 가장 많이 차지하고 응답 시간에 많은 영향을 주는 것은 String 클래스이다. 만약 여러분의 WAS나 시스템이 JDK 5.0 이상을 사용한다면, 컴파일러에서 자동으로 StringBuilder로 변환하여 준다.

 하지만 반복 루프를 사용해서 문자열을 더할 때는 객체를 계속 추가한다는 사실에는 변함이 없다. 그러므로 String 클래스를 쓰는 대신, 스레드와 관련이 있으면 StringBuffer를, 스레드 안전 여부와 상관이 없으면 StringBuilder를 사용하는 것을 권장한다.

story 04

어디에 담아야 하는지...

들어가며

대부분의 프로젝트에서는 "01. 디자인 패턴 꼭써야 한다."에서 배운 Transfer Object를 많이 사용하고, 그 객체 내부에서는 대부분 Collection과 Map 인터페이스를 상속받는 객체가 많이 사용된다. 그것은 일반적으로 목록 데이터를 가장 담기 좋은 것이 배열이고, 그 다음으로 Collection 관련 객체들이기 때문이다. 배열은 처음부터 크기를 지정해야 하지만, Collection의 객체 대부분은 그럴 필요 없이 객체들이 채워질 때마다 자동으로 크기가 증가된다. 자바 관련 사이트를 보면 어떤 객체를 써야 할지 고민하는 분들이 많이 있다. 어떤 것이 성능상 좋은지 자주 토론이 이뤄지기도 한다. 그럼 성능상 차이가 실제로는 얼마나 발생하는지 알아보자.

나초보씨는 항상 개발을 하면서 ArrayList, HashMap, 배열들을 혼용하여 사용해 왔다. 그때 그때 마음에 드는 객체를 사용해 오긴 했지만, 어떤 객체를 사용하는 것이 가장 좋은지 궁금해졌다. 그러나 여기 저기 웹사이트를 둘러보아도 별다른 내용이 없어 그냥 소신껏 개발하고 있다. 이튜닝 선배와 김경험 선배에게 어떤 것

을 사용하면 좋을지 문의해 봐도 별 차이가 없으니 그냥 사용하라는 이야기뿐이다. 정말 별 차이가 없을까? 나초보씨는 홀로 이 문제에 대한 답을 찾기로 했다.

Collection 및 Map 인터페이스의 이해

앞서 말했듯이 배열을 제외하면 데이터를 담기 가장 좋은 객체는 Collection과 Map 인터페이스를 상속한 객체이다. 이 인터페이스의 구성은 다음의 그림과 같다.

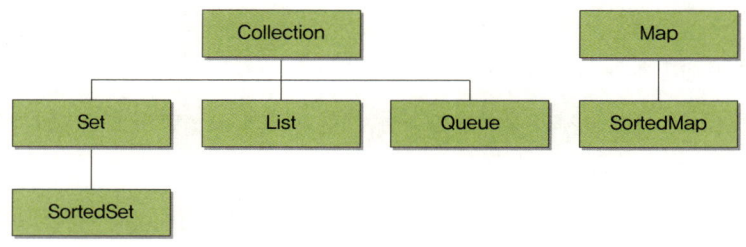

그림8 | Collection 인터페이스 구성

이 그림의 Queue 인터페이스는 JDK 5.0에서 추가되었다. 간단하게 각 인터페이스에 대해서 살펴보자.

- Collection: 가장 상위 인터페이스이다.
- Set: 중복을 허용하지 않는 집합을 처리하기 위한 인터페이스이다.
- SortedSet: 오름차순을 갖는 Set 인터페이스이다.
- List: 순서가 있는 집합을 처리하기 위한 인터페이스이기 때문에 인덱스가 있어 위치를 지정하여 값을 찾을 수 있다. 중복을 허용하며, List 인터페이스를 상속받는 클래스 중에 가장 많이 사용하는 것으로 ArrayList가 있다.
- Queue: 여러 개의 객체를 처리하기 전에 담아서 처리할 때 사용하기 위한 인터페이스이다. 기본적으로 FIFO를 따른다.
- Map: Map은 키와 값의 쌍으로 구성된 객체의 집합을 처리하기 위한 인터페이스이다. 이 객체는 중복되는 키를 허용하지 않는다.
- SortedMap: 키를 오름차순으로 정렬하는 Map 인터페이스이다.

> 참고 FIFO란 First In First Out의 약자로, 처음 추가된 객체가 처음 삭제되는 것을 의미한다. 한문으로 하면 先入先出(선입선출)이다.

먼저 Set 인터페이스에 대해서 알아보자. Set 인터페이스는 중복이 없는 집합 객체를 만들 때 유용하다. 예를 들어 전체 임직원의 이름이 몇 개 인지 확인해 보려면, 중복되는 이름을 제외해야 할 것이다. 이럴 때 그냥 Set 객체에 데이터를 집어 넣으면 중복된 데이터는 들어가지 않는다.

Set 인터페이스를 구현한 클래스로는 HashSet, TreeSet, LinkedHashSet 세 가지가 있다.

- HashSet: 데이터를 해쉬 테이블에 담는 클래스로 순서 없이 저장된다.
- TreeSet: red-black이라는 트리에 데이터를 담는다. 값에 따라서 순서가 정해진다. 데이터를 담으면서 동시에 정렬을 하기 때문에 HashSet보다 성능상 느리다.
- LinkedHashSet: 해쉬 테이블에 데이터를 담는데, 저장된 순서에 따라서 순서가 결정된다.

> **참고** red-black 트리란 이진 트리 구조로 데이터를 담는 구조를 말하며, 다음과 같은 특징이 있다.
> ① 각각의 노드는 검은색이나 붉은색이어야 한다.
> ② 가장 상위(root) 노드는 검은색이다.
> ③ 가장 말단(leaves) 노드는 검은색이다.
> ④ 붉은 노드는 검은 하위 노드만을 가진다(따라서 검은 노드는 붉은 상위 노드만을 가진다).
> ⑤ 모든 말단 노드로 이동하는 경로의 검은 노드 수는 동일하다.

List 인터페이스를 구현한 클래스들에 대해서 알아보자. List는 대부분의 개발자들이 잘 알고 있겠지만, 배열의 확장판이라고 보면 된다. C나 Java의 배열은 모두 최초 선언 시 담을 수 있는 데이터의 개수가 한정되어 있다. 하지만, List 인터페이

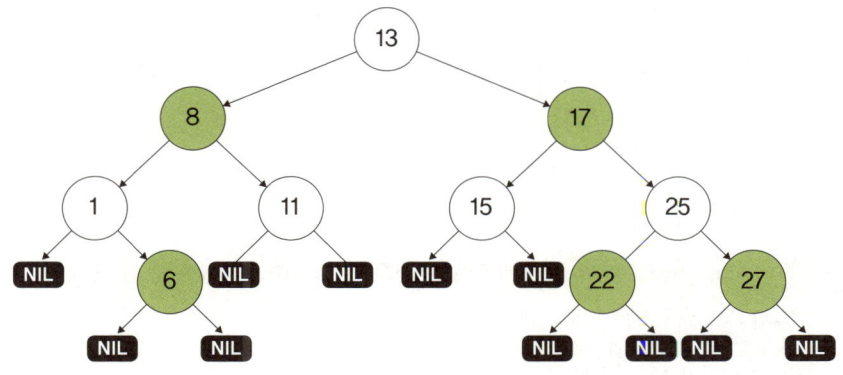

그림9 | red-black tree

• 이 책에서 red-black tree의 검정 노드는 흰색으로, 붉은 노드는 청색으로 표현했다.

스를 구현한 클래스들은 담을 수 있는 크기가 자동으로 증가되므로, 데이터의 개수를 확실히 모를 때 유용하게 사용된다. 구현된 클래스에는 ArrayList와 LinkedList 클래스가 있으며, 원조 클래스 격인 Vector 클래스가 있다.

- Vetor: 객체 생성시에 크기를 지정할 필요가 없는 배열 클래스이다.
- ArrayList: Vector와 비슷하지만, 동기화 처리가 되어 있지 않다.
- LinkedList: ArrayList와 동일하지만, Queue 인터페이스를 구현했기 때문에 FIFO 큐 작업을 수행한다.

Map은 Key와 Value의 쌍으로 저장되는 구조체이다. 그래서, 단일 객체만 저장되는 다른 Collection API들과는 다르게 따로 분리되어 있다. 이러한 Map은 ID와 패스워드, 코드와 이름 등 고유한 값과 그 값을 설명하는 데이터를 보관할 때 유용하다. Map 인터페이스를 구현한 클래스들은 HashMap, TreeMap, LinkedHashMap세 가지가 있고, 원조 클래스 격인 Hashtable 클래스가 있다.

- Hashtable: 데이터를 해쉬 테이블에 담는 클래스이다. 내부에서 관리하는 해쉬 테이블 객체가 동기화되어 있으므로, 동기화가 필요한 부분에서는 이 클래스를 사용하기 바란다.
- HashMap: 데이터를 해쉬 테이블에 담는 클래스이다. Hashtable 클래스와 다른 점은 null 값을 허용한다는 것과 동기화되어 있지 않다는 것이다.
- TreeMap: red-black 트리에 데이터를 담는다. TreeSet과 다른 점은 키에 의해서 순서가 정해진다는 것이다.
- LinkedHashMap: HashMap과 거의 동일하며 이중 연결 리스트(doubly-linkedlist)라는 방식을 사용하여 데이터를 담는다는 점만 다르다.

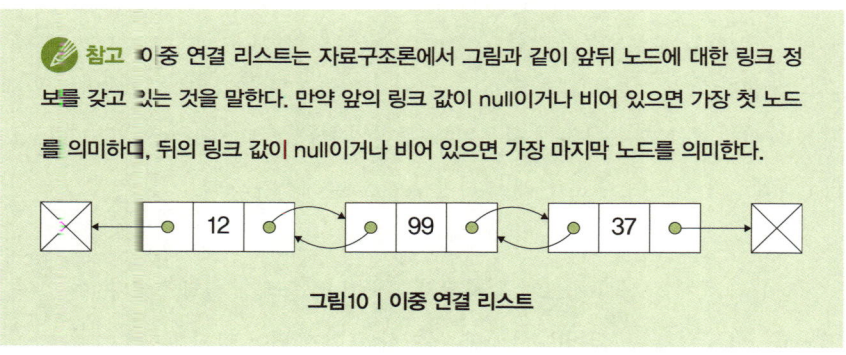

참고 이중 연결 리스트는 자료구조론에서 그림과 같이 앞뒤 노드에 대한 링크 정보를 갖고 있는 것을 말한다. 만약 앞의 링크 값이 null이거나 비어 있으면 가장 첫 노드를 의미하며, 뒤의 링크 값이 null이거나 비어 있으면 가장 마지막 노드를 의미한다.

그림10 | 이중 연결 리스트

Queue는 데이터를 담아 두었다가 먼저 들어온 데이터부터 처리하기 위해서 사용된다. 예를 들어 SMS와 같은 문자를 처리할 때 서버에서 들어오는 순서대로 처리해 주려면 이 Queue에 던져 주고, 처음에 요청한 데이터부터 처리하면 된다. 그런데, List도 순서가 있고, Queue도 순서가 있는데 왜 굳이 Queue가 필요할까? List의 가장 큰 단점은 데이터가 많은 경우 처리 시간이 늘어난다는 점이다. 가장 앞에 있는 데이터(0번 데이터)를 지우면 그 다음 1번 데이터부터 마지막 데이터까지 한 칸씩 옮기는 작업을 수행해야 하므로, 데이터가 적을 때는 상관 없지만, 데이터가 많으면 많을수록 가장 앞에 있는 데이터를 지우는데 소요되는 시간이 증가된다. (이와 관련된 비교 결과는 잠시 후에 살펴보자.)

Queue 인터페이스를 구현한 클래스는 두 가지로 나뉜다. java.util 패키지에 속하는 LinkedList와 PriorityQueue는 일반적인 목적의 큐 클래스이며, java.util.concurrent 패키지에 속하는 클래스들은 컨커런트 큐 클래스이다.

- PriorityQueue: 큐에 추가된 순서와 상관없이 먼저 생성된 객체가 먼저 나오도록 되어 있는 큐다.
- LinkedBlockingQueue: 저장할 데이터의 크기를 선택적으로 정할 수도 있는 FIFO 기반의 링크 노드를 사용하는 블로킹 큐다.
- ArrayBlockingQueue: 저장되는 데이터의 크기가 정해져 있는 FIFO 기반의 블로킹 큐다.
- PriorityBlockingQueue: 저장되는 데이터의 크기가 정해져 있지 않고, 객체의 생성순서에 따라서 순서가 저장되는 블로킹 큐다.
- DelayQueue: 큐가 대기하는 시간을 지정하여 처리하도록 되어 있는 큐다.
- SynchronousQueue: put() 메서드를 호출하면, 다른 스레드에서 take() 메서드가 호출될 때까지 대기하도록 되어 있는 큐다. 이 큐에는 저장되는 데이터가 없다. API에서 제공하는 대부분의 메서드는 0이나 null을 리턴한다.

> 참고 블로킹 큐(blocking queue)란 크기가 지정되어 있는 큐에 더 이상 공간이 없을 때, 공간이 생길 때까지 대기하도록 만들어진 큐를 의미한다.

Set 클래스 중 무엇이 가장 빠를까?

나초보씨는 이제 Collection 관련 클래스에 관해 대략적으로 알게 되었다. 나초보씨는 어떤 클래스의 속도가 가장 빠른지 확인하기 위해서 직접 클래스를 작성하기로 했다(여기서 Queue 인터페이스로 구현한 클래스들은 별도로 비교하지 않았다).

먼저 Set 관련 클래스들의 성능을 비교해 보기 위해서 다음과 같은 JMH 테스트 코드를 만들었다. 데이터를 담을 때 얼마나 시간 차이가 발생하는지 확인해 보자.

코드 4.1

```java
package com.perf.collection;

import java.util.HashSet;
import java.util.LinkedHashSet;
import java.util.Set;
import java.util.TreeSet;
import java.util.concurrent.TimeUnit;

import org.openjdk.jmh.annotations.BenchmarkMode;
import org.openjdk.jmh.annotations.GenerateMicroBenchmark;
import org.openjdk.jmh.annotations.Mode;
import org.openjdk.jmh.annotations.OutputTimeUnit;
import org.openjdk.jmh.annotations.Scope;
import org.openjdk.jmh.annotations.State;

@State(Scope.Thread)
@BenchmarkMode({ Mode.AverageTime })
@OutputTimeUnit(TimeUnit.MICROSECONDS)
public class SetAdd  {
    int LOOP_COUNT=1000;
    Set<String> set;
    String data = "abcdefghijklmnopqrstuvwxyz";

    @GenerateMicroBenchmark
    public void addHashSet() {
        set=new HashSet<String>();
        for(int loop=0;loop<LOOP_COUNT;loop++) {
                set.add(data+loop);
        }
    }
    @GenerateMicroBenchmark
    public void addTreeSet() {
        set=new TreeSet<String>();
```

```
            for(int loop=0;loop<LOOP_COUNT;loop++) {
                set.add(data+loop);
            }
        }
        @GenerateMicroBenchmark
        public void addLinkedHashSet() {
            set=new LinkedHashSet<String>();
            for(int loop=0;loop<LOOP_COUNT;loop++) {
                set.add(data+loop);
            }
        }
    }
```

처음 이 코드를 읽는 분들은 이해하기 어려울 수 있으니 코드를 잠시 살펴보자. add로 시작하는 메서드들은 실제로 측정이 되는 부분이다. Set에 값을 추가하기 때문에 메서드가 수행될 때마다 Set 객체를 초기화해 주었다. LOOP_COUNT의 값인 1,000 개의 데이터를 순차적으로 추가 작업을 반복 수행한다.

여기서 LOOP_COUNT는 1,000으로 고정되어 있지만, 데이터 크기를 서로 다르게 해 보려면 1,000 이외에 다른 값도 직접 변경하면서 확인해 보자. 결과는 다음과 같다.

대상	평균 응답 시간 (마이크로초)
HashSet	375
TreeSet	1,249
LinkedHashSet	378

HashSet과 LinkedHashSet의 성능이 비슷하고, TreeSet의 순서로 성능 차이가 발생한다. 추가로 다음과 같이 Set의 초기 크기를 지정하여 객체를 생성한 후 데이터를 add하는 테스트 코드를 작성해 볼 수 있다.

코드 4.2

```
@GenerateMicroBenchmark
public void addHashSetWithInitialSize() {
    set=new HashSet<String>(LOOP_COUNT);
    for(int loop=0;loop<LOOP_COUNT;loop++) {
        set.add(data+loop);
    }
}
```

이 경우는 데이터 크기를 미리 알고 있을 때 사용할 수 있으며, HashSet만의 성능을 비교해 보면 다음과 같다.

대상	평균 응답 시간 (마이크로초)
HashSet	375
HashSetWithInitialSize	352

큰 차이는 발생하지 않지만 저장되는 데이터의 크기를 알고 있을 경우에는 객체 생성시 크기를 미리 지정하는 것이 성능상 유리하다.

이번에는 Set 클래스들이 데이터를 읽을 때 얼마나 많은 차이가 발생하는지 확인해 보자. 코드 4.1에서 살펴본 SetAdd 클래스와 동일한 부분은 지면상 생략하였다.

코드 4.3

```
package com.perf.collection;

// import는 동일하므로 생략

@State(Scope.Thread)
@BenchmarkMode({ Mode.AverageTime })
@OutputTimeUnit(TimeUnit.MICROSECONDS)
public class SetIterate  {
```

```java
int LOOP_COUNT=1000;
Set<String> hashSet;
Set<String> treeSet;
Set<String> linkedHashSet;

String data = "abcdefghijklmnopqrstuvwxyz";
String []keys;

String result=null;
@Setup(Level.Trial)
public void setUp() {
    hashSet=new HashSet<String>();
    treeSet=new TreeSet<String>();
    linkedHashSet=new LinkedHashSet<String>();
    for(int loop=0;loop<LOOP_COUNT;loop++) {
        String tempData=data+loop;
        hashSet.add(tempData);
        treeSet.add(tempData);
        linkedHashSet.add(tempData);
    }
}

@GenerateMicroBenchmark
public void iterateHashSet() {
    Iterator<String> iter = hashSet.iterator();
    while(iter.hasNext()) {
        result = iter.next();
    }
}

@GenerateMicroBenchmark
public void iterateTreeSet() {
    Iterator<String> iter = treeSet.iterator();
    while(iter.hasNext()) {
        result = iter.next();
    }
}
```

```
@GenerateMicroBenchmark
public void iterateLinkedHashSet() {
    Iterator<String> iter = linkedHashSet.iterator();
    while(iter.hasNext()) {
        result = iter.next();
    }
}
```

결과를 확인해 보자.

대상	평균 응답 시간 (마이크로초)
HashSet	26
TreeSet	35
LinkedHashSet	16

확인해 보면 LinkedHashSet이 가장 빠르고, HashSet, TreeSet 순으로 데이터를 가져오는 속도가 느려진다. 그런데, Set을 이렇게 사용하는 독자도 있겠지만, 일반적으로 Set은 여러 데이터를 넣어 두고 해당 데이터가 존재하는지를 확인하는 용도로 많이 사용된다. 따라서, 데이터를 Iterator로 가져오는 것이 아니라, 랜덤하게 가져와야만 한다.

데이터를 랜덤하게 가져오기 위해서 다음과 같이 RandomKeyUtil 클래스에 generateRandomSetKeysSwap()이라는 메서드를 만들었다.

코드 4.4

```
package com.perf.collection;

import java.util.ArrayList;
import java.util.Iterator;
import java.util.Random;
```

```
import java.util.Set;

public class RandomKeyUtil {

    public static String[] generateRandomSetKeysSwap(Set<String> set) {
        int size=set.size();
        String result[] = new String[size];
        Random random = new Random();
        int maxNumber = size;
        Iterator<String> iterator=set.iterator();
        int resultPos=0;
        while (iterator.hasNext()) {
            result[resultPos++]=iterator.next();
        }
        for (int loop = 0; loop < size; loop++) {
            int randomNumber1 = random.nextInt(maxNumber);
            int randomNumber2 = random.nextInt(maxNumber);
            String temp=result[randomNumber2];
            result[randomNumber2]=result[randomNumber1];
            result[randomNumber1]=temp;
        }

        return result;
    }
}
```

이처럼 generateRandomSetKeysSwap() 메서드를 활용하면, 데이터의 개수 만큼 불규칙적인 키를 뽑아 낼 수 있다. 다음에는 비순차적으로 데이터를 뽑는 SetContains 클래스를 만들자.

코드 4.5

```
package com.perf.collection;
// import는 동일하므로 생략

@State(Scope.Thread)
```

```java
@BenchmarkMode({ Mode.AverageTime })
@OutputTimeUnit(TimeUnit.MICROSECONDS)
public class SetContains  {
    int LOOP_COUNT=1000;
    Set<String> hashSet;
    Set<String> treeSet;
    Set<String> linkedHashSet;

    String data = "abcdefghijklmnopqrstuvwxyz";
    String []keys;

    @Setup(Level.Trial)
    public void setUp() {
        hashSet=new HashSet<String>();
        treeSet=new TreeSet<String>();
        linkedHashSet=new LinkedHashSet<String>();
        for(int loop=0;loop<LOOP_COUNT;loop++) {
            String tempData=data+loop;
            hashSet.add(tempData);
            treeSet.add(tempData);
            linkedHashSet.add(tempData);
        }
        if(keys==null || keys.length!=LOOP_COUNT) {
            keys=RandomKeyUtil.generateRandomSetKeysSwap(hashSet);
        }
    }
    @GenerateMicroBenchmark
    public void containsHashSet() {
        for(String key:keys) {
            hashSet.contains(key);
        }
    }
    @GenerateMicroBenchmark
    public void containsTreeSet() {
        for(String key:keys) {
            treeSet.contains(key);
        }
```

```
    }
    @GenerateMicroBenchmark
    public void containsLinkedHashSet() {
        for(String key:keys) {
            linkedHashSet.contains(key);
        }
    }
}
```

이 클래스를 수행한 결과는 다음과 같다.

대상	평균 응답 시간 (마이크로초)
HashSet	32
TreeSet	841
LinkedHashSet	32

HashSet과 LinkedHashSet의 속도는 빠르지만, TreeSet의 속도는 느리다는 것을 알 수 있다. 그러면 왜 결과가 항상 느리게 나오는 TreeSet 클래스를 만들었을까? 여러분들이 Iterate 클래스를 사용하여 데이터를 꺼내 보면 알겠지만, TreeSet은 데이터를 저장하면서 정렬한다. TreeSet의 선언문을 보자.

```
public class TreeSet<E> extends AbstractSet<E>
    implements NavigableSet<E>, Cloneable, Serializable
```

구현한 인터페이스 중에 NavigableSet이 있다. 이 인터페이스는 특정 값보다 큰 값이나 작은 값, 가장 큰 값, 가장 작은 값 등을 추출하는 메서드를 선언해 놓았으며 JDK 1.6부터 추가된 것이다. 즉, 데이터를 순서에 따라 탐색하는 작업이 필요할 때는 TreeSet을 사용하는 것이 좋다는 의미다. 하지만, 그럴 필요가 없을 때는 HashSet이나 LinkedHashSet을 사용하는 것을 권장한다.

List 관련 클래스 중 무엇이 빠를까?

이번에는 List 인터페이스를 구현한 ArrayList, LinkedList, Vector 클래스들의 속도를 비교해 보자. 코드 4.6은 값을 추가하는 예다.

코드 4.6

```java
package com.perf.collection;

import java.util.ArrayList;
import java.util.LinkedList;
import java.util.List;
import java.util.Vector;
import java.util.concurrent.TimeUnit;

import org.openjdk.jmh.annotations.BenchmarkMode;
import org.openjdk.jmh.annotations.GenerateMicroBenchmark;
import org.openjdk.jmh.annotations.Mode;
import org.openjdk.jmh.annotations.OutputTimeUnit;
import org.openjdk.jmh.annotations.Scope;
import org.openjdk.jmh.annotations.State;

@State(Scope.Thread)
@BenchmarkMode({ Mode.AverageTime })
@OutputTimeUnit(TimeUnit.MICROSECONDS)
public class ListAdd  {
    int LOOP_COUNT=1000;
    List<Integer> arrayList;
    List<Integer> vector;
    List<Integer> linkedList;

    @GenerateMicroBenchmark
    public void addArrayList() {
        arrayList=new ArrayList<Integer>();
        for(int loop=0;loop<LOOP_COUNT;loop++) {
            arrayList.add(loop);
```

```java
        }
    }

    @GenerateMicroBenchmark
    public void addVector() {
        vector=new Vector<Integer>();
        for(int loop=0;loop<LOOP_COUNT;loop++) {
            vector.add(loop);
        }
    }

    @GenerateMicroBenchmark
    public void addLinkedList() {
        linkedList=new LinkedList<Integer>();
        for(int loop=0;loop<LOOP_COUNT;loop++) {
            linkedList.add(loop);
        }
    }

}
```

Set의 예제 코드와 큰 차이가 없으므로 바로 결과를 확인해 보자.

대상	평균 응답 시간 (마이크로초)
ArrayList	28
Vector	31
LinkedList	40

보는 것과 같이 데이터를 넣는 속도는 어떤 클래스든 큰 차이가 없는 것을 볼 수 있다. 이번에는 데이터를 꺼내는 속도를 확인해 보자. 테스트 코드는 다음과 같다.

코드 4.7

```java
package com.perf.collection;
// import는 동일하므로 생략

@State(Scope.Thread)
@BenchmarkMode({ Mode.AverageTime })
@OutputTimeUnit(TimeUnit.MICROSECONDS)
public class ListGet {
    int LOOP_COUNT=1000;
    List<Integer> arrayList;
    List<Integer> vector;
    LinkedList<Integer> linkedList;

    int result=0;

    @Setup
    public void setUp() {
        arrayList=new ArrayList<Integer>();
        vector=new Vector<Integer>();
        linkedList=new LinkedList<Integer>();
        for(int loop=0;loop<LOOP_COUNT;loop++) {
            arrayList.add(loop);
            vector.add(loop);
            linkedList.add(loop);
        }
    }
    @GenerateMicroBenchmark
    public void getArrayList() {
        for(int loop=0;loop<LOOP_COUNT;loop++) {
            result=arrayList.get(loop);
        }
    }
    @GenerateMicroBenchmark
    public void getVector() {
        for(int loop=0;loop<LOOP_COUNT;loop++) {
            result=vector.get(loop);
        }
```

```
    }
    @GenerateMicroBenchmark
    public void getLinkedList() {
        for(int loop=0;loop<LOOP_COUNT;loop++) {
            result=linkedList.get(loop);
        }
    }
}
```

데이터를 추가하는 시간은 비슷했지만, 데이터를 가져오는 시간은 다음과 같다.

대상	평균 응답 시간 (마이크로초)
ArrayList	4
Vector	105
LinkedList	1,512

ArrayList의 속도가 가장 빠르고, Vector와 LinkedList는 속도가 매우 느리다. LinkedList가 터무니없이 느리게 나온 이유는 LinkedList가 Queue 인터페이스를 상속받기 때문이다. 이를 수정하기 위해서는 순차적으로 결과를 받아오는 peek() 메서드를 사용해야 한다.

LinkedList는 peek() 메서드로 처리하도록 다음과 같이 timeGetData() 메서드를 변경하자.

코드 4.8

```
@GenerateMicroBenchmark
public void peekLinkedList() {
    for(int loop=0;loop<LOOP_COUNT;loop++) {
        result=linkedList.peek();
    }
}
```

변경 후 결과는 다음과 같다.

대상	평균 응답 시간 (마이크로초)
ArrayList	4
Vector	105
LinkedList	1,512
LinkedListPeek	0.16

ArrayList는 여전히 응답 속도가 빠르고, 그 다음에 LinkedList, Vector 순으로 순서가 바뀌었다. LinkedList 클래스를 사용할 때는 get() 메서드가 아닌 peek()이나 poll() 메서드를 사용해야 한다.

그런데 왜 ArrayList와 Vector의 성능 차이가 이렇게 클까? ArrayList는 여러 스레드에서 접근할 경우 문제가 발생할 수 있지만, Vector는 여러 스레드에서 접근할 경우를 방지하기 위해서 get() 메서드에 synchronized가 선언되어 있다. 따라서, 성능 저하가 발생할 수밖에 없다.

마지막으로 데이터를 삭제하는 속도를 비교해보자. 필자는 다음과 같이 코드를 작성했다

코드 4.8

```
package com.perf.collection;

// import는 동일하므로 생략

@State(Scope.Thread)
@BenchmarkMode({ Mode.AverageTime })
@OutputTimeUnit(TimeUnit.MICROSECONDS)
public class ListRemove {
    int LOOP_COUNT=10;
    List<Integer> arrayList;
```

```java
List<Integer> vector;
LinkedList<Integer> linkedList;

@Setup(Level.Trial)
public void setUp() {
    arrayList=new ArrayList<Integer>();
    vector=new Vector<Integer>();
    linkedList=new LinkedList<Integer>();
    for(int loop=0;loop<LOOP_COUNT;loop++) {
        arrayList.add(loop);
        vector.add(loop);
        linkedList.add(loop);
    }
}
@GenerateMicroBenchmark
public void removeArrayListFromFirst() {
    ArrayList<Integer> tempList=new ArrayList<Integer>(arrayList);
    for(int loop=0;loop<LOOP_COUNT;loop++) {
        tempList.remove(0);
    }
}
@GenerateMicroBenchmark
public void removeVectorFromFirst() {
    List<Integer> tempList=new Vector<Integer>(vector);
    for(int loop=0;loop<LOOP_COUNT;loop++) {
        tempList.remove(0);
    }
}
@GenerateMicroBenchmark
public void removeLinkedListFromFirst() {
    LinkedList<Integer> tempList=new LinkedList<Integer>(linkedList);
    for(int loop=0;loop<LOOP_COUNT;loop++) {
        tempList.remove(0);
    }
}

@GenerateMicroBenchmark
```

```java
    public void removeArrayListFromLast() {
        ArrayList<Integer> tempList=new ArrayList<Integer>(arrayList);
        for(int loop=LOOP_COUNT-1;loop>=0;loop--) {
            tempList.remove(loop);
        }
    }
    @GenerateMicroBenchmark
    public void removeVectorFromLast() {
        List<Integer> tempList=new Vector<Integer>(vector);
        for(int loop=LOOP_COUNT-1;loop>=0;loop--) {
            tempList.remove(loop);
        }
    }
    @GenerateMicroBenchmark
    public void removeLinkedListFromLast() {
        LinkedList<Integer> tempList=new LinkedList<Integer>(linkedList);
        for(int loop=0;loop<LOOP_COUNT;loop++) {
            tempList.removeLast();
        }
    }
}
```

테스트 횟수를 줄이기 위해서 가장 첫 번째 값을 삭제하는 메서드와 마지막 값을 삭제하는 메서드를 만들었다.

대상	평균 응답 시간 (마이크로초)
ArrayListFirst	418
ArrayListLast	146
VectorFirst	687
VectorLast	426
LinkedListFirst	423
LinkedListLast	407

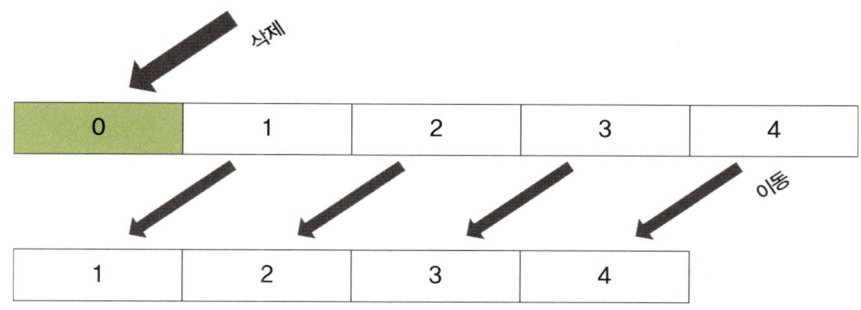

그림11 | ArrayList와 Vector의 첫 번째 값을 삭제

결과를 보면 첫 번째 값을 삭제하는 메서드와 마지막 값을 삭제하는 메서드의 속도 차이는 크다. 그리고, LinkedList는 별 차이가 없다. 그 이유가 뭘까? ArrayList나 Vector는 실제로 그 안에 배열을 사용한다. 그 배열의 0번째 값을 삭제하면 첫 번째에 있던 값이 0번째로 와야만 한다. 그런데, 하나의 값만 옮겨야 하는 것이 아니라 다음 그림과 같이 첫 번째부터 마지막에 있는 값까지 위치를 변경해야만 한다.

따라서, ArrayList와 Vector의 첫번째 값을 삭제하면 이렇게 느릴 수밖에 없다.

Map 관련 클래스 중에서 무엇이 빠를까?

마지막으로 Map 관련 클래스의 속도를 비교해 보자. 대부분 내용은 이전 소스들과 비슷하다. 대부분의 데이터 추가 작업의 속도는 비슷하므로, get() 메서드를 사용하여 데이터를 꺼내는 시간을 살펴보자.

코드 4.9

```
package com.perf.collection;

import java.util.HashMap;
import java.util.Hashtable;
import java.util.LinkedHashMap;
import java.util.Map;
```

```java
// 중복되는 import문 생략

@State(Scope.Thread)
@BenchmarkMode({ Mode.AverageTime })
@OutputTimeUnit(TimeUnit.MICROSECONDS)
public class MapGet {
    int LOOP_COUNT=1000;
    Map<Integer,String> hashMap;
    Map<Integer,String> hashtable;
    Map<Integer,String> treeMap;
    Map<Integer,String> linkedHashMap;
    int keys[];
    @Setup(Level.Trial)
    public void setUp() {
        if(keys==null || keys.length!=LOOP_COUNT) {
            hashMap=new HashMap<Integer,String>();
            hashtable=new Hashtable<Integer,String>();
            treeMap=new TreeMap<Integer,String>();
            linkedHashMap=new LinkedHashMap<Integer,String>();
            String data='abcdefghijklmnopqrstuvwxyz";
            for(int loop=0;loop<LOOP_COUNT;loop++) {
                String tempData=data+loop;
                hashMap.put(loop,tempData);
                hashtable.put(loop,tempData);
                treeMap.put(loop,tempData);
                linkedHashMap.put(loop,tempData);
            }
                keys=RandomKeyUtil.generateRandomNumberKeysSwap(LOOP_
                    COUNT);
        }
    }

    @GenerateMicroBenchmark
    public void getSeqHashMap() {
        for(int loop=0;loop<LOOP_COUNT;loop++) {
            hashMap.get(loop);
        }
```

```
    }
    @GenerateMicroBenchmark
    public void getRandomHashMap() {
        for(int loop=0;loop<LOOP_COUNT;loop++) {
            hashMap.get(keys[loop]);
        }
    }

    @GenerateMicroBenchmark
    public void getSeqHashtable() {
        for(int loop=0;loop<LOOP_COUNT;loop++) {
            hashtable.get(loop);
        }
    }
    @GenerateMicroBenchmark
    public void getRandomHashtable() {
        for(int loop=0;loop<LOOP_COUNT;loop++) {
            hashtable.get(keys[loop]);
        }
    }

    @GenerateMicroBenchmark
    public void getSeqTreeMap() {
        for(int loop=0;loop<LOOP_COUNT;loop++) {
            treeMap.get(loop);
        }
    }
    @GenerateMicroBenchmark
    public void getRandomTreeMap() {
        for(int loop=0;loop<LOOP_COUNT;loop++) {
            treeMap.get(keys[loop]);
        }
    }

    @GenerateMicroBenchmark
    public void getSeqLinkedHashMap() {
        for(int loop=0;loop<LOOP_COUNT;loop++) {
```

```
            linkedHashMap.get(loop);
        }
    }
    @GenerateMicroBenchmark
    public void getRandomLinkedHashMap() {
        for(int loop=0;loop<LOOP_COUNT;loop++) {
            linkedHashMap.get(keys[loop]);
        }
    }
}
```

그럼 결과는 어떨까?

대상	평균 응답 시간	대상	평균 응답 시간
SeqHashMap	32	RandomHashMap	40
SeqHashtable	106	RandomHashtable	120
SeqLinkedHashMap	34	RandomLinkedHashMap	46
SeqTreeMap	197	RandomTreeMap	277

대부분의 클래스들이 동일하지만, 트리 형태로 처리하는 TreeMap 클래스가 가장 느린 것을 알 수 있다.

JDK를 만드는 사람들이 시간이 남아서 여러 가지 Set, List, Map 관련 클래스를 만든 것이 아니다. 각 클래스는 용도가 모두 다르다. 성능이 빠른 클래스가 필요하다면 이야기는 달라지겠지만, 여러분들이 필요한 용도에 가장 적합한 클래스를 선택하여 사용하는 게 가장 중요하다.

Sun에서 정리한, 각 인터페이스별로 가장 일반적으로 사용되는 클래스는 다음과 같으니, 고민하기 싫을 때는 다음의 클래스들을 사용하는 것을 권장한다.

인터페이스	클래스
Set	HashSet
List	ArrayList
Map	HashMap
Queue	LinkedList

Collection 관련 클래스의 동기화

HashSet, TreeSet, LinkedHashSet, ArrayList, LinkedList, HashMap, TreeMap, LinkedHashMap은 동기화(synchronized)되지 않은 클래스이다. 이와는 반대로 동기화되어 있는 클래스로는 Vector와 Hashtable이 있다. 다시 말해서 JDK 1.0 버전에 생성된 Vector나 Hashtable은 동기화 처리가 되어 있지만, JDK 1.2 버전 이후에 만들어진 클래스는 모두 동기화 처리가 되어 있지 않다.

    Collections 클래스에는 최신 버전 클래스들의 동기화를 지원하기 위한 synchronized로 시작하는 메서드들이 있다. 이 메서드들은 각각의 클래스에서 다음과 같이 사용할 수 있다.

코드 4.10

```
Set s = Collections.synchronizedSet(new HashSet(...));
SortedSet s = Collections.synchronizedSortedSet(new
    TreeSet(...));
Set s = Collections.synchronizedSet(new LinkedHashSet(...));

List list = Collections.synchronizedList(new ArrayList(...));
List list = Collections.synchronizedList(new LinkedList(...));

Map m = Collections.synchronizedMap(new HashMap(...));
Map m = Collections.synchronizedMap(new TreeMap(...));
Map m = Collections.synchronizedMap(new LinkedHashMap(...));
```

그리고, Map의 경우 키 값들을 Set으로 가져와 Iterator를 통해 데이터를 처리하는 경우가 발생한다. 이때 ConcurrentModificationException이라는 예외가 발생할 수 있다. 이 예외가 발생하는 여러 가지 원인 중 하나는 스레드에서 Iterator로 어떤 Map 객체의 데이터를 꺼내고 있는데, 다른 스레드에서 해당 Map을 수정하는 경우다. 이러한 문제가 발생할 때는 여러분들이 직접 필요한 클래스를 구현하여 사용하는 것도 좋지만, 가장 편한 방법은 java.util.concurrent 패키지에 있는 클래스들을 확인해 보는 것이다. 왜냐하면 이 패키지에는 이러한 문제를 해결해 줄 수 있는 각종 클래스들이 존재하기 때문이다.

정리하며

지금까지 Set, List, Map 관련 클래스에 어떤 것들이 있고, 각각의 성능이 얼마나 되는지 정확하게 측정해 보았다. 필자는 여러분이 여기 있는 소스를 수정해서 더 여러 가지 측정해 보기를 권하고 싶다. 등록하는 객체 개수를 증가시키거나, 각 Collection 클래스 생성시 초기 객체 크기를 정할 때와 정하지 않을 때의 차이점도 비교해 보면 나중에 좋은 자료가 될 것이다. 그 비교 자료까지 정리하려고 했으나, 여러분의 머리가 더 복잡해질 것 같아 뺐다. 여러분이 직접 수정해서 확인하는 것이 좋을 듯 하다. Collection 관련 클래스들 자체에서 처리하는 속도는 그리 느리지 않다는 것만 기억해 두자.

이 책의 1st Edition에서 필자가 테스트한 것에 대해 비판하는 글을 인터넷에서 쉽게 접할 수 있을 것이다. 그럼에도 필자가 이 내용을 책에 넣은 이유는 각 Collection 클래스가 결과에 큰 차이를 발생시키지 않는다는 것을 강조하기 위함이다. 필자가 테스트를 잘못했다는 것을 변명하고 싶지도 않다.

안드로이드와 같이 클라이언트 성능이 크게 좌우지 하는 경우에는 적어도 몇 만 번의 반복 수행을 해야 결과의 차이가 발생하기 때문에 이야기가 달라지지만, 일반적인 웹을 개발할 때는 Collection 성능 차이를 비교하는 것은 큰 의미가 없다는 것을 꼭 기억해주기 바란다. 각 클래스에는 사용 목적이 있기 때문에 목적에 부합하는 클래스를 선택해서 사용하는 것이 바람직하다. 만약 여러분들이 사용하는 목적에는 맞는데 해당 메서드의 성능이 잘 나올지 확실치 않은 경우에는 JMH를 사용하여 직접 성능 측정을 해 보는 것을 권장한다.

지금까지 사용하던 for 루프를 더 빠르게 할 수 있다고?

들어가며

어떤 프로그래밍을 하든 반복 구문 사용은 기본 중의 기본이다. 이 반복 구문도 잘만 사용하면 성능 향상을 가져올 수 있다. 어찌 보면 단순하지만, 성능을 많이 향상시킬 수 있는 반복 구문에 대해서 자세히 알아보자.

3장에서 String을 사용해 생긴 메모리 문제로 나초보씨가 자신이 개발한 소스를 이튜닝 선배에게 메일로 전송해 답을 얻었던 것을 기억하는가? 일주일 뒤, 갑자기 나초보씨에게 이튜닝 선배의 메일이 왔다.

제목: 소스 분석 결과

발신: 이튜닝

수신: 나초보

내용: 시간이 나서 네가 보내준 소스를 다시 한 번 봤는데,

루프 부분을 좀 바꿔야겠다.

반복되는 부분을 조금만 바꿔도 성능이 많이 좋아지거든.

> 내가 조금 소스를 수정해서 보내줄 테니까.
>
> 얼마나 차이가 발생하는지 봐봐.

나초보씨는 이튜닝 선배에게 이렇게 자신이 만든 소스를 분석하고 수정해 주셔서 감사하다는 답변 메일을 쓴 후, 선배가 보내준 소스를 열어 보았다. 별 차이가 없는 것처럼 보였으나 자세히 보니 반복 구문에서 약간 차이가 있었다. 나초보씨는 이튜닝 선배가 어떤 방법으로 자신이 작성한 반복 구문을 더 빠르게 개선했는지 확인하고 싶어졌다.

조건문에서의 속도는?

조건문은 성능에 얼마나 많이 영향을 줄까? 먼저 조건문에 어떤 것들이 있는지 살펴보고, 조건문이 얼마나 성능에 영향을 주는지 알아보자. 조건문의 종류는 다음과 같다.

- if-else if-else
- switch

if문 안에는 boolean 형태의 결과 값만 사용할 수 있다. switch문은 JDK 6까지는 byte, short, char, int 이렇게 네 가지 타입을 사용한 조건 분기만 가능했지만, JDK 7부터는 String도 사용 가능하다. 일반적으로 if문에서 분기를 많이 하면 시간이 많이 소요된다고 생각한다. if문 조건 안에 들어가는 비교 구문에서 속도를 잡아먹지 않는 한, if 문장 자체에서는 그리 많은 시간이 소요되지 않는다. 그럼 아래 소스를 통하여 if 문장에서 얼마나 시간이 소요되는지 확인해 보자.

코드 5.1

```java
package com.perf.condition;

import java.util.Random;
import java.util.concurrent.TimeUnit;

// 중복 import문 생략

@State(Scope.Thread)
@BenchmarkMode({ Mode.AverageTime })
@OutputTimeUnit(TimeUnit.MICROSECONDS)
public class ConditionIf {
    int LOOP_COUNT=1000;

    @GenerateMicroBenchmark
    public void randomOnly() {
        Random random=new Random();
        int data=1000+random.nextInt();
        for(int loop=0;loop<LOOP_COUNT;loop++) {
            resultProcess("dummy");
        }
    }
```

```java
@GenerateMicroBenchmark
public void if10() {
    Random random=new Random();
    String result=null;
    int data=1000+random.nextInt();
    for(int loop=0;loop<LOOP_COUNT;loop++) {
        if(data<50) { result="50";
        } else if(data<150) { result="150";
        } else if(data<250) { result="250";
        } else if(data<350) { result="350";
        } else if(data<450) { result="450";
        } else if(data<550) { result="550";
        } else if(data<650) { result="650";
        } else if(data<750) { result="750";
        } else if(data<850) { result="850";
        } else if(data<950) { result="950";
        } else { result="over";
        }
        resultProcess(result);
    }
}
@GenerateMicroBenchmark
public void if100() {
    Random random=new Random();
    String result=null;
    int data=10000+random.nextInt();
    for(int loop=0;loop<LOOP_COUNT;loop++) {
        if(data<50) { result="50";
        } else if(data<150) { result="150";
        } else if(data<250) { result="250";
        //중간에 총 100개의 if문은 생략했다.
        } else if(data<9950) { result="9950";
        } else { result="over";
        }
        resultProcess(result);
    }
```

```
        }
        String current;
        public void resultProcess(String result) {
            current=result;
        }
    }
```

여기서 randomOnly() 메서드는 랜덤한 숫자를 생성하고, resultProcess() 메서드를 호출하는 작업을 수행했다. randomOnly() 메서드를 만든 이유는, if가 있는 경우와 없는 경우를 비교하기 위한 기준이 필요하기 때문이다.

> **퀴즈** if 조건이 끝나고 resultProcess() 메서드를 호출하도록 했는데, 그 이유는 뭘까? 답은 이 절 마지막에서 알아보자.

if문의 성능을 JMH로 측정한 결과를 보자.

대상	응답 시간 (마이크로초)
randomOnly	0.46
if 10개	5
if 100개	63

결과를 보면 if문 10개를 거치는 경우, 없을 때보다 10배의 시간이 소요된다. 그리고 100개일 경우에는 140배 이상의 시간이 더 소요된다. 여기서 소요되는 시간은 어떻게 보면 매우 미미한 숫자일 수 있고, 어떻게 보면 큰 숫자일 수 있다.

그런데, 여기서 유의해야 할 점이 있다. 이 예제 코드는 if문이 10개라 할지라도 LOOP_COUNT라는 반복 횟수는 1,000이므로, 총 10,000번의 if문을 거친 결과가 if10()의 값이라는 점이다. 그러므로, if가 하나만 있을 경우에는 기존에 있는 코드 대비 약 "응답 시간/10,000"만큼 더 소요가 된다고 볼 수 있으므로 아주 큰 성능 저하가 발생한다고 보기는 어렵다.

이 결과는 필자의 노트북에서 나온 것이니, 이 소스가 CPU 성능이 좋은 서버에서 수행된다면 더 빠른 결과가 나올 것이다. switch문장도 마찬가지로 빠른 응답 결과가 나온다. Oracle 사이트에 있는 문서(http://docs.oracle.com/javase/tutorial/java/nutsandbolts/switch.html)를 보면 switch는 숫자 비교 시 if보다 가독성이 좋아지므로 정해져 있는 숫자로 분기를 할 때는 swtich를 권장한다.

또한 JDK 7에서는 String 문자열을 switch 문에 사용할 수 있다. 잠시 살펴보자. 다음과 같이 영어로 된 달을 숫자로 변환하는 메서드가 있다.

코드 5.2

```java
public int getMonthNumber(String str) {
    int month=-1;
    switch(str) {
        case "January": month=1;
            break;
        case "February": month=2;
            break;
        case "March" : month=3;
            break;
        case "April": month=4;
            break;
        case "May": month=5;
            break;
        case "June": month=6;
            break;
        case "July": month=7;
            break;
        case "August": month=8;
            break;
        case "September": month=9;
            break;
        case "October": month=10;
```

```
            break;
        case "November": month=11;
            break;
        case "December": month=12;
            break;
    }
    return month;
}
```

JDK 6까지만 해도 switch-case문에서는 주로 정수와 enum을 처리할 수 있었는데, 어떻게 JDK 7에서는 String을 비교할까? 그 답은 int 정수를 리턴하는 Object 클래스에 선언되어 있는 hashCode() 라는 메서드에 있다. String에서 Overriding 한 hashCode() 메서드는 문자열을 int 값으로 구분하여 switch-case 문에서 사용하는 것이다. 실제로 이 코드는 컴파일을 거치면 다음과 같이 처리된다. (이 결과는 javap 명령을 사용하여 출력한 내용이다.)

코드 5.3

```
public int getMonthNumber(java.lang.String);
  Code:
     0: iconst_m1
     1: istore_2
     2: aload_1
     3: dup
     4: astore_3
     5: invokevirtual #20        // Method java/lang/String.hashCode:()I
     8: lookupswitch  { // 12
          -199248958: 116
          -162006966: 128
           -25881423: 140
               77125: 152
             2320440: 164
             2320482: 176
            43165376: 188
```

```
            63478374: 200
            74113571: 212
           626483269: 224
          1703773522: 236
          1972131363: 248
             default: 324
        }
  116: aload_3
  117: ldc             #26          // String February
  119: invokevirtual  #28          // Method java/lang/String.
equals:(Ljava/lang/Object;)Z
  122: ifne            265
  125: goto            324
  128: aload_3
  129: ldc             #32          // String January
  131: invokevirtual  #28          // Method java/lang/String.
equals:(Ljava/lang/Object;)Z
  134: ifne            260
  137: goto            324
```

여기에서 중간에 굵은 글씨로 표현한 부분을 보면 숫자들이 나열된 것을 볼 수 있다. 이 숫자들이 January부터 December까지를 hashCode() 메서드로 변환한 것이다. 즉, 컴파일하면서 case 문에 있는 각 값들을 hashCode로 변환하고, 그 값이 작은 것부터 정렬한 다음에 String의 equals() 메서드를 사용하여 실제 값과 동일한지 비교한다. 그러므로 String이 사용 가능한 것이다.

그런데, 여기서 한가지 꼭 기억해 두어야 하는 것이 있다. 바로 숫자들이 정렬되어 있다는 점이다. switch-case 문은 작은 숫자부터 큰 숫자를 비교하는 게 가장 빠르다. 대상이 되는 case의 수가 적으면 상관 없지만, 많으면 많을수록 switch-case에서 소요되는 시간이 오래 걸린다. 따라서, 간단한 switch-case라도 성능을 고려하면서 사용하기 바란다.

> **퀴즈 답** if문에서 조건에 만족할 때, 중괄호 안에서 아무런 작업을 하지 않거나 resultProcess() 메서드를 호출하지 않을 경우, 자바의 JIT(Just In Time) 컴파일러는 최적화를 통해 해당 코드를 무시해 버릴 수도 있다. (여러분들이 작성한 코드를 정확히 무시하는지는 직접 확인해 보는 것이 확실하며, JMH에서는 JIT 컴파일러에서 최적화 작업이 수행된 테스트 코드에 대해서는 경고한다.) 그래서 메서드 호출을 하도록 했다. 결과가 궁금하다면, 이 코드의 resultProcess() 메서드를 다음과 같이 변경하고 실행해 보자.
>
> ```
> public void resultProcess(String result) {
>     //current=result;
> }
> ```
>
> 매개변수로 넘겨주기까지 하지만, result 값으로 아무런 작업도 수행하지 않는다. 이렇게 한 줄만 변경하고 실행하면 결과가 달라진다. 즉, if에서 값을 할당하고 매개변수로 넘겨주어도 그 값을 어디에서도 사용하지 않으면 무시해버린다.

반복 구문에서의 속도는?

자바에서 사용하는 반복 구문은 세 가지이다.

- for
- do-while
- while

일반적으로 for문을 많이 사용한다. 가끔 while문도 사용하는데, while문은 잘못하면 무한 루프에 빠질 수 있으므로 되도록이면 for문을 사용하기를 권장한다. 다음 소스를 보자.

코드 5.4

```
public void test(ArrayList<String> list) {
    boolean flag=true;
    int idx=0;
    do {
        if(list.get(idx).equals("A")) flag=false;
    } while(flag);
}
```

만약 ArrayList v의 첫 번째 값이 'A'이면 정상적으로 수행이 되겠지만, 그렇지 않으면 해당 애플리케이션은 서버를 재시작하거나 스레드를 강제 종료시킬 때까지 계속 반복문을 수행할 것이다. 그렇게 되면 당연히 서버에 부하도 많이 발생한다 (CPU core 하나를 잡아먹는다). 누가 이렇게 코딩을 하겠나 싶겠지만, 이런 경우가 의외로 적지 않다.

그럼 for 구문에 대해서 자세히 알아보자. JDK 5.0 이전에는 for 구문을 다음과 같이 사용하였다. 여기서 list는 값이 들어있는 ArrayList이다.

```
for(int loop=0;loop<list.size();loop++)
```

본격적으로 설명하기 전에 먼저 강조하자면, 이렇게 코딩을 하는 습관은 좋지 않다. 매번 반복하면서 list.size() 메서드를 호출하기 때문이다. 이럴 때는 다음과 같이 수정하여야 한다.

```
int listSize=list.size();
for(int loop=0;loop<listSize;loop++)
```

이렇게 하면 필요 없는 size() 메서드 반복 호출이 없어지므로 더 빠르게 처리된다. 그러나 대부분의 개발자들이 이렇게 하면 좋다는 사실을 알면서도 당장 기능 구현하는 것이 급하여 이렇게 간단한 방법을 적용하지 않는 것이 현실이다. JDK

5.0부터는 다음과 같이 For-Each라고 불리는 for 루프를 사용할 수 있다.

```
ArrayList<String> list=new ArrayList<String>();
…
for(String str : list)
```

For-Each를 사용하면 별도로 형변환하거나 get() 메서드 또는 elementAt() 메서드를 호출할 필요 없이 순서에 따라서 String 객체를 for 문장 안에서 사용할 수 있으므로 매우 편리하다. 단, 이 방식은 데이터의 첫 번째 값부터 마지막까지 처리해야 할 경우에만 유용하다. 만약 순서를 거꾸로 돌리거나 특정 값부터 데이터를 탐색하는 경우에는 적절하지 않다.

그럼 지금까지 나온 방식들의 성능을 비교해 보자.

코드 5.5

```java
package com.perf.condition;

// import는 중복되므로 생략

@State(Scope.Thread)
@BenchmarkMode({ Mode.AverageTime })
@OutputTimeUnit(TimeUnit.MICROSECONDS)
public class ForLoop {

    int LOOP_COUNT=100000;
    List<Integer> list;

    @Setup
    public void setUp() {
        list=new ArrayList<Integer>(LOOP_COUNT);
        for(int loop=0;loop<LOOP_COUNT;loop++) {
            list.add(loop);
        }
    }
```

```
@GenerateMicroBenchmark
public void traditionalForLoop() {
    int listSize=list.size();
    for(int loop=0;loop<listSize;loop++) {
        resultProcess(list.get(loop));
    }
}
@GenerateMicroBenchmark
public void traditionalSizeForLoop() {
    for(int loop=0;loop<list.size();loop++) {
        resultProcess(list.get(loop));
    }
}
@GenerateMicroBenchmark
public void timeForEachLoop() {
    for(Integer loop:list) {
        resultProcess(loop);
    }
}
int current;
public void resultProcess(int result) {
    current=result;
}
```

}

결과는 어떻게 나올까? 이론적으로는 반복할 때마다 list.size() 메서드를 호출하는 부분이 가장 느려야 하고, JDK 5.0에서 추가된 for문은 속도가 빨라야 한다. JMH 측정 결과는 다음과 같다.

대상	응답 시간 (마이크로초)
for	410
for 크기 반복 비교	413
for-each	481

지금까지 알아본 결과, 가장 빠르고 그나마 편리한 방법은 배열이나 ArrayList의 크기를 먼저 읽어온 후 반복 구문을 돌리는 것이다. 물론 예제에서 10만 번을 반복했기 때문에 차이가 났을 뿐, 실제 운영중인 웹 시스템에선 이렇게 많이 반복하지 않기 때문에 별 차이가 없을 것이다. 하지만 검증 부분에 크기를 계속 비교하는 구문은 피해서 개발하기 바란다.

나초보씨는 실제 반복 구문이 어떨 때 성능에 영향을 주는지 아직도 궁금하다. 지금까지 공부한 내용을 보면 별로 차이가 발생하지 않기 때문이다. 그래서 이튜닝 선배에게 튜닝 사례가 있으면 좀 보내달라고 했더니, 코드 5.6과 같은 사례를 보내주었다. (실제 운영 중인 시스템에 있던 예제이다.)

반복 구문에서의 필요 없는 반복

가장 많은 실수 중 하나는 반복 구문에서 계속 필요 없는 메서드 호출을 하는 것이다. 다음 소스를 보자.

코드 5.6

```
public void sample(DataVO data,String key) {
    TreeSet treeSet2=null;
    treeSet2=(TreeSet)data.get(key);
    if(treeSet2 !=null) {
        for(int i=0; i<treeSet2.size(); i++) {
            DataVO2 data2=(DataVO2)treeSet2.toArray()[i];
            ...
        }
    }
}
```

TreeSet 형태의 데이터를 갖고 있는 DataVO에서 TreeSet을 하나 추출하여 처리하는 부분이다. 이 소스의 문제는 toArray() 메서드를 반복해서 수행한다는 것이다.

참고로 sample 메서드는 애플리케이션이 한 번 호출되면 40번씩 수행된다. 또한 treeSet2 객체에 256개의 데이터들이 들어가 있으므로, 결과적으로 toArray() 메서드는 한 번 호출될 때마다 10,600번씩 반복 호출된다. 그러므로, 이 코드는 toArray() 메서드가 반복되지 않도록 for문 앞으로 옮기는 것이 좋다. 게다가 이 소스의 for문을 보면 treeSet2.size() 메서드를 지속적으로 호출하도록 되어 있다. 수정한 결과는 다음과 같다.

코드 5.7

```
public void sample(DataVO data,String key) {
    TreeSet treeSet2=null;
    treeSet2=(TreeSet)data.get(key);
    if(treeSet2 !=null) {
        DataVO2 [] dataVO2=(DataVO2) treeSet2.toArray();
        int treeSet2Size= treeSet2.size();
        for(int i=0; i< treeSet2Size; i++) {
            DataVO2 data2=dataVO2[i];
            ...
        }
    }
}
```

정리하며

반복 구문은 어떤 애플리케이션을 개발하더라도 반드시 사용해야 하는 부분이다. 하지만 조금이라도 생각을 잘못하면 무한 루프를 수행하여 애플리케이션을 재시작하거나 스레드를 찾아서 중단시켜야 하는 경우가 발생하므로 성능상 문제가 되는 프로그램이 되기도 한다. 하지만 반대로 생각하면, 반복 구문의 문제점을 찾으면 성능상 문제가 되는 부분을 더 쉽게 해결할 수 있다는 말이 된다.

여기에 있는 예제들은 보통 1,000번에서 10,000번 정도 반복을 해서 비교했다. 그러므로 실제 웹 환경과 다르니 별 차이가 없다고 생각하는 사람도 많을 것이다. 하지만 한 사람의 보험료를 80세까지 계산하는 시스템이나, 연간 세금을 계산하는 시스템, 자동차의 부품과 같이 엄청나게 많은 부품을 관리하는 시스템을 개발한다고 생각해 보자. 이러한 시스템이라면 1,000번, 10,000번 반복하는 로직은 기본일 것이다. 물론 성능 튜닝은 응답 시간의 비중이 큰 부분부터 하는 것이 기본 중의 기본이다. 하지만 작은 부분을 차지하는 반복 구문이 큰 성능 저하를 가져올 수도 있다는 것을 명심하자.

static 제대로 한번 써 보자

들어가며

자바 프로그래밍에서 성능을 향상시키는 방법은 여러 가지가 있다. 그중에서 한 가지는 static을 사용하는 것이다. 하지만 잘 모르고 static을 사용하다가는 시스템이 더 느려지거나, 오류를 내뿜는 시스템이 될 수도 있다(오류만 발생시키면 다행이고, 잘못 사용하다가는 JVM이 죽어버리는 상황도 발생할 수 있다.) 간단한 이치만 알면 쉽게 사용할 수 있는 static에 대해서 알아보자.

나초보씨는 지금까지 문제가 있던 부분을 수정하고, 2차 이터레이션 개발을 마쳤다. 그리고 성능 테스트를 하는데, 나초보씨가 만든 화면에 에러가 발생한다는 테스트 담당자 박시험 대리의 전화를 받고, 재빨리 테스트실로 내려갔다. 에러 로그를 보고 있던 박시험 대리가 확인하라는 화면을 보니 나초보씨가 개발한 소스에서 계속 에러가 발생하고 있음을 알 수 있었다. 나초보씨는 자신의 문제가 아니라고 테스터에게 이야기했다.

나초보 저 화면 원래 문제 없었는데요.

박시험 보세요. 500 에러 막 떨어지잖아요.

나초보 제가 개발하고 클릭할 때는 문제 없었어요.

박시험 지금 클릭해 보세요. 에러 나나 안 나나.

나초보 지금은 에러가 나는 것은 맞는데, 제가 개발하고 테스트할 때는 문제가 없었어요. 혹시 성능 테스트 하실 때 뭐 잘못하신 거 아니에요?

박시험 ….

나초보 보세요. 지금 부하 안 줄 때는 에러가 나지 않잖아요.

박시험 뭔가 잘못하셨겠죠. 그리고 에러가 나서 그런지 성능도 잘 안 나와요.

나초보 제가 개발한 부분엔 문제가 없어요.

박시험 분명히 뭐 잘못하셨을 거에요. 저는 내일까지 테스트를 완료하고 철수해야 해요. 내일 아침까지 해결 못하면, 테스트 못해요. 알아서 하세요.

나초보 (내가 잘못한 거 없는데….)

나초보씨는 잘못한 것이 없는데 무조건 자신을 죄인 취급하는 박시험 대리가 미웠지만, 자신 때문에 테스트를 못하게 되면 PL이나 PM에게 혼날 것이 불 보듯 뻔했다. 나초보씨는 해당 화면의 문제점을 찾기 위해 모든 소스를 훑어보기 시작했으나, 원인을 찾기가 어려워 결국 이튜닝 선배에게 문의를 했다. 이튜닝 선배는 static 관련 내용을 보내 주었다.

> **참고** 500 에러란 HTTP를 이용하여 통신을 할 때 서버에서 리턴되는 헤더 정보 중 상태 코드(status code) 중 하나이다. 이 상태 코드를 보면 요청한 정보에 대한 오류 여부를 확인 가능하다. 웹을 통해서 주로 리턴되는 코드는 네 가지이다.
>
> ① 200번대 리턴 코드: 정상적인 경우의 리턴 코드(200 코드가 대부분이다.)
>
> ② 300번대 리턴 코드: 리다이렉션(Redirection)이 필요한 경우의 리턴 코드(대부분 302나 304 코드다. 만약 브라우저의 캐시를 사용하여 이미지나 CSS, JS 파일 등을 다시 서버에 요청하지 않는 경우에 이 코드가 리턴된다.)
>
> ③ 400번대 리턴 코드: 클라이언트 오류가 있을 경우의 리턴 코드(대부분 404 코드가 많다. 만약 서버에 존재하지 않는 주소를 요청하면 이 코드가 리턴된다.)
>
> ④ 500번대 리턴 코드: 서버에 오류가 있을 경우의 리턴 코드(서버에서 예외(Exception)가 발생했을 때 오류 페이지 처리를 하지 않으면 500 코드를 주로 리턴한다.)
>
> 자세한 내용은 http://www.w3.org/Protocols/rfc2616/rfc2616-sec10.html를 참조하기 바란다(구글에서 'http code'로 검색하면 된다).

static의 특징

static이라는 단어는 '정적인. 움직이지 않는'이라는 의미이다(반대말은 dynamic이다). 자바에서 static으로 지정했다면, 해당 메서드나 변수는 정적이다.

코드 6.1

```
public class VariableTypes {
    int instance Variable;
    static int classVariable;
    public void method(int parameter) {
        int localVariable;
    }
}
```

여기서 static으로 선언한 classVariable은 클래스 변수라고 한다(참고로, 자바의 변수는 네 가지가 있다. 이에 대한 자세한 설명이 필요한 독자는 필자가 집필한 『자바의 신』 4장을 참고하자). 왜냐하면, 그 변수는 '객체의 변수'가 되는 것이 아니라 '클래스의 변수'가 되기 때문이다. 100개의 VariableTypes 클래스의 인스턴스를 생성하더라도, 모든 객체가 classVariable에 대해서는 동일한 주소의 값을 참조한다. 혹시 자바 기본에 대해서 까먹은 독자들은 아래의 예제를 보도록 하자.

코드 6.2

```
packagecom.perf.statics;
public class StaticBasicSample {
    public static intstaticInt=0;
    public static void main(String[] args) {
        StaticBasicSample sbs1=new StaticBasicSample();
        sbs1.staticInt++;
        StaticBasicSample sbs2=new StaticBasicSample();
        sbs2.staticInt++;
        System.out.println(sbs1.staticInt);
        System.out.println(sbs2.staticInt);
        System.out.println(StaticBasicSample.staticInt);
    }
}
```

이 예제처럼 static 변수는 객체를 생성해서 참조할 필요는 없다. 가장 밑의 라인처럼 직접 클래스를 참조하면 된다. 예를 들기 위해서 이렇게 사용했으니, 양해해 주기 바란다. 그럼 이 결과는 어떻게 될까?

결과
```
2
2
2
```

객체를 참조해서 값을 더하든, 클래스를 직접 참조해서 값을 더하든 동일한 값을 참조하므로 같은 결과가 나온다. 즉, sbs1이나 sbs2 모두 동일하게 StaticBasicSample.staticInt라는 변수를 참조한다. static 메서드를 정의하고 사용하는 법은 알고 있으리라 믿고 여기서 따로 다루지는 않겠다. 대신 다른 static 사용법을 알아보자. static 초기화 블록이라는 것이 있다. 많은 사람들이 알고 있겠지만, 기억을 확실히 하자는 취지에서 다시 한번 기초 배웠을 때의 기억을 되살려 보자.

코드 6.3

```java
packagecom.perf.statics;
public class StaticBasicSample2 {
    static String staticVal;
    static {
        staticVal="Static Value";
        staticVal=StaticBasicSample.staticInt+"";
    }
    public static void main(String[] args) {
        System.out.println(StaticBasicSample2.staticVal);
    }
    static {
        staticVal="Performance is important !!!";
    }
}
```

static 초기화 블록은 위와 같이 클래스 어느 곳에나 지정할 수 있다. 이 static 블록은 클래스가 최초 로딩될 때 수행되므로 생성자 실행과 상관없이 수행된다. 또한 위의 예제와 같이 여러 번 사용할 수 있으며, 이와 같이 사용했을 때 staticVal 값은 마지막에 지정한 값이 된다. static 블록은 순차적으로 읽혀진다는 의미이다. 따라서 결과는 다음과 같다.

결과

```
Performance is important !!!
```

static의 특징은 다른 JVM에서는 static이라고 선언해도 다른 주소나 다른 값을 참조하지만, 하나의 JVM이나 WAS 인스턴스에서는 같은 주소에 존재하는 값을 참조한다는 것이다. 그리고 GC의 대상도 되지 않는다. 그러므로 static을 잘 사용하면 성능을 뛰어나게 향상시킬 수 있지만, 잘못 사용하면 예기치 못한 결과를 초래하게 된다.

특히 웹 환경에서 static을 잘못 사용하다가는 여러 쓰레드에서 하나의 변수에 접근할 수도 있기 때문에 데이터가 꼬이는 큰 일이 발생할 수도 있다.

static 잘 활용하기

먼저 static을 잘 활용하기 위해서 간단하게 사용하는 방법부터 알아보자.

자주 사용하고 절대 변하지 않는 변수는 final static으로 선언하자

만약 자주 변경되지 않고, 경우의 수가 단순한 쿼리 문장이 있다면 final static이나 static으로 선언하여 사용하자. 자주 사용되는 로그인 관련 쿼리들이나 간단한 목록 조회 쿼리를 final static으로 선언하면 적어도 1바이트 이상의 객체가 GC 대상에 포함되지 않는다. 또한 JNDI 이름이나 간단한 코드성 데이터들을 static으로 선언해 놓으면 편리하다.

간단한 데이터들도 static으로 선언할 수 있지만, 템플릿 성격의 객체를 static으로 선언하는 것도 성능 향상에 많은 도움이 된다. Velocity를 사용할 때가 좋은 예이다.

> **참고** Velocity란 자바 기반의 프로젝트를 수행할 때, UI가 될 수 있는 HTML뿐만 아니라 XML, 텍스트 등의 템플릿을 정해 놓고, 실행 시 매개변수 값을 던져서 원하는 형식의 화면을 동적으로 구성할 수 있도록 도와주는 컴포넌트이다. 자세한 설명은 http://velocity.apache.org/을 참조하기 바란다.

Velocity 기반의 성능을 테스트해 보면 템플릿을 읽어 오는 부분에서 시간이 가장 많이 소요된다.

코드 6.4

```
//메서드 앞부분 생략
try {
    Template template = Velocity.getTemplate("TemplateFileName");
//이하 생략
```

템플릿 파일을 읽어서 파싱(parsing)하기 때문에 서버의 CPU에 부하가 많이 발생하고 대기 시간도 많아진다. 그러므로 수행하는 메서드에서 이 부분을 분리하여 다음과 같이 수정해야 한다.

코드 6.5

```
//클래스 앞부분 생략
static Template template;
static {
    try {
        template= Velocity.getTemplate("TemplateFileName");
```

```
        catch (Exception e) {
            //exception 처리
        }
    }
```

이렇게 처리하면 화면을 요청할 때마다 템플릿 객체를 파싱하여 읽을 필요가 없다. 클래스가 로딩될 때 한 번만 파싱하므로 성능이 엄청나게 향상된다. 실제로 적용했을 때 부하 상황에서 평균 3초가 소요되던 화면이 0.5초로 단축되었다.

그런데 만약, 해당 template 내용이 지속적으로 변경되는 부분이라면 이와 같이 코드를 작성할 경우 A 화면이 보여야 하는 사용자에게 B 화면이 보일 수도 있다. 그러니, 상황에 맞게 적용하는 것이 중요하다.

설정 파일 정보도 static으로 관리하자

요즘 자바 기반으로 개발할 때 보면 매우 많은 설정 파일들이 존재하는데, 클래스의 객체를 생성할 때마다 설정 파일을 로딩하면 엄청난 성능 저하가 발생하게 된다. 이럴 때는 반드시 static으로 데이터를 읽어서 관리해야 한다.

코드성 데이터는 DB에서 한 번만 읽자

큰 회사의 부서 코드나 큰 쇼핑몰의 상품 코드처럼 양이 많고 자주 바뀔 확률이 높은 데이터를 제외하고, 부서가 적은 회사의 코드나, 건수가 그리 많지 않되 조회 빈도가 높은 코드성 데이터는 DB에서 한 번만 읽어서 관리하는 것이 성능 측면에서 좋다. 어떻게 사용해야 하는지 다음의 예를 보자.

코드 6.6
```
package com.perf.statics;
import java.util.*;
public class CodeManager {
    private HashMap<String,String>codeMap;
    private static CodeDAOcDAO;
```

```java
    private static CodeManager cm;
    static {
        cDAO=new CodeDAO();
        cm=new CodeManager();
        if(!cm.getCodes()) {
        //에러처리
        }
    }
    private CodeManager() {
    }
    public static CodeManagergetInstance() {
        return cm;
    }
    private boolean getCodes() {
        try {
            codeMap=cDAO.getCodes();
            return true;
        } catch (Exception e) {
            return false;
        }
    }
    public boolean updateCodes() {
        return cm.getCodes();
    }
    public String getCodeValue(String code) {
        return codeMap.get(code);
    }
}
```

소스에 대해서 간단히 설명을 하면, CodeManager 클래스는 코드 정보를 미리 담아 놓는 클래스이다. 내부적으로 cm 객체를 static으로 선언하여, 생성자가 아닌 getInstance() 메서드를 통해서 CodeManager 클래스에 접근하도록 했다. codeMap이라는 HashMap 객체에 우리가 필요한 코드 정보들을 담을 예정이다. CodeDAO 클래스는 DB에서 코드 정보를 갖고 오도록 되어 있는, 기존에 사용하던 DAO 클래스이다.

　클래스가 메모리에 로드되면 static 초기화 블록에서 cDAO 객체 및 cm 객체를 초기화하고, getCodes() 메서드를 호출한다. 모든 코드 정보는 codeMap에 저장된다. 이제부터 코드 정보를 가져올 때는 getCodeValue() 메서드를 호출하여 메모리에서 코드 정보를 읽어 온다.

　만약 코드가 수정되었을 때는 updateCodes() 메서드를 호출하여 코드 정보를 다시 읽어 오도록 해야 한다. 그런데 이와 같은 클래스를 만들어서 코드를 가져오는 일은 가장 큰 문제가 되기도 한다. 만약 서버 인스턴스가 하나만 있다면 코드가 변경되는 것을 걱정할 필요가 없다. 수정되자마자 updateCodes() 메서드를 호출하면 끝이기 때문이다. 하지만 서로 다른 JVM에 올라가 있는 코드 정보는 수정된 코드와 상이하므로 그 부분에 대한 대책을 마련해 놓아야만 한다. 만약 코드가 절대 변경되지 않고, 혹시 코드가 변경될 경우 서버를 재시작한다면 이 부분에 대해 걱정할 필요는 전혀 없다.

이러한 JVM 간에 상이한 결과가 나오는 것을 방지하기 위해서 요즘에는 mem-cached, EhCache 등의 캐시(Cache)를 많이 사용한다. 캐시에 대한 간단한 내용은 필자가 "부록3. Cache"에 정리해 두었으니 참고하기 바란다.

static 잘못 쓰면 이렇게 된다

나초보씨는 이튜닝 선배가 보내준 메일을 보고, 그제서야 자신이 만든 프로그램에 오류가 있다는 것을 발견했다. 먼저 나초보씨가 만든 잘못된 쿼리 관리용 클래스를 보자(이 소스는 가상으로 만든 것이 아니라 실제 운영 중인 시스템에서 문제가 있던 부분을 비슷하게 재현한 것이다).

코드 6.7

```java
package com.perf.statics.bad;
import java.util.HashMap;
public class BadQueryManager {
    private static String queryURL = null;
    public BadQueryManager(String badUrl) {
        queryURL=badUrl;
    }
    public static String getSql(String idSql){
        try {
            FileReader reader = new FileReader();
            HashMap<String,String> document = reader.read(queryURL);
            return document.get(idSql);
        } catch(Exception ex) {
            System.out.println(ex);
        }
        return null;
    }
}
```

queryURL이라는 문자열을 static으로 지정해 놓았다. 이 문자열에는 쿼리가 포함된 파일의 이름과 위치가 지정되어 있다. 문자열이 있는 생성자로 이 클래스 객체를 생성하면 쿼리 파일이 지정된다. getSql(String idSql) 메서드에서는 DAO에서 쿼리를 요청하면, 해당 쿼리 파일을 읽어서 리턴해 준다. 이 메서드 또한 static으로 지정되어 있다.

먼저 이 소스를 수행하면, 제대로 된 결과가 나올지 생각해 보자. 처음엔 수행이 된다. 쿼리가 같은 파일에 있는 화면은 수행이 되고, 만약 어떤 화면의 수행 결과가 다른 파일의 쿼리인 경우에도 처음에 그 화면이 호출되었다면, 정상적으로 수행될 것이다. 물론 파일을 읽어야 하므로 화면의 응답 속도는 느릴 것이다.

그런데 만약 어떤 화면에서 BadQueryManager의 생성자를 통해서 queryURL을 설정하고 getSql() 메서드를 호출하기 전에, 다른 queryURL을 사용하는 화면의 스레드에서 BadQueryManager의 생성자를 호출하면 어떤 일이 발생할까? 그때부터는 시스템이 오류를 발생시킨다. 먼저 호출한 화면에서는 생성자를 호출했을 때의 URL을 유지하고 있을 것이라 생각하고 getSql() 메서드를 호출하겠지만, 이미 그 값은 변경되고 난 후다. 이해가 안 된다면, 소스를 다시 보자.

코드 6.8

```
//생략
public class BadQueryManager {
    private static String queryURL= null;
    public BadQueryManager(String badUrl) {
        queryURL=badUrl;
    }
    public static String getSql(String idSql) {
        //중간생략
        HashMap<String,String> document = reader.read(queryURL);
        //이하생략
    }
}
```

getSql() 메서드와 queryURL을 static으로 선언한 것이 잘못된 부분이다. 직접 접근할 수 있도록 static으로 선언했는데, 그로 인해 문제가 발생한 것이다. 웹 환경이기 때문에 여러 화면에서 호출할 경우에 queryURL은 그때 그때 바뀌게 된다. 다시 말하면, queryURL은 static으로 선언했기 때문에 클래스의 변수이지 객체의 변수가 아니다. 모든 스레드에서 동일한 주소를 가리키게 되어 문제가 발생한 것이다.

어떤 언어로 프로그래밍을 하든 파일 IO가 발생하면 느려진다. 이 소스는 쿼리를 한 번 호출하기 위해서 매번 파일을 읽을 수 밖에 없는 구조이기 때문에 IO가 발생하면서 대기하는 IO wait가 발생하는 것을 피할 수 없다. static을 잘못 사용한 또 다른 예를 보자.

코드 6.9

```
//중간생략
private static boolean successFlag;
//이하생략
```

이 소스는 서블릿에서 응시자의 합격 여부를 잠깐 담아 놓기 위해 successFlag로 지정해 놓은 부분이다. 어떤 일이 발생했을까? 물론 이 소스는 개발자가 본인의 PC에서 테스트할 때는 전혀 문제가 되지 않는다. 그리고 성능 테스트를 하거나 통합 테스트를 하더라도 문제점을 쉽게 발견할 수가 없다.

그러나 만약 수십 명이 동시에 자신이 정보를 확인하기 위해서 위의 서블릿을 호출하는 경우를 생각해 보자. successFlag를 true로 처리해 놓은 상황에서 다른 사용자의 요청이 처리되어 false로 바뀐다면, 그 사람은 완전히 다른 결과를 받게 된다. 그 뒤에 발생할 상황은 생각만 해도 끔찍하다.

나초보씨는 자신의 잘못을 깨닫고, 소스를 수정한 후에 박시험 대리에게 테스트를 다시 요청했다. 문제되는 부분을 해결하고 나니, 시스템의 성능도 빨라지고 500 에러도 더 이상 발생하지 않았다.

static과 메모리 릭

static으로 선언한 부분은 GC가 되지 않는다. 그럼 만약 어떤 클래스에 데이터를 Vector나 ArrayList에 담을 때 해당 Collection 객체를 static으로 선언하면 어떻게 될까? 만약 지속적으로 해당 객체에 데이터가 쌓인다면, 더 이상 GC가 되지 않으면서 시스템은 OutOfMemoryError를 발생시킨다. 즉, 시스템을 재시작해야 하며, 해당 인스턴스는 더 이상 서비스할 수 없다.

코드 6.10
```
<%@ page import="java.util.*" %>
<%!
static ArrayList list=new ArrayList();
static StringBuilder dummyStr;
static {
    dummyStr=new StringBuilder("1234567890");
    for(int loop=0;loop<22;loop++) {
        dummyStr.append(dummyStr);
    }
}
%>
<%
list.add(dummyStr.toString());
%>
<%=list.size()+" "+dummyStr.length() %>
```

만약 WAS 메모리가 512MB로 지정되어 있다면, 이 화면은 5~6회 호출되면 OutOfMemoryError가 발생하여 더 이상 서비스가 불가능한 상태가 된다.

더 이상 사용 가능한 메모리가 없어지는 현상을 메모리 릭(Memory Leak)이라고 하는데, static과 Collection 객체를 잘못 사용하면 메모리 릭이 발생한다. 메모리 릭이 발생했을 때 가장 크게 나타나는 현상은 사용 가능한 메모리가 적어지는 것이다. 다음 그림을 보면 이해가 쉬울 것이다.

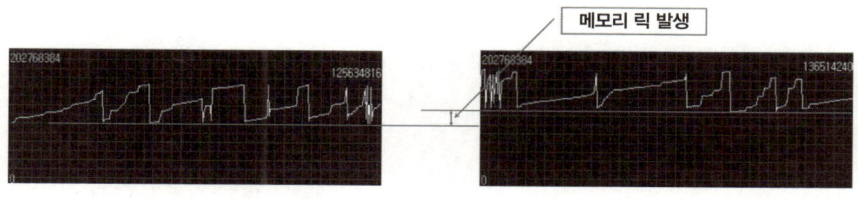

그림12 | 메모리 릭 발생 전후 비교

이 그림은 웹로직에서 제공하는 모니터링 화면에서 나타난 메모리 사용량 그래프로, 이 화면은 처음 화면을 캡처한 후 3시간 정도 시스템이 운영된 이후에 다시 캡처한 결과이다. 그림에서 보다시피 아무리 GC가 수행되더라도 메모리가 어느 정도 이하로는 떨어지지 않는다. 며칠 후에 이 시스템은 더 이상 GC도 가능하지 않게 되어 WAS를 재기동해야 할 것이다. 실제 이러한 문제가 발생하는 대부분의 사이트는 하루에 한 번 혹은 3일에 한 번씩 시스템을 재기동하면서 운영하고 있다.

이러한 메모리릭의 원인은 메모리의 현재 상태를 (메모리의 단면을) 파일로 남기는 HeapDump라는 파일을 통해서 확인 가능하다. JDK/bin 디렉터리에 있는 jmap이라는 파일을 사용하여 덤프를 남길 수 있으며, 남긴 덤프는 eclipse 프로젝트에서 제공하는 MAT와 같은 툴을 통해서 분석하면 된다. (필자가 간단히 설명했지만, 해당 내용에 대해서 자세히 알고 싶은 독자는 필자가 쓴 『자바 개발자와 시스템 운영자를 위한 트러블슈팅 이야기』(한빛미디어, 2011)를 참고하기 바란다.)

정리하며

static은 원리를 알고 잘 사용하면 시스템의 성능을 향상시킬 수 있는 마법의 예약어다. 하지만 잘못 사용하면 돌이킬 수 없는 일, 시스템이 다운되거나 예기치 못한 결과가 나올 수도 있다.

static은 반드시 메모리에 올라가며 GC의 대상이 되지 않는다. 객체를 다시 생성한다고 해도 그 값은 초기화되지 않고 해당 클래스를 사용하는 모든 객체에서 공유하게 된다. 만약 static을 사용하는 것이 걱정된다면, 아예 쓰지 말라. 모르고 시스템이 잘못되는 것보다 아예 안 쓰는 것이 더 안전하다.

클래스 정보, 어떻게 알아낼 수 있나?

들어가며

자바에는 클래스와 메서드의 정보를 확인할 수 있는 API가 있다. 바로 Class 클래스와 Method 클래스이다. Class 클래스와 Method 클래스가 성능에 얼마나 영향을 주는지 확인해 보자.

나초보씨는 메서드의 로그 부분을 작성하면서 매번 클래스의 이름을 지정하는 것이 귀찮아졌다. 하지만 다른 방법을 찾지 못해서, 김경험 선배에게 조언을 구했다.

제목	선배님 클래스 정보를 알고 싶은데요.
발신	나초보
수신	김경험
내용	선배님 안녕하세요? 다름이 아니라, 매번 클래스 이름을 로그에 설정하는 게 귀찮고 어려운데.다른 방법이 없나요?

> 가능하면 메서드 정보도 함께 프린트하고 싶은데요….
> 답장 부탁 드립니다.

김경험 선배가 바빴는지 다음날이 되어서야 답장이 왔다.

> **제목** RE: 선배님 클래스 정보를 알고 싶은데요.
> **발신** 김경험
> **수신** 나초보
> **내용** Class 클래스 쓰면 되잖아.
> 근데, 메서드는 정보 얻어오기가 힘들어.
> 구현하기가 쉽지 않으니, 메서드 정보는 포기해라.
> 방법이 있긴 한데, 좋은 방법은 아니다.

애개모호한 답장이었다. Class라는 클래스가 있었다니…. 답장을 확인하고 나서 API를 찾아보니 정말 Class라는 클래스가 있었다. 게다가 Method라는 클래스도 있었다. 그런데 왜 메서드 정보는 얻을 수가 없을까? 그 해답을 얻기 위해서 나초보씨는 Class 클래스에 대해서 공부하기 시작했다.

reflection 관련 클래스들

자바 API에는 reflection이라는 패키지가 있다. 이 패키지에 있는 클래스들을 사용하면 JVM에 로딩되어 있는 클래스와 메서드 정보를 읽어 올 수 있다. 주요 클래스의 종류와 각 클래스에서 제공되는 메서드에는 어떤 것들이 있는지 간단하게 알아보자.

Class 클래스

Class 클래스는 클래스에 대한 정보를 얻을 때 사용하기 좋고, 생성자는 따로 없다. ClassLoader 클래스의 defineClass() 메서드를 이용해서 클래스 객체를 만들 수도 있지만, 좋은 방법은 아니다. 그보다는 Object 클래스에 있는 getClass() 메서드를 이용하는 것이 일반적이다. Class 클래스의 주요 메서드에 대해서 간단히 알아보자.

- String getName(): 클래스의 이름을 리턴한다.
- Package getPackage(): 클래스의 패키지 정보를 패키지 클래스 타입으로 리턴한다.
- Field[ ] getFields(): public으로 선언된 변수 목록을 Field 클래스 배열 타입으로 리턴한다.
- Field getField(String name): public으로 선언된 변수를 Field 클래스 타입으로 리턴한다.
- Field[ ] getDeclaredFields(): 해당 클래스에서 정의된 변수 목록을 Field 클래스 배열 타입으로 리턴한다.
- Field getDeclaredField(String name): name과 동일한 이름으로 정의된 변수를 Field 클래스 타입으로 리턴한다.
- Method[ ] getMethods(): public으로 선언된 모든 메서드 목록을 Method 클래스 배열 타입으로 리턴한다. 해당 클래스에서 사용 가능한 상속받은 메서드도 포함된다.
- Method getMethod(String name, Class... parameterTypes): 지정된 이름과 매개 변수 타입을 갖는 메서드를 Method 클래스 타입으로 리턴한다.
- Method[ ] getDeclaredMethods(): 해당 클래스에서 선언된 모든 메서드 정보를 리턴한다.
- Method getDeclaredMethod(String name, Class... parameterTypes): 지정된 이

름과 매개변수 타입을 갖는 해당 클래스에서 선언된 메서드를 Method 클래스 타입으로 리턴한다.

- Constructor[ ] getConstructors(): 해당 클래스에 선언된 모든 public 생성자의 정보를 Constructor 배열 타입으로 리턴한다.
- Constructor[ ] getDeclaredConstructors(): 해당 클래스에서 선언된 모든 생성자의 정보를 Constructor 배열 타입으로 리턴한다.
- int getModifiers(): 해당 클래스의 접근자(modifier) 정보를 int 타입으로 리턴한다.
- String toString(): 해당 클래스 객체를 문자열로 리턴한다.

현재 클래스의 이름을 알고 싶으면 다음과 같이 사용하면 된다.

```
String currentClassName=this.getClass().getName();
```

그런데, 여기서 getName() 메서드는 패키지 정보까지 리턴해 준다. 클래스 이름만 필요할 경우에는 getSimpleName() 메서드를 사용하면 된다.

Method 클래스

Method 클래스를 이용하여 메서드에 대한 정보를 얻을 수 있다. 하지만, Method 클래스에는 생성자가 없으므로 Method 클래스의 정보를 얻기 위해서는 Class 클래스의 getMethods() 메서드를 사용하거나 getDeclaredMethod() 메서드를 써야 한다.

Method 클래스의 주요 메서드에 대해서 알아보자.

- Class<?> getDeclaringClass(): 해당 메서드가 선언된 클래스 정보를 리턴한다.
- Class<?> getReturnType(): 해당 메서드의 리턴 타입을 리턴한다.

- Class<?>[ ] getParameterTypes(): 해당 메서드를 사용하기 위한 매개변수의 타입들을 리턴한다.
- String getName(): 해당 메서드의 이름을 리턴한다.
- int getModifiers(): 해당 메서드의 접근자 정보를 리턴한다.
- Class<?>[ ] getExceptionTypes(): 해당 메서드에 정의되어 있는 예외 타입들을 리턴한다.
- Object invoke(Object obj, Object... args): 해당 메서드를 수행한다.
- String toGenericString(): 타입 매개변수를 포함한 해당 메서드의 정보를 리턴한다.
- String toString(): 해당 메서드의 정보를 리턴한다.

Field 클래스

Field 클래스는 클래스에 있는 변수들의 정보를 제공하기 위해서 사용한다. Method 클래스와 마찬가지로 생성자가 존재하지 않으므로 Class 클래스의 getField() 메서드나 getDeclaredFields() 메서드를 써야 한다. Field 클래스의 주요 메서드에 대해서 알아보자.

- int getModifiers(): 해당 변수의 접근자 정보를 리턴한다.
- String getName(): 해당 변수의 이름을 리턴한다.
- String toString(): 해당 변수의 정보를 리턴한다.

나머지 reflection 관련 클래스는 앞에서 설명한 세 가지 클래스와 비슷하게 사용할 수 있다. 다른 클래스들에 대한 자세한 내용들은 스스로 공부하는 데 별로 어려움이 없을 것이라고 생각한다.

reflection 관련 클래스를 사용한 예

지금까지 알아본 reflection 관련 클래스를 어떻게 사용해야 하는지 간단한 예를 통해서 살펴보자. reflection 관련 클래스로 세부 내용을 확인하려고 하는 대상 클래스는 다음과 같다.

코드 7.1

```java
package com.perf.reflect.clas;

public class DemoClass {
    private String privateField;
    String field;
    protected String protectedField;
    public String publicField;

    public DemoClass() {}
    public DemoClass(String arg) {}

    public void publicMethod() throws java.io.IOException,Exception {}
    public String publicMethod(String s,int i) {
        return "s="+s+" i="+i;
    }
    protected void protectedMethod() {}
    private void privateMethod() {}
    void method() {}

    public String publicRetMethod() {return null;}
    public InnerClass getInnerClass() {
        return new InnerClass();
    }
    public class InnerClass {
    }
}
```

이 클래스는 다음에 나오는 점검 클래스와 같은 클래스 패스에 있어야만 정상적으로 수행된다. 어떻게 클래스의 정보를 가져올 수 있는지, 예제 소스를 보자.

코드 7.2

```java
package com.perf.reflect.clas;
import java.lang.reflect.*;
public class DemoTest {

    public static void main(String[] args) {
        DemoClass dc=new DemoClass();//점검 대상 클래스 객체

        DemoTest dt=new DemoTest();
        dt.getClassInfos(dc);
    }
    public void getClassInfos(Object clazz) {
        Class demoClass=clazz.getClass();
        getClassInfo(demoClass);
        //getFieldInfo(demoClass);
        //getMethodInfo(demoClass);
    }
    public void getClassInfo(Class demoClass) {
        String className = demoClass.getName();
        System.out.format("Class Name: %s\n",className);
        String classCanonicalName = demoClass.getCanonicalName();
        System.out.format("Class Canonical Name: %s\n",
            classCanonicalName);
        String classSimpleName = demoClass.getSimpleName();
        System.out.format("Class Simple Name: %s\n",classSimpleName);
        String packageName = demoClass.getPackage().getName();
        System.out.format("Package Name: %s\n",packageName);
        String toString = demoClass.toString();
        System.out.format("toString: %s\n",toString);
    }
}
```

이 코드는 클래스 정보만을 가져오는 부분이다. 주석 처리한 메서드와 필드 정보를 가져오는 부분은 잠시 후에 살펴보자. 가장 먼저 main 메서드에서 확인할 클래스(여기서는 DemoClass)의 객체를 생성한 이후에 그 객체를 getClassInfos() 메서드에 전달하여 해당 클래스의 정보를 읽는다. 이 메서드는 클래스의 이름과 패키지 정보들을 확인한다. 이제 필드 정보를 읽는 부분을 보자.

코드 7.3

```java
public void getFieldInfo(Class demoClass) {
    System.out.println("------------------");
    Field[] field1 = demoClass.getDeclaredFields();
    Field[] field2 = demoClass.getFields();
    System.out.format("Declared Fields: %d, Fields: %d\n",
        field1.length,field2.length);

    for (Field field: field1) {
        String fieldName = field.getName();
        int modifier = field.getModifiers();
        String modifierStr = Modifier.toString(modifier);
        String type = field.getType().getSimpleName();
        System.out.format("%s %s %s\n",modifierStr,type,fieldName);
    }
}
```

여기서 가장 어려운 부분은 식별자 데이터를 가져오는 부분이다. getModifiers() 메서드에서는 int 타입으로 리턴을 하기 때문에 간단하게 변환을 하기가 어렵다. 그에 대비해서 Modifier 클래스에 static으로 선언되어 있는 Modifier.toString() 메서드가 있다. 이 메서드에 int 타입의 값을 보내면 식별자 정보를 문자열로 리턴한다. 이제 메서드 정보를 가져오는 부분을 보자.

코드 7.4

```java
private void getMethodInfo(Class demoClass) {
    System.out.println("------------------");
    Method[] method1 = demoClass.getDeclaredMethods();
    Method[] method2 = demoClass.getMethods();
    System.out.format("Declared methods: %d, Methods: %d\n"
        ,method1.length,method2.length);
    for (Method met1: method1) {
        // method name info
        String methodName = met1.getName();
        // method modifier info
        int modifier = met1.getModifiers();
        String modifierStr = Modifier.toString(modifier);
        // method return type info
        String returnType = met1.getReturnType().getSimpleName();
        // method parameter info
        Class params[] = met1.getParameterTypes();
        StringBuilder paramStr = new StringBuilder();
        int paramLen = params.length;
        if (paramLen != 0) {
            paramStr.append(params[0].getSimpleName()).append(" arg");
            for (int loop = 1; loop < paramLen; loop++) {
                paramStr.append(",").append(params[loop].
                    getName()).append(" arg").append(loop);
            }
        }
        // method exception info
        Class exceptions[] = met1.getExceptionTypes();
        StringBuilder exceptionStr = new StringBuilder();
        int exceptionLen = exceptions.length;
        if (exceptionLen != 0) {
            exceptionStr.append("throws")
                .append(exceptions[0].getSimpleName());
            for (int loop = 1; loop < exceptionLen; loop++) {
                exceptionStr.append(",")
                    .append(exceptions[loop].getSimpleName());
            }
```

```
        }
        // pring result
        System.out.format("%s %s %s(%s) %s\n",modifierStr,returnType,
            methodName,paramStr,exceptionStr);
    }
}
```

메서드 가져오는 부분에서 중요한 것은 예외와 매개변수를 처리하는 부분이다. 이 두 가지 데이터는 일반적으로 하나가 아니기 때문에 위와 같이 반복하면서 해당 부분의 정보를 읽어 와야 한다.

그럼 마지막으로 이렇게 작성된 DemoTest 클래스가 DemoClass를 분석했을 때 어떠한 결과가 나오는지 확인해 보자.

결과

```
Class Name: com.perf.reflect.clas.DemoClass
Class Canonical Name: com.perf.reflect.clas.DemoClass
Class Simple Name: DemoClass
Package Name: com.perf.reflect.clas
toString: class com.perf.reflect.clas.DemoClass
------------------
Declared Fields: 4, Fields: 1
private String privateField
String field
protected String protectedField
public String publicField
------------------
Declared methods: 7, Methods: 13
public String publicMethod(String arg,int arg1)
public void publicMethod() thorws IOException,Exception
protected void protectedMethod()
private void privateMethod()
public String publicRetMethod()
public InnerClass getInnerClass()
    void method()
```

클래스 정보를 가져오는 부분과 이 책의 뒷부분에 있는 'JMX'를 연계시킨다면, 서버에서 사용하는 클래스의 정보를 가져오는 막강한 모니터링 기술을 제공할 수도 있을 것이다.

reflection 클래스를 잘못 사용한 사례

일반적으로 로그를 프린트할 때 클래스 이름을 알아내기 위해서는 같이 Class클래스를 많이 사용한다.

```
this.getClass().getName()
```

이 방법을 사용한다고 해서 성능에 많은 영향을 미치지는 않는다. 다만 getClass() 메서드를 호출할 때 Class 객체를 만들고, 그 객체의 이름을 가져오는 메서드를 수행하는 시간과 메모리를 사용할 뿐이다. 하지만 어떤 개발자들은 reflection 관련 클래스를 너무 좋아한 나머지 잘못 사용하는 경우도 간혹 있다. 다음의 예를 보자.

코드 7.5
```
public String checkClass(Object src) {
    if(src.getClass().getName().equals("java.math.BigDecimal")) {
        // 데이터 처리
    }
    //이하 생략
}
```

간단한 사례이지만, 실제 구현되어 있던 코드이다. 해당 객체의 클래스 이름을 알아내기 위해서 getClass().getName() 메서드를 호출하여 사용했다. 이렇게 사용할 경우 응답 속도에 그리 많은 영향을 주지는 않지만, 많이 사용하면 필요 없는 시간을 낭비하게 된다. 이러한 부분에서 개선이 필요할 때는 자바의 기본으로 돌

아주자.

코드 7.6

```
public String checkClass(Object src) {
    if(src instanceof java.math.BigDecimal) {
        //데이터 처리
    }
    //이하 생략
}
```

instanceof를 사용하니 소스가 훨씬 간단해졌다. 그러면 JMH를 이용하여 얼마나 성능 차이가 있는지 비교해 보자.

코드 7.7

```
package com.perf.reflection;

import java.math.BigDecimal;
import java.util.concurrent.TimeUnit;

import org.openjdk.jmh.annotations.BenchmarkMode;
import org.openjdk.jmh.annotations.GenerateMicroBenchmark;
import org.openjdk.jmh.annotations.Mode;
import org.openjdk.jmh.annotations.OutputTimeUnit;
import org.openjdk.jmh.annotations.Scope;
import org.openjdk.jmh.annotations.State;

@State(Scope.Thread)
@BenchmarkMode({ Mode.AverageTime })
@OutputTimeUnit(TimeUnit.MICROSECONDS)
public class Reflection {

    int LOOP_COUNT=100;
    String result;
```

```
@GenerateMicroBenchmark
public void withEquals() {
    Object src = new BigDecimal("6");
    for (int loop = 0; loop < LOOP_COUNT; loop++) {
        if (src.getClass().getName().equals("java.math.BigDecimal")) {
            result = "BigDecimal";
        }
    }
}

@GenerateMicroBenchmark
public void withInstanceof() {
    Object src = new BigDecimal("6");
    for (int loop = 0; loop < LOOP_COUNT; loop++) {
        if (src instanceof java.math.BigDecimal) {
            result = "BigDecimal";
        }
    }
}
```

수행 횟수는 10번이며, 앞서 살펴본 BigDecimal 객체인지 아닌지를 확인하는 코드다. 측정 결과는 다음과 같다.

대상	응답 시간 (마이크로초)
instanceof 사용	0.167
Reflection 사용	1.022

instanceof를 사용했을 때와 .getClass().getName()을 사용했을 때를 비교하면 약 6배의 성능 차이가 발생한다. 어떻게 보면 시간으로 보았을 때 큰 차이는 발생하지 않지만, 이런 부분이 모여 큰 차이를 만들기 때문에 작은 것부터 생각하면서 코딩하는 습관을 가지는 것이 좋다.

정리하며

reflection 관련 클래스를 사용하면 클래스의 정보 및 여러 가지 세부 정보를 알 수 있어 매우 편리하다. 하지만 나초보씨처럼 로그에서 사용하기 위해서라면, 클래스 객체를 얻기보다는 클래스의 이름을 복사해서 붙여넣는 것이 나중에 소스를 확인할 때에도 더 깔끔할 것이다(계속 복사해서 사용하다가 다른 클래스의 이름이 지정될 수도 있기는 하겠지만). 그리고, 마지막 사례에 보았듯이 instanceof를 사용하는 것이 클래스의 이름으로 해당 객체의 타입을 비교하는 방법보다 낫다.

추가로 클래스의 메타 데이터 정보는 JVM의 Perm 영역에 저장된다는 사실을 기억해 주기 바란다. 만약 Class 클래스를 사용하여 엄청나게 많은 클래스를 동적으로 생성하는 일이 벌어지면 Perm 영역이 더 이상 사용할 수 없게 되어 OutOfMemoryError가 발생할 수도 있으니, 조심해서 사용하자.

로그를 프린트할 때 클래스 정보까지는 나타낼 수 있지만, 메서드 정보까지 나타내기는 쉽지가 않다. 그 방법은 '10. 로그는 반드시 필요한 내용만 찍자.'에 자세한 설명이 나와 있으니 10장을 참조하기 바란다.

synchronized는 제대로 알고 써야 한다

웹 기반 시스템을 개발할 때 여러분들이 스레드를 컨트롤할 일은 별로 없다. 만약 스레드를 직접 건드리면 서비스의 안전성이 떨어질 수도 있으니 자제하는 것이 좋다.

우리가 개발하는 WAS는 여러 개의 스레드가 동작하도록 되어 있다. 그래서 synchronized를 자주 사용한다. 하지만 synchronized를 쓴다고 무조건 안정적인 것은 아니며, 성능에 영향을 미치는 부분도 있다. 스레드가 어떻게 작동되는지 간단하게 알아보고, 무엇을 조심해야 하는지 확인해 보자.

나초보씨가 개발하고 있는 프로젝트의 일정이 촉박하여 김경험 선배가 투입되었다. 김경험 선배는 이름대로 정말 경험이 많았다. 하루는 김경험 선배가 나초보씨를 불러서 이미 만든 소스에 대해서 리뷰한 결과를 이야기해 주었다.

김경험 나초보씨, 여기서 이건 왜 썼지?
나초보 뭐요?
김경험 여기 메서드에 synchronized라고 썼잖아.
나초보 아, 그거요? 그 메서드가 중요해서 synchronized라고 써 준겁니다.

김경험   스레드에 대해서 잘 알고 쓴 거냐? 아니면 모르고 쓴 거냐?
나초보   어디서 보니까, 동시에 그 메서드를 접근하지 못하게 하려면 써야 한다고 해서….
김경험   내가 너를 좀 때려도 될까?
나초보   왜요, 왜요?
김경험   니가 맞을 짓을 했으니까! 그거 아무 때나 쓰는 것이 아니야.
나초보   앗! 그래요?
김경험   잘못하면, 성능에 영향을 줄 수도 있어!
나초보   아, 그렇구나.
김경험   너 스레드 공부해서 정리해 봐.
나초보   그거 할 시간 없는데요.
김경험   시간이 없어도 한번 공부해라. 네가 정리해 놓으면 나도 보게….
나초보   네, 알았어요.

나초보씨는 김경험 선배가 한 까칠하기 때문에, 더 이상 이야기해 봤자 득이 되지 않는다는 사실을 알고 있었다. 자신이 지은 죄도 있기에, 한번 정리해 보기로 했다.

자바에서 스레드는 어떻게 사용하나?

스레드는 보통 자바 기본 과정에서 배우고 나면 사용할 일이 별로 없기 때문에 기억에서 사라진다. 자격증 공부를 하거나 WAS를 만드는 일을 하고 있다면 계속 기억에 남아 있겠지만, 대부분의 개발자가 그러한 일을 하는 것은 아니다. 그러니 기본적인 부분부터 짚고 넘어가자.

프로세스와 스레드

여러분이 클래스를 하나 수행시키거나 WAS를 기동하면, 서버에 자바 프로세스가 하나 생성된다. 하나가 생성되는지 여러 개가 생성되는지는 윈도의 자원관리자나 리눅스, 유닉스의 프로세스를 조회해 보면 된다.

하나의 프로세스에는 여러 개의 스레드가 생성된다. 단일 스레드가 생성되어 종료될 수도 있고, 여러 개의 스레드가 생성되어 수행될 수도 있다. 그러므로 프로세스와 스레드의 관계는 1:多 관계라고 보면 된다. 프로세스와 스레드는 왜 이러한 관계가 만들어질까? 스레드는 다른 말로 Lightweight Process(LWP)라고도 한다. 즉 가벼운 프로세스이고, 프로세스에서 만들어 사용하고 있는 메모리를 공유한다. 그래서 별개의 프로세스가 하나씩 뜨는 것보다는 성능이나 자원 사용에 있어서 많은 도움이 된다. 프로세스와 스레드의 관계는 별로 어렵지도 않으니 반드시 숙지하고 있기 바란다.

Thread 클래스 상속과 Runnable 인터페이스 구현

스레드의 구현은 Thread 클래스를 상속받는 방법과 Runnable 인터페이스를 구현하는 방법 두 가지가 있다. 기본적으로 Thread 클래스는 Runnable 인터페이스를 구현한 것이기 때문에 어느 것을 사용해도 거의 차이가 없다. 대신 Runnable 인터페이스를 구현하면 원하는 기능을 추가할 수 있다. 이는 장점이 될 수도 있지만, 해당 클래스를 수행할 때 별도의 스레드 객체를 생성해야 한다는 점은 단점이 될 수도 있다. 또한 자바는 다중 상속을 인정하지 않는다. 따라서 스레드를 사용해야 할 때 이미 상속받은 클래스가 존재한다면 Runnable 인터페이스를 구현해야 한다.

아주 간단한 스레드 관련 클래스 두 가지를 보자. 첫 번째는 Runnable 인터페이스를 구현한 클래스이다.

코드 8.1

```
package com.perf.thread.basic;

public class RunnableImpl implements Runnable{
    public void run() {
```

```
        System.out.println("This is RunnableImpl.");
    }
}
```

두 번째 클래스는 Thread 클래스를 확장한 경우다.

코드 8.2

```
package com.perf.thread.basic;

public class ThreadExtends extends Thread{
    public void run() {
        System.out.println("This is ThreadExtends.");
    }
}
```

그럼 이 클래스들을 어떻게 실행해야 할까? Thread 클래스를 상속받은 경우에는 start() 메서드를 호출하면 된다. 하지만 Runnable 인터페이스를 구현한 경우에는 Thread 클래스의 Runnable 인터페이스를 매개변수로 받는 생성자를 사용해서 Thread 클래스를 만든 후 start() 메서드를 호출해야 한다. 그렇게 하지 않고 그냥 run() 메서드를 호출하면 새로운 스레드가 생성되지 않는다. 실행 소스를 보자.

코드 8.3

```
package com.perf.thread.basic;

public class RunThreads {
    public static void main(String []args) {
        RunnableImpl ri=new RunnableImpl();
        ThreadExtends te=new ThreadExtends();
        new Thread(ri).start();
        te.start();
    }
}
```

실행을 해 보면 알겠지만, 실행할 때마다 결과 값이 고정되지 않는다는 것을 확인할 수 있다. 스레드를 호출하면서 우선순위를 따로 지정하지 않았으므로 Thread 클래스를 상속받은 결과가 먼저 나올 수도 있고, Runnable 인터페이스를 구현한 결과가 먼저 나올 수도 있다.

sleep(), wait(), join() 메서드

현재 진행 중인 스레드를 대기하도록 하기 위해서는 sleep(), wait(),join() 세 가지 메서드를 사용하는 방법이 있다. wait() 메서드는 모든 클래스의 부모 클래스인 Object 클래스에 선언되어 있으므로 어떤 클래스에서도 사용할 수 있다. 이 세 가지 메서드는 모두 예외를 던지도록 되어 있어 사용할 때는 반드시 예외 처리를 해 주어야 한다. 여기에 명시된 메서드들이 던지는 예외의 종류는 API를 통해서 직접 확인하기 바란다.

    sleep() 메서드는 명시된 시간만큼 해당 스레드를 대기시킨다. 이 메서드는 다음과 같은 두 가지 방법으로 매개변수를 지정해서 사용한다.

- sleep(long millis): 명시된 ms만큼 해당 스레드가 대기한다. static 메서드이기 때문에 반드시 스레드 객체를 통하지 않아도 사용할 수 있다.
- sleep(long millis, int nanos): 명시된 ms + 명시된 나노 시간만큼 해당 스레드가 대기한다. 여기서 나노 시간은 0~999999까지 사용할 수 있다. 이 메서드도 위와 마찬가지로 static 메서드다.

wait() 메서드도 명시된 시간만큼 해당 스레드를 대기시킨다. sleep() 메서드와 다른 점은 매개변수인데, 만약 아무런 매개변수를 지정하지 않으면 notify() 메서드 혹은 notifyAll() 메서드가 호출될 때까지 대기한다. wait() 메서드가 대기하는 시간을 설정하는 방법은 sleep() 메서드와 동일하다.

    join() 메서드는 명시된 시간만큼 해당 스레드가 죽기를 기다린다(API에도 'die'

라고 표현이 되어 있으니 이 표현이 가장 적절한 듯 하다). 만약 아무런 매개변수를 지정하지 않으면 죽을 때까지 계속 대기한다.

interrupt(), notify(), notifyAll() 메서드

앞서 명시한 세 개의 메서드를 '모두' 멈출 수 있는 유일한 메서드는 interrupt() 메서드다. interrupt() 메서드가 호출되면 중지된 스레드에는 InterruptedException이 발생한다. 제대로 수행되었는지 확인하려면 interrupted() 메서드를 호출하거나 isInterrupted() 메서드를 호출하면 된다. 두 방법의 차이는 interrupted() 메서드는 스레드의 상태를 변경시키지만, isInterrupted() 메서드는 단지 스레드의 상태만을 리턴한다는 점이다.

추가로 isAlive() 메서드라는 것이 있는데, 이는 해당 스레드가 살아있는지 확인하는 메서드다. 스레드가 살아있다면 true를, 그렇지 않으면 false를 리턴한다.

notify() 메서드와 notifyAll() 메서드는 모두 wait() 메서드를 멈추기 위한 메서드다. 이 두 메서드는 Object 클래스에 정의되어 있는데, wait() 메서드가 호출된 후 대기 상태로 바뀐 스레드를 깨운다. notify() 메서드는 객체의 모니터와 관련 있는 단일 스레드를 깨우며, notifyAll() 메서드는 객체의 모니터와 관련 있는 모든 스레드를 깨운다.

간단한 예를 통해서 대기 메서드와 중단 메서드의 사용법을 확인하자.

코드 8.4

```
package com.perf.thread.sleep;

public class Sleep extends Thread{
    public void run() {
        try {
            Thread.sleep(10000);//10초간 대기한 후 종료한다.
        } catch(InterruptedException e) {
            System.out.println("Somebody stopped me T T");
```

```
            } catch(Exception e) {
                e.printStackTrace();
            }
        }
        public static void main(String args[]) {
            Sleep s=new Sleep();
            s.start();//스레드를 시작한다.
            try {
                int cnt=0;
                while(cnt<5) {
                    s.join(1000);  //1초씩 기다린다.
                    cnt++;
                    System.out.format("%d second waited\n", cnt);
                }
                if(s.isAlive()) {//스레드가 살아 있는지 확인한다.
                    s.interrupt();
                }
            } catch(Exception e) {
                e.printStackTrace();
            }
        }
    }
```

    run() 메서드를 보자. 스레드가 시작되면 해당 스레드를 10초간 대기시킨다. 만약 InterruptedException이 발생하면 메시지를 표시하고 끝낸다. main() 메서드에서는 스레드를 시작한다. cnt를 증가시키면서 1초씩 해당 스레드가 죽기를 기다린다. 만약 5초 동안 해당 스레드가 죽지 않으면, 성질 급한 이 main() 메서드는 스레드가 살아있는지 한 번 더 확인하고 스레드를 죽인다.

    혹시 스레드에 대해서 이해가 잘 안 되어서 지금 소스에 대해서도 이해하기 어렵다면, 반드시 이 소스를 수행하고 각 수치들을 변경하면서 확인해 보기 바란다. 직접 소스를 수행해 보면 눈으로 볼 때보다 쉽게 이해할 수 있을 것이다.

interrupt() 메서드는 절대적인 것이 아니다

한가지 꼭 짚고 넘어가야 하는 것이 있다. 바로 interrupt() 메서드와 관련된 내용이다. interrupt() 메서드를 호출하여 특정 메서드를 중지시키려고 할 때 항상 해당 메서드가 멈출까? 정답은 '아니요'다. API에 있는 Thread 클래스의 interrupt() 메서드에는 다음과 같은 설명이 있다.

> If this thread is blocked in an invocation of the wait(), wait(long), or wait(long, int) methods of the Object class, or of the join(), join(long), join(long, int), sleep(long), or sleep(long, int), methods of this class, then its interrupt status will be cleared and it will receive an InterruptedException.
>
> If this thread is blocked in an I/O operation upon an interruptible channel then the channel will be closed, the thread's interrupt status will be set, and the thread will receive a ClosedByInterruptException.
>
> If this thread is blocked in a Selector then the thread's interrupt status will be set and it will return immediately from the selection operation, possibly with a non-zero value, just as if the selector's wakeup method were invoked.
>
> If none of the previous conditions hold then this thread's interrupt status will be set.

갑자기 영어가 튀어 나와서 긴장한 독자도 있겠지만, 한번은 꼭 읽어보기 바란다. 간단하게 설명하면 interrupt() 메서드는 해당 스레드가 'block'되거나 특정 상태에서만 작동한다는 말이다. 다음 코드는 스레드를 실행하고 2초 후에 interrupt() 메서드를 호출한다.

코드 8.5

```
package com.perf.thread;

public class InterruptSample {
    public static void main(String[] args) throws Exception {
        InfinitThread infinit=newInfinitThread();
        infinit.start();
        Thread.sleep(2000);
        System.out.println("isInterrupted="+infinit.isInterrupted());
        infinit.interrupt();
        System.out.println("isInterrupted="+infinit.isInterrupted());
    }
}
```

그리고, InfinitThread 클래스는 다음과 같이 되어 있다.

코드 8.6

```
package com.perf.thread;

public class InfinitThread extends Thread {
    int value=Integer.MIN_VALUE;
    private boolean flag=true;
    public void run(){
        while(flag) {
            value++;
            if(value==Integer.MAX_VALUE) {
                value=Integer.MIN_VALUE;
                System.out.println("MAX_VALUE reached !!! ");
            }
        }
    }
}
```

InterruptSample 클래스를 수행하면 어떻게 될까? 정상적으로 interrupt() 메서드를 호출하면 이 스레드가 멈출까?

문제는 이 스레드는 멈추지 않는다는 것이다. 코드 윗 줄에 보면 '해당 스레드가 block된 상태에서만 작동한다.'라고 이야기 했다. interrupt() 메서드는 대기 상태 일 때에만 해당 스레드를 중단시키기 때문에 이 스레드는 멈추지 않는다.

앞서 필자가 이야기한 대로 while을 사용할 때 while(true)처럼 조건에 true를 넣는 것은 본인의 코드에 폭탄을 하나 심어 놓는 것과 동일하다. 이와 같은 반복 구문을 안전하게 만들려면 안전장치를 추가하는 것이 좋다. 안전 장치를 두는 방법은 여러 가지 인데, 이 책에서는 flag 값을 수정하거나 sleep()을 추가하는 방법 두 가지를 소개한다.

flag 값 수정하기

다음과 같이 스레드에 flag를 수정할 수 있도록 하고,

코드 8.7

```java
package com.perf.thread;

public class InfinitThread extends Thread {
    int value=Integer.MIN_VALUE;
    private boolean flag=true;
    public void run(){
        while(flag) {
            value++;
            if(value==Integer.MAX_VALUE) {
                value=Integer.MIN_VALUE;
                System.out.println("MAX_VALUE reached !!! ");
            }
        }
    }
    public void setFlag(boolean flag) {
        this.flag=flag;
    }
}
```

그 다음에 다른 스레드에서 interrupt() 메서드를 호출한 후 flag를 변경하는 방법이다(main() 메서드 가장 마지막 줄).

코드 8.8

```java
package com.perf.thread;

public class InterruptSample {

    public static void main(String[] args) throws Exception {
        InfinitThread infinit=newInfinitThread();
        infinit.start();
        Thread.sleep(2000);
        System.out.println("isInterrupted="+infinit.isInterrupted());
        infinit.interrupt();
        System.out.println("isInterrupted="+infinit.isInterrupted());
        infinit.setFlag(false);
    }

}
```

실행해 보면 알겠지만, 이 예제는 시작하고 2초 후에 interrupt() 메서드가 호출되고, flag 값이 false가 되기 때문에 바로 멈춘다.

sleep() 추가하기

이번에는 InfinitThread 클래스만 변경하면 된다.

코드 8.9

```java
package com.perf.thread;

public class InfinitThread extends Thread {
    int value=Integer.MIN_VALUE;
    private boolean flag=true;
```

```java
    public void run(){
        while(flag) {
            value++;
            if(value==Integer.MAX_VALUE) {
                value=Integer.MIN_VALUE;
                System.out.println("MAX_VALUE reached !!! ");
            }
            try {
                Thread.sleep(0,1);
            } catch(Exception e) {
                break;
            }
        }
    }
}
```

중간에 Thread.sleep(0,1) 이 추가된 것을 볼 수 있다. 이 스레드는 while 루프가 수행될 때 1 나노초 (1/1,000,000,000)만큼 대기했다가 수행된다. 분명히 성능 저하는 발생하지만, interrupt() 메서드가 호출되면 이 스레드는 바로 멈춘다.

모든 while이나 for 루프에 이 코드를 심으라는 이야기가 절대 아니다. interrupt() 메서드를 호출한다고 해당 스레드가 반드시 중단되지 않는다는 것을 알려주려고 한 것이다.

synchronized를 이해하자

웹 기반의 시스템에서 스레드 관련 부분 중 가장 많이 사용하는 것은 synchronized일 것이다. 나초보씨처럼 제대로 알지 못하고 synchronized를 사용하면 성능에 악영향을 미칠 수도 있다. 그럼 synchronized가 뭔지 알아보기 위해서 먼저 사전을 찾아보자. 사전에 나오는 의미는 다음과 같다.

synchronize 동사 : 동시에 일어나다. 동시에 진행하다.

이 단어가 포함된 용어 중 우리에게 가장 익숙한 것으로는 싱크로나이즈드 스위밍이 있다. 한국말로 번역하면 수중 발레다. 그렇다고 '싱크로나이즈'를 발레라는 의미로 생각하는 사람은 없길 바란다. 물 속에서 여러 명이 한 몸이 된 것처럼 동작을 맞추어 발레를 하기 때문에 그런 이름이 붙여지지 않았나 생각된다.

그럼 동시에 처리한다는 의미인데, 뭘 어떻게 동시에 처리한다는 것일까? synchronized의 문법을 간단하게 본 후 예제를 통해서 더 확실하게 확인하자. synchronized는 하나의 객체에 여러 객체가 동시에 접근하여 처리하는 상황이 발생할 때 사용한다. 아래의 그림을 보자.

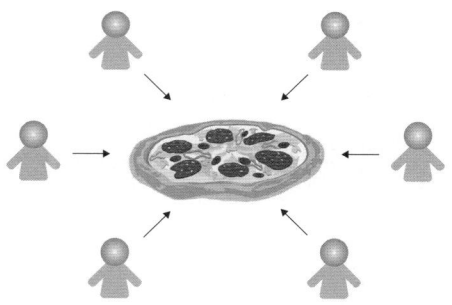

그림13 | 피자 동시에 먹기

무한도전이라는 TV 프로그램이 있다. 무한도전의 초창기에는 PD가 밥을 주지 않아서 그랬는지 모르겠지만, 항상 먹는 것 때문에 싸웠다. 매번 먹을 것을 갖고 6명이 달려들다가, 먹지도 못하고 땅바닥에 떨어뜨리기 일쑤였다. 만약 누군가가 나서서 하나를 6등분한다면, 모두가 그 음식을 조금이라도 먹을 수 있을 것이다.

자바에서도 마찬가지다. 하나의 객체에 여러 요청이 동시에 달려들면 원하는 처리를 하지도 못하고 이상한 결과가 나올 수 있다. 그래서 synchronized를 사용해서 동기화를 하는 것이다. 이 식별자를 사용하면 "천천히 한 명씩 들어와!"라고 해당 메서드나 블록에서 제어하게 된다.

synchronized를 static과 연결해서 생각하면 더더욱 복잡해진다. 그러니 기본적인 부분부터 확인을 해보자. synchronized는 다음과 같이 메서드와 블록으로 사용할 수 있다. 절대로 생성자의 식별자로는 사용할 수 없다는 점을 염두에 두기 바란다.

코드 8.10
```
public synchronized void sampleMethod() {
    //중간 생략
}

private Object obj=new Object();
public void sampleBlock() {
    synchronized(obj) {
        //중간 생략
    }
}
```

이처럼 간단히 synchronized라는 식별자만 쓰면 동기화할 수 있다. 메서드를 동기화하려면 메서드 선언부에 사용하면 된다. 특정 부분을 동기화하려면 해당 블록에만 선언을 해서 사용하면 된다. 사용 방법은 단순하지만, 이 식별자의 힘은 막강하다. 그럼 언제 동기화를 사용해야 할까?

- 하나의 객체를 여러 스레드에서 동시에 사용할 경우
- static으로 선언한 객체를 여러 스레드에서 동시에 사용할 경우

간단하게 두 가지로 요약할 수 있다. 거꾸로 이야기하면, 위의 경우가 아니면 동기화를 할 필요가 별로 없다.

동기화는 이렇게 사용한다 – 동일 객체 접근 시

아직 동기화를 쉽게 이해하지 못하는 사람을 위해서 간단한 예를 들어 보자. 여러 기부자(Contributor)가 어떤 기부금을 처리하는 단체(Contribution)에 기부금을 내는 상황을 가정한다. 기부금을 내는 사람은 스레드로 구현되며, 기부금을 내는 사람의 이름 정보가 있어야 한다. 기부금을 받는 단체는 기부금을 받을 창구로 donate()라는 메서드를 제공한다. 기부한 전체 기부금을 확인하는 메서드는 getTotal()이다. 먼저 기부금을 받는 단체의 클래스를 구현한 소스를 보자.

코드 3.11

```java
package com.perf.thread;

public class Contribution {
    private int amount=0;
    public void donate() {
        amount++;
    }
    public int getTotal() {
        return amount;
    }
}
```

기부는 계속 축적되어야 하므로, amount라는 변수로 선언되어 있다. 그럼 기부금을 내는 사람의 클래스를 구현한 소스를 보자.

코드 3.12

```java
package com.perf.thread;
import com.perf.timer.*;
public class Contributor extends Thread {
    private Contribution myContribution;
    private String myName;
    public Contributor(Contribution contribution,String name) {
        myContribution=contribution;
        myName=name;
    }
    public void run() {
        for(int loop=0;loop<1000;loop++) {
            myContribution.donate();
        }
        System.out.format("%s total=%d\n",myName,
            myContribution.getTotal());
    }
}
```

소스가 그리 어렵지 않으니 쉽게 이해할 수 있을 것이다. 소스를 보면, 1인당 1원씩 1,000번 기부하고, 기부가 완료되면 현재까지 쌓인 기부금을 프린트하도록 되어 있다. 이제 기부를 하도록 하는 실행 파일을 보자.

코드 8.13

```java
package com.perf.thread;

public class ContributeTest {
    public static void main(String[] args) {
        Contributor[] crs=new Contributor[10];
        // 기부자와 기부 단체 초기화
        for(int loop=0;loop<10;loop++) {
            Contribution group=new Contribution();
            crs[loop]=new Contributor(group," Contributor"+loop);
        }
        // 기부 실행
        for(int loop=0;loop<10;loop++) {
            crs[loop].start();
        }
    }
}
```

이렇게 수행하면 기부금을 받는 단체인 group 객체를 매번 새로 생성했기 때문에, 10명의 기부자가 10개의 각기 다른 단체에 기부하는 상황이 될 것이다. 수행된 결과를 보면 다음과 같다.

결과

```
Contributor0 total=1000
Contributor8 total=1000
Contributor6 total=1000
Contributor4 total=1000
Contributor2 total=1000
Contributor9 total=1000
```

```
Contributor5 total=1000
Contributor3 total=1000
Contributor7 total=1000
Contributor1 total=1000
```

수행을 할 때마다 결과는 다르겠지만, 각 기부자가 돈을 낸 각 기부 단체에는 1,000원씩 기부되었을 것이다. 그럼 만약 기부 단체가 하나만 있을 경우에는 어떻게 될까? 앞의 ContributeTest 클래스를 다음과 같이 수정하여 매번 기부자를 생성하지 않고, 하나의 그룹을 여러 기부 단체에서 참조하도록 하면 원하는 기능이 구현될 것이다.

코드 8.14

```
//앞부분 생략
Contributor[] crs=new Contributor[10];
Contribution group=new Contribution();
for(int loop=0;loop<10;loop++) {
    crs[loop]=new Contributor(group,"Contributor"+loop);
}
//이하 생략
```

예상대로라면 각 단체에서 돈을 1,000원씩 냈기 때문에, 어떤 기부자가 마지막에 수행이 되든 기부금의 총 합은 10,000원이 되어야 한다. 실행한 결과를 보자.

결과

```
Contributor0 total=1000
Contributor8 total=9707
Contributor9 total=8707
Contributor7 total=7707
Contributor4 total=6707
Contributor5 total=5707
Contributor6 total=5676
Contributor2 total=3964
```

```
Contributor3 total=3121
Contributor1 total=2000
```

여러 번 수행해 보면 알겠지만, 간혹 10,000이라는 값이 프린트될 때도 있다. 하지만 대부분 10,000이라는 값이 프린트되지 않고, 위 결과를 봐도 9,707이 최대값이다. 이렇게 되는 이유는 10개의 Contributor 객체에서 하나의 Contribution 객체의 donate() 메서드를 동시에 접근할 수 있도록 되어 있기 때문이다.

우리가 만들고자 하는 시스템은 어쩌다 한두 번 참이 되는 시스템이 아니라, 항상 참이 되는 시스템이다. 이 오류를 수정하기 위해서는 다음과 같이 donate() 메서드에 synchronized를 써서 동기화 식별자를 추가해야 한다.

```
public synchronized void donate() {
    amount++;
}
```

이렇게 동기화 식별자를 추가하면 ContributeTest 클래스를 100번 실행하든 1,000번 실행하든 최종 값은 10,000이 될 것이다.

결과

```
Contributor0 total=1883
Contributor8 total=10000
Contributor6 total=9074
Contributor4 total=8589
Contributor2 total=7000
Contributor9 total=6000
Contributor7 total=5888
Contributor5 total=4000
Contributor3 total=3000
Contributor1 total=2000
```

이제 좀 문제가 해결된 것 같다. 그럼 기부 단체에 각각 기부할 때, 하나의 단체에 동기화를 하지 않고 기부할 때, 하나의 단체에 동기화를 하고 기부할 때 세 가지 경우에 얼마나 시간 차이가 발생하는지 확인해 보자. 소요된 시간의 평균은 다음과 같다.

케이스명	각각 단체에 기부 동기화 미사용	동일 단체에 기부 동기화 미사용	동일 단체에 기부 동기화 사용
케이스 번호	1	2	3
안정성	O	X	O
평균 응답 속도	1.3 ms	1.3 ms	10.1 ms

동일 단체에 기부하고 동기화를 사용하지 않은 경우는 정상적인 결과 값이 넘어오지 않으므로 고려할 필요가 없다. 1번 케이스는 응답 속도가 1.3ms 소요되었고, 3번 케이스는 10ms 소요되었다. 거의 7배의 차이가 발생한다.

그럼 만약 1번 케이스에 synchronized를 명시하면 어떻게 될까? 이 경우에는 2.2ms가 소요된다. 필요 없는 부분에 synchronized를 사용하면 약간이지만 성능에 영향을 준다는 의미이다(각각의 단체에 기부를 하는데 동기화를 사용하는 경우를 4번 케이스라고 부르자).

'별 차이 안 나네!'라고 생각하는 사람들이 반드시 있을 것이다. 그런데 여기서 우리가 간과한 것이 있다. 대부분의 프로그램에서 동기화를 부여한 메서드는 이렇게 간단하지 않다는 점이다.

약간의 대기 시간을 주기 위해서 1번과 3번 케이스의 donate() 메서드에 1000ns씩 쉬도록 Thread.sleep(0,1000);을 추가하자. 물론 sleep() 메서드는 try-catch로 묶어 주어야 정상적으로 컴파일이 완료될 것이다. 결과를 비교해 보면 다음과 같다.

케이스명	각각 단체에 기부 동기화 미사용 sleep 1000 ns	동일 단체에 기부 동기화 사용 sleep 1000 ns	각각 단체에 기부 동기화 사용 sleep 1000 ns
케이스 번호	1	3	4
평균 응답 속도	1.953 초	16.105 초	1.954 초

대기 시간을 넣으니 응답 시간이 많이 증가하였다. 1번과 4번 케이스는 1.9초로 많은 차이가 발생하지 않는다. 그러나 3번 케이스는 16초나 소요된다. 필요한 부분에 동기화를 했지만, 응답 속도에 너무 많은 차이가 난다. 그러므로 반드시 필요한 부분에만 동기화를 사용해야 이와 같은 성능 저하를 줄일 수 있을 것이다.

동기화는 이렇게 사용한다 – static 사용 시

또 한 가지, static을 사용하는 경우에 동기화를 사용한다. 앞서 살펴본 예제에서 amount를 static으로 선언하고 synchronized를 사용하면 어떻게 되는지 보자.

코드 8.15

```java
package com.perf.thread;

public class ContributionStatic {
    private static int amount=0;
    public void donate() {
        amount++;
    }
    public int getTotal() {
        return amount;
    }
}
```

이렇게 static으로 amount를 선언하였다(Contributor 클래스는 변한 것이 없으니 나머지 소스는 생략하였다). 각 단체에 기부하는 케이스를 고려해 보자.

코드 8.16

```
//앞부분 생략
Contributor[] crs=new Contributor[10];
for(int loop=0;loop<10;loop++) {
    Contribution group=new Contribution();
    crs[loop]=new Contributor(group,"Contributor"+loop);
}
//이하 생략
```

각 단체에 기부하기 위해서 그룹을 각 기부자별로 부여해 놓았다. 이 메서드를 수행한 결과를 보자.

결과

```
Contributor0 total=10000
Contributor9 total=94786
Contributor7 total=84786
Contributor3 total=74786
Contributor1 total=54786
Contributor5 total=64786
Contributor8 total=52769
Contributor6 total=43097
Contributor4 total=33376
Contributor2 total=23463
```

우리가 원하는 결과가 나오지 않는다. 각 단체에 기부하는 케이스라고 하더라도, amount를 static으로 선언하면 객체의 변수가 아닌 클래스의 변수가 된다. 따라서 아무리 여러 단체가 있더라도 하나의 amount에 값을 지정하게 되므로 이렇게 사용해서는 절대 안 된다. 만약 amount가 static이라면, 각 단체에 따로 기부하는 것은 구현이 불가능하다.

그럼 synchronized만 쓰면 해결이 될까? donate() 메서드에 synchronized를 추가하고 실행해 보면 다음과 같은 결과를 얻는다.

결과

```
Contributor0 total=16482
Contributor8 total=99814
Contributor6 total=89814
Contributor4 total=79814
Contributor2 total=69814
Contributor3 total=59814
Contributor5 total=49814
Contributor7 total=39814
Contributor9 total=29814
Contributor1 total=19814
```

희한하게도 우리가 원하는 결과 값이 나오지 않는다. synchronized는 각각의 객체에 대한 동기화를 하는 것이기 때문에, 이렇게 하면 각각의 단체에 대한 동기화는 되겠지만 amount에 대한 동기화는 되지 않는다. amount는 다시 말하지만, 클래스의 변수이지 객체의 변수가 아니다. 그래서 다음과 같이 수정하였다.

코드 8.17

```java
package com.perf.thread;

public class ContributionStatic {
    private static int amount=0;
    public static synchronized void donate() {
        amount++;
    }
    public int getTotal() {
        return amount;
    }
}
```

앞서 이야기했지만, amount는 클래스 변수이므로 메서드도 클래스 메서드로 참조되도록 static을 추가해 주어야 한다. 이렇게 하고 나서 결과를 보면 다음과 같다.

```
결과
Contributor0 total=10000
Contributor2 total=76402
Contributor6 total=74911
Contributor1 total=64957
Contributor4 total=64621
Contributor9 total=50643
Contributor3 total=38356
Contributor5 total=97752
Contributor7 total=99267
Contributor8 total=100000
```

우리가 원하는 대로 결과가 나왔다. 응답 시간은 거의 비슷하므로, 앞의 결과를 참조하기 바란다.

계속 강조했지만, 항상 변하는 값에 대해서 static으로 선언하여 사용하면 굉장히 위험하다. synchronized도 꼭 필요할 때만 사용하기 바란다.

동기화를 위해서 자바에서 제공하는 것들

스레드 관련 클래스와 메서드, 기법은 여러 가지가 있지만 마지막으로 JDK 5.0부터 추가된 java.util.concurrent 패키지에 대해서 간단히 알아보자. 이 패키지에는 주요 개념 네 가지가 포함되어 있다.

- Lock: 실행 중인 스레드를 간단한 방법으로 정지시켰다가 실행시킨다. 상호 참조로 인해 발생하는 데드락을 피할 수 있다.
- Executors: 스레드를 더 효율적으로 관리할 수 있는 클래스들을 제공한다.

스레드 풀도 제공하므로, 필요에 따라 유용하게 사용할 수 있다.
- Concurrent 콜렉션: 앞서 살펴본 콜렉션의 클래스들을 제공한다.
- Atomic 변수: 동기화가 되어 있는 변수를 제공한다. 이 변수를 사용하면, synchronized 식별자를 메서드에 지정할 필요 없이 사용할 수 있다.

더 편하게 스레드를 처리하고 싶다면 여기에 정의된 클래스를 사용하면 된다. 자세한 내용을 알고 싶으면 자바 튜터리얼 사이트(http://docs.oracle.com/javase/tutorial/essential/concurrency/index.html)를 참조하기 바란다.

JVM 내에서 synchronization은 어떻게 동작할까?

앞서 synchronized에 대해서 알아봤다. 그런데 JVM에서는 어떻게 동작하는지 궁금해 하는 독자들도 있을 것이다. (궁금하지 않은 독자는 이 절의 내용을 넘어가도 된다.)

자바의 HotSpot VM은 '자바 모니터(monitor)'를 제공함으로써 스레드들이 '상호 배제 프로토콜(mutual exclusion protocol)'에 참여할 수 있도록 돕는다. 자바 모니터는 잠긴 상태(lock)나 풀림(unlocked) 중 하나이며, 동일한 모니터에 진입한 여러 스레드들 중에서 한 시점에는 단 하나의 스레드만 모니터를 가질 수 있다. 다시 말하면, 모니터를 가진 스레드만 모니터에 의해서 보호되는 영역에 들어가서 작업을 할 수 있다. 여기서 보호된 영역이란 이 장에서 앞서 설명한 synchronized로 감싸진 블록들을 의미한다. 모니터를 보유한 스레드가 보호 영역에서의 작업을 마치면, 모니터는 다른 대기중인 스레드에게 넘어간다.

JDK 5부터는 -XX:+UseBiasedLocking라는 옵션을 통해서 biased locking 이라는 기능을 제공한다. 그 전까지는 대부분의 객체들이 하나의 스레드에 의해서 잠기게 되었지만, 이 옵션을 켜면 스레드가 자기 자신을 향하여 bias된다. 즉, 이 상태가 되면 스레드는 많은 비용이 드는 인스트럭션 재배열 작업을 통해서 잠김과 풀림 작업을 수행할 수 있게 된다. 이 작업들은 진보된 적응 스피닝(adaptive spinning) 기술을 사용하여 처리량을 개선시킬수 있다고 한다. 결과적으로 동기화 성능은 보다 빨라졌다. (이것만 기억해도 된다. ㅎㅎ)

HotSpot VM에서 대부분의 동기화 작업은 fast-path 코드 작업을 통해서 진행한다. 만약 여러 스레드가 경합을 일으키는 상황이 발생하면 이 fast-path 코드는 slow-path 코드 상태로 변환된다. 참고로 slow-path 구현은 C++ 코드로 되어 있으며, fast-path 코드는 JIT compiler에서 제공하는 장비에 의존적인 코드로 작성되어 있다.

> 참고 이 절의 내용은 Charlie Hunt와 Binu John가 집필한 『Java Performance』 (2011)라는 책의 내용의 일부를 발췌하여 정리한 것이다.

정리하며

이 장에서는 기본적인 스레드의 사용법을 알아보고, synchronized를 이용한 동기화도 확인해 보았다. synchronized가 성능에 많은 영향을 주는 것은 아니지만, 그렇다고 영향이 전혀 없는 것도 아니다. 동일한 객체를 공유하거나, static을 사용한 변수를 공유할 경우에는 반드시 synchronized를 사용해야 한다.

synchronized는 여러 스레드에서 접근하는 것을 막아주는 장점이 있지만, 성능 저하가 발생한다는 단점이 있다. 필자가 간혹 코드 리뷰를 하다 보면 synchronized에 대한 "개념만" 이해한 상태로 개발이 되어 있는 코드를 보기도 한다. 예를 들어 메서드가 600라인인데, 해당 메서드가 중요하다고 synchronized로 선언해 버리는 경우가 여기에 속한다. 설마~라고 생각하는 분이 계시겠지만, 정말 이렇게 코드 작성하는 분들이 존재한다. 이렇게 코드를 작성해 놓으면 개발할 때에나 기능 테스트할 때는 절대로 문제가 발견되지 않는다. 하지만, 해당 메서드를 사용하는 기능이 많이 호출되면 문제가 서서히 노출되고, 성능 테스트를 하게 되면 확실히 나타나게 된다.

추가적으로 이 책은 병렬 프로그래밍에 대해서만 자세히 다루는 책이 아니므로, 초급 개발자 분들이 개념만 알고 있으면 되는 정도로만 설명하였다. 해당 부분에 대해서 자세히 알고 싶은 독자들은 『Java Concurrency in Practice』라는 책을 참고하기 바란다. 원서가 부담스러운 독자들은 번역서(『멀티코어를 100% 활용하는 자바 병렬 프로그래밍』(에이콘, 2008))를 읽어도 무방하다.

IO에서 발생하는 병목 현상

들어가며

가끔 웹 애플리케이션에서 IO 처리를 하는 부분이 있는데, 이 부분도 잘못 사용하면 시스템의 응답 속도에 많은 영향을 준다. 게다가 서버의 DISK I/O도 발생시키므로 별로 득될 것이 없다. 다른 부분도 그렇지만, 자바 IO와 NIO에 대한 내용은 그 자체만으로 책 한 권의 분량이다. 그렇기 때문에 여기서 모든 내용을 알아볼 수는 없다. 대신 IO와 NIO의 파일 처리 시 성능상의 비교 결과를 보면서 얼마나 개선할 수 있는지 확인해 보자.

짠돌이로 소문난 김경험 선배가 무슨 일인지, 비싼 별다방 커피를 사준다고 한다. 나초보씨는 뭔가 꺼림칙했지만 전사에서 유명한 짠돌이가 산다고 하니, 아무 생각 없이 따라갔다.

> **김경험** 아무거나 마셔.
> **나초보** 무슨 일로 이렇게 비싼 걸….
> **김경험** 일단 마시고 이야기하자.

나초보 네. 저는 그거요.

커피를 마시면서 길경험 선배가 본론을 이야기했다.

길경험 문자열 기반의 파일을 복사해야 할 일이 생겼는데, 네가 그 부분을 맡아서 해 주었으면 해서.

나초보 네??? (그러면 그렇지. 이 세상에 공짜가 어디 있어?) 몇 페이지나 복사해야 하는데요?

길경험 파일 관리하는 API 이용해서 개발하면 돼. 내가 시간이 별로 없어서 그래.

나초보 저 그런 거 안 만들어 봤는데요.

길경험 한번 해 봐.

나초보 네. 언제까지요?

길경험 음, 하루면 되지 않을까?

다음 날 나초보씨는 자바 교육 받을 때 배웠던 자바 IO 기술을 써서 파일을 복사하는 프로그램을 구현했다. 그리고 그 소스를 김경험 선배에게 전달했다.

나초보 선배님 말씀하신 거 다 했는데, 제대로 했는지 모르겠어요.
김경험 어디 볼까?

(3분 후)

내가 NIO로 하라고 그러지 않았냐?
나초보 네? 그런 말씀 안 하셨는데요? 그리고, NIO는 또 뭐에요?
김경험 Non Blocking IO라고 해서 Java 1.4부터 새로 나온 거야. 그걸 쓰면 자바도 IO가 빠르지.
나초보 진작 말씀하시지…. 그럼 그걸로 바꿀게요.

미리 알려주지 않았던 김경험 선배 때문에 시간 낭비, 체력 낭비를 한 나초보씨는 NIO에 대해서 알아보았다. 하지만 NIO는 Non Blocking IO의 약자가 아니라 New IO의 약자였다. 뭐, 그래도 NIO 말이 된다. Network IO라고 하는 것보다는 낫다. 나초보씨는 NIO로 프로그램을 수정하기 시작했다.

기본적인 IO는 이렇게 처리한다

자바에서 입력과 출력은 스트림(stream)을 통해서 이루어진다. 일반적으로 IO라고 하면 파일 IO만을 생각할 수 있는데, 어떤 디바이스를 통해 이뤄지는 작업을 모두 IO라고 한다. 네트워크를 통해서 다른 서버로 데이터를 전송하거나, 다른 서버로부터 데이터를 전송 받는 것도 IO에 포함된다. 여러분이 간단하게 콘솔에 출력하는 것도 스트림을 통해서 출력하는 것이다.

```
System.out.println("hahaha");
```

여기서 out은 PrintStream을 System 클래스에 static으로 정의해 놓은 변수이다. 그러므로 여러분들은 알게 모르게 자바에서 IO를 사용해 왔다.

참고로 IO는 성능에 영향을 가장 많이 미친다. IO에서 발생하는 시간은 CPU를 사용하는 시간과 대기 시간 중 대기 시간에 속하기 때문이다. 개발된 애플리케이션에서 IO를 사용했을 때, IO와 관련된 디바이스가 느리면 느릴수록 애플리케이션의 속도는 느려진다. 앞으로 나오는 측정 결과는 필자의 노트북에서 측정한 결과이므로, 해당 애플리케이션을 유닉스 장비나 리눅스 장비에서 수행할 경우에는 더 빠를 수도 있다. 하지만 여러분들이 사용하는 서버가 유닉스라고 해서 수행 속도가 빠르다고 IO를 많이 발생시켜도 된다는 말은 아니다.

자바에서 파일을 읽고 처리하는 방법은 굉장히 많다. java.io 소속의 스트림 클래스 사용법을 잘 알고 있는 사람도 있고, 그렇지 않은 사람도 있을 것이다. 여기서는 간단하게 스트림 클래스의 리뷰만 하도록 하자.

스트림을 읽는 데 관련된 주요 클래스는 다음과 같다(스트림을 쓰는데 관련된 클래스들은 Input을 Output으로 바꾸어 사용하면 된다). 여기에 명시된 모든 입력과 관련된 스트림들은 java.io.InputStream 클래스로부터 상속받았다. 바이트 기반의 스트림 입력을 처리하기 위해서는 이 클래스의 하위 클래스를 사용한다.

- ByteArrayInputStream: 바이트로 구성된 배열을 읽어서 입력 스트림을 만든다.
- FileInputStream: 이미지와 같은 바이너리 기반의 파일의 스트림을 만든다.
- FilterInputStream: 여러 종류의 유용한 입력 스트림의 추상 클래스이다.
- ObjectInputStream: ObjectOutputStream을 통해서 저장해 놓은 객체를 읽기 위한 스트림을 만든다.
- PipedInputStream: PipedOutputStream을 통해서 출력된 스트림을 읽어서 처리하기 위한 스트림을 만든다.
- SequenceInputStream: 별개인 두 개의 스트림을 하나의 스트림으로 만든다.

문자열 기반의 스트림을 읽기 위해서 사용하는 클래스는 이와는 다르게 java.io.Reader 클래스의 하위 클래스들이다. 주요 클래스는 다음과 같다.

- BufferedReader: 문자열 입력 스트림을 버퍼에 담아서 처리한다. 일반적으로 문자열 기반의 파일을 읽을 때 가장 많이 사용된다.
- CharArrayReader: char의 배열로 된 문자 배열을 처리한다.
- FilterReader: 문자열 기반의 스트림을 처리하기 위한 추상 클래스이다.
- FileReader: 문자열 기반의 파일을 읽기 위한 클래스이다.
- InputStreamReader: 바이트 기반의 스트림을 문자열 기반의 스트림으로 연결하는 역할을 수행한다.
- PipedReader: 파이프 스트림을 읽는다.
- StringReader: 문자열 기반의 소스를 읽는다.

바이트 단위로 읽거나, 문자열 단위로 읽을 때 중요한 것은 한 번 연(open한) 스트림은 반드시 닫아 주어야 한다는 것이다. 스트림을 닫지 않으면 나중에 리소스가 부족해질 수 있다. 예를 들어 파일을 열지 못하는 경우가 발생하면, 관련된 파일을 관리하는 스트림의 상태 변경이 불가능해지기 때문이다. 그럼 일단 텍스트 기반으로 된 파일을 FileReader 클래스를 이용하여 읽는 기능을 구현해 보자.

코드 9.1

```java
package com.perf.nio;
import java.util.*;
import java.io.*;
public class BasicIOReadUtil {
    public static ArrayList readCharStream(String fileName)throws Exception{
        ArrayList<StringBuffer> list=new ArrayList<StringBuffer>();
        FileReader fr=null;
        try {
```

```
            fr=new FileReader(fileName);//FileReader 객체 생성
            int data=0;
            //한 줄씩 데이터를 담을 StringBuffer 생성
            StringBuffer sb=new StringBuffer();
            while((data=fr.read())!=-1) {
                if(data=='\n' || data=='\r') {
                    list.addElement(sb);
                    sb=new StringBuffer();
                } else {
                    sb.append((char)data);
                }
            }
        } catch (IOException e) {
            System.err.println(e.getMessage());
            throw e;
        } catch (Exception e) {
            System.err.println(e.getMessage());
            throw e;
        }finally {
            if(fr!=null) fr.close();
        }
        return list;
    }
    public static void main(String args[]) throws Exception{
        String fileName="C:\\10MBFile";
        StopWatch sw=new StopWatch();
        sw.start();
        ArrayList list1=BasicIOReadUtil.readCharStream(fileName);
        System.out.println(sw);
        System.out.println(list1.size());
    }
}
```

readCharStream 메서드는 지정된 파일을 받으면 해당 파일을 읽는다. 읽은 내용을 일단 StringBuffer에 담고, 줄이 바뀔 경우 ArrayList에 담아서 리턴하도록 되

어 있다. 파일을 처리할 때는 되도록이면 IOException을 따로 구분하여 처리하는 것이 좋다. main 메서드에서는 10MB 정도의 파일을 읽는 속도가 얼마나 되는지 확인한다.

실행 결과, 윈도 기반이고 디스크를 사용하는 시스템에서 10MB 파일을 처리할 경우 약 2,480초 정도의 시간이 소요된다. 이렇게 응답 속도가 느린 이유는 문자열을 하나씩 읽도록 되어 있기 때문이다. 이러한 단점을 해결하기 위한 메서드는 다음과 같다.

코드 9.2

```
public static String readCharStreamWithBuffer(String fileName) Exception{
    StringBuffer retSB=new StringBuffer();
    FileReader fr=null;
    try {
        fr=new FileReader(fileName);
        int bufferSize=1024*1024;
        char readBuffer[]=new char[bufferSize];
        int resultSize=0;
        while((resultSize=fr.read(readBuffer))!=-1) {
            if(resultSize==bufferSize) {
                retSB.append(readBuffer);
            } else {
                for(int loop=0;loop<resultSize;loop++) {
                    retSB.append(readBuffer[loop]);
                }
            }
        }
        // 이하 예외 처리 생략
        return retSB.toString();
    }
}
```

특정 배열에 읽은 데이터를 저장한 후 그 데이터를 사용하면, 더 빠르게 처리할 수 있다. 앞에서 사용한 매개변수 없는 read() 메서드가 읽은 문자열을 리턴하는 것과는 달리, 매개변수가 있는 read() 메서드에서는 파일에서 읽은 char 배열의 개수가 리턴된다. 이 메서드를 수행하면 약 400ms로 양호한 응답 속도가 나온다.

참고로 char의 배열을 버퍼로 사용했기 때문에, 해당 배열을 초기화하지 않으면 리턴되는 문자열에 필요하지 않은 값들이 포함된다. 그 문제를 해결하기 위해서, 마지막에 읽은 데이터는 리턴된 배열의 크기만큼만 문자열에 포함하도록 처리하였다. 이해가 쉽지 않을 것 같아 아래 표를 그려 보았다.

H	E	L	L	O	!	!	!
G	O	O	D				

버퍼의 크기가 8개이고, 마지막에 읽은 값이 네 자리라고 하자. 이때 해당 버퍼를 매번 초기화하지 않으면 마지막에 들어가는 값은 'GOODO!!!'가 된다. 우리가 필요한 내용은 'GOOD'이므로, 이 부분에 대한 처리를 해 주어야 한다.

간단하게 FileReader를 사용하여 파일을 읽었는데, 이러한 방식은 별로 사용되지 않는다. 문자열 단위로 읽는 것은 굉장히 비효율적이기 때문이다. 그리고 만약 파일의 크기가 크면 OutOfMemoryError가 발생하게 된다. 따라서 파일의 크기가 크거나 반복 횟수가 많을 경우에 대응하는 로직을 포함해야 한다. 문자열 단위로 읽는 방식에 대한 해결 방법에는 BufferedReader 클래스가 있다.

코드 9.3

```
public static ArrayList<String> readBufferedReader(StringfileName)
throwsException{
    ArrayList<String> list=new ArrayList<String>();
    BufferedReader br=null;
    try {
        br=new BufferedReader(new FileReader(fileName));
```

```
            String data;
            while((data=br.readLine())!=null) {
                list.addElement(data);
            }
        } catch (Exception e) {
            System.err.println(e.getMessage());
            throw e;
        } finally {
            if(br!=null) br.close();
        }
        return list;
    }
```

BufferedReader 클래스는 다른 FileReader 클래스와 마찬가지로 문자열 단위나 문자열 배열 단위로 읽을 수 있는 기능을 제공하지만, 추가로 라인 단위로 읽을 수 있는 readLine() 메서드를 제공한다. 소스를 보면 알겠지만 문자열을 읽는 소스도 굉장히 간단해졌다. 실제 응답 속도도 약 350ms로, 약간 빨라진다. 이 속도는 파일의 크기와 비례한다. 각 응답 속도를 비교 정리하면 다음과 같다.

	버퍼 없이 FileReader	버퍼 포함한 FileReader	BufferedReader 사용시
응답 속도	2,480ms	400ms	350ms

IO에서 병목이 발생한 사례

믿기 어려울지도 모르겠지만, 사용자의 요청이 발생할 때마다 매번 파일을 읽도록 되어 있는 시스템도 있다. 다음 소스를 한번 보자.

코드 9.4
```
String configUrl;
public Vector getRoute(String type) {
```

```
        if(configUrl == null) {
            configUrl = this.getClass().getResource("/xxx/config.xml");
        }
        obj = new DaoUtility(configUrl,"1");
        ...
    }
```

이 소스는 어떤 경로를 확인하는 시스템의 일부이다. 경로 하나를 가져오기 위해서 매번 configUrl을 DaoUtility에 넘겨 준다. DaoUtility에서는 요청이 올 때마다 config.xml 파일을 읽고 파싱하여 관련 DB 쿼리 데이터를 읽는다. 이 애플리케이션이 실제 운영된다면, 모든 요청이 올 때마다 파일에 있는 DB 쿼리를 읽어야 한다. 서버에는 엄청난 IO가 발생할 것이며, 응답 시간이 좋지 않으리라는 점도 쉽게 예상할 수 있다.

많은 프로젝트의 웹 애플리케이션에서 생각보다 많은 IO 작업이 수행된다. 최근에는 특히 DB 쿼리나 여러 종류의 설정을 파일에 저장하고 사용하는 경우가 많다. 또 다른 예를 보자. 아래 표의 소스가 포함되어 있는 시스템은 한 명의 고객을 선택하면 그 고객과 관련된 모든 정보에 대한 보고서를 출력하도록 되어 있는데, 이 응답 시간을 줄이는 것이 최대의 과제였다. 다음은 이 시스템이 보고서를 한 번 만들 때를 프로파일링한 결과이다. 여러분의 이해가 쉽도록 각 라인별 응답 속도를 정리해 놓았다.

수행 횟수	CPU 시간 (ms)	전체 시간 (ms)	대기 시간 (ms)	소스

3,445
3,445
	20.73
	759.98
		22.57
		1,036.32
			1.79
			276.34
				long lastModified;
				public void init() throws Exception{
				    File configFile=new File("aaa.config");
				    if(!configFile.canRead()) {
				        throw new Exception("…");
				    }

3,445	568.61	1,145.90	577.29	if(lastModified !=configFile.lastModified() {
				    //파일 새로 읽고 데이터 세팅
				    }
				}

소스를 보면 알겠지만, init() 메서드가 설정 파일이 수정되었는지 확인하고, 만약 수정이 되었으면 설정 파일을 다시 읽도록 되어 있다. 쿼리 관련 메서드가 호출될 때마다 이 메서드가 호출되기 때문에 수행 횟수가 많다.

관련 설정 파일이 변경되지 않았음에도 불구하고, 설정 파일을 다시 읽을지 여부를 점검하는 데만 총 2.2초 정도의 시간이 소요된 것을 알 수 있다. 각 횟수별 시간으로 계산하면 0.6ms 정도의 짧은 시간이므로 별 게 아니라고 생각할 수도 있다. 하지만 한 번 요청할 때 총 2초라는 시간이 걸린다는 것은 절대로 짧은 시간이 아니다.

이러한 부분을 해결하기 위해서 가장 좋은 방법은 데몬(Daemon) 스레드를 하나 생성하여 5분이나 10분에 한 번씩 확인하도록 수정하는 것이다. 그렇게 하면 매번 요청할 때마다 수정 여부를 확인하지 않아도 된다.

그럼 NIO의 원리는 어떻게 되는 거지?

그러면 JDK 1.4부터 새롭게 추가된 NIO가 어떤 것인지 알아보자. NIO가 무엇인지 자세하게 알기 위해서는 근본적으로 IO 작업이 운영체제에서 어떻게 수행되었는지를 알아야 한다. 만약 여러분이 자바를 사용하여 하드 디스크에 있는 데이터를 읽는다면 어떤 프로세스로 진행이 될까?

① 여러분이 파일을 읽으라는 메서드를 자바에 전달한다.
② 파일명을 전달받은 메서드가 운영체제의 커널에게 파일을 읽어 달라고 요청한다.
③ 커널이 하드 디스크로부터 파일을 읽어서 자신의 커널에 있는 버퍼에 복사하는 작업을 수행한다. DMA에서 이 작업을 하게 된다.
④ 자바에서는 마음대로 커널의 버퍼를 사용하지 못하므로, JVM으로 그 데이터를 전달한다.

ⓔ JVM에서 메서드에 있는 스트림 관리 클래스를 사용하여 데이터를 처리한다.

자바에서는 3번 복사 작업을 할 때에나 4번 전달 작업을 수행할 때 대기하는 시간이 발생할 수밖에 없다. 이러한 단점을 보완하기 위해서 NIO가 탄생했다. 3번 작업을 자바에서 직접 통제하여 시간을 더 단축할 수 있게 한 것이다. NIO를 사용한다고 IO에서 발생하는 모든 병목 현상이 해결되는 것은 아니지만, IO를 위한 여러 가지 새로운 개념이 도입되었다. 추가된 개념들을 간단하게 정리하면 다음과 같다.

- 버퍼의 도입
- 채널의 도입
- 문자열을 엔코더와 디코더 제공
- Perl 스타일의 정규 표현식에 기초한 패턴 매칭 방법 제공
- 파일을 잠그거나 메모리 매핑이 가능한 파일 인터페이스 제공
- 서버를 위한 복합적인 Non-blocking IO 제공

시작할 때도 이야기했지만, NIO만 정리해도 책으로 한 권이 나온다. 그러므로 자세한 내용은 http://docs.oracle.com/javase/1.4.2/docs/guide/nio/을 통하여 확인하기 바란다.

DirectByteBuffer를 잘못 사용하여 문제가 발생한 사례

NIO를 사용할 때 ByteBuffer를 사용하는 경우가 있다. ByteBuffer는 네트워크나 파일에 있는 데이터를 읽어 들일 때 사용한다. ByteBuffer 객체를 생성하는 메서드에는 wrap(), allocate(), allocateDirect()가 있다. 이 중에서 allocateDirect() 메서드는 데이터를 자바 JVM에 올려서 사용하는 것이 아니라, OS 메모리에 할당

된 메모리를 Native한 JNI로 처리하는 DirectByteBuffer 객체를 생성한다. 그런데, 이 DirectByteBuffer 객체는 필요할 때 계속 생성해서는 안 된다.

다음의 간단한 코드를 보자.

코드 9.5

```
package com.perf.io;

import java.nio.ByteBuffer;

public class DirectByteBufferCheck {
    public static void main(String[] args) {
        DirectByteBufferCheck check = newDirectByteBufferCheck();
        for (int loop = 1; loop < 1024000; loop++) {
            check.getDirectByteBuffer();
            if (loop % 100 == 0)
                System.out.println(loop);
        }
    }

    public ByteBuffer getDirectByteBuffer() {
        ByteBuffer buffer;
        buffer = ByteBuffer.allocateDirect(65536);
        return buffer;
    }
}
```

getDirectByteBuffer() 메서드를 지속적으로 호출하는 간단한 코드다. 그리고, getDirectByteBuffer() 메서드에서는 ByteBuffer 클래스의 allocateDirect() 메서드를 호출함으로써 DirectByteBuffer 객체를 생성한 후 리턴해 준다. 그냥 보기에는 큰 문제가 없어 보인다.

이 예제를 실행하고 나서 GC 상황을 모니터링하기 위해 jstat 명령을 사용하여 확인해 보면 다음과 같은 결과가 출력된다. (jstat은 '18. GC가 어떻게 수행되고 있는지 보고 싶다'에 자세히 설명되어 있다. 아래의 내용을 이해하기 위해서는 그 내용을 먼저 읽어 보는 것이 좋다.)

결과

```
$ jstat -gcutil 5376 5s
    S0     S1      E      O      P     YGC    YGCT   FGC   FGCT    GCT
  0.00   0.00   4.00   5.01  11.58     4    0.107    4    0.287  0.394
  0.00   0.00   2.00   5.01  11.58     5    0.131    5    0.351  0.482
  0.00   0.00  13.00   5.01  11.63     5    0.131    5    0.351  0.482
  0.00   0.00  13.00   5.01  11.63     6    0.154    6    0.405  0.559
  0.00   0.00  13.00   5.01  11.63     7    0.177    7    0.461  0.638
```

여기서 가장 첫 줄의 5376이라는 숫자는 필자가 수행한 예제 프로그램의 프로세스 아이디(PID)이며 가장 마지막에 있는 5s는 것은 5초에 한 번씩 데이터를 출력하라는 의미이다. 중요한 부분은 FGC라고 쓰여 있는 값이다. 이 값을 보면 거의 5~10초에 한 번씩 Full GC가 발생하는 것을 볼 수 있다. 그런데 왼쪽에서 네 번째에 있는 O라고 되어 있는 Old 영역의 메모리는 증가하지 않는다. 왜 이러한 문제가 발생했을까?

그 이유는 DirectByteBuffer의 생성자 때문이다. 이 생성자는 java.nio에 아무런 접근 제어자가 없이 선언된 (package private인) Bits라는 클래스의 reserveMemory() 메서드를 호출한다. 이 reserveMemory() 메서드에서는 JVM에 할당되어 있는 메모리보다 더 많은 메모리를 요구할 경우 System.gc() 메서드를 호출하도록 되어 있다. (나중에 기회가 된다면 꼭 이 Bits 클래스의 소스를 확인하기 바란다.)

JVM에 있는 코드에 System.gc() 메서드가 있기 때문에 해당 생성자가 무차별적으로 생성될 경우 GC가 자주 발생하고 성능에 영향을 줄 수밖에 없다. 따라서, 이 DirectByteBuffer 객체를 생성할 때는 매우 신중하게 접근해야만 하며, 가능하다면 singleton 패턴을 사용하여 해당 JVM에는 하나의 객체만 생성하도록 하는 것을 권장한다.

lastModified() 메서드의 성능 저하

지금까지(정확하게는 JDK 6까지)는 자바에서 파일이 변경되었는지를 확인하기 위해서 File 클래스에 있는 lastModified()라는 메서드를 사용해왔다. 이 메서드를 사용하면 최종 수정된 시간을 밀리초 단위로 제공한다. 이 시간은 System.currentTimeMillis() 메서드에서 리턴되는 시간 단위와 동일하다. 그런데 이 lastModified() 메서드는 처리되는 절차가 조금 복잡하다.

① System.getSecurityManager() 메서드를 호출하여 SecurityManager 객체 얻어옴
② 만약 null이 아니면 SecurityManager 객체의 checkRead() 메서드 수행
③ File 클래스 내부에 있는 FileSystem이라는 클래스의 객체에서 getLastModifiedTime() 메서드를 수행하여 결과 리턴

실제 코드로 보여주면 쉽겠지만, 라이선스 문제가 될 수 있어 실제 코드를 싣지는 않았다. (관심 있는 독자는 직접 JDK 소스를 확인하기 바란다.)

그냥 보기엔 3단계이지만, 각각의 호출되는 메서드에서 호출되는 메서드들이 매우 많으며 이는 OS마다 상이하다. 이 작업이 실제 얼마나 소요되는지 JMH를 통해서 확인해 보자.

코드 9.6

```
package com.perf.io;

import java.io.File;
import java.util.concurrent.TimeUnit;
```

```java
import org.openjdk.jmh.annotations.BenchmarkMode;
import org.openjdk.jmh.annotations.GenerateMicroBenchmark;
import org.openjdk.jmh.annotations.Mode;
import org.openjdk.jmh.annotations.OutputTimeUnit;
import org.openjdk.jmh.annotations.Scope;
import org.openjdk.jmh.annotations.State;

@State(Scope.Thread)
@BenchmarkMode({ Mode.AverageTime })
@OutputTimeUnit(TimeUnit.MICROSECONDS)
public class IOPerformance {
    long lastModifiedTime;

    @GenerateMicroBenchmark
    public void lastModified() {
        File file=new File("C:\\Temp\\setting.properties");
        lastModifiedTime=file.lastModified();
    }

}
```

아무런 내용도 없는 setting.properties라는 파일을 만들고, 그 파일의 최종 수정 시간을 얻는 작업을 반복하였다. 결과는 58마이크로 초, 즉 0.000058초 정도 소요된다. 어떻게 보면 큰 문제는 안 된다. 하지만 이 작업을 반복하는 형태의 서비스를 제공한다면 이야기는 달라진다. 이 작업은 IO 작업을 수반하기 때문에 OS의 IO의 영향을 많이 받을 수 밖에 없다. (참고로 이 테스트는 필자의 Windows 7 OS에 SSD가 있는 장비에서 실행했다. 그러니, 일반 하드 디스크를 사용하는 장비에서는 성능이 더 좋지 않게 나올 것이다.)

그런데, 필자가 이 메서드를 설명하는 이유는 다른데 있다. JDK 7부터 새로운 개념의 IO 처리를 하기 때문이다. 많은 내용들이 추가되었지만, 이 책에서는 성능에 영향을 주는 WatcherService에 대해서 알아보자.

이론적인 내용을 살펴보기 전에 먼저 코드를 보자. 코드가 약간 길기 때문에 import와 클래스 선언 및 기본 메서드만 살펴보자.

코드 9.7

```java
package com.perf.io;

import static java.nio.file.StandardWatchEventKinds.ENTRY_CREATE;
import static java.nio.file.StandardWatchEventKinds.ENTRY_DELETE;
import static java.nio.file.StandardWatchEventKinds.ENTRY_MODIFY;

import java.nio.file.FileSystems;
import java.nio.file.Path;
import java.nio.file.Paths;
import java.nio.file.WatchEvent;
import java.nio.file.WatchKey;
import java.nio.file.WatchService;
import java.util.Date;
import java.util.List;

public class WatcherThread extends Thread{
    String dirName;
    public WatcherThread(String dirName) {
        this.dirName=dirName;
    }
    public void run() {
        System.out.println("Watcher is started");
        fileWatcher();
        System.out.println("Watcher is ended");
    }
    public void fileWatcher() {
        //중간 생략. 이 부분의 소스는 조금 있다가 설명하기로 한다.
    }
}
```

JDK 6까지의 자바 IO에 익숙한 독자들은 뭔가 새로운 것들이 추가되었다는 것을 직감했을 것이다. Path 클래스와, Watch로 시작하는 클래스가 추가되었다. 이제 fileWatcher() 메서드를 보자.

코드 9.8

```java
public void fileWatcher() {
    try {
        Path dir = Paths.get(dirName);                              ... 1)
        WatchService watcher = FileSystems.getDefault().newWatchService();
                                                                    ... 2)
        dir.register(watcher, ENTRY_CREATE, ENTRY_DELETE, ENTRY_MODIFY);
                                                                    ... 3)
        WatchKey key;
        for(int loop=0;loop<4;loop++) {
            key = watcher.take();                                   ... 4)
            String watchedTime=new Date().toString();
            List<WatchEvent<?>> eventList = key.pollEvents();       ... 5)
            for (WatchEvent<?> event : eventList) {
                Path name = (Path) event.context();
                if (event.kind() == ENTRY_CREATE) {
                    // Do something when created
                    System.out.format("%s created at %s%n", name,
                        watchedTime);
                } else if (event.kind() == ENTRY_DELETE) {
                    // Do something when deleted
                    System.out.format("%s deleted at %s%n", name,
                        watchedTime);
                } else if (event.kind() == ENTRY_MODIFY) {
                    // Do something when modified
                    System.out.format("%s modified at %s%n", name,
                        watchedTime);
                }
            }
            key.reset(); ... 6)
        }
    } catch (Exception e) {
```

```
            e.printStackTrace();
        }
    }
```

눈치가 빠른 독자들은 이 코드만 보고 '아~~ 이런 거구나'하고 알 것이다. 간단히 코드에 대해서 설명을 하면 다음과 같다.

① Path 객체를 생성해서 모니터링할 디렉터리를 지정한다.
② WatchService 클래스의 watcher라는 객체를 생성한다.
③ dir이라는 Path 객체의 register라는 메서드를 활용하여 파일이 생성, 수정, 삭제되는 이벤트를 처리하도록 지정하였다.
④ watcher 객체의 take() 메서드를 호출하면 해당 디렉터리에 변경이 있을 때까지 기다리다가, 작업이 발견되면 key라는 WatchKey클래스의 객체가 생성된다. 마치 Socket 관련 객체에 accept() 메서드처럼 어떤 이벤트가 생길 때까지 낚시 줄을 던져 놓고 기다리고 있는 상황이라고 생각하면 된다.
⑤ 파일에 변화가 생겼다면 이벤트의 목록을 가져온다.
⑥ 이벤트를 처리한 다음에 key 객체를 reset한다.

처음 보면 조금 이해하기 어렵겠지만, 실제 코드를 실행해 보면 이해가 될 것이다. 이 스레드를 실행하는 코드를 작성하자.

코드 9.9
```
package com.perf.io;
public class WatcherSample {
    public static void main(String[] args) {
        WatcherThread thread=new WatcherThread("C:\\Temp");
        thread.start();
    }
}
```

이제 이 코드들을 수행하고, 아래와 같은 절차를 거쳤을 때 출력되는 결과를 확인하자.

① 윈도의 파일 탐색기에서 C:\Temp 디렉터리로 이동하고, 오른쪽 마우스를 눌러 새 텍스트 문서.txt를 생성한다.
② 해당 파일의 이름을 JavaTuning2ndFighting.txt로 변경한다.
③ 해당 파일을 열어 데이터를 임의의 데이터를 입력하고 저장한다.
④ 생성한 파일을 삭제한다.

결과

```
Watcher is started
새텍스트문서.txt created at Fri Feb 01 08:58:16 KST 201X
새텍스트문서.txt deleted at Fri Feb 01 08:58:26 KST 201X
JavaTuning2ndFighting.txt created at Fri Feb 01 08:58:26 KST 201X
JavaTuning2ndFighting.txt modified at Fri Feb 01 08:58:26 KST 201X
JavaTuning2ndFighting.txt modified at Fri Feb 01 08:58:30 KST 201X
JavaTuning2ndFighting.txt deleted at Fri Feb 01 08:58:35 KST 201X
Watcher is ended
```

이와 같이 JDK 7을 사용하는 환경에서는 해당 파일이 변경되었는지 주기적으로 확인할 필요가 없어졌다. Watch 관련 클래스만 잘 활용해도 파일을 쉽게 모니터링할 수 있기 때문이다.

정리하며

IO 부분에서의 응답 시간 병목은 간과하기가 쉬운데, 여기서 잘못하면 전반적인 시스템의 응답 속도에 많은 영향을 주게 된다. 필요에 따른 정확한 API를 사용하는 것도 중요하지만, 필요 없이 반복적으로 파일을 읽거나 쓰도록 되어 있지 않은지도 확인해 보기 바란다.

NIO나 IO는 간단히 정리하기가 쉽지 않다. 여기에 설명한 NIO는 빙산의 일각일 뿐, 세부적으로 들어가면 엄청나게 많은 기능들이 있다. 만약 여러분들이 개발하고 관리하는 시스템의 IO 관련 문제가 심각하다고 판단된다면 NIO 관련 서적으로 공부하기를 권장한다. 제대로만 사용하면 기존의 IO 방식보다 빠른 결과가 나올 수 있다.

그리고, 여러분들이 사용하는 JDK 버전이 7 이상이라면 NIO2에서 추가된 기능들을 확인하여 IO의 성능을 보다 빠르게 하는 방법을 확인해 보기 바란다.

로그는 반드시 필요한 내용만 찍자

들어가며

어떤 시스템을 개발하든 코딩을 하면 반드시 로그를 남겨야 한다. 로그를 남기는 방법에는 여러 가지가 있겠지만, 일반적으로 시스템 로그(System.out.println을 사용하여 로그를 처리하는 방법)나 Log4j 혹은 JDK 로거를 많이 사용한다. 어떤 로거를 사용하든 모두 성능상 이슈가 발생할 수 있다. 왜 그런지 알아보자.

나초보씨가 만들고 있는 시스템의 1, 2차 이터레이션은 거의 맛보기였다. 3차 이터레이션에서 개발해야 하는 양은 1, 2차를 합친 것보다 훨씬 방대했다.
  3차 개발을 시작하는 시점에서 공통 부분 개발팀에서 메일을 보내 왔다.

제목	로그 관련 공지
발신	이공통
수신	나초보, 김경험 외 30명
내용	지난 2차에 걸쳐 시스템 개발을 하시느라 고생하셨습니다.

> 이제 3차 이터레이션에 들어가는데,
>
> 몇 가지 공지를 하기 위해서 이렇게 메일을 드립니다.
>
> ① System.out.println을 사용한 로그 사용 금지
>
> ② 각 개발 모듈에서 만들어 사용하는 로그 툴 사용 금지
>
> ③ Logger를 사용하여 각 개발 모듈별로 구분하여 로그를 남길 것
>
> ④ Exception 처리를 위한 부분을 제외하고는 로그를 사용하지 말 것을 권고함
>
> 여러 종류의 로거 중 Log4J를 사용하는 방법은 아래의 첨부를 참조하시기 바랍니다. 1차 개발 시부터 로그 표준을 잡고 진행했어야 하는데, 죄송합니다.

갑작스런 메일에 개발자들의 불만이 여기저기서 터져 나왔다. 하지만 이미 벌어진 일 게다가 나초보씨는 이런 경우가 한두 번이 아니라 그러려니 하고 작업을 수행하기로 했다. 하지만 왜 이런 작업을 해야 하는지는 이해하지 못했다.

    그럼 지금부터 왜 이런 작업을 하는지 알아보자.

System.out.println()의 문제점

대부분의 개발자들은 로그를 찍기 위해서 System.out.println() 메서드를 사용한 시스템 로그를 많이 사용한다. 이 책에 있는 일부 예제에서도 이 방법을 사용했다. 가장 편하고, 확인하기 좋은 방법이지만 성능에 영향을 많이 주는 경우가 빈번히 발생한다. 다음 그림을 먼저 보자.

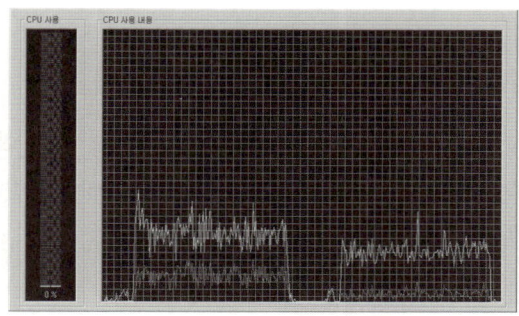

그림14 | CPU 사용량 비교

위 그림은 누구나 아는 윈도의 작업관리자 화면이다. 작업관리자 화면 중에서도 CPU 사용량을 모니터링한 결과로, 그래프의 위에 있는 라인은 전체 CPU를, 아래에 있는 라인은 커널 CPU를 의미한다. 이미 어느 정도 짐작을 했겠지만, 이 그래프는 부하 상황에서 자바의 System.out.println() 메서드로 로그가 출력되는 윈도의 콘솔을 활성화시킬 때와 활성화시키지 않을 때의 차이를 나타내고 있다. 그림을 보면 CPU 사용량의 차이가 현저히 발생하는 것을 볼 수 있다. 특히 커널 CPU를 많이 사용하는데, 윈도에서 화면에 출력할 때 커널 CPU를 많이 점유하기 때문이다. 그렇다면, 유닉스 기반의 시스템은 전혀 성능에 영향을 미치지 않는 것일까? 성능 튜닝 결과를 보자.

		응답 시간	개선율
화면 선택시 총 소요 시간	변경전	1,242ms	-
	변경 1	893ms	39%
	변경 2	504ms	146%

이 결과는 어느 사이트의 화면을 튜닝했을 때의 결과이다. 변경 1은 앞으로 설명할 토거를 사용하면서 로그 사용 여부를 false로 했을 경우이며, 변경 2는 모든 로그를 주석 처리하고 System.out.println()을 제거한 경우이다. 변경 1을 반영하자 성능이 39% 개선되었고, 변경 2를 반영하자 146%가 개선되었다.

다음과 같은 사례도 있다. 한 번 요청할 때 5,000명의 사용자 정보를 요청하고, 처리하는 과정에서 응답 시간이 약 20초에 달하는 사이트가 있었다. 원인을 파악해 본 결과 애플리케이션이 5,000명의 정보를 모두 System.out.println()으로 처리하도록 되어 있었다. 이 한 줄을 지우자 응답 시간은 6초로 개선되었다.

또 다른 예를 보자.

수행 횟수	CPU 시간 (ms)	전체 시간 (ms)	대기 시간 (ms)	소스

4,340
4,340
4,340
	63.80
	45.58
	29.13
		3,947.15
		81.53
		64.81
			3,883.35
			35.95
			35.68
				public String updateString(…) {
				  System.out.println("♣♣♣♣…"+ …);
				  System.out.println("name="+name);
				  return result.getString(name);
				}

위 내용은 상용 프로파일링 툴을 이용해서 애플리케이션을 프로파일링한 결과이다. 4,340회 수행을 하면서 약 3.9초가 소요되었다. 어떤 내용을 얼마나 많이 프린트하느냐에 따라서 응답 시간은 달라지겠지만, 시스템 로그를 프린트하면 반드시 성능에 영향을 주게 된다.

> **참고** 개선율이란 튜닝 전과 후의 차이를 수치로 나타낸 것이다. 다음의 공식으로 구한다.
>
> (튜닝 전 응답 속도 − 튜닝 후 응답 속도) × 100 / 튜닝 후 응답 속도 = 개선율 (%)
>
> 어차피 개선율이란 수치는 나누기인데, 가끔 튜닝 전 응답 속도로 나누어야 한다고 생각하는 사람들도 있다. 현재의 공식으로 1초인 화면이 0.1초가 되면 900%의 개선율이 나오지만, 만약 튜닝 전 응답 속도로 나누면, 개선율은 90%가 된다. 실제로도 1초에서 0.1초가 되었다면 9배 빨라진 것이 맞기 때문에, 개선율은 튜닝 후의 응답 속도로 구하는 것이 정확하다.

왜 이러한 결과들이 발생했을까? 파일이나 콘솔에 로그를 남길 경우를 생각해 보자. 내용이 완전히 프린트되거나 저장될 때까지, 뒤에 프린트하려는 부분은 대기할 수밖에 없다. 특히 콘솔에 로그를 남길 경우에는 더욱 그렇다. 그렇게 되면 애플리케이션에서는 대기 시간이 발생한다. 이 대기 시간은 시스템의 속도에 의존적이다. 만약 디스크에 로그를 남긴다면, 서버 디스크의 RPM이 높을수록 로그의 처리 속도는 빨라질 것이다.

더 큰 문제는 System.out.println()으로 출력하는 로그가 개발할 때만 사용된다는 것이다. 운영할 때는 전혀 사용되지 않고, 볼 수도 없는 디버그용 로그를 운영 서버에서 고스란히 처리하고 있는 셈이다.

보통 소스를 보면, 하나의 메서드에서 한 번만 프린트하는 것이 아니라, 적게는 대여섯 번에서 많게는 수십 번 디버그용 로그를 프린트한다. 이 소스가 운영 중에 수행할 때는 어떻게 될까? 하나의 메서드에 한 개의 로그가 있다고 하더라도, 보통 운영 시스템에는 수천, 수백 개의 메서드가 사용되기 때문에 운영 중에는 시스템 로그를 보아도 뭐가 뭔지 확인이 불가능한 상태가 된다. 즉, 의미 없는 디버그용 로그를 프린트하기 위해서 아까운 서버의 리소스와 디스크가 낭비된다는 것이다.

또한 많은 서비스들이 통계성 데이터를 로그에 쌓고 처리하려고 한다. 적절한 로거를 사용해서 데이터를 쌓는 것은 좋겠지만, System.out.println()으로 로그를 쌓는 것은 적절하지 않다. 그런 데이터는 요즘 많이 나와 있는 오픈소스 저장소에 담고, 필요할 때 가져가도록 할 수 있다.

대부분의 사이트에서 사용자가 증가함에 따라 서버를 추가 구매하는 상황으로 이어지는 것을 본다면, 결국 서버를 낭비하는 것은 비용 낭비로 직결된다. 별다른 튜닝도 필요 없는 로그 제거 작업이 성능을 얼마나 많이 향상시킬 수 있을지 다시 한 번 생각해 보고, 운영 서버의 소스에 있는 모든 시스템 로그를 제거하기 바란다.

System.out.format() 메서드

JDK 5.0의 System 클래스에서 사용하는 out 객체 클래스인 PrintStream에 새로 추가된 메서드가 하나 있다. 바로 format() 메서드인데, 이 메서드는 C에서 프린트하던 방식으로 처리할 수 있어 소스가 더 간결해진다. format() 메서드는 두 가지 방식으로 사용할 수 있다.

- format(String format, Object... args) : 지정된 포맷으로 프린트를 한다. 뒤에 있는 매개변수를 쉼표로 나열하도록 되어 있다.
- format(Locale l, String format, Object... args) : 위의 메서드와 동일하되 가장 앞에 지역 정보를 포함한다. 지역에 따라 다른 형태의 데이터를 프린트할 수 있다.

간단한 사용법을 알아보면 다음과 같다.

코드 10-1
```
package com.perf.log;
public class FormatSample {
    public static void main(String args[]) {
```

```
        System.out.format("Name=%s long value=%d floatvalue=%f\n",
            "Format",1,1.5);
    }
}
```

문자열을 사용할 경우에는 %s, int나 long과 같은 정수형을 나타낼 경우에는 %d, float이나 double을 나타낼 경우에는 %f를 사용하면 된다. 여기서 주의할 점은 print() 메서드와 동일하게 한 줄에 나타내도록 정의하기 때문에, 가장 뒤에 '\n'을 사용하여 줄바꿈해 주어야만 한다는 것이다. 어떤 타입의 데이터를 어떻게 표시해야 하는지는 java.util.Formatter 클래스의 API에 있는 설명을 참조하기 바란다.

참고로 그냥 String을 더해서 처리하는 것과 Formatter를 사용하는 것 중 어느 방식이 더 빠른지 살펴보자.

코드 10.2

```
package com.perf.log;

import com.google.caliper.Runner;
import com.google.caliper.SimpleBenchmark;

public class StringFormat extends SimpleBenchmark{
    public static void main(String[] args) {
        Runner.main(StringFormat.class,args);
    }
    String a="aaa",b="bbb",c="ccc";
    longd=1,e=2,f=3;
    String data;
    public void timeStringAdd(int repeats) {
        for(int reps=0;reps<repeats;reps++) {
            data=a+" "+b+" "+c+" "+d+" "+e+" "+f;
        }
    }
    public void timeFormat(int repeats) {
        for(int reps=0;reps<repeats;reps++) {
```

```
            data=String.format("%s %s %s %d %d %d",a,b,c,d,e,f);
        }
    }
}
```

수행하면 두 방식의 차이를 확인해 볼 수 있다. 결과는 다음과 같다.

```
Results
benchmark      ns         linear runtime           %
StringAdd      522                                 100%
Format         11,661                              2,233%
```

System.out.println()을 사용하는 것보다는 응답 시간이 느리다는 것을 알 수 있다. 왜 이러한 결과가 나오는지는 이 코드를 컴파일한 클래스를 역 컴파일해 보면 이해할 수 있을 것이다.

String을 더하는 문장은 다음과 같이 변환된다.

```
(new StringBuilder(String.valueOf(a))).append(" ")
.append(b).append(" ").append(c).append(" ")
.append(d).append(" ").append(e).append(" ").append(f).toString();
```

그리고 format() 메서드를 사용하는 문장은 다음과 같이 변환된다.

```
data = String.format("%s %s %s %d %d %d", new Object[] {
    a, b, c, Long.valueOf(d), Long.valueOf(e), Long.valueOf(f)
});
```

컴파일시 변환된 부분을 보면 새로운 Object 배열을 생성하여 그 값을 배열에 포함 시키도록 되어 있다. 게다가 long 값을 Object 형태로 나타내기 위해서 Long 클래스의 valueOf() 메서드를 사용하고 있다. 그렇다고 여러분의 소스의 성능을 좋게 하기 위해서 long을 Long으로 변환하고, 뒤에 추가될 값을 Object의 배열로

190

처리하는 것은 그리 좋은 방법은 아니다.

실제 String.format() 메서드의 소스를 보면, 그 내부에서 java.util 패키지에 있는 Formatter 클래스를 호출한다. Formatter 클래스에서는 %가 들어가 있는 format 문자열을 항상 파싱(parsing)하기 때문에 문자열을 그냥 더하는 것보다 성능이 좋을 수 없다.

만약 디버그용으로 사용한다면, 필자는 format 메서드를 사용하기를 권장한다. 더 편리하고 소스의 가독성도 높아지기 때문이다. 다만 운영 시에는 디버그용 로그를 제거할 경우를 가정하고 권하는 것임을 꼭 명심하기 바란다.

로그를 더 간결하게 처리하는 방법

디버그용 로그가 꼭 필요할 때는 어떻게 해야 할까? 가장 좋은 방법은 앞으로 설명할 로거(Logger)를 사용하여 로그를 처리하는 것이다. 그런데 만약 로거를 사용하기 힘든 상황이라면 어떻게 해야 할까?

두 가지 방법이 있다. 자체 로거 클래스를 만드는 방법과 시스템 로그를 컴파일할 때 삭제되도록 하는 방법이다. 자체 로거 클래스를 만드는 방법보다는 이미 만들어져 있는 로거를 사용하는 것이 훨씬 효율적이므로, 이 방법은 추천하고 싶지 않다. 차라리 프로젝트의 표준 팀이 로거를 사용하도록 설득하는 것이 낫다.

그러면 먼저 어떻게 해야 컴파일할 때 시스템 로그가 삭제되는지 알아보자. 아래와 같은 간단한 소스가 있다. 참고로 파일에 쓰는 로그는 Log4j나 JDK에서 제공하는 로거를 사용하는 것이 직접 구현하는 것보다 낫다. 따라서 그 부분은 고려하지 말자.

코드 10.3

```
package com.perf.log;

import java.util.ArrayList;
```

```java
public class LogRemoveSample {
    public LogRemoveSample() {}
    public ArrayList getList() {
        ArrayList retList=new ArrayList(10);
        //중간 생략
        System.out.format("LogRemoveSample.getList():size=%d\n",
            retList.size());
        return retList;
    }
}
```

이 클래스의 getList() 메서드를 호출할 때마다, 클래스 이름 및 메서드 이름, 리턴되는 데이터의 크기를 콘솔에 프린트를 한다. 보통은 한 메서드에 로그를 대여섯 번 프린트 하지만, 위와 같이 하나만 있다고 가정하자. 클래스가 컴파일될 때 시스템 로그가 삭제되도록 하려면 아래와 같이 해볼 수 있다.

코드 10.4

```java
package com.perf.log;

import java.util.ArrayList;
public class LogRemoveSample {
    private final boolean printFlag=false;
    public LogRemoveSample() {}
    public ArrayList getList() {
        ArrayList retList=new ArrayList(10);
        //중간 생략
        if(printFlag) {
            System.out.format("LogRemoveSample.getList(): size=%d\n",
                retList.size());
        }
        return retList;
    }
}
```

다소 불편하긴 하지만 코드 10.4처럼 사용하면 된다. private final boolean으로 printFlag라는 변수를 하나 만들어 놓고, 시스템 로그가 있는 부분을 if 문장으로 감쌌다. 여기서 중요한 것은 final로 printFlag를 선언했기 때문에, 절대로 이 값은 실행 시 변경될 수 없다는 점이다. printFlag를 변경하려는 코드가 있다면, 코드는 컴파일 자체가 되지 않는다.

이 소스를 보고 '뭐 이렇게 귀찮게 하나? 그냥 로그는 주석 처리 하면 되지…' 라고 생각하는 사람이 있을 수 있다. 필자도 그렇게 생각하고 어떤 프로젝트에서는 '일괄 변경' 기능을 사용해서 모든 소스를 변경한 적이 있었다(그 프로젝트는 개발자만 100명이 넘는 대단히 큰 프로젝트였다). 그런데 이렇게 작업을 한 후에 컴파일이 제대로 되지 않아 3일간 문제되는 부분을 찾아 변경해야 했다. 두 줄 이상에 걸쳐서 시스템 로그를 프린트하는 부분을 그냥 일괄 변경해서 주석 처리하면, 100% 컴파일 오류가 발생하기 때문이다.

이 소스를 컴파일한 클래스를 역 컴파일해 보면, if 문장과 그 안에 있는 문장은 눈 씻고 찾아봐도 찾을 수가 없을 것이다. 이미 컴파일러에서 그 부분은 실행 시 필요가 없다고 생각하고 삭제하기 때문이다. 대신 이렇게 해 놓으면, 모든 소스를 찾아 다니면서 printFlag를 변경해 주어야 하는 단점이 있다. 그래서 다음과 같이 간단한 flag 정보를 갖는 클래스를 만들어 관리하면 약간 더 편리하다.

코드 10.5

```
package com.perf.log;
public class LogFlag {
    public static final boolean printFlag=false;
}
```

이렇게 클래스를 만들고 다음과 같이 간단하게 사용하면 된다.

```
if(LogFlag.printFlag) {
    System.out.format("LogRemoveSample.getList() : size=%d\n",retList.
```

```
            size());
    }
```

매번 if 문장으로 막는 것보다 간단하게 사용하기 위해서는 좀더 보완을 해서 다음과 같이 클래스를 만들면 된다. 하지만 이 또한 단점은 존재한다.

코드 10.6

```java
package com.perf.log;
public class SimpleLogger {
    private static final boolean printFlag=false;
    public static void log(String message) {
        if(printFlag) {
            System.out.println(message);
        }
    }
}
```

이 소스처럼 만들면 System.out.println()를 매번 입력하거나 복사해서 붙여 넣을 필요가 없다. SimpleLogger.log("…"); 같은 방식으로 소스를 작성하면 되므로 편리하다. 또한 printFlag에 따라서 로그를 남길지, 남기지 않을지를 결정할 수 있다. 다만 이 소스의 단점은 printFlag를 수정하기 위해서 다시 컴파일해야 한다는 점과 어차피 log() 메서드 요청을 하기 위해서 메시지 문자열을 생성해야 한다는 것이다(메시지에 관련된 내용은 다음 절, '로거 사용 시의 문제점'에 자세히 정리되어 있다).

로거 사용 시의 문제점

로거를 사용할 때 문제는 뭘까? 앞서 설명한 대로 컴파일 시에 로그를 제거하는 방법을 사용하지 않는 한, 로그를 프린트하든 하지 않든, 로그를 삭제하기 위한 한 줄을 처리하기 위해서는 어차피 객체를 생성해야 한다. 즉 운영 시 로그 레벨을 올려 놓는다고 해도, 디버그용 로그 메시지는 간단한 문자든 간단한 쿼리든 상관 없이 하나 이상의 객체가 필요하다. 그러면 그 객체를 생성하는 데 메모리와 시간이 소요된다. 또한 메모리에서 제거하기 위해서는 GC를 수행해야 하고, GC 수행 시간이 또 소요된다. 예를 들면 다음과 같은 소스들이다.

```
logger.info("query="+query);
logger.info("result="+resultHashMap);
```

로그를 이렇게 처리하면, 분명히 info() 메서드가 호출이 될 것이다. 또한 호출되는 메서드에 문자열이 전달되어야 하기 때문에 괄호 안에 있는 값들을 문자열로 변환하는 작업이 반드시 수행된 다음, 메서드 호출이 진행된다. 간약 쿼리가 한두 줄이라면 상관 없겠지만, 일반적으로 쿼리는 한 페이지에서 네 페이지 정도 되는 것이 현실이다. 그만큼의 객체가 생성되었다가 아무 일도 안하고 사라진다고 생각해 보라.

   두 번째에 있는 resultHashMap과 같이 HashMap의 더하기 연산을 위해서는 HashMap에 있는 모든 데이터를 확인한다. 그리고 문자열로 더하는 작업을 마친 후에 "result="라는 문자열과 더하는 연산이 수행된다. 별 게 아니라고 생각할 수도 있지만, 이 계산은 정말 필요 없는 작업이다.

   그러므로 가장 좋은 방법은 디버그용 로그를 제거하는 것이다. 하지만 그렇지 못한 것이 현실이다. 그래서 이 경우에는 시스템 로그의 경우처럼 로그 처리 여부를 처리하는 것이 좋다. 다음의 예를 보자.

```
if(logger.isLoggable(Level.INFO)) {
    //로그처리
}
```

이렇게 if 문장으로 처리하면 로그를 위한 불필요한 메모리 사용을 줄일 수 있어, 더 효율적으로 메시지를 처리할 수 있다.

   또한 로그를 처리하는 데 발생할 수 있는 문제점을 해결하는 데 도움을 주는 slf4j

라는 로거가 있다. 간단하게 slf4j에 대해서 알아보자.

로그를 깔끔하게 처리해주는 slf4j와 LogBack

slf4j의 홈페이지는 http://www.slf4j.org/다. 먼저 이 홈페이지에 접근해 보자. 홈페이지의 가장 위에는 다음과 같이 slf4j의 전체 이름이 명시되어 있다.

Simple Logging Facade for Java (SLF4J)

즉, 간단히 로그를 처리해 주는 프레임워크라고 보면 된다. 그러면, log4j와 어떤 점이 다를까? slf4j의 홈페이지에 있는 사용자 메뉴얼(http://www.slf4j.org/manual.html)을 보면 다음 예제 코드를 확인할 수 있다.

코드 10.7

```java
import org.slf4j.Logger;
import org.slf4j.LoggerFactory;
public class Wombat {
    final Logger logger = LoggerFactory.getLogger(Wombat.class);
    Integer t;
    Integer oldT;
    public void setTemperature(Integer temperature) {
        oldT = t;
        t = temperature;

        logger.debug("Temperature set to {}. Old temperature was {}.",
            t, oldT);
        if(temperature.intValue() > 50) {
            logger.info("Temperature has risen above 50 degrees.");
        }
    }
}
```

굵은 글씨로 표시되어 있는 부분이 바로 slf4j를 적용한 부분이다. 아래에 있는 logger.info() 메서드 내용은 기존의 로거들과 별 차이가 없지만, 위에 있는 logger.debug() 메서드 내용을 보면 확연히 차이가 나는 것을 볼 수 있다.

기존의 로거들은 앞 절에서 이야기한 대로 출력을 위해서 문자열을 더해 전달해 줘야만 했다. 하지만, slf4j는 format 문자열에 중괄호를 넣고, 그 순서대로 출력하고자 하는 데이터들을 콤마로 구분하여 전달해준다. 이렇게 전달해 주면 로그를 출력하지 않을 경우 필요 없는 문자열 더하기 연산이 발생하지 않는다.

게다가 slf4j는 자바의 기본 로거를 비롯하여 Log4j, 아파치 commons 로깅 등과 연계하여 사용할 수 있도록 되어 있다. 왜 많은 아파치 프로젝트들이 이 slf4j를 적용했는지 이해할 수 있을 것이다. 기회가 된다면 여러분들이 운영하는 시스템을 slf4j로 전환하는 것도 고려해 보기 바란다.

추가로 최근에는 LogBack(http://logback.qos.ch/)이라는 로거도 많이 사용되고 있다. 이 로거는 예외의 스텍 정보를 출력할 때 해당 클래스가 어떤 라이브러리(jar 파일)를 참고하고 있는지도 포함하여 제공하기 때문에 쉽게 관련된 클래스를 확인할 수 있다.

예외 처리는 이렇게

예외 처리할 때에도 성능에 많은 영향을 줄 수 있다. 일반적으로 예외가 발생하면, 다음과 같이 처리한다.

```
try {
    ...
} catch (Exception e) {
    e.printStackTrace();
}
```

이렇게 예외를 처리하면 어떻게 될까? 예외가 발생하면 Exception 클래스(다른 종류의 예외도 어차피 Exception 클래스의 상속을 받으므로)에 기본 정보가 전달된다. 그때는 스택 정보(어떤 클래스의 어떤 메서드가 어떤 클래스의 어떤 메서드를 호출했는지에 대한 관계를 나타내는 정보)를 찾아보지 않는다. 하지만 만약 e.printStackTrace()를 호출하게 되면 스택 정보를 확인하고, 확인된 정보를 콘솔에 프린트한다.

운영해 본 사람은 알겠지만 콘솔에 찍힌 이 로그를 알아보기가 힘들다. 왜냐하면 여러 스레드에서 콘솔에 로그를 프린트하면 데이터가 섞이기 때문이다. 자바의 예외 스택 정보는 로그를 최대 100개까지 프린트하기 때문에 서버의 성능에도 많은 부하를 준다. 스택 정보를 가져오는 부분에서는 거의 90% 이상이 CPU를 사용하는 시간이고 나머지 프린트하는 부분에서는 대기 시간이 소요된다.

그래도 printStackTrace()에서 출력해주는 데이터가 필요할 때가 있다. 예외를 메시지로 처리하면 실제 사용자들은 한 줄의 오류 메시지나 오류 코드만을 보게 되기 때문에 장애를 처리하기가 쉽지 않기 때문이다. 스택 정보를 보고 싶을 경우에는 다음과 같이 처리하는 방법도 있다.

코드 10.8

```
try {
    …
} catch (Exception e) {
    StackTraceElement[] ste=e.getStackTrace();
    String className=ste[0].getClassName();
    String methodName=ste[0].getMethodName();
    int lineNumber=ste[0].getLineNumber();
    String fileName=ste[0].getFileName();
    logger.severe("Exception : "+e.getMessage());
    logger.severe(className+"."+methodName+" "+fileName+" "+lineNumber+"
        line");
}
```

마지막 라인의 문자열 더하는 구문들은 어차피 StringBuilder로 변환되므로 큰 성능 저하를 발생시키지는 않는다. 이와 같이 7575의 예외에서 처리하지 않고, 임의로 만든 예외(Exception) 클래스에서 원하는 스택 정보를 가공하여 메시지 처리하는 것도 좋은 방법이다.

참고로 StackTraceElement 배열의 0번째에는 예외가 발생한 클래스 정보가 있으며, 마지막에는 최초 호출된 클래스의 정보가 있다. 일반적인 WAS에서는 WAS 관련 클래스 정보가 포함될 것이므로, 여러분들이 만든 프로그램만 필터링 되게 하면 더 깔끔하게 에러 로그를 정리할 수 있을 것이다.

정리하며

로그와 개발자는 뗄래야 뗄 수 없는 관계이다. 로그를 효율적으로 관리하던 성능에도 영향을 주지 않고, 운영 시 문제가 발생해도 원하는 내용만 확인할 수 있다. 가장 좋은 방법은 디버그용 로그를 프로그램에서 지우는 것이다. 하지만 문제가 발생할 만한 부분에 있는 로그는 필자도 주석 처리를 하지, 삭제해 버리지는 않는다.

코딩은 습관이다. 나쁜 습관은 고쳐야 발전이 있다. 더 깔끔한 소스와 로그를 원한다면, 필요 없는 로그들은 소스에서 지우자. 그리고 반드시 Log4j나 slf4j, LogBack과 같은 로거를 사용하길 바란다. 또한 예외 처리 시에는 필요한 내용만 처리하자.

JSP와 서블릿, Spring에서 발생할 수 있는 여러 문제점

들어가며

자바 기반의 시스템 중 WAS에서 병목 현상이 발생할 수 있는 부분을 세밀하게 나눈다고 하면, UI 부분과 비즈니스 로직 부분으로 나눌 수 있다. 여기서 UI 부분이란 서버에서 수행되는 UI를 이야기하는 것이다. 자바스크립트로 구성된 UI는 클라이언트(사용자 PC)에서 수행되며, 요즘은 이 부분에 대한 성능 개선 작업도 많이 이루어지고 있지만, 이 책에서는 다루지 않는다. 자바 기반의 서버단 UI를 구성하는 대부분의 기술은 JSP와 서블릿을 확장하는 기술이다. 그만큼 JSP와 서블릿의 기본에 대해서 잘 알아야 한다. 여기서 EJB에 대한 부분도 다루려고 했으나, EJB에서 튜닝할 부분은 많지 않고, 요즘은 대부분의 프로젝트가 프레임워크 기반으로 가는 분위기라서 이에 대한 내용은 포함하지 않았다.

나초보씨는 요즘 '화면에서는 뭐 문제될 것 없겠지…'하는 생각으로 열심히 UI를 개발하고 있다. 그러던 중 이튜닝 선배로부터 이메일이 한 통 왔다.

제목	뭐 필요한 거 없수?
발신	이튜닝
수신	나초보
내용	요즘 메일이 뜸하네.
	문제가 없나 봐?
	개발 열심히 하고 있나 보네.

나초보씨는 간단하게, 지금은 UI 개발 중이라 별로 문제될 게 없다는 내용의 답장을 보냈다. 다음날 아침 이튜닝 선배로부터 다시 답장이 왔다.

제목	웹 개발 시 유의해야 할 사항들
발신	이튜닝
수신	나초보
내용	UI 개발을 한다고 해서 문제의 소지가 없는 것은 아니야.
	생각지도 못한 부분에서 에러가 발생할 수 있어.
	내가 문제가 될 만한 것들을 정리해 놓은 자료를 보내줄 테니까.
	잘 보고 문제 없이 개발해.

나초보씨는 이튜닝 선배가 보낸 메일의 내용을 훑어 보았다.

JSP와 Servlet의 기본적인 동작 원리는 꼭 알아야 한다

아무리 잘 짜여진 자바 기반의 웹 프레임워크를 사용하여 개발한다고 하더라도, 기본적인 JSP와 Servlet의 개념은 익히고 있어야 한다. JSP와 Servlet 책을 따로 사서 읽을 상황이 안 되는 분들을 위해서 간단하게 살펴보자.

일반적으로 JSP와 같은 웹 화면단을 처리하는 부분에서 소요되는 시간은 많지 않다. JSP의 경우 가장 처음에 호출되는 경우에만 시간이 소요되고, 그 이후의 시간에는 컴파일된 서블릿 클래스가 수행되기 때문이다. 그럼 JSP의 라이프 사이클을 간단하게 리뷰해 보자. JSP의 라이프 사이클은 다음의 단계를 거친다.

① JSP URL 호출
② 페이지 번역
③ JSP 페이지 컴파일
④ 클래스 로드
⑤ 인스턴스 생성
⑥ jspInit 메서드 호출
⑦ _jspService 메서드 호출
⑧ jspDestory 메서드 호출

여기서 해당 JSP 페이지가 이미 컴파일되어 있고, 클래스가 로드되어 있고, JSP 파일이 변경되지 않았다면, 가장 많은 시간이 소요되는 ②~④ 프로세스는 생략된다. 서버의 종류에 따라서 서버가 기동될 때 컴파일을 미리 수행하는 Precompile 옵션이 있다. 이 옵션을 선택하면 서버에 최신 버전을 반영한 이후에 처음 호출되었을 때 응답 시간이 느린 현상을 방지할 수 있다. 하지만 개발 시에 이 옵션을 켜 놓으면 서버를 기동할 때마다 컴파일을 수행하기 때문에 시간이 오래 걸린다. 따라서 개발 생산성이 떨어지므로 상황에 맞게 옵션을 지정하기 바란다.

이번에는 서블릿의 라이프 사이클을 살펴보자. WAS의 JVM이 시작한 후에는,

- Servlet 객체가 자동으로 생성되고 초기화 되거나,
- 사용자가 해당 Servlet을 처음으로 호출했을 때 생성되고 초기화 된다.

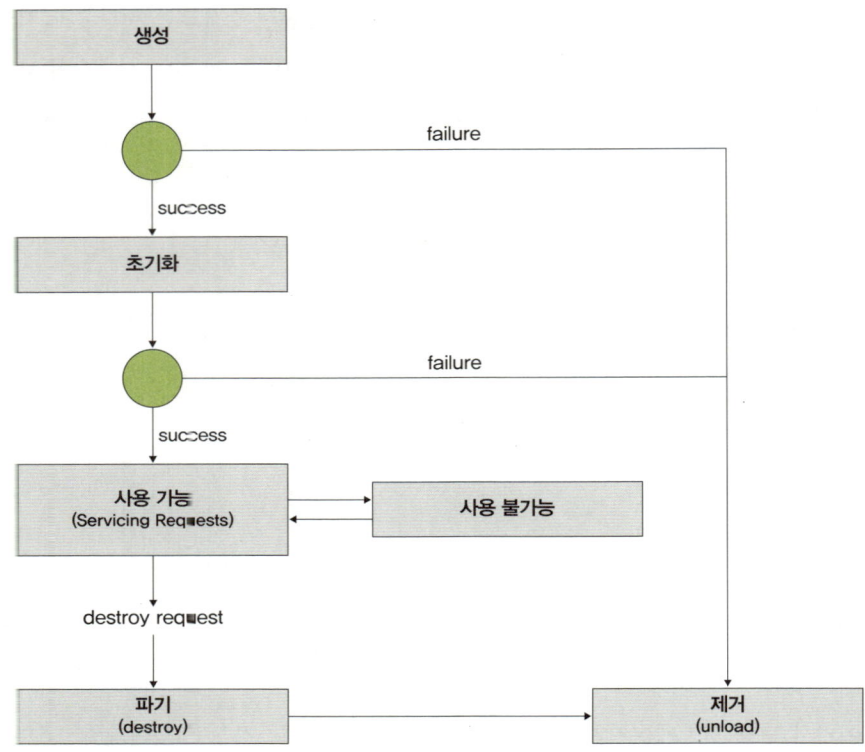

그림15 | 서블릿의 라이프 사이클

그 다음에는 지속 '사용 가능' 상태로 대기한다. 그리고 중간에 예외가 발생하면 '사용 불가능' 상태로 빠졌다가 다시 '사용 가능' 상태로 변환되기도 한다. 그리고 나서, 해당 서블릿이 더 이상 필요 없을 때는 '파기' 상태로 넘어간 후 JVM에서 '제거'된다.

그런데, 여기서 여러분들이 꼭 하나 기억해야 하는 것이 있다. 바로 서블릿은 JVM에 여러 객체로 생성되지 않는다는 점이다. 다시 말해서 WAS가 시작하고, '사용 가능' 상태가 된 이상 대부분의 서블릿은 JVM에 살아 있고, 여러 스레드에서 해당 서블릿의 service() 메서드를 호출하여 공유한다.

만약 여러분들이 서블릿 클래스의 메서드 내에 선언한 지역 변수가 아닌 멤버 변수(인스턴스 변수)를 선언하여 service() 메서드에서 사용하면 어떤 일이 벌어질까? 예를 들면 다음과 같다.

코드 11.1

```java
package com.perf.servlet;

import java.io.IOException;
import javax.servlet.ServletException;
import javax.servlet.http.HttpServlet;
import javax.servlet.http.HttpServletRequest;
import javax.servlet.http.HttpServletResponse;

public class DontUserLikeThisServlet extends HttpServlet {
    private static final long serialVersionUID = 1L;
    String successFlag="N";
    public DontUserLikeThisServlet() {
        super();
    }

    protected void doGet(HttpServletRequest request,
        HttpServletResponse response) throws ServletException, IOException {
            successFlag=request.getParameter("successFlag");
    }
}
```

successFlag 값은 여러 스레드에서 접근하면서 계속 값이 바뀔 것이다. 이처럼 여러 스레드로부터 뭇매를 맞으면, 데이터가 꼬여서 원하지 않는 값들이 출력될 수도 있다. 즉, static을 사용하는 것과 거의 동일한 결과를 나타낸다. 그러므로, service() 메서드를 구현할 때는 멤버 변수나 static한 클래스 변수를 선언하여 지속적으로 변경하는 작업은 피하기 바란다.

적절한 include 사용하기

JSP의 기본 개념에 대해서 알아봤으니, 이제 본론으로 들어가 JSP의 include에 대해서 알아보자. include 기능을 사용하면, 하나의 JSP에서 다른 JSP를 호출하여 여러 JSP 파일을 혼합해서 하나의 JSP로 만들 수 있다. JSP에서 사용할 수 있는 include 방식은 정적인 방식(include directive)과 동적인 방식(include action)이 있다.

정적인 방식은 JSP의 라이프 사이클 중 JSP 페이지 번역 및 컴파일 단계에서 필요한 JSP를 읽어서 메인 JSP의 자바 소스 및 클래스에 포함을 시키는 방식이다. 이와 반대로, 동적인 방식은 페이지가 호출될 때마다 지정된 페이지를 불러들여서 수행하도록 되어 있다. 각 방식은 다음과 같이 사용한다.

- 정적인 방식: <%@ include file="관련 URL"%>
- 동적인 방식: <jsp:include page="relativeURL"/>

이 두 가지 방법 중 어느 방법이 느릴까? 당연한 이야기지만, 동적인 방식이 정적인 방식보다 느릴 수밖에 없다. 정적인 방식과 동적인 방식의 응답 속도를 비교해 보면 동적인 방식이 약 30배 더 느리게 나타난다.

즉, 성능을 더 빠르게 하려면 정적인 방식을 사용해야 한다는 의미가 된다. 하지만 모든 화면을 정적인 방식으로 구성하면 잘 수행되던 화면에서 오류가 발생할 수 있다. 앞에서도 이야기했지만, 정적인 방식을 사용하면 메인 JSP에 추가되는 JSP가 생긴다. 이 때 추가된 JSP와 메인 JSP에 동일한 이름의 변수가 있으면 심각한 오류가 발생할 수 있다. 그러므로 상황에 맞게 알맞은 include 방식을 선택하여 사용하기 바란다.

자바 빈즈, 잘 쓰면 약 못 쓰면 독

자바 빈즈(Java Beans)는 UI에서 서버 측 데이터를 담아서 처리하기 위한 컴포넌트이다. 간단히 자바 빈즈의 문제점만 알아보자.

자바 빈즈를 통하여 useBean을 하면 성능에 많은 영향을 미치지는 않지만, 너무 많이 사용하면 JSP에서 소요되는 시간이 증가될 수 있다.

코드 11.2

```
<jsp:useBean id="list" scope="request"
class="java.util.ArrayList" type="java.util.List" />
<jsp:useBean id="count" scope="request" class="java.lang.String" />
<jsp:useBean id="pageNo" scope="request" class="java.lang.String" />
<jsp:useBean id="pageSize" scope="request" class="java.lang.String" />
…
//약 20개의 useBean 태그
```

위 소스는 어떤 프로젝트에서 자바 빈즈를 사용한 예제다. 이 화면의 경우 DB까지 전체 처리하는 데 소요된 시간은 97ms이며, 그중 JSP에서 소요된 시간이 57ms이다. 그리고 JSP에서 자바 빈즈를 처리하기 위해서 소요된 시간은 47ms로, 전체 응답 시간의 48%에 해당하는 시간이다.

이 시간을 줄이기 위해서는 1장에서 설명한 TO(Transfer object) 패턴을 사용해야 한다. 하나의 TO 클래스를 만들고, 위의 예에서 사용된 각 문자열 및 HashMap, List를 그 클래스의 변수로 지정하여 사용하면 화면을 수행하는 데 소요된 시간 중 48%가 절약된다.

한두 개의 자바 빈즈를 사용하는 것은 상관 없지만, 10~20개의 자바 빈즈를 사용하면 성능에 영향을 주게 된다. 그러므로 TO를 만들어 사용하도록 하자.

태그 라이브러리도 잘 써야 한다

태그 라이브러리(tag library)는 JSP에서 공통적으로 반복되는 코드를 클래스로 만들고, 그 클래스를 HTML 태그와 같이 정의된 태그로 사용할 수 있도록 하는 라이브러리다. 요즘은 대부분의 프레임워크에서 많은 종류의 태그 라이브러리를 제공하고 있다. 간단히 태그 라이브러리에 대해서 리뷰하고 태그 라이브러리의 문제점을 알아보자.

태그 라이브러리는 XML 기반의 tld 파일과 태그 클래스로 구성되어 있다(코드 11.3). 태그 라이브러리를 사용하기 위해서는 web.xml 파일을 열어 tld의 URI와 파일 위치를 코드 11.4와 같이 정의해야 한다. web.xml은 웹 애플리케이션 디렉터리 하단의 WEB-INF에서 찾을 수 있다.

코드 11.3

```
<web-app>
<taglib>
<taglib-uri>/tagLibURI</taglib-uri>
<tablib-location>
/WEB-INF/tlds/tagLib.tld
</taglib-location>
</taglib>
</web-app>
```

web.xml에서 정의하는 tld 파일은 다음과 같은 형식으로 되어 있다.

코드 11.4

```
<?xml version="1.0" encoding="ISO-8859-1"?>
<taglib
    xmlns="http://java.sun.com/xml/ns/javaee"
    xmlns:xsi="http://www.w3.org/2001/XMLSchema-instance"
    xsi:schemaLocation="http://java.sun.com/xml/ns/javaee
```

```
        http://java.sun.com/xml/ns/javaee/web-jsptaglibrary_2_1.xsd"
        version="2.1">
    <tlibversion>1.0</tlibversion>
    <jspversion>1.1</jspversion>
    <shortname>tagLibSample</shortname>
    <uri/>
    <tag>
    <name>tagLibSample</name>
    <tagclass>com.perf.jsp.TagLibSample</tagclass>
    <bodycontent>JSP</bodycontent>
    </tag>
    </taglib>
```

이 파일에서 중요한 부분은 tag라는 태그의 하위 태그에 있는 내용이다. 여기서 태그 라이브러리의 이름과 클래스를 지정한다. 태그 안에 포함되는 내용의 종류는 bodycontent 태그 안에 지정하여 허용한다.

이제 web.xml 파일과 tld 파일에 태그 라이브러리와 관련된 내용을 지정하였으니 JSP에서 사용하기만 하면 된다. 일반적으로 태그 라이브러리는 JSP의 상단에 지정한다. 방식은 다음과 같다.

```
    <%@ tablib uri="/tabLibURI" prefix="myPreFix" />
```

이렇게 지정된 태그 라이브러리는 여러 가지 방법으로 사용할 수 있지만, 그중 내용에 JSP 태그를 사용하는 방법은 다음과 같다.

```
    <myPreFix:tabLibSample>
    <%=contents%>
    </myPreFix:tabLibSample>
```

지금까지 태그 라이브러리에 대해서 아주 간단하게 알아보았다. 그럼 태그 라이브러리에서 성능상 문제가 발생할 때는 언제일까? 태그 라이브러리 클래스를 잘못 작성하거나 태그 라이브러리 클래스로 전송되는 데이터가 많을 때 성능에 문제가 된다.

실제 프로젝트 사이트 예를 통해 알아보자. 화면에서 태그 라이브러리를 통하여 100~500 건을 처리할 때 소요되는 시간을 놓고 WAS: DB 소요 시간을 비교해 보았다. 그 결과, 1:9로 DB에서 소요된 시간이 월등히 높았다. 하지만, 이 사이트의 경우 한 번에 검색 가능한 목록에 대한 제한이 없었다. 그리고 일반적으로 조회되는 목록의 건수가 4,000건이 넘었다. 4,000건을 조회할 때의 WAS: DB에서의 응답 시간 비율은 5:5의 비율을 보였다. 물론 4,000건의 데이터를 한 번에 조회하는 것 자체가 문제가 있다. 하지만 기존 CS 시스템의 틀을 벗어나지 못하거나, 벗어나려 하지 않는 고객들이 있는 사이트는 어쩔 수 없이 그만큼의 데이터를 처리해 주어야 한다.

그리고 태그 라이브러리는 태그 사이에 있는 데이터를 넘겨주어야 하는데, 이 때 넘겨 주는 데이터 형태는 대부분 문자열 타입이다. 따라서 데이터가 많으면 많을수록 처리를 해야 하는 내용이 많아지고, 자연히 태그 라이브러리 클래스에서 처리되는 시간이 많아질 수밖에 없다. 목록을 처리하면서 대용량의 데이터를 처리할 경우에는 태그 라이브러리의 사용을 자제하기 바란다.

스프링 프레임워크 간단 정리

우리나라에서는 자바 기반의 프로젝트를 진행할 때 대부분 스프링 프레임워크를 사용한다.

일부 회사에서는 자체 개발한 프레임워크를 사용하는데, 필자는 제발 그러지 말아줬으면 좋겠다. 어찌 보면 자체적으로 프레임워크를 만들어 오픈 소스로 공개하는 것이 매우 유익한 일이 될 수도 있으나, 그 프레임워크를 사용하던 개발자가 회사를 나가면 아무런 필요 없는 기술을 갖고 있는 상황이 될 수도 있기 때문이다. 차라리 그 훌륭한 기술력으로 외국에서 활발하게 개발되고 있는 프레임워크에 커미터(Committer)가 되어서 한국을 널리 알려 국위 선양을 하고, 인류 역사 발전에 공헌하는 것이 더 좋지 않을까 생각한다.

잠시 이야기가 옆으로 샜는데, 본론으로 돌아가 스프링 프레임워크에 대해서 간단히 살펴보자.

먼저, 스프링 프레임워크를 웹 프레임워크로 오해하는 분들이 많다. 하지만, 스프링 프레임워크는 데스크톱과 웹 애플리케이션, 작고 간단한 애플리케이션부터 여러 서버와 연동하여 동작해야 하는 엔터프라이즈 애플리케이션도 범용적인 애플리케이션 프레임워크다.

Spring의 가장 큰 특징은 복잡한 애플리케이션도 POJO(Plain Old Java Object)로 개발할 수 있다는 점이다. (참고로, 앞서 살펴본 JSP와 Servlet에서 Servlet은 POJO가 아니다.) Servlet을 개발하려면 반드시 HttpServlet이라는 클래스를 상속해야 한다. 하지만 스프링을 사용하면 HttpServlet을 확장하지 않아도 웹 요청을 처리할 수 있는 클래스를 만들 수 있다. 이밖에도 JMS, JMX, Mail, Web Service 등 여러 가지 기능을 POJO 기반으로 사용할 수 있기 때문에, 개발자가 보다 쉽게 자신이 작성한 코드를 테스트 할 수 있다. 그래서, 더 빠르고 쉽게 문제를 확인할 수 있으며 이는 곧 높은 개발 생산성으로 이어진다.

스프링의 핵심 기술

스프링이 개발된 지 벌써 10년이 지났다. 그 동안 많은 스프링 주변 기술에 많은 변화와 우여곡절이 있었다. 하지만 그 변화 속에서도 스프링은 변함없이 자리를 지키며, 표준 기술이 아님에도 불구하고 자바 개발자에게 가장 큰 영향을 준 프레임워크로 자리잡았다. 그럴 수 있었던 스프링의 핵심 기술은 바로 Dependency Injection, Aspect Oriented Programming, Portable Service Abstraction으로 함축할 수 있다.

Dependency Injection은 한국말로 '의존성 주입'이라고 한다. (그렇다고, 주입식 교육을 받는 우리나라 사람들이 만든 개념은 아니다. ㅎㅎ) 말이 어렵지만, 객체 간의 의존

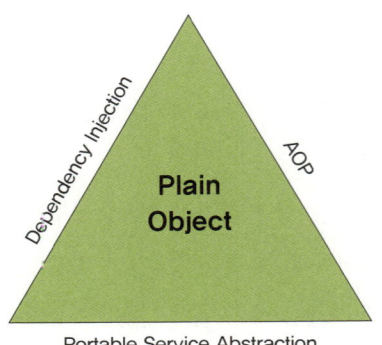

그림16 | 스프링 핵심 기술

관계를 관리하는 기술 정도로 생각하면 된다. 객체는 보통 혼자서 모든 일을 처리하지 않고, 여러 다른 객체와 협업하여 일을 처리한다. 이때 자신과 협업하는 객체와 자신과의 의존성을 가능한 낮춰야 유리한 경우가 많다. 다시 말해서, 어떤 객체가 필요로 하는 객체를 자기 자신이 직접 생성하여 사용하는 것이 아니라 외부에 있는 다른 무언가로부터 필요로 하는 객체를 주입 받는 기술이다. 말로만 설명하면 이해하기 힘드니, 예제 코드를 통해서 살펴보자.

```
public class A {
    private B b = new B();
}
```

예제 코드를 보면 A 클래스의 객체는 항상 B 클래스의 객체를 사용하게 된다. 이렇게 구현하면 나중에 B라는 객체를 다른 것으로 교체하기 힘들다. 그런데, 만약 다음과 같이, B클래스의 객체를 외부에서 넘겨 형태로 코드를 작성하면 보다 손쉽게 A 클래스가 사용하는 객체를 다른 것으로 변경할 수 있다. 즉, 생성자의 매개변수로 넘어온 B 클래스의 객체를 A 클래스에서 사용하는 b 로 설정하면 A 클래스의 객체를 사용하기 전에 필요한 B 객체를 외부에서 미리 만들어서 넘겨 줄 수 있는 구조가 된다.

```java
public class A {
    private B b;
    public A(B b) {
        this.b = b;
    }
}
```

스프링은 이렇게 의존성을 쉽게 주입하는 틀을 제공해 준다. XML이나 어노테이션 등으로 의존성을 주입하는 방법을 제공하며 생성자 주입, 세터 주입, 필드 주입 등 다양한 의존성 주입 방법을 제공하고 있다. 이러한 틀이 없다면 프로젝트마다 각기 다른 방법으로 의존성을 주입하느라 혼란스러웠을 것이다. 스프링에서 제공하는 '의존성 주입' 방법은 새롭게 나타난 것이 아니라, 대부분 알고 있는 방법을 적용하는 것이기 때문에, 프로젝트마다 또는 개발자마다 각기 다른 객체 주입 방식을 이해하는 고통에서 벗어날 수 있다.

스프링에서 제공하는 두번째 핵심 기술은 바로 AOP다. 우리나라 말로 '관점 지향 프로그래밍'이라고 부르며, '에이오피'라고 읽는다. 한때는 이 기술이 마치 객체지향 프로그래밍(Object Oriented Programming, OOP)을 대체하는 기술로 홍보하기도 했다. 하지만, 이 기술은 OOP를 보다 더 OOP스럽게 보완해주는 기술이다.

   트랜잭션, 로깅, 보완 체크 코드를 생각해 보자. 이런 코드들은 여러 모듈, 여러 계층에 스며들기 마련이다. 그런데 필요한 작업이긴 하지만 대부분은 비슷한 코드가 중복되고, 코드를 눈으로 읽는 데 방해가 된다. 이런 코드를 실제 비즈니스 로직과 분리할 수 있도록 도와주는 것이 바로 AOP다. 자바에서 가장 유명한 AOP 프레임워크로는 AspectJ가 있다. 스프링은 AspectJ와 손쉽게 연동하는 방법을 제공할 뿐 아니라, AspectJ 보다 훨씬 더 사용하기 간편한 방법을 사용한 스프링 AOP를 제공해준다. 이 기술을 잘 활용하면 핵심 비즈니스 코드의 가독성을 높여준다.

마지막으로 스프링이 제공하는 핵심 기술로 PSA를 꼽을 수 있다. 오픈소스로 제공되는 자바 라이브러리는 매우 많다. 객체를 XML로 변경하거나 반대로 XML을 다시 객체로 변경하고 싶을 때 사용할 수 있는 라이브러리에는 JAXB, Castor, XMLBeans, JiBX가 있다. 트랜잭션 처리를 하고 싶을 때 사용하는 기술에 따라 JDBC 트랜잭션 API를 사용해야 할 수도 있고, iBatis가 제공하는 API, 또는 Hibernate가 제공하는 API를 사용할 수도 있다. 글로벌 트랜잭션이 필요한 경우에는 JTA를 사용하여 트랜잭션을 처리하는 코드를 작성해야 한다.

 이렇게 비슷한 기술을 구현하기 위해 코딩하는 방법은 사용할 라이브러리나 프레임워크에 따라 달라지기 때문에, 추상화가 매우 중요하다. 만약 A라는 라이브러리를 사용하던 중에 심각한 성능 문제가 있는 것을 발견하고, 더 빠르고 안정적 B라는 라이브러리를 사용해야 한다면, A 라이브러리로 모든 코드를 변경해야 하는 사태가 발생한다. 만약 개발 초기에 이러한 문제를 발견했다면, 몇 줄 수정하지 않아도 금방 변경할 수 있겠지만, 다음 주에 시스템 오픈을 하기 위해서 오늘 성능 테스트를 했는데 이러한 문제를 발견했다면 어떻게 될까? 만약 시스템의 사용자가 적어서 오픈 후에 천천히 여유 있을 때 변경해도 되는 상황이라면 상관 없겠지만, 구글 I/O 행사 신청과 같이 전 세계에서 수십만 명의 개발자가 등록을 하는 상황이라면 밤새면서 A 라이브러리와 관련된 부분을 찾아 고쳐야만 할 것이다.

 스프링은 그런 일이 생기지 않도록 비슷한 기술을 모두 아우를 수 있는 추상화 계층을 제공하여, 여러분이 사용하는 기술이 바뀌더라도 비즈니스 로직의 변화가 없도록 도와준다. 제대로만 개발했다면, 이러한 일이 발생했을 때 여러분이 해줄 일은 앞서 언급한 스프링의 의존성 주입 기능으로 사용할 객체를 바꿔주는 것뿐이다.

DI, AOP, PSA와 POJO를 이해한다면 스프링 프레임워크의 절반을 이해한 것이나 마찬가지다. 나머지 절반은 실제로 스프링을 사용하여 어떻게 여러분이 원하는 애플리케이션을 개발하는지 학습하는 것이 좋다.

 만약 시간적 여유가 없다면, 짧고 굵게 설명되어 있는 『쉽게 따라하는 자바 웹 개발』(인사이트, 2012)를 참고하기 바라며, 시간적 여유가 있다면 『토비의 스프링』(에이콘, 2012)을 참고하면 많은 도움이 될 것이다.

스프링 프레임워크를 사용하면서 발생할 수 있는 문제점들

스프링을 사용하면서 여러 가지 문제가 발생할 수 있다. 빈 설정을 잘못해서 발생하는 문제도 있을 수 있고 스프링의 동작 원리를 이해하지 않고서는 해결되지 않는 문제도 발생할 수 있다. 여기서는 주로 성능과 관련 있는 문제만 살펴보겠다.

스프링 프레임워크를 사용할 때 성능 문제가 가장 많이 발생하는 부분은 '프록시(Proxy)'와 관련되어 있다. 스프링 프록시는 기본적으로 실행 시에 생성된다. 따라서, 개발할 때 적은 요청을 할 때는 이상이 없다가, 요청량이 많은 운영 상황으로 넘어가면 문제가 나타날 수 있다. 스프링이 프록시를 사용하게 하는 주요 기능은 바로 트랜잭션이다. @Transactional 어노테이션을 사용하면 해당 어노테이션을 사용한 클래스의 인스턴스를 처음 만들 때 프록시 객체를 만든다. 이밖에도, 개발자가 직접 스프링 AOP를 사용해서 별도의 기능을 추가하는 경우에도 프록시를 사용하는데, 이 부분에서 문제가 많이 발생한다. @Trasactional처럼 스프링이 자체적으로 제공하는 기능은 이미 상당히 오랜 시간 테스트를 거치고 많은 사용자에게 검증을 받았지만, 개발자가 직접 작성한 AOP 코드는 예상하지 못한 성능 문제를 보일 가능성이 매우 높다. 따라서, 간단한 부하 툴을 사용해서라도 성능적인 면을 테스트해야만 한다.

추가로, 스프링이 내부 매커니즘에서 사용하는 캐시도 조심해서 써야 한다. 예를 들어 스프링 MVC에서 작성하는 메서드의 리턴 타입으로 다음과 같은 문자열을 사용할 수 있다.

코드 11.5
```
public class SampleController {
```

```
    @RequestMapping("/member/{id}")
    public String hello(@PathVariable int id) {
        return "redirect:/member/" + id;
    }
}
```

즉, 이렇게 문자열 자체를 리턴하면 스프링은 해당 문자열에 해당하는 실제 뷰 객체를 찾는 매커니즘을 사용하는데, 이 때 매번 동일한 문자열에 대한 뷰 객체를 새로 찾기 보다는 이미 찾아본 뷰 객체를 캐싱해두면 다음에도 동일한 문자열이 반환됐을 때 훨씬 빠르게 뷰 객체를 찾을 수 있다. 스프링에서 제공하는 ViewResolver 중에 자주 사용되는 InternalResourceViewResovler에는 그러한 캐싱 기능이 내장되어 있다.

만약 매번 다른 문자열이 생성될 가능성이 높고, 상당히 많은 수의 키 값으로 캐시 값이 생성될 여지가 있는 상황에서는 문자열을 반환하는 게 메모리에 치명적일 수 있다. 따라서 이런 상황에서는 뷰 이름을 문자열로 반환하기보다는 뷰 객체 자체를 반환하는 방법이 메모리 릭을 방지하는 데 도움이 된다.

코드 11.6

```
public class SampleController {
    @RequestMapping("/member/{id}")
    public View hello(@PathVariable int id) {
        return new RedirectView("/member/" + id);
    }
}
```

이처럼 스프링 프레임워크에는 성능상 문제를 유발할 수 있는 부분이 많다. 또한 프레임워크에 대한 제대로된 이해 없이 선배들이 넘겨준 코드를 대충 복사하여 사용하다가는 큰 장애로 이어질 수도 있으니, 틈틈이 공부해서 내 것으로 만드는 것이 좋다.

정리하며

화면의 성능이 좋지 않을 때는 화면을 담당하는 JSP나 서블릿이 원인인 경우가 가끔 발생한다. include 구문도 정적인 구문을 사용할지, 동적인 구문을 사용할지 잘 선택하여야 한다. 자바 빈즈를 너무 많이 사용하는 것은 성능에 많은 영향을 줄 수 있다. 태그 라이브러리도 상황에 맞게 사용해야 한다. 남용할 경우 성능에 악영향을 미칠 수 있으니 참조하기 바란다. 또한 성능에 대한 부분도 중요하지만, 가장 중요한 것은 화면을 구성하는 것이다. 특히 에러 페이지를 어떻게 구성하느냐가 제일 중요하다. 에러 페이지는 오류가 발생했을 때 사용자가 즉시 문제 요청을 할 수 있게 하고, 담당자가 문제를 쉽게 확인할 수 있도록 구성해야 한다. 오류 화면을 어떻게 구성하느냐에 따라서 1시간에 해결될 지, 일주일에 해결될 지, 아니면 해결되지 못한 채 계속 운영하게 될 지가 결정된다.

그리고, 아무리 스프링 프레임워크가 웹 개발을 편하게 할 수 있도록 되어 있다고 하더라도, 스프링 프레임워크에서 제공하는 각 어노테이션이 어떤 의미인지 정확히 알고 사용해야만 한다.

DB를 사용하면서 발생 가능한 문제점들

들어가며

자바 기반 애플리케이션의 성능을 진단해 보면, 애플리케이션의 응답 속도를 지연시키는 대부분의 요인은 DB 쿼리 수행 시간과 결과를 처리하는 시간이다. 이 책은 애플리케이션에 초점을 두고 있고, DB 쿼리에 대한 튜닝 방법은 여러 책에 소개되어 있으므로 여기서는 다루지 않겠다. 하지만 DB 관련 부분에서 잘못 처리하는 사례들이 많으므로, 그 부분에서의 실수를 최소화하기 위해서 관련된 내용에 대해서 알아보자.

나초보씨가 개발하고 있는 프로젝트는 요즘에 유행한다는 스프링 프레임워크, 하이버네이트와 같은 여러 가지 프레임워크를 적용하여 개발하지 않고, 간단하게 스트럿츠에 DAO(Data Access Object, '01. 디자인 패턴, 꼭 써야 한다.' 참조)를 만들어서 개발하고 있다. 그런데 공통 부분 개발팀에서 DB 처리 부분에 대한 표준을 제공하지 않아서, 여기저기서 문제가 발생한다는 이야기가 나오고 있다.

그러던 중, 뒤늦게 공통 부분 개발팀에서 아래와 같이 애플리케이션에서의 DB 관련 공지 메일을 전송했다. 메일을 받자마자 지난번 로그 때처럼 다른 개발자들의 불만이 여기저기서 터져 나온다.

제목	애플리케이션에서의 DB 접속 관련 공지
발신	이공통
수신	나초보, 김경험 외 30명
내용	DB 접속 관련 정보를 공지하기 위해 이렇게 메일을 드립니다.

이렇게 메일을 드리는 이유는

① DB 부분 공통 유틸리티를 아직도 사용하지 않거나,
② 공통 유틸리티를 사용해도 각종 리소스를 close를 하지 않는 분들이 많이 계시기 때문입니다.

첨부에 있는 내용을 확인하시어, 반드시 표준을 지켜 개발하시기 바랍니다. 이 표준을 지키지 않을 경우 시스템 오픈 시 치명적인 문제가 발생할 수 있으므로, 해당 담당자는 엄중 문책하겠습니다.

감사합니다.

나초보씨는 매번 채찍만을 가하는 공통 모듈 개발팀이 마음에 들지 않았지만, 메일 첨부에 있는 내용들을 보니, 본인이 지키지 않는 부분도 있어 달리 할 말도 없었다. 메일에 있는 주된 내용은 다음과 같다.

- DB connection을 할 경우에는 반드시 공통 유틸을 사용할 것.
- 각 도들별 DataSource를 사용하여 리소스가 부족한 현상이 발생하지 않도록 할 것.
- 반드시 Connection, Statement 관련 객체, ResultSet을 close할 것.
- 페이지 처리를 하기 위해서 ResultSet객체.last() 메서드를 사용하지 말 것.

나초보씨는 왜 이런 조치를 취해야 하는지 몰랐는데, 다행히 김경험 선배가 설명을 해 주었다.

DB Connection과 Connection Pool, DataSource

가장 중요한 기본부터 짚고 넘어가자. 어려운 기술만 매일 접하면서 단순한 일만 하다 보면, 기본이 소홀해지는 것은 당연하다. 여러분들이 사용하는 JDBC 관련 API는 클래스가 아니라 인터페이스이다.

JDK의 API에 있는 java.sql 인터페이스를 각 DB 벤더에서 상황에 맞게 구현하도록 되어 있다. 같은 인터페이스라고 해도, 각 DB 벤더에 따라서 처리되는 속도나 내부 처리 방식은 상이하다.

일반적으로 DB에 연결하여 사용하는 방법은 다음과 같다(이 책에서는 우리나라에서 가장 많이 사용하는 DBMS 중 하나인 오라클 데이터베이스에 연결하는 것을 기준으로 설명하겠다).

코드 12.2

```
try{
    Class.forName("oracle.jdbc.driver.OracleDriver");
    Connection con = DriverManager.getConnection(
        "jdbc:oracle:thin:@ServerIP:1521:SID", "ID", "Password");
    PreparedStatement ps = con.prepareStatement("SELECT … where id=?" ) ;
    ps.setString(1,id);
    ResultSet rs = ps.executeQuery() ;
    // 중간 데이터 처리 부분 생략
} catch(ClassNotFoundException e){
    System.out.println("드라이버 load fail");
    throw e;
} catch(SQLException e){
    System.out.prntln("Connection fail");
    throw e;
} finally {
    rs.close();
    ps.close();
    con.close();
}
```

이 예제에서 수행되는 내용을 보면 다음과 같다.

① 드라이버를 로드한다.

② DB 서버의 IP와 ID, PW 등을 DriverManager 클래스의 getConnection 메서드를 사용하여 Connection 객체로 만든다.

③ Connection으로부터 PreparedStatement 객체를 받는다.

④ executeQuery를 수행하여 그 결과로 ResultSet 객체를 받아서 데이터를 처리한다.

⑤ 모든 데이터를 처리한 이후에는 finally 구문을 사용하여 ResultSet, PreparedStatement, Connection 객체들을 닫는다. 물론 각 객체를 close할 때 예외가 발생할 수 있으므로, 해당 메서드에서는 예외를 던지도록 처리해 놓

아야 한다.

　close 메서드에 대해서는 다음 절에서 자세히 알아보도록 하고, JDBC 관련 클래스에 대해서 기본 개념과 유념해야 할 부분에 대해서 알아보자.

　앞의 소스처럼 구성되어 있을 때 쿼리가 0.1초 소요된다면, 어느 부분에서 가장 느릴까? 가장 느린 부분은 Connection 객체를 얻는 부분이다. 왜냐하면 같은 장비에 DB가 구성되어 있다고 하더라도, DB와 WAS 사이에는 통신을 해야 하기 때문이다. DB가 다른 장비에 있다면 이 통신 시간은 더 소요된다. 사용자가 갑자기 증가하면 Connection 객체를 얻기 위한 시간이 엄청나게 소요될 것이며, 많은 화면이 예외를 발생시킬 것이다.

　이렇게 Connection 객체를 생성하는 부분에서 발생하는 대기 시간을 줄이고, 네트워크의 부담을 줄이기 위해서 사용하는 것이 DB Connection Pool이다. JSP와 서블릿 기술이 나오면서부터 Connection Pool에 대한 소스 코드들도 많이 나왔다. 그러나 동시에 그에 따른 문제점도 많이 발견되었다. 실제 검증되지 않은 소스가 많았기 때문에, 많은 사이트의 Connection Pool에서 오류가 발생했던 것이다. 하지만 지금은 모든 WAS에서 Connection Pool을 제공하고, DataSource를 사용하여 JNDI로 호출해 쓸 수 있기 때문에 이 부분에서 발생하던 문제는 많이 줄어 들었다.

　그러나 아직 WAS에서 제공하는 DB Connection Pool을 사용하지 않고, 출처도 불분명한 Connection Pool을 사용하는 사이트가 가끔 발견된다. 여러분은 가능하면 안정되고 검증된 WAS에서 제공하는 DB Connection Pool이나 DataSource를 사용하자.

> **참고** DataSource와 DB Connection Pool의 차이는 뭘까? DataSource는 JDK 1.4 버전부터 생긴 표준이다. Connection Pool로 연결을 관리해야 하고, 트랜잭

> 션 관리도 가능하도록 만들어야 한다. 그러므로 DataSource가 DB Connection Pool
> 을 포함한다고 생각해 두면 된다. 여기서 유의할 점은 DB Connection Pool은 자바 표
> 준으로 지정되어 있는 것이 없다는 점이다. 따라서 WAS 벤더에 따라서 사용법이 많이
> 상이할 수 있다. 그러나 DataSource는 자바 표준이므로 WAS에 상관 없이 사용법은
> 동일하다.

Statement로 넘어가자. Statement와 거의 동일하게 사용할 수 있는 Statement 인터페이스의 자식 클래스로 PreparedStatement가 있다. 그리고 PL/SQL을 처리하기 위해서 사용하는 PreparedStatement의 자식 클래스로 CallableStatement가 있다.

CallableStatement는 PL/SQL을 처리하기 때문에 성능상 비교 대상이 없으므로 Statement와 PreparedStatement를 비교해 보자. Statement와 PreparedStatement의 가장 큰 차이점은 캐시(cache) 사용 여부이다. Statement를 사용할 때와 PreparedStatement를 처음 사용할 때는 다음과 같은 프로세스를 거친다.

① 쿼리 문장 분석
② 컴파일
③ 실행

여기서 중요한 점은 Statement를 사용하면 매번 쿼리를 수행할 때마다 ①~③ 단계를 거치게 되고, PreparedStatement는 처음 한 번만 세 단계를 거친 후 캐시에 담아서 재사용을 한다는 것이다. 만약 동일한 쿼리를 반복적으로 수행한다면 PreparedStatement가 DB에 훨씬 적은 부하를 주며, 성능도 좋다. 또한 쿼리에서의 변수를 "로 묶어서 처리하지 않고 ?로 처리하기 때문에 가독성도 좋아진다.

이제 Statement 관련 인터페이스를 사용하여 만든 쿼리를 수행하여야 한다. 쿼리를 수행하는 메서드는 여러 가지 있는데, 그중 많이 사용하는 것이 executeQuery(), executeUpdate(), execute() 메서드이다.

executeQuery() 메서드는 select 관련 쿼리를 수행한다. 수행 결과로 요청한 데이터 값이 ResultSet 객체의 형태로 전달된다. executeUpdate() 메서드는 select 관련 쿼리를 제외한 DML(INSERT, UPDATE, DELETE 등) 및 DDL(CREATE TABLE, CREATE VIEW 등) 쿼리를 수행한다. 결과는 int 형태로 리턴된다. execute() 메서드는 쿼리의 종류와 상관 없이 쿼리를 수행한다. execute() 메서드의 수행 결과는 ResultSet이 아닌 boolean 형태의 데이터를 리턴하는데, 만약 데이터가 있을 경우에는 true를 리턴하여 getResultSet() 메서드를 사용하여 결과 값을 받을 수 있다. 그렇지 않은 경우에는 false를 리턴하므로 변경된 행의 개수를 확인하기 위해서는 getUpdateCount() 메서드를 사용하여 값을 확인하면 된다.

쿼리를 수행한 결과는 ResultSet 인터페이스에 담긴다. 여러 건의 데이터가 넘어오기 때문에 next() 메서드를 사용하여 데이터의 커서를 다음으로 옮기면서 처리할 수 있도록 되어 있다. 또한 first() 메서드나 last() 메서드를 이용하여 가장 첫 커서나 마지막 커서로 이동할 수 있다. 데이터를 읽어오기 위해서는 get으로 시작하는 getInt(), getFloat(), getLong(), getBlob() 등의 메서드를 사용하면 된다.

> **퀴즈** 여기서 한 가지 퀴즈를 풀어 보자. ResultSet 인터페이스를 통해서 1,000건이 되는 데이터를 코드 12.3과 같이 받았다. 그러면 이 ResultSet의 객체 rs에는 몇 건의 데이터가 들어가 있을까?
>
> 한번 신중히 생각해 보기 바란다. 답은 다음 절 끝에 있다.
>
> 〈코드 12.3〉
> ```
> //상단 내용 생략
> PreparedStatement ps = con.prepareStatement("SELECT … where id=?") ;
> ps.setString(1,id);
> ```

```
ResultSet rs = ps.executeQuery() ;
//하단 내용 생략
```

① 1건

② 10건

③ 100건

④ 1,000건

⑤ DB마다 다르므로 알 수 없다.

⑥ 한 건도 없다.

DB를 사용할 때 닫아야 하는 것들

앞서 설명하면서 Connection, Statement 관련 인터페이스, ResultSet 인터페이스를 close() 메서드를 사용하여 닫아야 한다고 이야기했다. 일반적으로 각 객체를 얻는 순서는 Connection Statement, ResultSet 순이며, 객체를 닫는 순서는 ResultSet, Statement, Connection 순이다. 즉, 먼저 얻은 객체를 가장 마지막에 닫는다. 먼저 ResultSet 객체가 닫히는 경우는 다음과 같다.

- close() 메서드를 호출하는 경우
- GC의 대상이 되어 GC되는 경우
- 관련된 Statement 객체의 close() 메서드가 호출되는 경우

여기서 한 가지 의문이 생긴다. GC가 되면 자동으로 닫히고, Statement 객체가 close되면 알아서 닫히는데, 굳이 close()를 해야 하나? 그렇다. Connection, Statement 관련 인터페이스, ResultSet 인터페이스에서 close() 메서드를 호출하는 이유는, 자동으로 호출되기 전에 관련된 DB와 JDBC 리소스를 해제하기 위함

이다. 0.00001초라도 빨리 닫으면, 그만큼 해당 DB 서버의 부담이 적어지게 된다.

Statement 객체가 닫히는 경우도 ResultSet과 비슷하다. Statement 객체는 Connection 객체를 close()한다고 해서 자동으로 닫히지 않는다. 다음 두 가지 경우에만 닫히므로, 반드시 close() 메서드를 호출하여 닫기 바란다.

- close() 메서드를 호출하는 경우
- GC의 대상이 되어 GC 되는 경우

가장 문제가 되는 Connection 인터페이스의 객체에 대해서 알아보겠다. Connection 객체는 다음 세 가지 경우에 닫히게 된다.

- close() 메서드를 호출하는 경우
- GC의 대상이 되어 GC되는 경우
- 치명적인 에러가 발생하는 경우

앞서 이야기했지만, Connection은 대부분 Connection Pool을 사용하여 관리된다. 시스템이 기동되면 지정된 개수만큼 연결하고, 필요할 때 증가시키도록 되어 있다. 증가되는 최대 값 또한 지정하도록 되어 있다. 사용자가 증가해 더 이상 사용할 수 있는 연결이 없으면, 여유가 생길 때까지 대기한다. 그러다가 어느 정도 시간이 지나면 오류가 발생한다. 그러므로 close() 메서드를 호출하여 연결을 닫아야 한다. GC가 될 때까지 기다리면 Connection Pool이 부족해지는 것은 시간 문제다.

가장 자주 발생하는 실수를 예제를 통해 더 자세히 알아보자. 참고로 여기에 있는 예제들은 필자가 가상으로 만든 것이 아니라, 실제 사례를 바탕으로 정리한 내용이다.

코드 12.4

```
try {
    // 상단 부분 생략
    Connection con=…;
    PreparedStatement ps =…;
    ResultSet rs=…;
    // 중간 생략
    rs=null;
    ps=null;
    con=null;
} catch(Exception e) {
    …
}
```

서비스를 지원하면 가끔 이렇게 구현한 사이트를 볼 수 있다. (요즘은 JDBCTemplate 나 myBatis를 많이 사용하지만, 아직 이와 같이 구현한 시스템이 많이 남아 있다.) 이렇게 해 놓으면 close가 될 수도 있고 되지 않을 수도 있다. 어차피 null로 치환하면 GC의 대상이 되긴 한다. 하지만 언제 GC될지 모르기 때문에 좋지 않은 방법이다.

또 다른 예를 보자.

코드 12.5

```
try {
    // 상단 부분 생략
    Connection con=…;
    PreparedStatement ps =…;
    ResultSet rs=…;
    //중간 생략
    rs.close();
    ps.close();
    con.close();
} catch(Exception e) {
    …
}
```

이렇게 사용하는 것도 좋은 방법이 아니다. 예외가 발생하지 않으면 정상적으로 close되겠지만, 예외가 발생하면 어떤 객체도 close되지 않는다. 물론 언젠가는 될지도 모르지만….

다음과 같은 믿기 어려운 사례도 종종 발견된다.

코드 12.6

```
Connection con=null;
PreparedStatement ps=null;
ResultSet rs=null;
try {
    // 상단 부분 생략
    con=…;
    ps =…;
    rs=…;
    // 중간 생략
} catch(Exception e) {
    …
} finally {
    rs.close();
    ps.close();
}
try {
    con.close();
} catch (Exception e) {
    …
}
```

Connection 클래스의 중요성을 너무 많이 생각한 나머지 con 객체를 위한 try-catch 구문을 별도로 구성하는 경우다. 이렇게 할 경우, 쿼리를 수행하는 부분에서 오류가 발생할 때 예외를 던져버리면, 해당 Connection 클래스의 객체는 절대 닫히지 않을 수도 있다. 가장 좋은 방법은 아닐지라도, 가장 정상적인 방법은 다음과 같다.

코드 12 7

```
Connection con=null;
PreparedStatement ps=null;
ResultSet rs=null;
try {
    //상단 부분 생략
    con=…;
    ps =…;
    rs=…;
    //중간 생략
} catch(Exception e) {
    …
} finally {
    try{rs.close();} catch(Exception rse){}
    try{ps.close();} catch(Exception pse){}
    try{con.close();} catch(Exception cone){}
}
```

반드시 이와 같은 방법으로 처리를 해 주어야 한다. 혹시 정말로 finally를 싫어하는 사람이라면, try 블록과 catch 블록에 close() 메서드를 추가해 주면 된다. 참고로 위와 같이 구성되어 있는 메서드에 만약 throws 구문이 없다면, 컴파일도 되지 않을 것이다. 이 예는 throws 예외 구문이 있다는 가정 하에 작성되었다.

무엇보다도 가장 좋은 방법은 DB와 관련된 처리를 담당하는 관리 클래스를 만드는 것이다. 보통 DBManager라는 이름의 클래스를 많이 사용한다. Connection 객체도 JNDI를 찾아서 (lookup하여) 사용하는 DataSource를 이용하여 얻는다. 여기에 가장 처음에 배운 ServiceLocator 패턴까지 적용하면, DB 연결 시의 시간을 최소한으로 단축시킬 수 있다.

> 퀴즈 답 앞서 낸 퀴즈는 정확하게는 '한 건도 없다'가 답이다. 하지만 'DBMS마다 다르므로 알 수 없다'라고 할 수도 있다. JDK API의 ResultSet 클래스에 대한 설명 중

두 번째 줄에는 다음과 같이 쓰여 있다.

A ResultSet object maintains a cursor pointing to its current row of data.

영어 울렁증이 있는 사람들을 위해서 해석하자면, 'ResultSet 객체는 현재 열의 데이터를 가리키는 커서를 관리한다'는 말이다. 즉, 데이터는 갖고 있지 않고, 커서만을 관리하는 객체라는 뜻이다. 하지만 API에 있는 설명은 인터페이스에 대한 설명이므로, 그 인터페이스를 구현한 JDBC를 제공하는 벤더에 따라서 다를 수 있다는 의미가 된다. 일반적으로 10건에서 100건 정도를 미리 갖고 온다. 만약 모든 데이터를 한꺼번에 ResultSet에 담는다고 하자. 10만 건의 데이터를 가져오는 쿼리를 수행하면 해당 WAS는 OutOfMemoryError를 발생시키면서 다운될 것이다.

JDK 7에서 등장한 AutoClosable 인터페이스

JDK 7부터 등장한 java.lang 패키지에 AutoCloseable이라는 인터페이스가 있다. 이 인터페이스에 대한 설명을 보기 전에 API 문서에 있는 이 인터페이스의 하위 인터페이스(subinterface)와 구현한 클래스들의 목록을 보자.

```
java.lang
Interface AutoCloseable

All Known Subinterfaces:
    AsynchronousByteChannel, AsynchronousChannel, ByteChannel, CachedRowSet, CallableStatement, Channel, Clip, Closeable, Connection, DataLine, DirectoryStream<T>, FilteredRowSet, GatheringByteChannel,
    ImageInputStream, ImageOutputStream, InterruptibleChannel, JavaFileManager, JdbcRowSet, JMXConnector, JoinRowSet, Line, MidiDevice, MidiDeviceReceiver, MidiDeviceTransmitter, Mixer, MulticastChannel,
    NetworkChannel, ObjectInput, ObjectOutput, Port, PreparedStatement, ReadableByteChannel, Receiver, ResultSet, RMIConnection, RowSet, ScatteringByteChannel, SecureDirectoryStream<T>, SeekableByteChannel,
    Sequencer, SourceDataLine, StandardJavaFileManager, Statement, SyncResolver, Synthesizer, TargetDataLine, Transmitter, WatchService, WebRowSet, WritableByteChannel

All Known Implementing Classes:
    AbstractInterruptibleChannel, AbstractSelectableChannel, AbstractSelector, AsynchronousFileChannel, AsynchronousServerSocketChannel, AsynchronousSocketChannel, AudioInputStream, BufferedInputStream,
    BufferedOutputStream, BufferedReader, BufferedWriter, ByteArrayInputStream, ByteArrayOutputStream, CharArrayReader, CharArrayWriter, CheckedInputStream, CheckedOutputStream, CipherInputStream,
    CipherOutputStream, DatagramChannel, DatagramSocket, DataInputStream, DataOutputStream, DeflaterInputStream, DeflaterOutputStream, DigestInputStream, DigestOutputStream, FileCacheImageInputStream,
    FileCacheImageOutputStream, FileChannel, FileImageInputStream, FileImageOutputStream, FileInputStream, FileLock, FileOutputStream, FileReader, FileSystem, FileWriter, FilterInputStream, FilterOutputStream,
    FilterReader, FilterWriter, Formatter, ForwardingJavaFileManager, GZIPInputStream, ImageInputStreamImpl, ImageOutputStreamImpl, InflaterInputStream, InflaterOutputStream, InputStream, InputStream,
    InputStream, InputStreamReader, JarFile, JarInputStream, JarOutputStream, LineNumberInputStream, LineNumberReader, LogStream, MemoryCacheImageInputStream, MemoryCacheImageOutputStream, MLet,
    MulticastSocket, ObjectInputStream, ObjectOutputStream, OutputStream, OutputStream, OutputStream, OutputStreamWriter, Pipe.SinkChannel, Pipe.SourceChannel, PipedInputStream, PipedOutputStream, PipedReader,
    PipedWriter, PrintStream, PrintWriter, PrivateMLet, ProgressMonitorInputStream, PushbackInputStream, PushbackReader, RandomAccessFile, Reader, RMIConnectionImpl, RMIConnectionImpl_Stub, RMIConnector,
    RMIIIOPServerImpl, RMIJRMPServerImpl, Scanner, SelectableChannel, Selector, SequenceInputStream, ServerSocket, ServerSocketChannel, Socket, SocketChannel, SSLServerSocket, SSLSocket,
    StringBufferInputStream, StringReader, StringWriter, URLClassLoader, Writer, XMLDecoder, XMLEncoder, ZipFile, ZipInputStream, ZipOutputStream
```

하위 인터페이스와 구현한 클래스가 많기 때문에 잘 보이게 그림을 넣기에는 지면상 어려웠다. 어떤 인터페이스와 클래스가 이 인터페이스를 구현했는지는 직접

API를 확인해 보는 것이 더 나을 것이다.

AutoClosable 인터페이스에는 리턴 타입이 void인 close() 메서드 단 한 개만 선언되어 있다. close() 메서드의 설명을 보면 다음과 같이 되어 있다.

- try-with-resources 문장으로 관리되는 객체에 대해서 자동적으로 close() 처리를 한다.
- InterruptedException을 던지지 않도록 하는 것을 권장한다.
- 이 close() 메서드를 두 번 이상 호출할 경우 뭔가 눈에 보이는 부작용이 나타나도록 해야 한다.

뭔가 제약이 많고 특이한 메서드라는 것을 확인할 수 있을 것이다. 여기서 가장 중요한 것은 try-with-resources라는 것이다. 이는 JDK 7부터 새로 추가된 구문이다. 예를 들어 한 줄만 존재하는 파일을 읽는 작업을 수행한다고 했을 때, 다음과 같이 finally 블록에서 close() 메서드를 호출해 주어야만 했다. (물론 close()에서 예외가 발생할 수 있지만, 메서드 선언에서 그냥 throws 하도록 해 놓았다.)

코드 12.8

```java
public String readFile(String fileName) throws IOException {
    FileReader reader=new FileReader(new File(fileName));
    BufferedReader br=new BufferedReader(reader);
    String data=null;
    try {
        data=br.readLine();
    } finally {
        if (br!=null) br.close();
    }
    return data;
}
```

그런데, JDK 7부터는 코드 12.9처럼 try 블록이 시작될 때 소괄호 안에 close() 메서드를 호출하는 객체를 생성해 주면 간단하게 처리할 수 있다.

코드 12.9

```
public String readFileNew(String fileName) throws IOException {
    FileReader reader=new FileReader(new File(fileName));
    try(BufferedReader br = new BufferedReader(reader)) {
        return br.readLine();
    }
}
```

즉, 별도로 finally 블록에서 close() 메서드를 호출할 필요가 없어졌다는 의미다. 만약 close() 메서드 호출 대상이 여러 개라면 세미콜론으로 구분하여 try-with-resources 구문에 두 개 이상의 문장을 추가하면 된다.

그러므로, JDK 7 이상을 사용할 때는 여러분들이 close() 메서드를 호출해야 하는 대상이 AutoCloseable 인터페이스를 구현한 것인지 잘 확인해 보기 바란다. 이 try-with-resources에 대한 자세한 설명은 오라클 튜토리얼 사이트(http://docs.oracle.com/javase/tutorial/essential/exceptions/tryResourceClose.html)를 참조하기 바란다.

ResultSet.last() 메서드

ResultSet 객체가 rs라고 할 때, rs.last()를 사용하는 경우가 많이 있다. 앞서 이야기했지만, 이 메서드는 "ResultSet 객체가 갖고 있는 결과의 커서(Cursor)를 맨 끝으로 옮겨라"라는 지시를 하는 메서드이다. rs.next()가 다음 커서로 옮기는 것과 비교하면 이해하기가 쉬울 것이다. 이 메서드를 수행하는 이유는 뭘까? 이유는 대부분 하나다. 다음과 같이 사용하기 위해서이다.

```
rs.last();
int totalCount=rs.getRow();
ResultArray[] result=new ResultArray[totalCount];
```

전체 데이터 개수를 확인하고 배열에 담아서 사용하기 위해서라면 그나마 양호하다. 배열을 Vector로 변경하고 사용하면 되기 때문이다. 하지만 게시판과 같은 화면을 구성할 때 전체 건수를 확인하기 위해서 이렇게 사용하는 경우도 있다. 필자는 DB 쿼리는 잘 모르지만, select count(*) from 구문 정도는 안다. 전체 건수를 확인하기 위해서는 쿼리를 한 번 더 던져서 확인하는 것이 훨씬 빠르다.

그럼 rs.last()에는 문제가 있을까? rs.last() 메서드의 수행 시간은 데이터의 건수 및 DB와의 통신 속도에 따라서 달라진다. 건수가 많으면 많을수록 대기 시간(Wait time)이 증가한다. 결국 rs.next()를 수행할 때와 비교할 수 없을 정도로 속도 차이가 나기 때문에, 이 메서드의 사용은 자제해야 한다. (일부 DBMS는 이 부분의 성능을 개선해 놓은 것도 존재하니 본인이 사용하는 DBMS에서의 성능을 확인해보기 바란다.)

JDBC를 사용하면서 유의할 만한 몇 가지 팁

DB 부분을 처리하면서 발생할 수 있는 문제는 수도 없이 많다. 이를 해결하기 위한 몇 가지 팁을 간단하게 나열해 보면 다음과 같다.

- setAutoCommit() 메서드는 필요할 때만 사용하자.
  setAutoCommit() 메서드를 사용하여 자동 커밋 여부를 지정하는 작업은 반드시 필요할 때만 하자. 단순한 select 작업만을 수행할 때에도 커밋 여부를 지정하여 사용하는 경우가 많은데, 여러 개의 쿼리를 동시에 작업할 때 성능에 영향을 주게 되므로 되도록 자제하자.
- 배치성 작업은 executeBatch() 메서드를 사용하자.
  배치성 작업을 할 때는 Statement 인터페이스에 정의되어 있는 addBatch()

메서드를 사용하여 쿼리를 지정하고, executeBatch() 메서드를 사용하여 쿼리를 수행하자. 여러 개의 쿼리를 한 번에 수행할 수 있기 때문에 JDBC 호출 횟수가 감소되어 성능이 좋아진다.

- setFetchSize() 메서드를 사용하여 데이터를 더 빠르게 가져오자.

    한 번에 가져오는 열의 개수는 JDBC의 종류에 따라서 다를 것이다. 하지만 가져오는 데이터의 수가 정해져 있을 경우에는 Statement와 ResultSet 인터페이스에 있는 setFetchSize() 메서드를 사용하여 원하는 개수를 정의하자. 하지만 너무 많은 건수를 지정하면 서버에 많은 부하가 올 수 있으니, 적절하게 사용해야 한다.

- 한 건만 필요할 때는 한 건만 가져오자.

    실제 쿼리에서는 100건 정도를 갖고 오는데, ResultSet.next()를 while 블록을 사용해서 수행하지 않고, 단 한 번만 메서드를 수행해 결과를 처리하는 경우가 있다. 이 경우에 단 한 건만을 가져오도록 쿼리를 수정해야 한다. 이렇게 사용하는 애플리케이션은 없다고 생각하겠지만, 실제로 이러한 소스가 존재한다.

정리하며

웹 기반의 시스템에서 성능에 영향을 미치는 것은 DB라고 많은 사람들이 생각한다. 틀린 말은 아니다. DB가 성능에 영향을 많이 미치는 것은 사실이다. 대부분 성능 진단을 하면 80~90% 정도의 시스템이 DB에서 많은 시간이 소요된다. 그만큼 DB의 성능이 중요하므로, 많은 노력을 해야 하는 부분이기도 하다. 하지만 나머지 10~20% 정도의 시스템은 DB 외적인 부분에서 많은 시간이 소요된다. DB에서 소요되는 시간을 제외하면, DB를 처리하기 위한 시간이 그중 절반 정도를 점유한다. 그렇기 때문에 적어도 여기서 설명된 내용만이라도 적용하면 더욱 빠른 처리 결과를 얻을 수 있을 것이다.

이 줄을 읽으면서 '누가 요즘 이렇게 JDBC를 사용하나? myBatis나 Hibernate를 쓰지'라고 생각할 수도 있다. 하지만, 안드로이드와 같은 모바일 개발을 할 때는 JDBC를 사용하는 경우가 많다. 기본기를 제대로 다지는 것만큼 중요한 것은 없다.

story 13

XML과 JSON도 잘 쓰자

들어가며

요즘 자바로 개발할 때 각종 설정 파일과 DB 쿼리를 XML에서 관리하는 것은 기본이고, 데이터를 XML 및 JSON 타입으로 주고 받는 시스템도 늘어나고 있다. 하지만 XML이나 JSON을 쓸 경우 시스템의 성능이 안 좋아질 수도 있다. 필요에 따라서 써야 할 곳에서는 쓰는 것이 좋지만, 꼭 그럴 필요가 없는 곳까지 맹목적으로 쓰는 것은 좋지 않다.

나초보씨가 개발 중인 애플리케이션은 실시간으로 XML을 처리한다. 로컬에서 관련 코드를 수행할 때는 느리다는 생각을 하지 못했지만, 서버에서 여러 사용자가 사용할 때는 느리다는 이야기가 많다. 나초보씨는 이튜닝 선배에게 이 부분이 왜 느린지 메신저로 문의를 했다.

나초보 이튜닝 선배님.
이튜닝 어. 개발은 잘 되냐?
나초보 그냥 그래요.

이튜닝 바쁠 텐데 어인 일로?

나초보 XML 파서를 쓰고 있는데, 성능이 잘 안 나와서요.

이튜닝 XML을 왜 파싱하고 있어?

나초보 설정 파일도 XML로 되어 있고, 쿼리도 XML로 되어 있는데, 매번 읽어서요.

이튜닝 다 걷어 내. 예전에 어떤 프로젝트가 XML로 도배를 해서, 한바탕 고생했지.

나초보 네? 그런 일이 있었군요. 어떻게 걷어 내요?

이튜닝 아니면 쿼리는 한 번만 읽도록 바꾸든지.

나초보 쿼리 XML 파일 바뀌면, 서버를 껐다가 켜야 하잖아요.

이튜닝 그럴 수도 있는데, 잘 짜면, 그렇게 안 해도 돼.

나초보 설정 파일은요?

이튜닝 설정 파일은 .properties 파일로 관리하는 게 좋지. 왜 XML로 관리해?

나초보 음, 그런 게 있군요.

이튜닝 Java API 열고 Properties 클래스에 대해서 찾아봐.

나초보 오~~ 이런 게 있네요.

이튜닝 공부 좀 해라. 그리고 JSON을 사용하는 것도 성능에 큰 영향을 줘.

나초보 JSON 쓰면 개발할 때 주고 받는 데이터가 눈에 보이니까 좋잖아요.

이튜닝 JSON은 다 좋은데 파싱할 때 성능이 안 좋아. 앗, 회의 시간이다. 난 회의 간다.

나초보 네~~~

XML을 무작정 쓰지 말라는 선배의 말에 "왜요?"라고 물어보지 못한 나초보씨는 XML 사용이 성능에 좋지 않은 이유가 궁금해졌다.

자바에서 사용하는 XML 파서의 종류는?

XML은 eXtensible Markup Language의 약자이다. XML의 가장 큰 장점은 누구나 데이터의 구조를 정의하고 그 정의된 구조를 공유함으로써 일관된 데이터 전송 및 처리를 할 수 있다는 점이다. 이러한 특성 때문에 데이터를 파싱(Parsing)해야 한다. 요즘 대부분의 프로젝트에서는 XML을 사용하므로, 간단히 파서(Parser)에는 어떤 종류가 있는지, 각 파서의 특징은 무엇인지 확인해 보자.

> **참고** 마크업 언어(Markup Language)란 태그 기반의 텍스트로 된 언어를 의미한다. 태그 안에 필요한 데이터를 추가함으로써 데이터를 전달하거나 보여주는 것이 주 목적이다. 가장 유명한 마크업 언어로는 여러분들이 매일 접하는 HTML이 있다. HTML도 미리 선언되어 있는 태그 안에 데이터를 입력하여 처리하기 때문이다.

자바에서는 XML을 파싱하기 위해서 JAXP를 제공한다. JAXP는 SAX, DOM, XSLT에서 사용하는 기본 API를 제공한다. 그렇기 때문에 JAXP 기반의 API를 쓴다면, 파서를 제공하는 벤더에 종속되지 않을 수 있다. 참고로, 각 약어의 의미는 다음과 같다.

약어	의미	패키지
JAXP	Java API for XML Processing	javax.xml.parsers
SAX	Simple API for XML	org.xml.sax
DOM	Document Object Model	org.w3c.dom
XSLT	Xml Stylesheet Language for Transformations	javax.xml.transform

JAXP의 javax.xml.parsers 패키지는 SAX와 DOM에서 사용하는 SAXParser

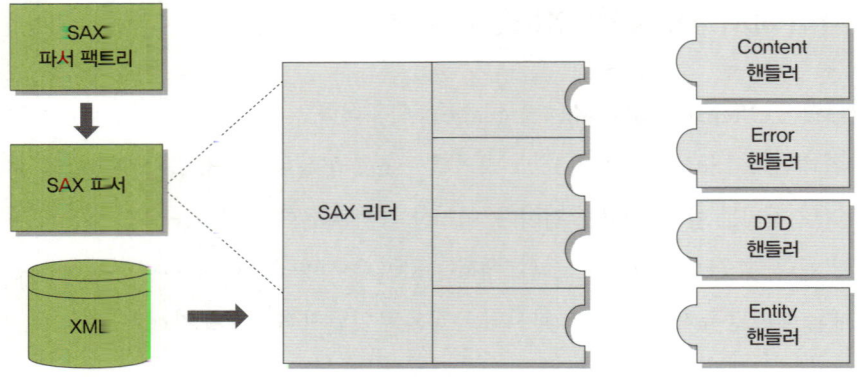

그림17 | SAX의 처리 방식

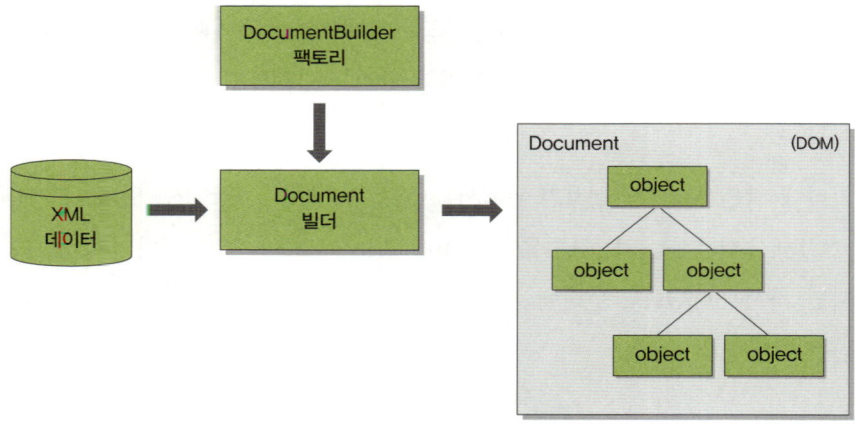

그림18 | DOM의 처리 방식

Factory와 DocumentBuilderFactory를 제공한다. 이 파서들은 각각 XML-DEV 그룹과 W3C에서 정의하였다. 그래서 관련 패키지가 자바의 표준API에 포함되어 있다.

SAX는 순차적 방식으로 XML을 처리한다. 반면 DOM은 모든 XML을 읽어서 트리(Tree)를 만든 후 XML을 처리하는 방식이다. 다시 말하면, SAX는 각 XML의 노드를 읽는 대로 처리하기 때문에 메모리에 부담이 DOM에 비해서 많지 않다. 하지만 DOM은 모든 XML을 메모리에 올려서 작업하기 때문에 메모리에 부담이 가게 된다. 그림을 통해서 이해하는 것이 빠를 테니, 먼저 SAX의 처리 방식을 보자.

그림17처럼 SAX는 Content 핸들러, Error 핸들러, DTD 핸들러, Entity 리졸버를 통해서 순차적인 이벤트를 처리한다. 그러므로 이미 읽은 데이터의 구조를 수정하거나 삭제하기 어렵다.

반면, DOM은 모든 XML의 내용을 읽은 이후에 처리한다. 읽은 XML을 통하여 노드를 추가, 수정, 삭제하기 쉬운 구조로 되어 있다(그림18).

XSLT는 SAX, DOM, InputStream을 통해서 들어온 데이터를 원하는 형태의 화면으로 구성하는 작업을 수행한다. XML이 화면에서 보기 쉬운 데이터가 되도록 처리하는 것이라고 생각하면 된다.

지금까지 알아본 세 가지 XML 파서 중 서버단 프로그램에서 사용하기 적합한 파서는 SAX와 DOM이다. 먼저 SAX와 DOM 파서에 대해서 간단히 알아보고, 두 파서의 성능을 비교해 보자.

SAX 파서는 어떻게 사용할까?

SAX 파서는 앞서 이야기한대로 순차적으로 처리하는 이벤트 기반의 모델이다. DOM보다는 손이 많이 간다. 모든 이벤트를 다 처리할 필요는 없지만, 원하는 데이터를 만들려면 데이터를 어떻게 처리할지 결정해서 구현해야 하기 때문이다. 기본적으로 제공되는 SAX API에는 무엇이 있는지 알아보자.

- SAXParserFactory: 파싱을 하는 파서 객체를 생성하기 위한 추상 클래스이다.
- SAXParser: 여러 종류의 parse() 메서드를 제공하는 추상 클래스이다. 이 클래스의 parse() 메서드를 호출하면 파싱을 실시한다.
- DefaultHandler: 아래에 있는 ContentHandler, ErrorHandler,

DTDHandler, EntityResolver를 구현한 클래스이다. 상황에 따라 XML을 처리하려면 이 클래스를 구현하면 된다.

- ContentHandler: XML의 태그의 내용을 읽기 위한 메서드를 정의한 인터페이스다. startDocument, endDocument, startElement, endElement 메서드가 정의되어 있다.
- ErrorHandler: 에러를 처리하는 메서드가 정의되어 있는 인터페이스이다.
- DTDHandler: 기본 DTD 관련 이벤트를 식별하기 위한 인터페이스이다.
- EntityResolve: URI를 통한 식별을 하기 위한 인터페이스이다.

요청한 XML 파일의 엘리먼트 개수를 세는 프로그램을 통하여 실제 어떻게 XML을 처리하는지 알아보자. 먼저 주요 메서드들을 보자.

코드 13.1

```
package com.perf.xml.sax;

import org.xml.sax.*;
import org.xml.sax.helpers.DefaultHandler;
import java.util.*;

public class ParseSAX extends DefaultHandler {
    public HashMap<String, Integer> elementMap =
        new HashMap<String, Integer>();
    private StringBuffer returnData = new StringBuffer();

    public ParseSAX() {
    }

    public void startDocument() {
        returnData.append("### Start Document !!!<BR>");
    }

    public void endDocument() {
```

```
        returnData.append("### End Document !!!<BR>");
        setNodeCountData();
    }

    public void startElement(String uri, String local, String nodeName,
        Attributes attrs) throws SAXException {
            addNode(nodeName);
    }
}
```

이 소스에서는 아무런 처리를 하지 않았기 때문에, 각 엘리먼트를 처리하는 메서드를 만들어 주어야 한다. startDocument()와 endDocument() 메서드는 각각 XML 문서가 시작할 때와 끝날 때 오직 한 번씩만 수행된다. 만약 XML을 읽기 시작했을 때나 읽기가 완료되었을 때 어떤 처리를 하고 싶다면 이 메서드에 추가하면 된다. 여기서는 간단히 시작 및 종료를 나타내기 위해서 프린트만 하였다. startElement() 메서드에서는 addNode() 메서드를 호출한다. 그럼 addNode() 메서드와 setNodeCountData() 메서드가 어떻게 되어 있는지 확인해 보자.

코드 13.2

```
public void addNode(String nodeName) {
    if (!elementMap.containsKey(nodeName)) {
        elementMap.put(nodeName, 1);
    } else {
        elementMap.put(nodeName, elementMap.get(nodeName) + 1);
    }
}

public void setNodeCountData() {
    Set<String> keySet = elementMap.keySet();
    Object[] keyArray = keySet.toArray();
    Arrays.sort(keyArray);
    for (Object tempKey : keyArray) {
        returnData.append("Element=").append(tempKey).append(" Count=")
```

```
            .append(elementMap.get(tempKey.toString())).append("<BR>");
    }
}

public String getData() {
    return returnData.toString();
}

public void print(String data) {
    returnData.append(data).append("<BR>");
}
```

addNode() 메서드에서는 HashMap에 해당 엘리먼트가 있는지를 확인한 후, 엘리먼트 개수를 추가하는 작업을 수행한다. printNodeCount()에서는 각 엘리먼트당 개수 정보를 returnData라는 StringBuffer에 담는다. 이 코드를 실행하는 JMH 소스는 다음과 같다.

코드 13.3

```
package com.perf.xml;

import java.util.concurrent.TimeUnit;

import javax.xml.parsers.SAXParser;
import javax.xml.parsers.SAXParserFactory;

// import 생략

import com.perf.xml.dom.ParseDOM;
import com.perf.xml.sax.ParseSAX;

@State(Scope.Thread)
@BenchmarkMode({ Mode.AverageTime })
@OutputTimeUnit(TimeUnit.MICROSECONDS)
public class XMLParser {
```

```
    @GenerateMicroBenchmark
    public void withSAXParse100() throws Exception {
            ParseSAX handler = new ParseSAX();
            SAXParserFactory factory = SAXParserFactory.newInstance();
            SAXParser saxParser = factory.newSAXParser();
            saxParser.parse("dummy100.xml", handler );
    }


    @GenerateMicroBenchmark
    public void withSAXParse1000() throws Exception {
        ParseSAX handler = new ParseSAX();
        SAXParserFactory factory = SAXParserFactory.newInstance();
        SAXParser saxParser = factory.newSAXParser();
        saxParser.parse("dummy1000.xml", handler );
    }
}
```

먼저 ParseSAX라는 클래스를 DefaultHandler의 상속을 받아서 SAX로 XML을 처리할 수 있도록 했다. 이 클래스의 parseSAX() 메서드를 호출하면 XML을 읽어서 파싱을 수행한다. 가장 먼저 handler 객체를 정의한 후, SAXParserFactory의 newInstance() 메서드를 호출하여 factory 객체를 만든다. 이 객체를 통하여 SAXParser의 객체인 saxParser를 생성한다. 그 다음엔 saxParser의 parse() 메서드에 파일 객체 및 handler 객체를 사용하여 파싱을 수행한다.

파싱한 결과를 화면에 프린트하려면 다음과 같이 한 줄을 메서드 마지막 줄에 추가하면 된다.

```
    System.out.println(handler.getData());
```

파싱할 XML은 다음과 같이 간단한 XML 파일이다.

```
    <DataStart>
        <Product name='prod1'><Price>1</Price></Product>
```

```
<Product name='prod2'><Price>2</Price></Product>
...
</DataStart>
```

실행한 결과는 다음과 같다.

대상	평균 응답 시간 (마이크로초)
SAX 100	847
SAX 1,000	3,925

데이터가 100개일 경우에는 847마이크로초가 소요되고, 1,000개일 경우에는 3.9ms 정도가 소요되는 것을 볼 수 있다. 데이터의 크기가 10배라고 할지라도 반드시 10배의 시간이 소요되지는 않는다.

DOM 파서는 어떻게 사용할까?

앞서 이야기한 대로 DOM 파서는 SAX 파서와 다르게 XML을 트리 형태의 데이터로 먼저 만든 후, 그 데이터를 가공하는 방식을 사용한다. DOM에서의 주요 클래스를 알아보면 다음과 같다.

- DocumentBuilderFactory: 파싱을 하는 파서 객체를 생성하기 위한 추상 클래스
- DocumentBuilder: 여러 종류의 parse() 메서드를 제공하는 추상 클래스, 이 클래스의 parse() 메서드를 호출하면 파싱을 실시한다.
- Document: SAX와 다르게 파싱을 처리한 결과를 저장하는 클래스
- Node: XML과 관련된 모든 데이터의 상위 인터페이스. 단일 노드에 대한 정보를 포함하고 있다.

그럼 소스를 통해서 사용법을 알아보자.

코드 13.4

```java
package com.perf.xml.dom;

import org.w3c.dom.Document;
import org.w3c.dom.Node;
import org.w3c.dom.NodeList;
import javax.xml.parsers.DocumentBuilder;
import javax.xml.parsers.DocumentBuilderFactory;
import java.io.*;
import java.util.*;
public class ParseDOM {
    HashMap<String,Integer> elementMap=new HashMap<String,Integer>();
    private StringBuffer returnData=new StringBuffer();
    public void parseDOM(String XMLName) {
        DocumentBuilderFactory factory =
            DocumentBuilderFactory.newInstance();
        try {
            DocumentBuilder builder = factory.newDocumentBuilder();
            Document document = builder.parse(XMLName);
            //파싱하는 부분은 아래 소스에 나옴.
            Node rootNode=document.getChildNodes().item(0);
            addNode(rootNode.getNodeName());
            readNodes(rootNode);
            setNodeCountData();
        } catch (Exception e) {
            e.printStackTrace();
        }
    }
}
```

SAX의 구현 소스를 이미 봤기 때문에 DOM의 파싱 처리하는 부분에 대한 소스는 그리 낯설지 않을 것이다. 단지 클래스 및 메서드 이름이 바뀌었다고 생각하면 된다.

SAX와 크게 다른 점은 따로 핸들러를 지정하지 않고, 파싱한 데이터를 Document 클래스의 객체에 담아서 리턴해 준다는 것이다. 읽어온 노드를 어떻게 처리하는지 보자.

코드 13.5

```
public void readNodes(Node node) {
    NodeList childs=node.getChildNodes();
    int childCount=childs.getLength();
    for(int loop=0;loop<childCount;loop++) {
        Node tempNode=childs.item(loop);
        if(tempNode.hasChildNodes()) {
            readNodes(tempNode);//재귀 호출
        }
        String nodeName=tempNode.getNodeName();
        if(!nodeName.equals("#comment") && !nodeName.equals("#text")) {
            addNode(nodeName);
        }
    }
}
public void addNode(String nodeName) {
    if(!elementMap.containsKey(nodeName)) {
        elementMap.put(nodeName, 1);
    } else {
        elementMap.put(nodeName, elementMap.get(nodeName)+1);
    }
}
public void setNodeCountData() {
    Set keySet=elementMap.keySet();
    Object[] keyArray=keySet.toArray();
    Arrays.sort(keyArray);
    for(Object tempKey: keyArray) {
        returnData.append("Element=")
        .append(tempKey)
        .append(" Count=")
```

```
            .append(elementMap.get(tempKey.toString())) 
            .append("<BR>");
    }
}
public String getData() {
    return returnData.toString();
}
```

가장 처음에 있는 메서드를 보면, 노드의 getChildNodes() 메서드를 호출하여 자식 노드의 목록을 얻는다. 자식 노드의 개수만큼 반복하여 자식 노드의 정보를 읽는다. 만약 그 자식 노드도 자식이 있다면 이 메서드를 호출해야 하므로, 재귀적으로 처리하였다. 나머지 3개의 메서드(addNode(), setNodeCountData(), getData())는 SAX의 예와 동일하므로 추가적인 설명은 하지 않겠다. 이 코드를 실행하는 JMH 메서드는 XMLParser 클래스에 다음의 내용을 추가하면 된다.

코드 13.6

```
@GenerateMicroBenchmark
public void withDOMParse100() {
    ParseDOM pd=new ParseDOM();
    pd.parseDOM("dummy100.xml");
}


@GenerateMicroBenchmark
public void withDOMParse1000() {
    ParseDOM pd=new ParseDOM();
    pd.parseDOM("dummy1000.xml");
}
```

만약 JMH로 실행하지 않고 결과를 확인하고 싶다면 다음과 같이 출력문을 추가하면 된다.

```
System.out.println(pd.getData());
```

소스는 매우 간단하고 SAX와 거의 동일하다. 수행한 결과를 보자.

대상	평균 응답 시간 (마이크로초)
DOM 100	1,395
DOM 1,000	7,129

DOM 파서를 사용하면 보는 것과 같이 100건일 경우 1.4ms, 1,000건일 경우 7.1ms가 소요된다. 그러면 SAX 파서와 DOM 파서의 성능을 한 자리에 놓고 같이 비교해 보자.

대상	응답 시간(마이크로초)	대상	응답 시간(마이크로초)
SAX 100	847	DOM 100	1,395
SAX 1,000	3,925	DOM 1,000	7,129

데이터의 크기가 커지면 커질수록 두 파서간의 차이가 커지는 것을 볼 수 있다. 하지만, 이 예제에서 처리한 XML의 구조는 단순하다. 복잡하고 큰 파일일수록 SAX와 DOM 파서에서 처리하는 시간은 더 늘어날 것이다. 그리고 처리하는 데 소요되는 대부분의 시간은 parse() 메서드에서 처리하는 CPU 시간이다. 즉, 대기 시간은 없지만, XML을 처리하는 과정에서 CPU에 순간적으로 많은 부하가 발생한다는 것이다.

만약 여러분의 시스템이 XML을 기반으로 처리한다면, 반드시 좋은 CPU를 사용해야만 할 것이다. 내부적으로 처리하는 readNodes() 메서드와 addNode() 메서드를 제거하고, 순수하게 파서에서 사용하는 메모리 사용량만 측정해 보면 다음과 같다. (이 값은 데이터가 50만 건이고, 크기가 31MB인 XML 데이터를 처리한 경우의 예이다.)

	SAX 파서 사용시	DOM 파서 사용시
메모리 사용량	56MB	292MB

SAX 파서는 XML 파일 크기의 거의 두 배의 메모리를, DOM 파서는 거의 열 배의 메모리를 사용한다. 참고로 이 결과는 파서의 종류에 따라서 메모리 사용량이 다를 수 있다. 즉, XML 파일의 크기가 클 때 DOM 파서를 사용한다면, OutOfMemoryError가 빈번히 일어날 확률이 매우 크다.

XML 파서가 문제가 된 사례

이튜닝 선배가 어느 사이트 관련 프로젝트에 지원을 가서 경험한 일이다. 해당 사이트는 여러 지역에 WAS가 분리되어 있는데, 특정 지역의 WAS에서 힙 덤프가 1분에 한 번씩 발생하고 있었다. 힙 덤프를 분석하자 다음과 같은 결과가 나왔다.

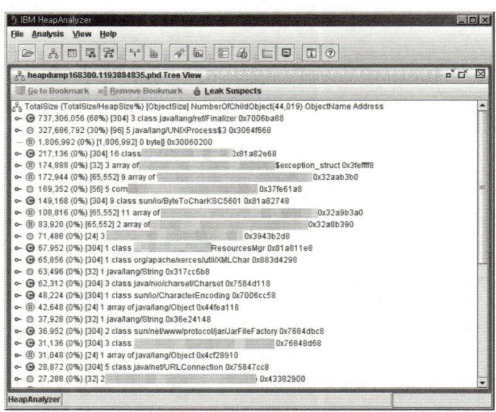

> **참고** 힙 덤프는 현재 JVM의 힙 메모리에서 점유하고 있는 객체에 대한 정보를 파일로 생성해 놓은 것이다. OutOfMemoryError가 발생했을 때 자동으로 힙 덤프를 저

> 장애도록 하려면, "-XX:+HeapDumpOnOutOfMemoryError" 옵션을 추가하면 되며, 힙 덤프가 발생하는 경로를 지정하고자 할 경우에는 "-XX:HeapDumpPath=/app/tomcat/dump/"와 같이 저장하는 경로를 추가하면 된다. 이 힙 덤프에 대한 자세한 설명은 필자의 『자바 개발자와 시스템 운영자를 위한 트러블슈팅 이야기』(한빛미디어, 2011)을 참고하기 바란다.

251쪽의 끝과 화면을 표로 간단히 정리하면 다음과 같다. 여기서, 가장 위에 있는 객체 두 개의 메모리 사용량이다.

메모리 사용량	비율	클래스
737,306,056	68%	java.lang.ref.Finalizer
327,686,792	30%	java.lang.UnixProcess

여기서 UnixProcess와 관련된 부분은 WAS에서 기본적으로 점유하고 사용하는 메모리이다. 문제는 Finalizer 클래스에서 잡고 있는 메모리였다. 이 클래스는 GC를 하기 위해서 호출되는데, 추적을 해서 들어가 보니 하나의 XML을 처리하기 위한 Handler 클래스에서 700MB 정도의 메모리를 점유하고 있었다.

기이한 현상이 발생한 이유를 천천히 짚어 보자. 해당 사이트는 XML로 문서를 주고 받는다. XML을 파싱하기 위해서 파서가 있어야 하는데, 대부분의 WAS에는 파서가 내장되어 있다. 여기서는 그 내장된 파서가 문제였다. WAS 엔지니어의 말로는, 그 파서는 특수문자가 XML에 들어오면 무한 루프를 돌아 OutOfMemoryError가 발생한다는 것이다. 그러므로 WAS에 있는 파서를 쓰면 안 되고, 아파치 그룹에서 제공하는 SAX 파서를 사용해야 한다고 했다.

처음에 나초보씨는 이튜닝 선배가 왜 상용 WAS의 파서에 있는 버그를 고치지 않고, 오픈 소스에 있는 파서를 쓰라고 하는지 이해하기 어려웠다. 그런데 파서를 변경하자 1분마다 발생하던 OutOfMemoryError는 말끔히 사라지는 것을 보고 이해했다.

JSON과 파서들

JSON은 XML 다음으로 유명한 데이터 교환 형식 중 하나다. 요즘은 XML로 서버 간에 데이터를 주고 받는 것보다는 JSON으로 데이터를 주고 받는 경우가 더 많아졌다. JSON 데이터는 다음과 같은 두 가지의 구조를 기본으로 하고 있다.

- name/value 형태의 쌍으로 collection 타입
- 값의 순서가 있는 목록 타입

앞서 XML 예제로 사용한 데이터를 JSON으로 표현하자면 다음과 같이 나타낼 수 있을 것이다.

코드 13.7
```
{
    "DataStart":
    [
        {"productName":"prod1","price":"1"},
        {"productName":"prod2","price":"2"},
        ...,
        {"productName":"prod100","price":"100"}
    ]
}
```

보다 자세한 JSON에 대한 설명은 홈페이지(http://json.org/json-ko.html)를 참고하기 바란다. 한글 설명도 있으니 부담 없이 확인할 수 있을 것이다.

그런데 왜 갑자기 필자가 JSON에 대한 이야기를 하고 있을까? JSON도 많은

CPU와 메모리를 점유하며 응답 시간도 느리다. 만약 꼭 써야 한다면 어쩔 수 없겠지만, 그러한 상황이 아니라면 다음 장에서 설명하는 데이터 전송을 위한 라이브러리들을 확인하는 것을 권장한다.

JSON 홈페이지를 보면 많은 종류의 자바 기반 JSON 파서들이 존재하는데, 가장 많이 사용되는 JSON 파서로는 Jackson JSON과 google-gson 등이 있다. 이 중에서 Jackson JSON을 살펴보자.

> **참고** Jackson JSON의 홈페이지는 http://jackson.codehaus.org/이며, 사용자 가이드는 http://wiki.fasterxml.com/JacksonInFiveMinutes에서 튜토리얼 형태로 제공된다(URL은 5분 안에 Jackson 익히기이지만, 이는 영어 잘하는 외국인 기준이다.^^). 이 튜토리얼만 따라하면 기능을 활용하는 방법 대부분은 쉽게 익힐 수 있다.

이 책에서 Jackson JSON을 사용하는 방법에 대해서 일일이 소개하는 것은 무리가 있으므로, XML의 성능과 비교하기 위해 Jackson JSON을 이용한 성능 비교만 진행해 보자. 먼저 JSON을 파싱하는 코드를 보자.

코드 13.8

```java
package com.perf.json;

import java.io.File;

import com.fasterxml.jackson.core.JsonFactory;
import com.fasterxml.jackson.core.JsonParser;
import com.fasterxml.jackson.core.JsonToken;

public class ParseJSON {

    public void parseStream(String json) {
        JsonFactory f = new JsonFactory();
```

```
            StringBuilder jsonResult=new StringBuilder();
            try {
                JsonParser jp = f.createJsonParser(new File(json));
                jp.nextToken();
                while (jp.nextToken() != JsonToken.END_ARRAY) {
                    String fieldName = jp.getCurrentName();
                    if(fieldName!=null) {
                        jp.nextToken();
                        String text=jp.getText();
                        if(fieldName.equals("productName")) {
                            jsonResult.append("Product=").append(text).
                                append("\t");
                        } else if(fieldName.equals("price")) {
                            jsonResult.append("Price=").append(text).
                                append("\n");
                        }
                    }
                }
            } catch(Exception e) {
                e.printStackTrace();
            }
        }
    }
}
```

이렇게 코드를 작성하면 SAX처럼 스트리밍 방식으로 데이터를 파싱하여 처리할 수 있다. 이 코드를 테스트하는 JMH 코드는 다음과 같다.

코드 13.9

```
package com.perf.json;

import java.util.concurrent.TimeUnit;

// import 생략

@State(Scope.Thread)
```

```
@BenchmarkMode({ Mode.AverageTime })
@OutputTimeUnit(TimeUnit.MICROSECONDS)
public class JSONParser {

    @GenerateMicroBenchmark
    public void parseStream100(){
        ParseJSON pj=new ParseJSON();
        pj.parseStream("dummy100.json");
    }
    @GenerateMicroBenchmark
    public void parseStream1000(){
        ParseJSON pj=new ParseJSON();
        pj.parseStream("dummy1000.json");
    }

}
```

실행하는 코드도 대우 간단하다. 실행한 결과를 XML 결과와 비교해 보자.

데이터 개수	XML SAX	XML DOM	JSON
100	847	1,395	245
1,000	3,925	7,129	1,379

이 결과만 보면 XML 파싱이 JSON 보다 매우 느리다고 생각할 수 있다. 그런데, 데이터를 전송하기 위해서 XML 및 JSON 데이터를 Serialize와 Deserialize할 경우도 있다.

> 📖 참고 Serialize는 데이터를 전송할 수 있는 상태로 처리하는 것을 말하고, Deserialize는 전송 받은 데이터를 사용 가능한 상태로 처리하는 것을 말한다.

그런데, JSON 데이터는 Serialize와 Deserialize를 처리하는 성능이 좋지 않다. XML 파서보다 JSON 파서가 더 느린 경우가 대부분이다. 그래서, 요즘에는 데이터를 전송하기 위한 기술들이 많이 나오고 있다.

데이터 전송을 빠르게 하는 라이브러리 소개

XML이나 JSON을 사용하여 데이터를 전송하는 방식은 많이 사용해 왔지만, 요즘에는 자바 객체를 전송하는 방식을 많이 사용한다. 어떤 라이브러리들이 있는지는 각 라이브러리들의 벤치마크를 제공하는 위키 페이지(https://github.com/eishay/jvm-serializers/wiki`)를 보면 쉽게 알 수 있을 것이다.

이 위키에서는 여러 자바 기반의 Serializer에 대한 성능 비교 결과를 제공한다. 결과 목록을 보면 대표적으로 많이 사용되는 Serializer는 어떤 것이 있는지 알 수 있다. 그렇다면, 이 목록의 가장 위에 있는 (변환 시간이 가장 작은) 라이브러리가 가장 좋은 것일까? 꼭 그렇지는 않다. 여기서 테스트한 결과는 일부의 조건에서만 수행된 내용이다. 여러분들이 문자열을 전송하는 일이 많은지, 배열 형태의 데이터를 전송할 일이 많은지에 따라서 결과가 달라질 수가 있다.

일반적으로 많이 사용되는 라이브러리에는 protobuf, Thrift, avro 등이 있다. 이 중에서 protobuf는 구글에서 제공하는 오픈소스 라이브러리이며, Thrift의 경우는 페이스북에서 만들어 Apache 프로젝트로 오픈된 라이브러리이다. protobuf는 C++, Java, Python 등의 언어로, Thrift는 C++, Java, Python, PHP, Ruby, Erlang, Perl, Haskell, C#, Cocoa, JavaScript, Node.js, Smalltalk 등의 언어로 사용할 수 있는 가이드를 제공한다. 왜 이렇게 여러 언어로 라이브러리를 제공할까? 우리나라의 웹사이트 대부분은 자바나 PHP, ASP 등으로 구성되어 있는 사이트들이 많다. 물론 C나 C++, C#으로 구성된 사이트도 있다. 하지만, 이러한 사이트들의 경우 대부분 정해진 표준 프로토콜만으로 통신하거나 JSON이나

XML 등 텍스트 기반의 데이터로 통신하는 것이 일반적이다. 하지만 JSON이나 XML은 데이터가 커질수록 전송해야하는 양도 증가하고, 파싱하는 성능도 무시할 수 없다. 따라서, 서로 다른 언어로 구현된 구글이나 페이스북의 시스템 사이에 데이터를 주고 받기 위해서 이러한 라이브러리들을 만들었다고 보면 된다.

결론적으로 여러분들이 서버와 서버간, 서버와 클라이언트 사이에 데이터를 주고 받기 위해 어떤 자바 라이브러리를 사용할지에 대해서는 성능 비교를 통해 사이트에 가장 적합한 라이브러리를 선택하는 것이 가장 좋다.

    마지막으로 avro, protocol buffer, thrift가 어떤 형식으로 데이터를 Serialize 하는지 잘 정리된 외국 블로그를 공유하면서 이 장을 마치겠다. 블로그의 하단에는 한글로 번역한 문서의 URL도 링크되어 있으니 참고하기 바란다.

> 참고 http://martin.kleppmann.com/2012/12/05/schema-evolution-in-avro-protocol-buffers-thrift.html

정리하며

대부분의 프로젝트에서 어떤 용도로든 XML 파일을 사용한다. XML과 JSON을 기반으로 데이터를 주고 받는다면, 비즈니스 로직을 처리하기 위한 시간이 아닌 데이터를 파싱하기 위한 시간이 적지 않게 든다는 점을 반드시 염두에 두고 개발을 해야 한다. 어떤 시스템은 XML 기반으로 개발을 했다가, 오픈 이후 지속적인 장애가 발생해 XML을 걷어낸 경우도 있다. 요즘은 대부분 설정 파일을 XML로 처리하는데, 만약 주기적으로 설정 파일을 읽도록 했다면 그 빈도수를 줄이기를 권장한다.

    외부의 다른 회사와 정보를 교류하는 등 XML이 반드시 필요할 때도 있다. 하지만 단지 내부에서 사용하기 위해서 XML이나 JSON을 데이터 처리 기준으로 선정한다면, 메모리 및 CPU 사용량 손실을 반드시 염두에 두기 바란다.

서버를 어떻게 세팅해야 할까?

들어가며

설정에 대한 튜닝은 반드시 해야 한다. 대개 기본값으로 최대한의 성능을 낼 수 있는 것은 없다. 웹 기반의 시스템도 정상적으로 작동하게 하려면 세팅이 대단히 중요하다. 프로그램에 문제가 없는데 세팅 값 하나 때문에 애플리케이션의 성능이 안 좋아지는 경우가 굉장히 많기 때문이다. 거꾸로 이야기하면, 만약 성능상 이슈가 있을때 그 원인이 설정 때문이라면 아주 쉽게 해결할 수 있다. 다만 DBMS와 OS에 대한 세팅은 여기서 다루지 않는다.

어느 날 나초보씨는 김경험 선배로부터 전화를 받았다.

나초보 여보세요.
김경험 나 경험 선밴데, 당분간 테스트 실에서 일해야겠다. PL이랑 PM님에게는 말씀드려 놨어.
나초보 어떤 것 때문에요?
김경험 와서 보면 알아.

나초보 언제부터요?

김경험 지금 노트북 싸서 내려와.

나초보씨는 노트북과 주변 물품을 주섬주섬 챙겨서 테스트 실로 내려갔다. 테스트 실에서는 박시험 대리와 김경험 선배가 나초보씨를 기다리고 있었다.

김경험 앞으로 일주일간 서버 파라미터 세팅을 할건데, 네가 그 파라미터 세팅하는 것 좀 도와줘.

나초보 그런 것 안 해 봤는데요.

김경험 어~ 그래. 이번에 해 봐.

나초보 뭘 세팅해야 하는데요?

김경험 먼저 가장 중요한 Data Source 개수를 지정한 다음 스레드 개수를 지정하고, 그 다음에는 메모리 쪽 세팅해야지. 그 밖에 세팅해야 하는 것들도 확인해 보고.

나초보 넵.

나초보씨는 DataSource 개수나 스레드 개수에 대한 지침이 없어 WAS 서버 엔지니어에게 문의하기로 했다.

설정해야 하는 대상

개발하는 것만큼 중요한 것이 서버의 세팅이다. 개발된 프로그램이 0.1초 걸린다고 해도 서버 세팅을 잘못하면 1초가 걸릴 수도 있고, 10초가 걸릴 수 있다. 이러한 문제를 진단하는 가장 좋은 방법은 성능 테스트를 통해서 병목 지점을 미리 파악하는 것이다. 무조건 애플리케이션 위주로 병목을 찾는 것보다, 일단 문제가 될 만한 세팅 값을 먼저 진단하는 것이 가장 효율적이다. 웹 기반의 시스템에서 성능에 영향을 줄만한 세팅을 나열해 보면 다음과 같다.

- 웹 서버 세팅
- WAS 서버 세팅
- DB 서버 세팅
- 장비 세팅

너무나 당연하게 보일 정도로 큰 단위의 대상을 잡았는데, 이렇게 나열해 놓으니 정말 기준이 단순하다. 그러면 각 서버별로 어떤 값의 세팅을 유념해야 하는지 자세히 알아보자.

아파치 웹 서버의 설정

웹 서버의 세팅을 먼저 알아보자. WAS를 웹 서버로 사용하면 안 된다. 웹 서버를 WAS 뒤에 둘 사람은 없겠지만, 웹 서버는 반드시 WAS 앞에 두어야 한다. 왜냐하면 WAS는 Web Application Server이기 때문이다. 웹에서 사용하는 애플리케이션 서버이지 웹 서버가 아니다. 정적인 부분은 웹 서버에서 처리해야 한다. 그렇지 않으면 WAS 서버에서 웹 서버의 역할까지 수행해야 한다. 웹 서버를 WAS 서버 앞에 두지 않으면 이미지, CSS, 자바 스크립트, HTML 등을 처리하느라 아까운 WAS 서버의 스레드를 점유하게 된다. 반드시 상용 웹 서버나 아파치 웹 서버를 WAS 앞 단에 두고 운영하기 바란다. 간혹 그럴 필요가 없다고 하는 분들이 있긴 하지만, 웹 서버 하나에 WAS가 두개이상 연동되는 경우 등을 고려하면 웹서버를 앞 단에 두는 것이 좋다.

   상용 웹 서버의 경우 어차피 설치와 설정을 벤더에서 해주기 때문에, 상용 웹 서버에서 설정하는 방법에 대해서는 여기서 다루지는 않겠다. 대신 아파치 웹 서버에서 성능에 영향을 줄 수 있는 세팅을 알아보자.

아파치 웹 서버는 MPM이라는 것을 사용한다. MPM은 Multi-Processing Module의 약자로 여러 개의 프로세싱 모듈 기반의 서비스를 제공한다는 의미이다. 가장 쉽게 아파치 웹 서버의 설정을 바꾸는 방법은, 설치 폴더 하단의 conf 디렉터리에 있는 httpd.conf 파일을 수정하는 것이다. 이 파일의 중간 부분을 보면 다음과 같은 설정이 있다.

```
...
ThreadsPerChild 250
MaxRequestsPerChild 0
...
```

ThreadsPerChild는 웹 서버가 사용하는 스레드의 개수를 지정한다. 위와 같이 지정하면, 아파치 프로세스 하나당 250개의 스레드가 만들어진다. 만약 이 수치가 적게 지정되어 있다면, 이 수치를 늘려 주어야 한다. 그래야 서버가 더 많은 사용자의 요청을 처리할 수 있게 된다.

MaxRequestsPerChild는 최대 요청 개수를 지정하는 부분이다. 0이면 그 수에 제한을 두지 않겠다는 의미가 된다. 만약 이 값을 10으로 둔다면, 그 이상의 처리는 하지 않게 된다. 가급적 기본값인 0으로 두고 사용하기를 권장한다.

스레드와 관련된 내용을 보다 세밀하게 지정하려면 httpd.conf 파일에서 #으로 주석 처리되어 있는 "Include conf/extra/httpd-mpm.conf"를 찾아서 주석을 해제한다. 이렇게 하면 세밀한 스레드 설정 정보를 httpd-mpm.conf를 통해서 지정할 수 있게 된다. 스레드 방식을 사용하기 위해서는 worker 부분을 수정해 주어야 한다. 이 파일의 내용을 들여다 보자.

```
...
<IfModule mpm_worker_module>
StartServers 2
MaxClients 150
```

```
MinSpareThreads 25
MaxSpareThreads 75
ThreadsPerChild 25
MaxRequestsPerChild 0
</IfModule>
...
```

파일에 이렇게 지정되어 있는 부분이 있을 것이다. 각각의 내용에 대해서 간단히 알아보자.

- StartServers: 서버를 띄울 때 프로세스의 개수를 지정한다. 보통 이야기하는 child 프로세스의 개수를 이야기한다.
- MaxClients: 최대 처리 가능한 클라이언트의 수를 지정한다.
- MinSpareThreads: 최소 여유 스레드 수를 지정한다.
- MaxSpareThreads: 최대 여유 스레드 수를 지정한다.
- ThreadsPerChild: 프로세스당 스레드 수를 지정한다.
- MaxRequestsPerChild: 앞서 이야기한 MaxRequestsPerChild와 같은 의미이다.

여기에서는 프로세스 수(StartServers)가 2개이고, 프로세스당 스레드 수(ThreadPerChild)가 25이므로 기본적으로 50개의 요청을 처리할 수 있다. 또한 최대 여유 스레드(MaxSpareThreads)가 75개이므로, 최대 사용 가능한 클라이언트 수(MaxClient)는 150이 된다. 그냥 서버에서 곱해서 최대 클라이언트 수를 지정하면 되는데, 왜 굳이 이렇게 MaxClient를 지정하도록 해 놓았는지는 모르겠다. 하지만 여기서 중요한 점은 이 서버는 150명이 최대라는 것이다. 150명 이상의 요청은 서버 리소스에 여유가 있어도(일반적인 표현을 빌자면 팡팡 놀고 있어도) 처리를 안한다.

이렇게 설정되어 있을 때 사용자가 늘어나거나 WAS가 멈추면 어떤 상황이 되는지 예를 들어 살펴보자. 어떤 서비스가 초당 150명의 요청을 받고 있다고 가정해보자. 이 상황에서 웹 서버에서 150명의 요청을 받고, 그 요청을 전달받은 WAS도 마찬가지로 150명의 요청을 받는다. 그런데, 자바는 GC를 할 때 JVM 자체가 멈춘다. 만약 이 GC가 2초 걸리면 어떻게 될까? 아파치 웹 서버에 총 300명의 요청이 기다리게 될 것이다. 그런데 GC를 하는 동안 WAS가 멈추기 때문에 새로운 연결을 할 수 없다. 이 경우 Tomcat에서는 AJP Connector라는 웹 서버와 WAS 사이의 커넥터에 설정한 backlog라는 값의 영향을 받는다. 만약 이 값을 설정하지 않으면 기본값은 100이다. 즉, WAS가 응답하지 않을 때 100개의 요청까지 큐에 담아둔다는 말이다. 따라서, 이 100개를 넘는 요청들은 503(Service Unavailable)이라는 HTTP 헤더 코드 값을 리턴 받게 된다. 그러면 사용자에게 503이라는 에러 메시지가 화면에 뿌려질 것이다. 이러한 값을 받지 않으려면 다음과 같은 조치를 취하는 것이 좋다.

① 서버를 늘린다: 어떻게 보면 가장 편한 방법이다. 금전적인 여유가 있을 때 말이다.
② 서비스를 튜닝한다: 서비스가 응답이 안 되는 원인을 찾고 튜닝한다. 하지만 말이 쉽지 실제로 그 원인을 찾는 데는 몇 시간이 소요될 수도 있으며, 몇 달이 걸릴 수도 있다.
③ GC 튜닝을 한다: 만약 GC가 오래 소요되어 응답이 안될 경우 GC 튜닝을 한다. 이에 대해서는 17장부터 자세하게 설명되어 있다.
④ 각종 옵션 값을 튜닝한다: 어떻게 보면 가장 간단한 방법일 수도 있다. 하지만, 잘못 설정할 경우 오히려 더 큰 문제가 야기될 수 있기 때문에 해당 웹 서버 및 WAS의 전문가나 엔지니어와 같이 이야기해서 옵션 값을 설정하기 바란다.

만약 서버가 매우 좋아서 더 많은 요청을 처리해야 할 필요가 있다면 httpd.conf 파일이나 httpc-mpm.conf 파일을 수정하여 서버가 최대한의 자원을 사용하도록 변경해야만 한다.

웹 서버의 Keep Alive

모든 웹 서버를 설정할 때 또 한 가지 중요한 값이 있다. 바로 KeepAlive 설정이다. 아파치 웹 서버의 경우, httpd.conf 파일에 다음의 설정이 없으면 간단하게 한 줄 추가하면 된다.

```
KeepAlive On
```

웹 서버와 웹 브라우저가 연결이 되었을 때 KeepAlive 기능이 켜져 있지 않으면, 매번 HTTP 연결을 맺었다 끊었다 하는 작업을 반복한다. 초기 화면이 매우 간단한 구글과 같은 사이트는 해당 사이트에 연결할 때 KeepAlive가 적용되지 않더라도 그리 느리지 않을 것이다. 하지만 네이버나 다음과 같이 초기 화면에서 엄청나게 많은 이미지와 CSS, 자바 스크립트 등의 파일을 받아야 하는 사이트에서 KeepAlive 옵션이 적용되어 있지 않다면, 초기 화면을 띄우는 데 몇 분씩 소요될지도 모른다. 즉, 이미지와 같은 모든 개체들도 서버에 매번 접속을 해야 하는 상황이 발생한다. 하지만 KeepAlive 기능이 켜져 있으면 두 개 정도의 연결을 열어서 끊지 않고, 연결을 계속 재사용한다. 이렇게 되면 연결을 하기 위한 대기 시간이 짧아지기 때문에 사용자가 느끼는 응답 속도도 엄청나게 빨라진다.

> 📝 **참고** 사용자의 접근이 많은 사이트에서는 이미지나 CSS와 같이 정적인 파일들을 일반적인 웹 서버에서 처리하지 않고, CDN(Content Delivery Network)이라고 하는 서비스를 사용한다. 즉, 별도의 URL에서 해당 컨텐츠들을 내려받도록 설정하고, 동적인 컨텐츠들은 WAS에서 처리하도록 해 놓으면 Web-WAS 서버의 부담도 줄어들게 된다. (하지만 비용이 좀 비싸다는 단점이 있다.)

KeepAlive 설정을 할 때 반드시 같이 해야 하는 설정이 있다. 바로 KeepAlive-Timeout 설정이다. 이 설정은 초 단위로 KeepAlive가 끊기는 시간을 설정하기 위한 부분이다. 마지막 연결이 끝난 이후에 다음 연결이 될 때까지 얼마나 기다릴지를 지정한다. 설정은 다음과 같다.

```
KeepAliveTimeout 15
```

만약 사용자가 너무 많아 접속이 잘 안될 경우, 이 설정을 5초 정도로 짧게 주는 것도 서버의 리소스를 보다 효율적으로 사용할 수 있는 방법이다. 추가로 서비스의 상황에 따라서 KeepAlive 옵션을 껐을 때 보다 좋은 성능이 나오게 되는 경우가 존재한다. 무조건 KeepAlive를 켜야 한다는 것이 아니니 상황에 맞게 사용하기 바란다.

   더 많은 설정이 있을 수 있으나, 아파치 웹 서버의 설정은 여기까지만 알아보겠다. 자세한 설명은 아파치 웹 서버 사이트를 통해서 확인해 보기 바란다.

DB Connection Pool 및 스레드 개수 설정

DB Connection Pool을 왜 써야 하는지에 대해서는 이미 설명했으므로, 혹시 이해가 안 되는 독자는 '12. DB를 사용하면서 발생 가능한 문제점들'을 다시 읽어 보면 도움이 될 것이다.

    WAS에서 설정해야 하는 값은 너무나 많다. 그중 가장 성능에 많은 영향을 주는 DB Connection Pool과 스레드 개수에 대해서 알아보자. 이 두 항목의 개수는 메모리와 관련이 있다. 많이 사용할수록 메모리를 많이 점유하게 된다. 그렇다고 메모리를 위해서 DB Connection Pool과 스레드 개수를 적게 지정하면, 서버에서는 많은 요청을 처리하지 못하고 대기할 수밖에 없다.

대부분의 WAS에서는 DB Connection Pool의 개수를 최소치, 증가치, 최대치 등으로 자세하게 지정할 수 있다. 최소치는 말 그대로 서버가 기동될 때 연결을 수행하는 개수이다. 개발자용 PC에서는 이 값이 높을 필요가 없으므로 이 값은 최소한으로 지정하도록 하자. 최소 개수가 많으면 많을수록 서버 기동하는 시간이 오래 소요되므로, 개발자가 디버그를 하기 위해서 여러 번 재기동을 할 때는 좋지 않다. 하지만 운영 중에는 최소 및 최대 값을 동일하게 하는 것이 좋다. 사용자 수가 갑자기 증가하면 DB Connection Pool의 개수도 증가되어야 하고, 증가할 때 대기 시간이 발생할 확률이 크기 때문이다. 만약 DB 서버의 리소스가 부족하다면 최소 값을 적게 해 놓는 것도 한 방법이 될 수 있다.

    대부분 WAS에서 두 설정 값의 기본 개수가 10~20개 정도이다. 따라서 기본 값으로 서비스를 오픈하면 서버가 원하는 요청량을 처리하지 못하게 된다. DB Connection Pool은 보통 40~50개로 지정하며, 스레드 개수는 이보다 10개 정도 더 지정한다. 이렇게 지정하는 이유는, 스레드 개수가 DB Connection Pool의 개수보다 적으면 적은 수만큼의 연결은 필요 없기 때문이다. 예를 들어 스레드를 40개로 지정하고, DB Connection Pool 개수를 50개로 지정하면, 적어도 10의 연결은 전혀 사용을 하지 않게 된다. 쉽게 스레드는 입구이고 DB Connection Pool 은 출구라고 생각하면 된다.

그럼 스레드의 개수가 DB 연결 개수보다 많아야 하는 이유는 뭘까? 모든 애플리케이션이나 화면이 DB에 접속하는 것은 아니다. 또한 관리자 콘솔을 사용하여 서버에 접속할 수도 있기 때문에, 그만큼 여유분을 갖도록 지정하는 것이 보통이다.

그러면 가장 적합한 DB Connection Pool과 스레드 개수는 몇 개일까? 웹 서버의 세팅 값도 그렇지만, 이 수치도 서버와 애플리케이션 상황에 따라 다르며, 완벽한 값은 없다. 서비스 및 서버의 상황에 맞게 값을 지정해야 하는 것이다. 가장 좋은 방법은 성능 테스트를 통해서 가장 적절한 값을 구하는 것이다.

DB Connection Pool의 개수를 기준으로 적절한 수치를 찾는 방법을 생각해 보자. DB Connection Pool을 40개로 잡아 놓았다고 가정하자. 40개 전부를 사용하면서 DB의 CPU 사용량이 100%에 도달했다면, 어떻게 해야 할까? 이 경우에는 DB의 CPU를 점유하는 쿼리를 찾아서 튜닝을 수행해야 한다. 다시 말하면, 인덱스가 없거나 테이블을 풀 스캔하는 쿼리가 있는 것은 아닌지 쿼리의 플랜을 떠서 확인해 봐야 한다. 40개를 전부 사용한다고 해서 DB Connection Pool 개수를 80~200개로 늘리면, 모든 DB와의 연결을 전부 사용하고 응답 시간은 엄청나게 느려질 뿐이다.

이번에는 DB의 CPU 사용량은 50%도 되지 않는 상황에서 WAS의 CPU 사용량이 100%에 도달하고 있는 상황을 생각해 보자. 그때 사용하는 DB Connection Pool의 개수는 20개 정도 밖에 되지 않는다. 이럴 때는 어떻게 할까? 이 경우에는 WAS의 애플리케이션을 튜닝해야 한다. 하지만 이미 튜닝이 된 상태라면 이 서버의 DB Connection Pool의 개수는 약간의 여유를 두기 위해서 25~30개 정도로 지정하는 것이 좋다. (가끔 보면 이러한 경우에 튜닝할 생각은 하지 않고, 서버의 대수를 늘리는 경우를 가끔 본다. 서버를 늘리는 것은 가장 마지막에 해야 한다는 사실을 잊지 말자.)

Connection Pool의 개수만큼 중요한 값이 있다. 바로 대기 시간(wait time)과 관련된 값이다. MyBatis와 같이 DB와 자바 프로그램을 매핑(mapping)해 주는 프레임워크에는 각종 설정 값들이 있는데, 이 값 중에서 대기 시간을 나타내는 wait time과 관련된 값들이 존재한다. MyBatis의 경우 http://www.mybatis.org/core/configuration.html에서 참고할 수 있다.

왜 이 값이 중요할까? 앞서 이야기한 대로 DB Connection Pool의 개수를 넘어 섰을 때 애플리케이션에서는 '어디 남는 Connection 없나?' 하고 두리번거리면서 기다린다. 그런데, 이 기다리는 시간이 바로 대기 시간이다. MyBatis에서는 poolTimeToWait라는 값으로 이 대기 시간을 결정하며, 기본은 20초다. 다시 말해서 이 값을 그냥 놔 둘 경우 DB 연결을 못해 기다리는 사용자들이 적어도 20초는 대기해야 한다는 말이다.

그렇다고 대기 시간을 아주 짧게 주면 어떻게 될까? 예를 들어 100ms 정도로 줄 경우에는 문제가 없을까? 필자가 지금까지 GC 튜닝을 한 경험을 토대로 이야기하면 메모리를 1GB로 할당한 WAS에서 300 ms 이하의 Full GC 시간을 만들기는 매우 어렵다. 만약 DB 연결을 하려고 대기하는 순간 Full GC가 발생하면 그 순간에 대기하고 있는 모든 스레드는 DB와 연결을 못했다고 Timeout을 내뿜을 수도 있다.

결론적으로 DB와 연동하는 프레임워크를 설정할 때는 Pool의 개수, Wait과 관련된 값이 들어간 값, 그리고 여기서 자세히 설명하지는 않았지만 Timeout 관련된 설정들을 여러분들의 시스템의 상황에 맞게 설정해야지만 사용자들이 예기치 못한 오류 페이지를 만나지 않을 것이다.

WAS 인스턴스 개수 설정

하나의 장비에 WAS의 인스턴스 개수를 몇 개로 해야 된다는 규칙은 어느 문서에도 존재하지 않는다. 이 또한 절댓값은 없다는 것이다. 하지만 절댓값이 없다고 해서 무한정 인스턴스를 늘리는 것이 답이 될 수는 없다.

당연한 이야기지만, 서버의 WAS 인스턴스 개수를 늘리면 늘릴수록 CPU가 처리해야 하는 양이 많아진다. 그런데 필자는 어느 사이트의 지원을 나가서 하나의 장비에 20개 이상의 인스턴스를 운영하는 경우도 몇 번 보았다. CPU 코어의 개수도 4~8개 정도 밖에 안 되는 사이트였다. 그런 사이트는 성능이 잘 안 나오는 경우가 대부분이다. 여러 개의 인스턴스에서 경합을 하면서 CPU를 차지하려고 하기 때문이다. 아무리 메모리가 싸서 많이 꽂아 둔다 한들 서버의 처리량이 증가하지는 않는다. 어떤 애플리케이션이 어떤 CPU를 점유하는지 지정할 수 있으면 좀 달라지겠지만, 그렇지 않은 경우가 대부분이다. 보통은 1~2개의 CPU당 하나의 인스턴스를 지정하는 것이 좋다고 이야기한다. 하지만, 앞서 이야기한 대로 장비 하나당 인스턴스 개수는 성능 테스트를 통해서 구하는 것이 가장 바람직하다.

예를 들어 CPU core 개수가 모두 36개인 장비가 있다. 이 장비는 일반적으로 이야기하는 대로 18개에서 36개의 인스턴스를 띄워야 할까? 인스턴스 1개일 때 500 TPS가 나오고, 인스턴스 2개일 때 700 TPS, 인스턴스 3개일 때 720 TPS, 인스턴스 4개일 때 730 TPS가 나온다고 가정하자. 여러분들이라면 인스턴스를 몇 개 띄울 것인가?

필자라면 이 상황에서 인스턴스를 2~3개 정도만 띄울 것이다. 인스턴스를 더 늘린다고 해서 TPS가 증가하지 않는 상황에서는 오히려 유지보수성만 떨어지기 때문이다. 한 번 개발해놓고 수정하지 않는 시스템은 없기 때문에 인스턴스 개수가 많을 수록 배포하기도 어렵고, 모니터링 및 장애 상황 시 문제를 찾고 해결하기가 어려워진다.

추가로 만약 WAS 장비에 4GB의 여유 메모리가 있다고 하더라도 하나의 인스턴스에 4GB의 메모리를 지정하여 사용하는 것은 굉장히 좋지 않은 방법이다. 왜냐하면 Full GC가 발생할 때마다 많은 시간이 소요될 확률이 커지기 때문이다. 가급적이면 512MB~2GB 사이에서 메모리를 지정하는 것이 좋다. 예를 든 상황에서는 1GB로 메모리를 지정하여 2개의 인스턴스를 사용하는 것이 좋은 방법일 것이다(이 값 또한 절대적인 값은 아니다). 다른 애플리케이션이나 OS에서도 메모리를 사용하게 되므로 어느 정도 여유를 주는 것이 좋다. 단독 인스턴스를 구성하여 사용하는 것은 서버에 예기치 못한 상황이 발생했을 때 서비스가 불가능해지므로 되도록 피해야 한다. 장비가 한 대여도, 두 개 이상의 인스턴스가 서로 클러스터링하도록 지정하여 사용자의 세션 정보(보통 로그인 정보가 포함)를 공유하도록 하는 것이 좋다. 그리고 스레드나 DB Connection Pool의 개수를 100개 이상으로 설정하려고 할 때는 보통 인스턴스를 두 개로 분리한다. 경험상으로는 인스턴스 수를 증가시켜서 성능이 좋아진 경우도 있고 그렇지 않은 경우도 있었으나, 대부분 성능이 월등히 좋아지지는 않았다.

참고로 메모리 설정에 관련해서는 22장 이후 내용을 참고하기 바란다.

Session Timeout 시간 설정

먼저 다음 그림을 보자.

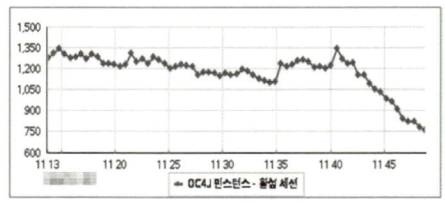

위의 그림은 오라클에서 제공하는 OC4J 서버의 활성 세션 개수 모니터링 화면이다. 이 화면을 보면 시간이 지남에 따라 세션의 개수가 증가했다가 감소했다가 하는 것을 볼 수 있다. 또한, 시간을 보면 알 수 있듯이 점심 시간대의 상황인데, 점심 시간이 다가오면서 세션의 개수가 감소하는 현상이 발생하고 있다. 가장 정상적인 상황이다. 이제 다음 그림을 보자.

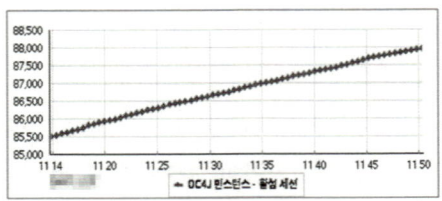

앞서 본 시스템과 동일한 서비스를 제공하지만, 사용하는 인스턴스의 종류가 다른 시스템의 모니터링 화면이다. 이 경우에는 점심 시간이 다가오는데도 세션 수가 지속 증가하고 있다. 정상 세션 개수와 비교해 보라. 정상 세션은 1,300개 내외의 세션을 유지하는데 여기서는 88,000개 정도에서 지속적으로 증가하고 있다. 무려 67배의 세션을 보유하고 있는 것이다. 서버가 잘못된 것일까? 하지만 OC4J 서버가 잘못된 것이라면 앞에서 본 그래프도 같은 양상을 보여야 한다.

문제의 원인은 바로 세션 종료 시간이다. 정상적인 서버의 경우 세션 종료 시간을 4분으로 해놓은 반면, 이 서버는 5,256,000분으로 설정을 해 놓았기 때문이다. 가장 간과하기 쉬운 것이 세션의 종료 시간 설정 부분이다. 이 설정은 WAS에 종속인 설정이 아닌 WEB-INF 폴더 하단의 web.xml 파일에서 설정하며 서블릿 스펙에 정의된 표준 설정 값이다.

```
...
<session-timeout>30</session-timeout>
...
```

세션 종료 시간 설정 값은 분 단위이다. 설정되어 있는 분만큼 요청이 없으면 세션을 메모리에서 제거한다. 이 설정을 하지 않은 상태에서, WAS에서 따로 설정한 바가 없거나 세션 객체의 invalidate() 메서드가 수행되지 않으면 세션은 삭제되지 않으므로 유의하자.

정리하며

여기에 정리되어 있는 설정 값은 예제일 뿐이다. 필자가 수 년간 수십 개 이상의 프로젝트를 지원하면서 수정했을 때 가장 튜닝 효과가 좋았던 설정 값들을 제시한 것에 지나지 않는다. WAS 엔지니어들은 해당 WAS에 맞는 설정 값을 가장 잘 알고 있다.(가끔 그냥 기본 설정으로 해 놓고 나오는 분들도 있긴 하다.) 그중 공통 분모가 될 수 있는 값들에 대해서만 나열을 한 것이다.

본인과 관련 있는 시스템에 가장 적절한 설정 값은 성능 테스트를 통해서 찾아야 한다. 모든 수치에 절댓값은 없기 때문이다. 성능이 굉장히 중요한 시스템은 반드시 성능 테스트를 해야 한다. 사용자가 지정되어 있는 내부 시스템도 성능 테스트를 하긴 해야 하지만, 특히 대민 서비스(필자의 팀에서는 보통 이렇게 부른다. 보통은 대외 오픈 사이트라고 부른다)를 하는 시스템은 성능 테스트가 더욱 필요하다. 실제 사용자의 수를 가늠하기 어렵기 때문이다. 반드시 성능 테스트를 수행해서 가장 적절한 튜닝 값을 찾아내고, 해당 시스템이 견딜 수 있는 사용자 수를 알고 있어야 한다.

story 15

안드로이드 개발하면서 이것만은 피하자

들어가며

요즘 출시되는 안드로이드 장비들은 대부분 CPU Core가 2개 이상이고 화면도 무지하게 크다. 이러한 안드로이드 개발을 할 때는 성능을 고려하지 않아도 될까? 이 장에서는 안드로이드를 개발하면서 아주 기본적으로 고려해야 하는 사항들을 살펴보자.

나초보씨의 옆 팀에서는 지금 나초보씨가 만들고 있는 시스템의 안드로이드용 클라이언트를 개발하고 있다. 그런데, 어느 날 갑자기 그 팀 분위기가 심상치 않다. 궁금한 것을 못 참는 나초보씨는 동기인 유아이씨에게 커피를 한 잔 하자고 꼬셔서 별다방으로 갔다.

나초보 뭐 마실래?
유아이 나? 에스프레소.
나초보 그거 쎌텐데, 괜찮아?
유아이 지금 그게 문제가 아니야….

나초보씨와 유아이씨는 커피를 받아 자리에 앉았다.

나초보 무슨 일 있냐? 너네 팀 굉장히 시끄럽던데.
유아이 어~~. 우리 팀에서 안드로이드로 클라이언트 개발하고 있잖냐~~
나초보 어, 글치.
유아이 근데, 앱이 엄청 느려서 고객 불만이 장난 아니야.
나초보 어느 정도인데?
유아이 뭐 초기 화면 들어가는 데 5초 이상 걸리고, 화면 스크롤하면 엄청 버벅 거리고.
나초보 음…. 안드로이드도 자바이긴 하지만, CPU가 약해서 신경을 좀 많이 써야 하지 않냐?
유아이 신경 쓸 시간이 없었지. 릴리즈가 코 앞인데…. 성능이 그리 중요하면 처음부터 성능이 중요하다고 이야기하던가. 이제 와서 느려 터져서 못쓰겠다니….

나초보 이튜닝 선배한테 한 번 문의해 봐. 성능 개선할 만한 게 있나?
유아이 그럴까?

이렇게 해서 유아이씨는 이튜닝 선배에게 현재 개발 중인 안드로이드 앱을 봐 달라고 요청했다.

일반적인 서버 프로그램 개발과 안드로이드 개발은 다르다

이 절의 제목을 더 정확히 말하면, 서버 프로그램이 구동되는 환경과 안드로이드 프로그램이 구동되는 환경은 다르다는 말이다.

안드로이드는 오라클이나 IBM에서 만든 JVM을 사용하지 않고, Dalvik VM이라는 것을 사용한다. 실제 개발해 본 분들은 알겠지만, 일반 자바를 본인의 PC에 설치해서 안드로이드를 개발해서 그냥 일반 자바 JVM에서 수행된다고 착각할 수 있다. 자바 코드가 안드로이드에서 수행 가능한 상태가 되려면 다음 절차로 코드가 수행된다.

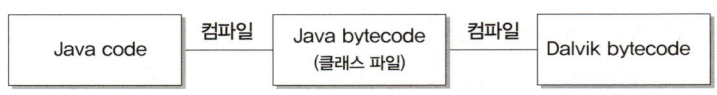

그림19 | 자바 코드 수행 절차

여기서 첫번째 컴파일은 javac를 통해서 수행되며, 두번째 컴파일은 dex라는 구글에서 제공하는 컴파일러에서 수행한다. 결론적으로 지금까지 여러분들이 알고 있는 자바와 문법은 같지만 컴파일러와 가상 머신(VM)은 다르다는 말이다.

그리고 또 다른 점이 있다. 여러분들이 사용하는 윈도 PC, 맥, 리눅스 장비는 모두 SWAP이라는 메모리 영역을 사용할 수 있다. 다시 말해서 요즘은 보통 4GB~8GB를 사용하는 물리적인 RAM이 부족할 경우 디스크를 메모리처럼 사용하는 SWAP이 발생한다. 이렇게 사용할 경우 메모리를 많이 사용할 수 있다는 장점이 있지만, 아무리 SSD를 사용할지라도 메모리에 접근하는 작업의 성능이 매우 느려진다는 단점이 있다. 그래도, 메모리를 풍족하게는 사용할 수 있다.

그런데, 안드로이드의 경우는 이러한 SWAP이 존재하지 않는다. (구글에서 제공하는 공식 안드로이드에는 아직 존재하지 않는다는 말이다.) 그러므로, 개발할 때는 작은 부분이라도 메모리를 생각하면서 개발해야 한다.

구글에서 이야기하는 안드로이드 성능 개선

안드로이드 기반의 개발을 배우는 방법은 여러 가지다.

- 개발자 사이트 홈페이지의 각종 자료를 참조한다.
  (http://developer.android.com)
- 단기 속성 교육 과정을 통해서 배운다.
- 책으로 배운다.

이 중에서 필자는 구글에서 제공하는 개발자 사이트만으로도 충분히 필요한 내용을 확인할 수 있었다. 사이트에 접속하면 성능과 관련된 내용들을 정리한 페이지 (http://developer.android.com/training/articles/perf-tips.html)가 있다.

이 절에서는 해당 페이지에 있는 내용들을 간략히 정리하고자 한다. 여기서 간단히 요약된 내용을 한번 읽고 원문을 읽어 보면 보다 이해가 빠를 것이다. 다루고 있는 주제들은 다음과 같다.

- Avoid Creating Unnecessary Objects
- Prefer Static Over Virtual

- Use Static Final For Constants
- Avoid Internal Getters/Setters
- Use Enhanced For Loop Syntax
- Consider Package Instead of Private Access with Private Inner Classes
- Avoid Using Floating-Point
- Know and Use the Libraries
- Use Native Methods Carefully

이 내용들을 간단히 정리해 보자.

- Avoid Creating Unnecessary Objects : 필요 없는 객체 생성을 피하자.
  이 책에서 지금껏 다룬 내용이지만, 간단히 설명하면 다음과 같다.
  - String대신 StringBuffer 사용
  - Integer 배열 대신 int 배열 사용
  - 다차원 배열 대신 1차원 배열 사용

  이렇게 작은 것부터 신경 쓰면서 개발해야 객체가 적게 생성되고, GC도 적게 발생한다.

- Prefer Static Over Virtual : static을 적절히 사용하자.
  만약 인스턴스 변수에 접근할 일이 없을 경우엔 static 메서드를 선언하여 호출하는 것은 15~20%의 성능 개선이 발생할 수 있다.

- Use Static Final For Constants : 상수에는 static final을 사용하자.
  변하지 않는 상수를 선언할 때 static final로 선언할 경우와 static으로 선언할 때 저장되고 참조되는 위치가 달라진다. static final이 접근 속도가 훨씬 빠르다.

- Avoid Internal Getters/Setters : 내부에서는 getter와 setter 사용을 피하자.
인스턴스 변수에 직접 접근하는 것이 getter나 setter 메서드를 사용하여 접근하는 것보다 빠르다. JIT 컴파일러가 적용되지 않을 경우 3배, 적용될 경우 7배 정도 빨라진다.

- Use Enhanced For Loop Syntax : 개선된 for 루프를 사용하자.
Iterable 인터페이스를 사용하는 대부분의 Collection에서 제공하는 클래스들은 전통적인 for 루프를 사용하는 것보다는 for-each 루프를 사용하는 방법이 더 성능상 유리하다. 하지만, ArrayList는 전통적인 for 루프가 3배 빠르다.

- Consider Package Instead of Private Access with Private Inner Classes
  private한 Inner 클래스의 private 접근을 피하자.
자바에서 Inner 클래스는 감싸고 있는 클래스의 private 변수를 접근할 수 있다. 그런데, VM에서는 내부 클래스와 감싸고 있는 클래스는 다른 클래스로 인식한다. 그래서, 컴파일러는 감싸고 있는 클래스의 private 변수에 접근할 수 있는 메서드를 자동으로 생성해 준다. 따라서, 변수에 직접 접근이 불가하므로 getter나 setter를 사용하는 것처럼 성능이 저하된다.

- Avoid Using Floating-Point : 소수점 연산을 피하자.
안드로이드 기기에서는 정수 연산보다 소수점 연산이 2배 느리다. 그리고, double이 float보다 2배의 저장 공간을 사용하므로, 가능하다면 float을 사용하는 것을 권장한다.

- Know and Use the Libraries : 라이브러리를 알고 사용하자.
여러분들이 만든 코드가 최적화 된 것일 수도 있겠지만, API에서 제공하는 클래스와 메서드가 훨씬 더 빠를 수 있다. 예를 들면 배열을 복사할 때

System.arraycopy() 메서드를 사용하면 루프를 사용하는 것보다 9배 이상 빠르다.

- Use Native Methods Carefully : Native 메서드는 유의해서 사용하자. 안드로이드 NDK를 사용한 Native코드 호출을 할 때는 신중하게 접근해야만 한다. 예를 들면 JIT 컴파일러가 최적화도 못하고, 게다가 각각의 상이한 아키텍처에 따라서 컴파일을 별도로 진행해야 하는 경우도 발생한다.

간단하게 구글의 안드로이드 개발자 사이트에 있는 내용을 정리했다. 많은 안드로이드 개발자분들이 이 내용들을 읽었겠지만, 개발할 때 이 내용을 적용하는 것을 별개의 문제로 여기는 경우가 많다. 조금만 신경쓰면 성능이 좀 더 빠른 안드로이드 앱이 될 수 있다.

안드로이드 분석에 도움이 되는 기본적인 툴들

안드로이드로 개발할 때 사용하는 툴의 종류는 매우 많은데, 일반적이고 가장 좋은 툴은 안드로이드 개발 툴킷에 포함된 툴들이다. 먼저 가장 기본적인 디버깅과 관련된 툴에는 어떤 것들이 있는지 한번 살펴보자. (이 내용은 안드로이드 개발자라면 잘 알고 있겠지만 모르는 독자를 위해서 정리해 둔 것이며, http://developer.android.com/tools/ 사이트에 있는 내용이다.)

- adb : 안드로이드 기기와 개발 도구(PC)간의 연동을 돕는 툴이다.
- DDMS : Dalvik Debug Monitor Server의 약자로 adb를 통해서 안드로이드 기기와 상호작용하는 정보를 그래픽 UI로 제공한다.
- LogCat : 안드로이드 개발할 때에도 System.out.println() 메서드로 출력해서 보는 습관은 좋지 않다. LogCat 이라는 로그 확인 툴을 사용하는 것을 권

장한다. LogCat은 원하는 로그만 쉽게 볼 수 있도록 필터링하는 기능도 제공한다.

이번에는 분석을 하는 데 도움이 되는 툴을 살펴보자.

- lint : 정적으로 코드를 분석하는 툴이다. 개발된 앱에 lint를 돌려 한 번에 확인할 수 있지만, 개발하는 중에 lint 점검을 켜도 확인할 수도 있다. 다시 말해 실시간 코드 분석이 가능하다.
- Hierarchy Viewer : UI의 레이어 처리 시에 발생하는 성능 저하를 확인할 수 있는 툴이다.
- Traceview : 앱의 성능상 저하가 발생하는 부분이 어디인지를 확인할 수 있는 프로파일링 툴이다. 많은 정보를 제공하지만, 성능 저하가 심하다는 단점이 있다. 예를 들어 3초 소요되는 앱이 있을 때 이 툴로 분석할 경우 8초 정도 소요되기도 한다. 즉, 프로파일링으로 인해서 성능 저하가 발생하게 되기 때문에 결과를 얻기 어려운 상황이 된다.
- dmtracedump : 이 툴은 호출 관계를 그림으로 보여 주기는 하지만, 처음에 사용하기도 어렵고, 제공되는 내용이 그다지 큰 도움이 되지는 않는다.
- Systrace : 지금까지 살펴본 툴 중에서 가장 쓸 만한 툴이지만, 단점은 최신 기기(android 4.1 이상)에서만 사용할 수 있다는 점이다. 게다가 UI는 사용하기 쉽게 되어 있지만, 수집된 결과를 분석하려면 아주 전문적인 지식이 있어야만 가능하다.
- Tracer for OpenGL ES : ES(Embedded System)을 위한 OpenGL(그래픽 라이브러리)을 트레이스/프로파일링하는 툴이다. 만약 OpenGL을 사용한 게임이나 앱을 개발한 경우에 이 툴을 사용하여 분석하면 많은 도움이 될 것이다.

분석하는 툴 외에 여러분들이 앱을 배포하기 전에 실행해 보면 좋은 툴이 있다. 바로 각종 최적화 툴이다.

- Monkey : 클릭, 터치등과 같은 사용자의 시스템 레벨 이벤트를 발생시켜 앱의 스트레스 테스트를 수행할 수 있는 툴이다.
- uiautomator : UI 자동화 테스트를 쉽게 수행할 수 있도록 도와주는 툴이다.
- ProGuard : 이 툴은 앱을 최적화하고, 사용하지 않는 클래스들, 변수, 메서드들을 제거하는 기능을 제공한다. 게다가 최적화를 위해 코드 수정도 하기 때문에 역 컴파일이 어렵도록 만든다.
- zipalign : APK 파일의 크기를 효과적으로 줄여 주고, 압축되지 않은 이미지 및 원본 파일들을 최적화한다.

이밖에 ARO라는 툴도 있다. 이 툴은 AT&T라는 미국 통신 회사에서 제공하고 있다. 오픈소스이기 때문에 무료로 사용할 수 있고, 툴을 원하는 대로 수정해서 사용할 수도 있다. 구글에서 'ARO android'로 검색하면 쉽게 홈페이지를 찾을 수 있다(http://developer.att.com/ARO).

이 툴이 동작하는 원리를 간단히 설명하면 다음과 같다.

① ARO 수집 에이전트 앱을 안드로이드에 설치한다.
② ARO에서 제공하는 분석 툴을 PC에서 수행한 후 프로파일링을 시작한다.
③ 분석을 원하는 앱을 실행한다. 그러면 수집된 내용은 모두 안드로이드 기기에 저장되며, 분석을 종료시키면 해당 데이터들을 분석 PC에 저장된다.
④ 각종 데이터를 확인한다.

또한 ARO 툴은 세 가지 장점을 갖고 있다.

① 어느 시점에 배터리를 많이 사용하는지를 확인할 수 있다.

② 네트워크로 주고 받는 내용들을 볼 수 있다.
③ 분석하는 앱을 실행한 내용을 동영상으로 캡쳐해 줘서, 동영상과 데이터를 주고 받는 부분을 sync되어 볼 수 있다.

자신이 만든 앱이나 제 3자가 만든 앱을 성능 개선을 위해 분석해야 할 일이 있다면 ARO를 추천한다.

이렇게 안드로이드 개발자를 위해 기본적으로 제공하는 많은 툴이 있는데, 이 책에서는 DDMS와 systrace에 대해서만 간단히 살펴보자.

안드로이드 앱의 상황을 확인 하는 방법은?

안드로이드에서 가장 간단히 앱의 성능을 측정하는 방법은 DDMS를 활용하는 것이다. DDMS는 안드로이드 개발자 툴(ADT, Android Developer Tools)을 사용하다 보면 자연스레 접하게 되는 툴이다. DDMS라는 Perspective가 따로 존재하며, ADT 설치 시 DDMS Perspective를 누르면 다음과 같은 창이 나타난다.

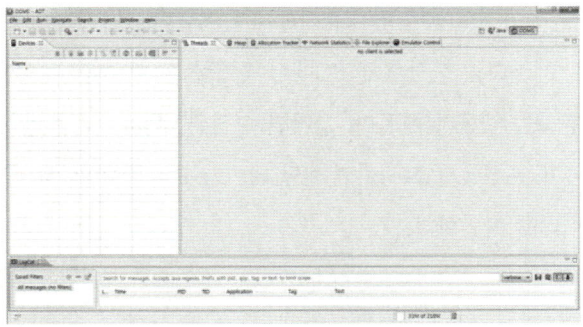

화면의 좌측에는 디바이스 목록이 있고, 우측에는 각종 분석 결과를 보여 주는 화면들이 탭으로 구성되어 있다. 그리고, 하단에는 앞서 간단히 소개한 LogCat이 위

치한다. 따라서, 여러분들이 작업 중인 개발 장비에 안드로이드 기기를 USB로 연결하면 좌측의 디바이스 목록에 나타난다.

우측 창에 있는 데이터가 모든 앱에 대해서 제공되는 것은 아니다. 앱을 실행하면 좌측 창의 디바이스 목록 중에 실행중인 앱 목록이 나타나는데, 여기에는 디버그 모드로 실행중인 앱들만 나타난다.

> 참고 안드로이드 개발을 해 보신 분들은 대부분 알고 있겠지만, 안드로이드 앱의 전반적인 설정을 지정하는 AndroidManifest.xml 파일의 application 태그에서 android:debuggable="true"로 지정이 되어야만 디버그가 가능하다. 다시 말해 이 설정이 되어 있지 않으면 DDMS의 좌측 디바이스 밑에 애플리케이션 목록에 나타나지 않는다.

DDMS의 우측 창에서는 어떤 기능들이 제공되는지 확인해 보자.

- Thread
- Allocation Tracer
- Network Statistics
- File Explorer
- Emulator Control

제공되는 기능의 이름만 보더라도 대부분 어떤 기능인지 알 수 있을 것이다. 여기서 안드로이드 앱을 개발할 때 분석을 위해 필요한 툴은 Thread, Allocation Tracer, Network Statistics다. 각각의 툴에 대해서 간단히 살펴보자.

- Thread: 스레드의 현재 상황을 확인하려면 다음의 절차를 따르면 된다.

- 디바이스 목록 창에서 분석하려는 앱을 선택한다.

- Update Thread 버튼을 누른다.

- 스레드 탭에는 선택한 프로세스에 대한 스레드 상황을 확인할 수 있다.

- Allocation Tracer: 힙 메모리에 어떤 데이터가 어떻게 할당되어 있는지 확인해 보려면 다음의 절차를 따르면 된다.

  - 디바이스 목록 창에서 분석하려는 앱을 선택한다.

  - Update Heap 버튼을 누른다.

  - Allocation Tracer 탭에서 Cause GC 버튼을 눌러 GC를 발생시킨다. 그러면, 힙에 있는 데이터의 목록을 확인할 수 있다. 만약 데이터를 갱신하려면 이 버튼을 다시 누르면 된다.

  - Object type 을 누르면 타입별 객체의 개수를 확인할 수 있다.

- Network Statistics: 네트워크 통계 툴은 해당 디바이스에서 사용하는 네트워크 사용량을 모니터링한다. 다른 앱에서 사용하는 네트워크 사용량과 구분하려면 앱의 소스 코드에 TrafficStats라는 클래스의 메서드를 이용하여 태그를 지정할 수 있다. 자세한 내용은 이 절에서 다루는 사항들을 상세하게 다루고 있는 안드로이드 개발자 사이트(http://developer.android.com/tools/debugging/ddms.html)를 참고하기 바란다.

그렇다면, 안드로이드 앱의 메서드를 프로파일링하는 방법은 없을까? 안드로이드 개발 툴에는 메서드를 프로파일링하는 기능도 포함되어 있다. 바로 TraceView라는 툴인데 DDMS에서 Update Thread 버튼 옆에 있는 Start Method Profiling 버튼을 누르면 프로파일링을 시작한다. 프로파일링 시작 후 앱의 기능을 이것 저것 수행한 후 Stop Method Profiling 버튼을 누르면 프로파일링이 종료되고, DDMS에서 자동으로 TraceView 화면을 띄운다.

그런데 이 TraceView는 분석하려는 앱의 성능 정보만 제공하는 것이 아니라, 안드로이드 OS에서 점유한 성능 정보도 함께 제공한다. 따라서 성능 저하가 매우 심하다. 만약 3초 소요되는 앱이 있다면 프로파일링 할 경우에는 5초~8초가 소요될 수 있다. 그 결과로 분석을 하면 성능 저하가 발생하는 지점만 파악할 수 있다고 보면 된다. 프로파일링한 결과로 제공되는 시간은 그냥 참고용으로만 생각하면 된다.

systrace를 활용하자

앞서 살펴본 프로파일링 기능은 성능 저하가 심하지만, systrace라는 툴은 성능 저하가 거의 없다. 하지만, 안드로이드 4.1 이상부터 사용할 수 있고, python이 설치되어 있어야 하며(Mac OS와 Linux에서는 큰 무리 없이 실행 가능), 분석할 때 참고할 만한 자료가 거의 없다는 것이 단점이다.

이 툴은 기본적으로 UI 성능 분석을 위해서 사용한다. 다음은 Systrace에 대한 가이드가 있는 페이지이다.

- http://developer.android.com/tools/debugging/systrace.html
- http://developer.android.com/tools/help/systrace.html

이 사이트의 내용을 보면서 systrace의 사용법을 익히면 된다. 간단하게 정리하면 다음과 같다.

① 안드로이드 장비를 디버그 모드로 설정한다.
② 분석하고자 하는 대상을 선정한다. Settings 〉 Developer options 〉 Monitoring 〉 Enable traces에서 지정하면 된다. 선택 가능한 대상은 다음과 같다.

- 태그 지정 : gfx(Graphics), input, view, webview, wm(Window Manager), am(Activity Manager), sync(Sync Manager), audio, video, camera
- OS 모니터링 옵션 지정 : CPU, 디스크, 작업 큐

③ 옵션을 지정한 후에 adb shell을 중지하고, 다시 시작한다.

```
$ acb shell stop
$ acb shell start
```

④ 안드로이드 장비를 USB로 연결한 개발 PC에서 systrace 스크립트를 실행한다.

```
$ python systrace.py --cpu-freq --cpu-load --time=10 -o mytracefile.html
```

이렇게 하건 다음과 같이 수행된다.
- CPU frequency(--cpu-freq)와 CPU 부하(--cpu-load)를 모니터링하고,
- 10초간 데이터를 수집(--time=10)하며
- mytracefile.html이라는 파일에 결과를 저장(-o mytracefile.html)한다.

이 명령을 실행하기 위해 엔터를 치자마자, 분석하고자 하는 앱을 실행한다. 앱이 10초 이내에 원하는 작업을 마치면 정상적으로 로그가 저장된다. 앞서 이야기한대로 해당 스크립트가 수행되자마자 adb로 연결되어 있는 안드로이드 디바이스의 atrace라는 프로그램이 실행되면서 정보를 수집하기 때문에 이러한 작업이 가능해진 것이다.

> 📌 **참고** atrace는 안드로이드에서 제공하는 커널의 데이터를 수집하는 툴이다. systrace라는 파이선 언어로 만들어진 스크립트에서는 안드로이드 디바이스에 있는

> atrace 명령을 수행하도록 되어 있다. atrace에서는 /sys/kernel/debug/tracing/으
> 로 시작하는 디렉터리에 필요한 파일을 저장하기 때문에 만약 systrace를 수행했을 때
> 이 디렉터리들에 접근 권한이 없다는 등의 오류메시지가 나타나면 여러분들이 사용하
> 는 안드로이드 디바이스가 atrace를 사용할 수 있는 상태로 컴파일이 되지 않은 것이
> 다. 이 atrace 명령이 어떻게 되어 있는지 확인하려면 'android atrace source'로 검
> 색하면 atrace.c 파일의 소스를 확인할 수 있다.

정상적으로 분석이 완료되었다면 해당 파일은 여러분들이 python 스크립트를 수행한 디렉터리에 생성되어 있을 것이다. 이제 저장된 html 파일을 열자. 그러면 다음과 같은 화면이 브라우저에 나타난다.

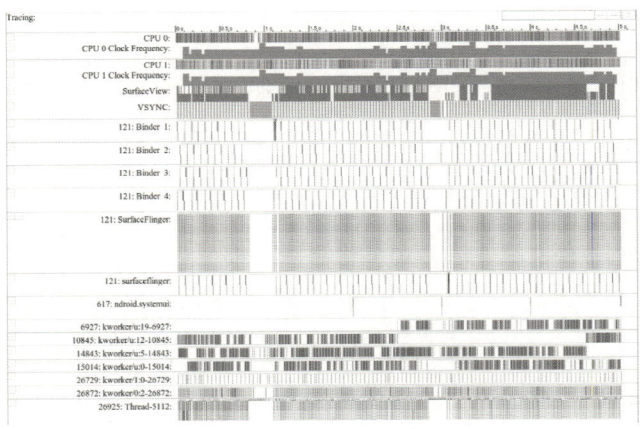

출처: http://developer.android.com/tools/debugging/systrace.html

이 화면에서는 다음과 같은 단축키를 기억해 둬야 분석이 편하다. 단축키를 사용하면 여러분이 실행한 앱과 안드로이드 OS에서 어떤 작업이 수행되었는지를 확인할 수 있다. 아쉬운 점은 여기서 제공하는 각 이벤트들이 어떤 의미를 가지는지에 대한 상세한 문서가 존재하지 않는다는 것이다. 관련해서 필자가 구글 엔지니

키	설명
w	줌 인 (가로축 타임라인을 더 짧은 시간으로 확대)
s	줌 아웃 (가로축 타임라인을 더 긴 시간으로 축소)
a	좌측 시간으로 이동
d	우측 시간으로 이동
e	현재 마우스 위치의 타임라인을 중앙으로 이동
g	현재 선택한 작업의 시작 그리드 표시
Shift+g	현재 선택한 작업의 끝 그리드 표시
우측 방향키	선택한 타임라인의 다음 이벤트 선택
좌측 방향키	선택한 타임라인의 이전 이벤트 선택
더블 클릭	현재 타임라인 줌 인
Shift+더블 클릭	현재 타임라인 줌 아웃

어께게 문의를 했는데도 원하는 답을 얻지 못했다.

추가로 여러분들이 Open GL처리를 하는 앱을 만든다면 'Tracer for OpenGL ES'라는 툴도 있으니 성능 분석을 위해서 사용해 보기 바란다.

안드로이드에서는 이미지 처리만 잘해도 성능이 좋아진다

안드로이드 앱 중에서 많은 앱들이 이미지 목록을 처리한다. 이미지 목록은 왼쪽에 이미지가 있고, 우측에 해당 항목에 대한 설명이 있는 화면을 말한다. Google Play나 TStore, Hoppin 등의 앱 및 영화 목록을 제공하는 앱이나, 국민 메신저인 카카오 톡의 친구 목록이 여기에 속한다. 그런데, 여기서 이미지에 대한 최적화를 하지 않으면 화면을 아래로 스크롤 했을 때 사용자가 느끼기에 매우 버벅거리거나 느리다는 느낌을 받게 된다. (분명 많은 독자들이 이런 느낌을 분명히 받았을 것이다.)

이미지가 많을 경우 버벅거리는 현상을 없애는 것은 생각보다 쉽지는 않지만,

다음의 규칙만 잘 따라도 의외로 쉽게 해결할 수 있다.

① 이미지는 크기가 얼마나 되나 확인해 보자.
② ImageView의 setImageResource() 메서드 사용을 자제하자.

각각의 사항을 조금 더 자세히 살펴보자.

이미지는 크기가 얼마나 되나 확인해 보자

목록에서 보이는 이미지의 크기가 얼마나 되는지 생각해 보자.

혹시 목록의 이미지가 영화 포스터인데, PC에서 해당 이미지를 다운로드해서 보면 영화배우의 잔주름까지 확인할 수 있을 정도로 해상도가 높은가? 그렇다면 빨리 이미지를 최적화하는 프로그램을 찾아보기 바란다. 앱에서 사용자에게 보여 주는 썸네일 이미지 크기는 정말 대부분 손톱만한 크기다. 엄지 손톱만한 것도 있겠지만, 새끼 손톱만한 것도 있다. 이렇게 보여 주는 이미지는 해상도가 좋을 필요가 없다. 그러므로, 필요한 크기로 미리 서버에서 크기 조정 및 압축률을 변경하면 서버에서 안드로이드 디바이스로 전달되는 파일의 크기도 작아지고, 앱에서 처리하는 이미지의 크기도 작아 사용자가 느끼는 체감 속도는 당연히 빨라질 것이다.

ImageView의 setImageResource() 메서드 사용을 자제하자

해당 메서드에 대한 안드로이드 API를 보면, 이 메서드를 사용하면 Bitmap 이미지를 읽고 디코딩하는 작업을 UI 스레드에서 수행하기 때문에 응답 시간이 저하된다고 되어 있다. 따라서, setImageDrawable(android.graphics.drawable.Drawable)나 setImageBitmap(android.graphics.Bitmap) 메서드를 사용하고, BitmapFactory 사용을 권장하고 있다. 추가로 ImageView를 사용하는 것보다 WebView를 사용할 경우에도 큰 효과를 볼 수 있다. 그러므로, 안드로이드 앱의 상황에 맞는 이미지 처리 방식을 찾아서 비교해 보기 바란다.

어떻게 보면 안드로이드 앱에서 이미지 처리 부분의 성능 개선 작업이 별 것 아닌 것처럼 느껴질 수 있지만, 실제 사용자들이 체감하는 속도는 많은 차이가 발생한다.

정리하며

이 장에서는 필자의 짧은 안드로이드에 대한 지식으로 안드로이드 앱의 성능 진단에 대한 기초적인 내용을 다루었다. 안드로이드 앱에서 성능 저하가 발생하더라도 그 원인을 찾는 방법은 이 책을 쓰는 시기까지도 쉽게 정리하기 어려웠다.

TraceView가 존재하긴 하지만, 앞서 이야기한 대로 성능 저하가 심하기 때문에 그다지 추천할 만한 방법은 아니다. 만약 이 툴에 프로파일링을 원하는 패키지나 클래스를 지정하는 필터링(Filtering) 기능이 있다면 보다 가볍고, 확실하게 분석이 가능하겠지만 아직까지는 그런 기능을 제공하지 않아 아쉬울 따름이다.

하지만 한가지 꼭 기억하고 있어야 하는 것은 안드로이드 앱을 지금까지 개발해 왔던 서버 애플리케이션처럼 만들 경우 성능 저하가 매우 심하다는 점이다. 아주 간순한 코드라도 필자가 이 장에서 소개한 성능 최적화 내용을 적용한다면 보다 나은 애플리케이션이 될 수 있다.

브다 상세한 안드로이드에 대한 내용은 『안드로이드 앱 성능 최적화』(로드북)를 참그하기 바란다.

JVM은 도대체 어떻게 구동될까?

들어가며

전 세계에 있는 대부분의 시스템들은 지속적으로 변경된다. 다시 말해서 주기적으로 수정하고 배포(release)하는 작업을 반복한다. 만약 여러분들이 웹 기반 시스템을 배포할 때 그냥 재시작만 한다면, 배포 직후 시스템 사용자들은 엄청나게 느린 응답 시간과 함께 시스템에 대한 많은 불만을 갖게 될 수도 있다. 즉, Warming up이 필요한데, 왜 이러한 작업이 필요한지에 대해서 알아보자.

성능 테스트를 마친 나초보씨는 성능 테스트를 할 때 시스템의 응답 시간이 초기에 매우 느리다는 것을 발견하였다. 성능 테스트를 진행하는 박시험 대리에게 왜 WAS을 재시작하면 성능이 느린지를 물어봤지만, 그냥 자바는 원래 그렇다는 대답만 들었다. 도대체 왜 느릴까? 이튜닝 선배는 이유를 알지도 모른다는 생각에 메일을 보냈다.

발신	나초보
수신	이튜닝
제목	왜 WAS 시작할 때는 느린거에요?
내용	선배님 성능테스트 할 때 보니까 서버를 재 시작한 후에는 성능이 확~~ 떨어지더라구요. 다시 말해서 응답 시간이 엄~~청 느리고, CPU도 많이 쓰구요. 왜 그런 거에요?

약 3일이 지나서 이튜닝 선배로부터 답이 왔다.

발신	이튜닝
수신	나초보
제목	RE: 왜 WAS 시작할 때는 느린거에요?
내용	글쎄~~ 왜 느릴까? 한번 잘 생각해봐. 정 모르겠으면 첨부를 보고.

나초보씨는 이튜닝 선배가 전달해 준 'JVM은 도대체 어떻게 구동될까?'라는 제목의 문서를 확인해 보았다.

이 장은 개발자 여러분들이 궁금해 할만한 다음과 같은 이론적인 사항 몇 가지를 정리해 놓았다. 반드시 성능과 관련있는 부분은 아니지만, 알아두면 좋은 내용들이다.

- HotSpot VM의 구조
- JIT 옵티마이저
- JVM의 구동 절차
- JVM의 종료 절차
- 클래스 로딩의 절차
- 예외 처리의 절차

즉, 당장 개발하는 데는 필요 없지만, 자바 기본서에서 다루기에는 애매한 내용들을 간단히 정리하였다.

> **참고** 이 장의 주요 내용은 Charlie Hunt와 Binu John가 집필한 『Java Performance』(2011)라는 책의 내용의 일부와 IBM 및 Oracle 홈페이지에서 발췌하여 정리한 것이다.

이 장의 주요 용어들을 이해하기 위해서는 HotSpot에 대해 설명해 놓은 문서를 먼저 읽어 보거나, 필요시 해당 용어에 대한 설명을 참조하는 것이 좋다. 친절하게도, OpenJDK 문서 중에는 HotSpot 관련 용어들을 풀이한 페이지(http://openjdk.java.net/groups/hotspot/docs/HotSpotGlossary.html)를 제공하니 참고하기 바란다.

HotSpot VM은 어떻게 구성되어 있을까?

자바 관련 문서들을 읽다 보면, HotSpot VM이라는 용어를 종종 접했을 것이다. HotSpot VM에 대해서 살펴보기 전에 HotSpot이 무엇인지 알아보자. (HotSpot의 역사까지 알고 싶은 독자는 http://en.wikipedia.org/wiki/HotSpot을 참고하기 바란다.) HotSpot이라는 단어는 일반적으로 붙여 사용하지 않고, Hot Spot이라는 숙어로 사용된다. 단어를 직역하면 '뜨거운 지점'이라고 번역할 수 있지만, '분쟁 지역', '활기 넘치는 곳'이라는 의미로 사용된다. 이 단어는 자바에서 HotSpot이라는 한 단어로 쓰이며, 정확한 명칭은 'Java HotSpot Performance Engine'이다. 그런데 왜 이름을 이렇게 지었을까?

자바를 만든 Sun에서는 자바의 성능을 개선하기 위해서 Just In Time (JIT) 컴파일러를 만들었고, 이름을 HotSpot으로 지었다. 여기서 JIT 컴파일러는 프로그램의 성능에 영향을 주는 지점에 대해서 지속적으로 분석한다. 분석된 지점은 부하를 최소화하고, 높은 성능을 내기 위한 최적화의 대상이 된다.

이 HotSpot은 자바 1.3 버전부터 기본 VM으로 사용되어 왔기 때문에, 지금 운영되고 있는 대부분의 시스템들은 모두 HotSpot 기반의 VM이라고 생각하면 된다.

HotSpot VM은 세 가지 주요 컴포넌트로 되어 있다.

- VM(Virtual Machine) 런타임
- JIT(Just In Time) 컴파일러
- 메모리 관리자

HotSpot VM은 높은 성능과 확장성을 제공한다. 일례로 JIT 컴파일러는 자바 애플리케이션이 수행되는 상황을 보고 동적으로 최적화를 수행한다.

> **참고** JIT는 우리나라말로 하면 '적절한 시간'이라는 의미다. JIT를 사용한다는 것은 '언제나 자바 메서드가 호출되면 바이트 코드를 컴파일하고 실행 가능한 네이티브 코드로 변환한다'는 의미다. 하지만, 매번 JIT로 컴파일을 하면 성능 저하가 심하므로, 최적화 단계를 거치게 된다.

HotSpot VM의 아키텍처 그림을 보자.

이 그림에서 보듯이 레고처럼 'HotSpot VM 런타임'에 'GC 방식'과 'JIT 컴파일

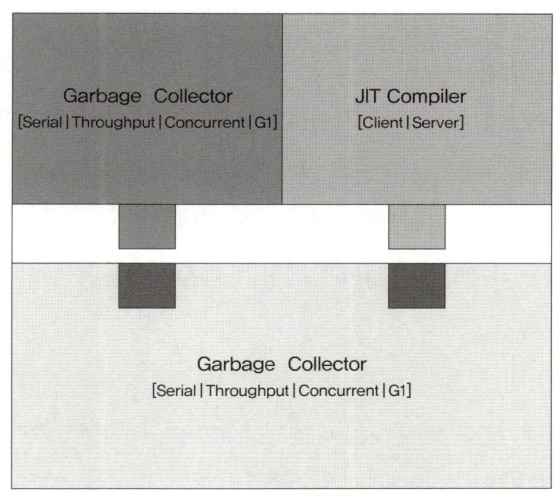

그림20 | HotSpot VM 아키텍처

러'를 끼워 맞춰 사용할 수 있다. 이를 위해서 'VM 런타임'은 JIT 컴파일러용 API 와 가비지 컬렉터용 API를 제공한다. 그리고, JVM을 시작하는 런처와 스레드 관리, JNI 등도 VM 런타임에서 제공한다.

JIT Optimizer라는 게 도대체 뭘까?

HotSpot VM JIT 컴파일러에 대해서 자세히 이야기하기 전에 Client 버전과 Server 버전으로 나뉜다는 것을 기억해 두자.

  컴파일이라는 작업은 상위 레벨의 언어로 만들어진 기계에 의존적인 코드로 변환하는 것을 말한다. 전통적으로 컴파일러인 C나 C++를 예를 들어 생각해 보자. C의 경우 먼저 소스코드에서 object 파일을 만들고, 이 object로 수행 가능한 라이브러리로 만든다. 이 작업은 애플리케이션이 수행되는 것과 비교해서 지속, 반복적으로 수행되지 않고 한 번만 수행된다. 그런데, 자바는 javac라는 컴파일러를 사용한다. 이 컴파일러는 소스코드를 바이트 코드로 된 class라는 파일로 변환해 준다. 그렇기 때문에 JVM은 항상 바이트 코드로 시작하며, 동적으로 기계에 의존적인 코드로 변환한다.

JIT는 애플리케이션에서 각각의 메서드를 컴파일할 만큼 시간적 여유가 많지 않다. 그러므로, 모든 코드는 초기에 인터프리터에 의해서 시작되고, 해당 코드가 충분히 많이 사용될 경우에 컴파일할 대상이 된다. HotSpot VM에서 이 작업은 각 메서드에 있는 카운터를 통해서 통제되며, 메서드에는 두 개의 카운터가 존재한다.

- 수행 카운터(invocation counter) : 메서드를 시작할 때마다 증가
- 백에지 카운터(backedge counter) : 높은 바이트 코드 인덱스에서 낮은 인덱스로 컨트롤 흐름이 변경될 때마다 증가

여기서 백에지 카운터는 메서드가 루프가 존재하는지를 확인할 때 사용되며, 수행 카운터 보다 컴파일 우선순위가 높다.

이 카운터들이 인터프리터에 의해서 증가될 때마다, 그 값들이 한계치에 도달했는지를 확인하고, 도달했을 경우 인터프리터는 컴파일을 요청한다. 여기서 수행 카운터에서 사용하는 한계치는 CompileThreshold이며, 백에지 카운터에서 사용하는 한계치는 다음의 공식으로 계산한다.

```
CompileThreshold * OnStackReplacePercentage / 100
```

> ✏️ **참고** 이 두 개의 값들은 JVM이 시작할 때 지정 가능하며 다음과 같이 시작 옵션에 지정할 수 있다.
>
> - XX:CompileThreshold=35000
> - XX:OnStackReplacePercentage=80

300

> 즉, 이렇게 지정하면, 메서드가 3만 5천 번 호출되었을 때 JIT에서 컴파일을 하며, 백에
> 지 카운터가 35,000 * 80 / 100 = 28,000이 되었을 때 컴파일된다.

컴파일이 요청되면 컴파일 대상 목록의 큐에 쌓이고, 하나 이상의 컴파일러 스레드가 이 큐를 모니터링한다. 만약 컴파일러 스레드가 바쁘지 않을 때는 큐에서 대상을 빼내서 컴파일을 시작한다. 보통 인터프리터는 컴파일이 종료되기를 기다리지 않는 대신, 수행 카운터를 리셋하고 인터프리터에서 메서드 수행을 계속 한다. 컴파일이 종료되면, 컴파일된 코드와 메서드가 연결되어 그 이후부터는 메서드가 호출되면 컴파일된 코드를 사용하게 된다. 만약 인터프리터에서 컴파일이 종료될 때까지 기다리도록 하려면, JVM 시작시 -Xbatch나 -XX:-BackgroundCompilation 옵션을 지정하여 컴파일을 기다리도록 할 수도 있다.

HotSpot VM은 OSR(On Stack Replacement)이라는 특별한 컴파일도 수행한다. 이 OSR은 인터프리터에서 수행한 코드 중 오랫동안 루프가 지속되는 경우에 사용된다. 만약 해당 코드의 컴파일이 완료된 상태에서 최적화되지 않은 코드가 수행되고 있는 것을 발견한 경우에 인터프리터에 계속 머무르지 않고 컴파일된 코드로 변경한다. 이 작업은 인터프리터에서 시작된 오랫동안 지속되는 루프가 다시는 불리지 않을 경우엔 도움이 되지 않지만, 루프가 끝나지 않고 지속적으로 수행되고 있을 경우에는 큰 도움이 된다.

> **참고** Java 5 HotSpot VM이 발표되면서 새로운 기능이 추가되었다. 이 기능은 JVM이 시작될때 플랫폼과 시스템 설정을 평가하여 자동으로 garbage collector를 선정하고, 자바 힙 크기와 JIT 컴파일러를 선택하는 것이다. 이 기능을 통해서 애플리케이션의 활동과 객체 할당 비율에 따라서 garbage collector가 동적으로 자바 힙 크기를 조절하며, New의 Eden과 Survivor, Old 영역의 비율을 자동적으로 조절하는 것을 의

미한다. 이 기능은 -XX:+UseParallelGC와 -XX:+UseParallelOldGC에서만 적용되며 이 기능을 제거하려면 -XX:-UseAdaptiveSizePolicy라는 옵션을 적용하여 끌 수가 있다.

JRockit의 JIT 컴파일 및 최적화 절차

아쉽게도 Oracle JVM의 경우 JIT 컴파일러 최적화에 대한 자세한 문서가 존재하지 않는다. (물론 필자가 찾지 못했을 수도 있다.) 그런데, JRockit JVM과 IBM의 경우 문서화된 JIT 최적화 내용이 있으니 한번 같이 살펴보자.

먼저 다음 그림을 보자.

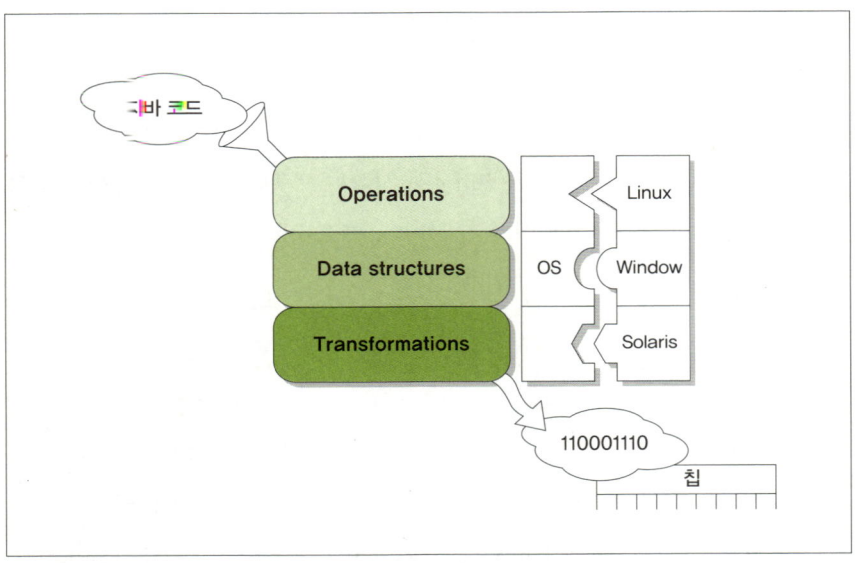

그림21 | JRockit의 JIT 컴파일 및 최적화

JVM은 각 OS에서 작동할 수 있도록 자바 코드를 입력 값(정확하게는 바이트 코드)으로 받아 각종 변환을 거친 후 해당 칩의 아키텍처에서 잘 돌아가는 기계어 코드로 변환되어 수행되는 구조로 되어 있다. 그림21에서 설명하는 절차는 매우 개략적인 절차고, 보다 상세한 최적화 절차는 다음의 그림을 보자.

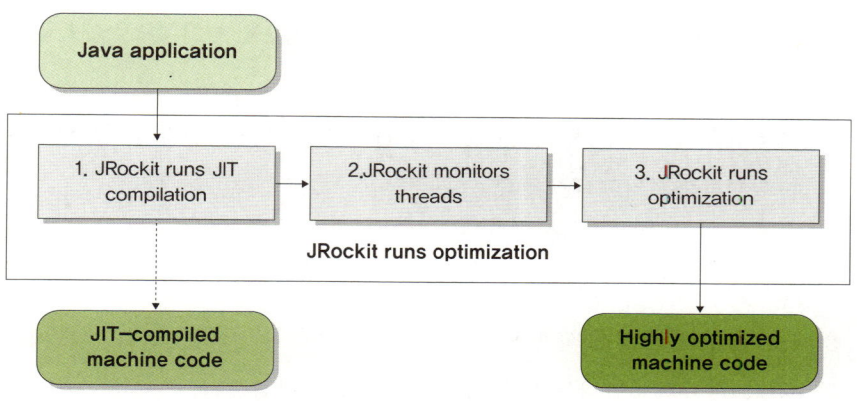

JRockit은 이와 같이 최적화 단계를 거치도록 되어 있으며, 각각의 단계는 다음의 작업을 수행한다.

- JRockit runs JIT compilation

  자바 애플리케이션을 실행하면 기본적으로는 1번 단계인 JIT 컴파일을 거친 후 실행이 된다. 이 단계를 거친 후 메서드가 수행되면, 그 다음부터는 컴파일된 코드를 호출하기 때문에 처리 성능이 빨라진다.

  　애플리케이션이 시작하는 동안 몇천 개의 새로운 메서드가 수행되며 이로 인해 다른 JVM보다 JRockit JVM이 더 느릴 수도 있다. 그리고, 이 작업으로 인해 JIT가 메서드를 수행하고 컴파일 하는 작업은 오버헤드가 되지만, JIT가 없으면 JVM은 계속 느린 상태로 지속될 것이다. 다시 말해서, JIT를 사용하면 시작할 때의 성능은 느리겠지만, 지속적으로 수행할 때는 더 빠른 처리가 가능하다. 따라서, 모든 메서드를 컴파일하고 최적화하는 작업은 JVM 시작 시간을 느리게 만들기 때문에 시작할 때는 모든 메서드를 최적화하지는 않는다.

- **JRockit monitors threads**

  JRockit에는 'sampler thread'라는 스레드가 존재하며 주기적으로 애플리케이션의 스레드를 점검한다. 이 스레드는 어떤 스레드가 동작 중인지 여부와 수행 내역을 관리한다. 이 정보들을 통해서 어떤 메서드가 많이 사용되는지를 확인하여 최적화 대상을 찾는다.

- **JRockit JVM Runs Optimization**

  'sampler thread'가 식별한 대상을 최적화한다. 이 작업은 백그라운드에서 진행되며 수행중인 애플리케이션에 영향을 주지는 않는다.

간단하게 JRockit JIT가 어떻게 동작하는지 살펴봤다. 실제로 코드가 어떻게 최적화 되는지를 보면 이해가 좀 더 쉬울 것이다. 다음과 같이 간단한 A와 B 클래스가 있다.

코드 16.1

```
class A {
    B b;
    public void foo() {
        y = b.get();
        //중간 생략
        z = b.get();
        sum = y + z;
    }
}
class B {
```

```
    int value;
    final int get() {
        return value;
    }
}
```

foo()라는 메서드를 보면 y와 z 변수에 b.get()이라는 메서드를 호출하고, 그 결과를 더한다. 여기서 중복 호출이 된다는 것을 알 수 있다. 게다가 B 클래스의 get() 메서드는 value 값만을 리턴하는 아주 단순한 코드다. 이 코드를 JRockit JIT 컴파일러에서는 다음과 같이 최적화한다.

코드 16.2

```
class A {
    B b;
    public void foo() {
        y = b.value;
        //중간 생략
        sum = y + y;
    }
}
```

B 클래스의 코드는 전혀 바뀌지 않으며, A 클래스의 foo 클래스는 위와 같이 바뀐다. 아주 단순한 것 같지만 다음의 절차를 통해서 최적화 작업이 수행된다.

최적화 단계	코드 변환	설명
시작 단계	변경 없음	
1. final 로 선언된 메서드 인라인(inline) 처리	```public void foo() { y = b.value; //중간 생략 z = b.value; sum = y + z;}```	b.get()이 b.value로 변환된다. 이 작업을 통해서 메서드 호출로 인한 성능 저하가 개선된다.

최적화 단계	코드 변환	설명
| 2. 불필요한 부하 제거 | ```
public void foo() {
    y = b.value;
    //중간 생략
    z = y;
    sum = y + z;
}
``` | z와 y 값이 동일하므로, z에 y 값을 할당한다. |
| 3. 복제 | ```
public void foo() {
    y = b.value;
    //중간 생략
    y = y;
    sum = y + y;
}
``` | z와 y의 값이 동일하므로 불필요한 변수인 z를 y로 변경한다. |
| 4. 죽은 코드 삭제 | ```
public void foo() {
    y = b.value;
    //중간 생략
    sum = y + y;
}
``` | y=y 코드가 불필요하므로 삭제한다. |

아주 간단한 예지만, 4가지 최적화 기법이 적용된 것을 확인할 수 있다. 이러한 최적화 기법 중 일부는 IBM JVM에 대한 설명이 있는 다음 절의 설명을 통해서 살펴보자.

> **참고** 이 절은 오라클 홈페이지의 내용을 정리한 내용이다.
>
> http://docs.oracle.com/cd/E13150_01/jrockit_jvm/jrockit/geninfo/diagnos/underst_jit.html

IBM JVM의 JIT 컴파일 및 최적화 절차

IBM JVM의 JIT 컴파일 방식은 5가지로 나뉜다.

- 인라이닝(Inlining)
```

- 지역 최적화(Local optimizations)
- 조건 구문 최적화(Control flow optimizations)
- 글로벌 최적화(Global optimizations)
- 네이티브 코드 최적화(Native code generation)

처음에는 단어들이 어려워 보이겠지만, 알고 보면 그다지 어려운 내용은 아니다. 그럼 각각의 단계에 대해서 알아보자.

인라이닝(Inlining)

메서드가 단순할 때 적용되는 방식이며, 호출된 메서드가 단순할 경우 그 내용이 호출한 메서드의 코드에 포함해 버린다. 이렇게 될 경우 자주 호출되는 메서드의 성능이 향상된다는 장점이 있다.

지역 최적화(Local optimizations)

작은 단위의 코드를 분석하고 개선하는 작업을 수행한다.

조건 구문 최적화(Control flow optimizations)

메서드 내의 조건 구문을 최적화하고, 효율성을 위해서 코드의 수행 경로를 변경한다.

글로벌 최적화(Global optimizations)

메서드 전체를 최적화하는 방식이다. 매우 비싼 방식이며, 컴파일 시간이 많이 소요된다는 단점이 있지만, 성능 개선이 많이 될 수 있다는 장점이 있다.

네이티브 코드 최적화(Native code generation)

이 방식은 플랫폼 아키텍처에 의존적이다. 다시 말해서 아키텍처에 따라서 최적화를 다르게 처리하는 것을 말한다.

컴파일된 코드는 '코드 캐시(Code cache)'라고 하는 JVM 프로세스 영역에 저장된다. 결과적으로 JVM 프로세스는 JVM 수행 파일과 컴파일된 JIT 코드의 집합으로 구분된다.

지금까지 두 개의 JVM에서 최적화를 하는 방식에 대해서 아주 간단히 알아보았다. 더 깊게 들어가자면 컴파일러 이론까지 봐야 하니 여기까지만 살펴보고, JVM 시작 절차를 알아보자.

> **참고** 이 절의 내용은 IBM 리눅스용 JDK 문서를 참고하였다.
> http://public.boulder.ibm.com/infocenter/java7sdk/v7r0/topic/com.ibm.java.lnx.70.doc/diag/understanding/jit.html

JVM이 시작할 때의 절차는 이렇다

여러분들이 java 명령으로 HelloWorld라는 클래스를 실행하면 어떤 단계로 수행될까? 간단히 정리해 보면 다음과 같다.

① java 명령어 줄에 있는 옵션 파싱:
일부 명령은 자바 실행 프로그램에서 적절한 JIT 컴파일러를 선택하는 등의 작업을 하기 위해서 사용하고, 다른 명령들은 HotSpot VM에 전달된다.
② 자바 힙 크기 할당 및 JIT 컴파일러 타입 지정:(이 옵션들이 명령줄에 지정되지 않았을 경우)
메모리 크기나 JIT 컴파일러 종류가 명시적으로 지정되지 않은 경우에 자바 실행 프로그램이 시스템의 상황에 맞게 선정한다. 이 과정은 좀 복잡한 단계

(HotSpot VM Adaptive Tuning)를 거치니 일단 넘어가자.

③ CLASSPATH와 LD_LIBRARY_PATH 같은 환경 변수를 지정한다.
④ 자바의 Main 클래스가 지정되지 않았으면, Jar 파일의 manifest 파일에서 Main 클래스를 확인한다.
⑤ JNI의 표준 API인 JNI_CreateJavaVM를 사용하여 새로 생성한 non-primordial이라는 스레드에서 HotSpot VM을 생성한다.
⑥ HotSpot VM이 생성되고 초기화되면, Main 클래스가 로딩된 런처에서는 main() 메서드의 속성 정보를 읽는다.
⑦ CallStaticVoidMethod는 네이티브 인터페이스를 불러 HotSpot VM에 있는 main() 메서드가 수행된다. 이때 자바 실행 시 Main 클래스 뒤에 있는 값들이 전달된다.

추가로 ⑤에 있는 자바의 가상 머신(JVM)을 생성하는 JNI_CreateJavaVM 단계에 대해서 더 알아보자. 이 단계에서는 다음의 절차를 거친다.

① JNI_CreateJavaVM는 동시에 두개의 스레드에서 호출할 수 없고, 오직 하나의 HotSpot VM 인스턴스가 프로세스 내에서 생성될 수 있도록 보장된다.
   HotSpot VM이 정적인 데이터 구조를 생성하기 때문에 다시 초기화는 불가능하기 때문에, 오직 하나의 HotSpot VM이 프로세스에서 생성될 수 있다.
② JNI 버전이 호환성이 있는지 점검하고, GC 로깅을 위한 준비도 완료된다.
③ OS 모듈들이 초기화된다. 예를 들면 랜덤 번호 생성기, PID 할당 등이 여기에 속한다.
④ 커맨드 라인 변수와 속성들이 JNI_CreateJavaVM 변수에 전달되고, 나중에 사용하기 위해서 파싱한 후 보관한다
⑤ 표준 자바 시스템 속성(properties)이 초기화된다.
⑥ 동기화, 메모리, safepoint 페이지와 같은 모듈들이 초기화된다.

⑦ libzip, libhpi, libjava, libthread와 같은 라이브러리들이 로드된다.

⑧ 시그널 처리기가 초기화 및 설정된다.

⑨ 스레드 라이브러리가 초기화된다.

⑩ 출력(output) 스트림 로거가 초기화된다.

⑪ JVM을 모니터링하기 위한 에이전트 라이브러리가 설정되어 있으면 초기화 및 시작된다.

⑫ 스레드 처리를 위해서 필요한 스레드 상태와 스레드 로컬 저장소가 초기화된다.

⑬ HotSpot VM의 '글로벌 데이터'들이 초기화된다. 글로벌 데이터에는 이벤트 로그(event log), OS 동기화, 성능 통계 메모리(perfMemory), 메모리 할당자(chunkPool)들이 있다.

⑭ HotSpot VM에서 스레드를 생성할 수 있는 상태가 된다. main 스레드가 생성되고, 현재 OS 스레드에 붙는다. 그러나 아직 스레드 목록에 추가되지는 않는다.

⑮ 자바 레벨의 동기화가 초기화 및 활성화된다.

⑯ 부트 클래스로더, 코드 캐시, 인터프리터, JIT 컴파일러, JNI, 시스템 dictionary, '글로벌 데이터' 구조의 집합인 universe 등이 초기화된다.

⑰ 스레드 목록에 자바 main 스레드가 추가되고, universe의 상태를 점검한다. HotSpot VM의 중요한 기능을 하는 HotSpot VMThread가 생성된다. 이 시결에 HotSpot VM의 현재 상태를 JVMTI에 전달한다.

⑱ java.lang 패키지에 있는 String, System, Thread, ThreadGroup, Class 클래스와 java.lang의 하위 패키지에 있는 Method, Finalizer 클래스 등이 로딩되고 초기화된다.

⑲ HotSpot VM의 시그널 핸들러 스레드가 시작되고, JIT 컴파일러가 초기화되며, HotSpot의 컴파일 브로커 스레드가 시작된다. 그리고, HotSpot VM과 관련된 각종 스레드들이 시작한다.

이때부터 HotSpot VM의 전체 기능이 동작한다.
⑳ JNIEnv가 시작되며, HotSpot VM을 시작한 호출자에게 새로운 JNI 요청을 처리할 상황이 되었다고 전달해 준다.

이렇게 복잡한 JNI_CreateJavaVM 시작 단계를 거치고, 나머지 단계들을 거치면 JVM이 시작된다.

JVM이 종료될 때의 절차는 이렇다

그러면 JVM 이 종료될 때는 어떤 절차를 거칠까? 만약 정상적으로 JVM을 종료 시킬 때는 다음의 절차를 거치지만, OS의 kill -9와 같은 명령으로 JVM을 종료시키면 이 절차를 따르지 않는다는 것을 명심하기 바란다.

만약 JVM이 시작할 때 오류가 있어 시작을 중지할 때나, JVM에 심각한 에러가 있어서 중지할 필요가 있을 때는 DestroyJavaVM이라는 메서드를 HotSpot 런처에서 호출한다.

HotSpot VM의 종료는 다음의 DestroyJavaVM 메서드의 종료 절차를 따른다.

① HotSpot VM이 작동중인 상황에서는 단 하나의 데몬이 아닌 스레드(nondaemon thread)가 수행될 때까지 대기한다.
② java.lang 패키지에 있는 Shutdown 클래스의 shutdown() 메서드가 수행된다. 이 메서드가 수행되면 자바 레벨의 shutdown hook 이 수행되고, finalization-on-exit이라는 값이 true일 경우에 자바 객체 finalizer를 수행한다.
③ HotSpot VM 레벨의 shutdown hook을 수행함으로써 HotSpot VM의 종료를 준비한다. 이 작업은 JVM_OnExit()메서드를 통해서 지정된다. 그리고, HotSpot VM의 profiler, stat sampler, watcher, garbage collector 스레드

를 종료시킨다.

이 작업들이 종료되면 JVMTI를 비활성화하며, Signal 스레드를 종료시킨다.

④ HotSpot의 JavaThread::exit() 메서드를 호출하여 JNI 처리 블록을 해제한다. 그리고, guard pages, 스레드 목록에 있는 스레드들을 삭제한다. 이 순간부터는 HotSpot VM에서는 자바 코드를 실행하지 못한다.

⑤ HotSpot VM 스레드를 종료한다. 이 작업을 수행하면 HotSpot VM에 남아 있는 HotSpot VM 스레드들을 safepoint로 옮기고, JIT 컴파일러 스레드들을 중지시킨다.

⑥ JNI, HotSpot VM, JVMTI barrier에 있는 추적(tracing) 기능을 종료시킨다.

⑦ 네이티브 스레드에서 수행하고 있는 스레드들을 위해서 HotSpot의 "vm exited" 값을 설정한다.

⑧ 현재 스레드를 삭제한다.

⑨ 입출력 스트림을 삭제하고, PerfMemory 리소스 연결을 해제한다.

⑩ JVM 종료를 호출한 호출자로 복귀한다.

이 절차를 거쳐 JVM이 종료된다.

아주 복잡하지만, JVM이 단계적으로 시작하고 종료하는 절차에 대해서 살펴보았다. 꼭 외우고 있어야 하는 내용은 아니고, 참고로 알아두면 되는 내용이니 이해가 되지 않는다고 좌절하지 말자.

클래스 로딩 절차도 알고 싶어요?

자바 클래스가 메모리에 로딩되는 절차가 궁금한 독자도 있을 테니, 클래스 로딩 절차도 간단히 살펴보자.

① 주어진 클래스의 이름으로 클래스 패스에 있는 바이너리로 된 자바 클래스를 찾는다.
② 자바 클래스를 정의한다.
③ 해당 클래스를 나타내는 java.lang 패키지의 Class 클래스의 객체를 생성한다.
④ 링크 작업이 수행된다. 이 단계에서 static 필드를 생성 및 초기화하고, 메서드 테이블을 할당한다.
⑤ 클래스의 초기화가 진행되며, 클래스의 static 블록과 static 필드가 가장 먼저 초기화 된다. 당연한 이야기지만, 해당 클래스가 초기화 되기 전에 부모 클래스의 초기화가 먼저 이루어진다.

이렇게 나열하니 단계가 복잡해 보이지만, loading → linking → linitializing로 기억하면 된다.

> **참고** 클래스가 로딩될 때 다음과 같은 에러가 발생할 수 있다. 참고로, 일반적으로 이 에러들은 자주 발생하지 않는다.
>
> - NoClassDefFoundError : 만약 클래스 파일을 찾지 못할 경우
> - ClassFormatError : 클래스 파일의 포맷이 잘못된 경우
> - UnsupportedClassVersionError : 상위 버전의 JDK 에서 컴파일한 클래스를 하위 버전의 JDK에서 실행하려고 하는 경우
> - ClassCircularityError : 부모 클래스를 로딩하는 데 문제가 있는 경우 (자바는 클래스를 로딩하기 전에 부모 클래스들을 미리 로딩해야 한다.)
> - IncompatibleClassChangeError : 부모가 클래스인데 implements를 하는 경우나 부모가 인터페이스인데 extends하는 경우
> - VerifyError : 클래스 파일의 semantic, 상수 풀, 타입 등의 문제가 있을 경우

그런데 클래스 로더가 클래스를 찾고 로딩할 때 다른 클래스 로더에 클래스를 로딩해 달라고 하는 경우가 있다. 이를 'class loader delegation'이라고 부른다. 클래스 로더는 계층적으로 구성되어 있다. 기본 클래스 로더는 '시스템 클래스 로더'라고 불리며 main 메서드가 있는 클래스와 클래스 패스에 있는 클래스들이 이 클래스 로더에 속한다. 그 하위에 있는 애플리케이션 클래스 로더는 자바 SE의 기본 라이브러리에 있는 것이 될 수도 있고, 개발자가 임의로 만든 것일 수도 있다.

부트스트랩(Bootstrap) 클래스 로더

HotSpot VM은 부트스트랩 클래스 로더를 구현한다. 부트스트랩 클래스 로더는 HotSpot VM의 BOOTCLASSPATH에서 클래스들을 로드한다. 예를 들면, Java SE(Standard Edition) 클래스 라이브러리들을 포함하는 rt.jar가 여기에 속한다.

> 참고 보다 빠른 JVM의 시작을 위해서 클라이언트 HotSpot VM은 '클래스 데이터 공유'라고 불리는 기능을 통해서 클래스를 미리 로딩할 수도 있으며, 이 기능은 기본적으로 켜져 있다. 이 기능은 -Xshare:on이라는 옵션을 사용해서 명시적으로 켤 수 있으며, -Xshare:off 옵션을 사용해서 기능을 끈다. 그런데, 서버 HotSpot VM은 '클래스 데이터 공유' 기능을 제공하지 않고, 또 클라이언트 HotSpot VM도 시리얼 GC를 사용하지 않을 경우에는 이 기능을 제공하지 않는다.

HotSpot의 클래스 메타데이터(Metadata)

HotSpot VM 나에서 클래스를 로딩하면 클래스에 대한 instanceKlass와 arrayKlass라는 내부적인 형식을 VM의 Perm 영역에 생성한다. instanceKlass는 클래스의 정도를 포함하는 java.lang.Class 클래스의 인스턴스를 말한다. HotSpot VM은 내부 데이터 구조인 klassOop라는 것을 사용하여 내부적으로 instanceKlass에 접근한다. 여기서 Oop라는 것은 ordinary object pointer의 약자다. 즉, klassOop는 클래스를 나타내는 ordinary object pointer를 의미한다.

내부 클래스 로딩 데이터의 관리

HotSpot VM은 클래스 로딩을 추적하기 위해서 다음의 3개의 해시 테이블을 관리한다.

- SystemDictionary

  로드된 클래스를 포함하며, 클래스 이름 및 클래스 로더를 키를 갖고 그 값으로 klassOop를 갖고 있다. SystemDictionary는 클래스 이름과 초기화한 로더의 정보, 클래스 이름과 정의한 로더의 정보도 포함한다. 이 정보들은 safepoint에서만 제거된다.

- PlaceholderTable

  현재 로딩된 클래스들에 대한 정보를 관리한다. 이 테이블은 ClassCircularityError를 체크할 때 사용하며, 다중 스레드에서 클래스를 로딩하는 클래스 로더에서도 사용된다.

- LoaderConstraintTable

  타입 체크시의 제약 사항을 추정하는 용도로 사용된다.

예외는 JVM에서 어떻게 처리될까?

마지막으로 예외가 발생했을 때 JVM에서 어떻게 처리되는지 알아보자.

JVM은 자바 언어의 제약을 어겼을 때 예외(exception)라는 시그널(signal)로 처리한다. HotSpot VM 인터프리터, JIT 컴파일러 및 다른 HotSpot VM 컴포넌트는 예외 처리와 모두 관련되어 있다. 일반적인 예외 처리 경우는 아래 두 가지 경우다.

- 예외를 발생한 메서드에서 잡을 경우

- 호출한 메서드에 의해서 잡힐 경우

후자의 경우에는 보다 복잡하며, 스택을 뒤져서 적당한 핸들러를 찾는 작업을 필요로 한다.

예외는,

- 던져진 바이트 코드에 의해서 초기화 될 수 있으며,
- VM 내부 호출의 결과로 넘어올 수도 있고,
- JNI 호출로 부터 넘어올 수도 있고,
- 자바 호출로부터 넘어올 수도 있다.

여기서 가장 마지막 경우는 단순히 앞의 세가지 경우의 마지막 단계에 속할 뿐이다.

VM이 예외가 던져졌다는 것을 알아차렸을 때, 해당 예외를 처리하는 가장 가까운 핸들러를 찾기 위해서 HotSpot VM 런타임 시스템이 수행된다. 이 때, 핸들러를 찾기 위해서는 다음의 3개의 정보가 사용된다.

- 현재 메서드
- 현재 바이트 코드
- 예외 객체

만약 현재 메서드에서 핸들러를 찾지 못했을 때는 현재 수행되는 스택 프레임을 통해서 이전 프레임을 찾는 작업을 수행한다. 적당한 핸들러를 찾으면, HotSpot VM 수행 상태가 변경되며, HotSpot VM은 핸들러로 이동하고 자바 코드 수행은 계속된다.

정리하며

지금까지 JVM의 내부적인 구조에 대해서 알아보았다. 용어들도 복잡하고, 내용이 쉽지만은 않다. 그리고 대부분의 개발자분들이 이 내용을 머릿속에 꿰차고 있을 필요도 없다. 이해가 안되더라도 좌절하지 말기 바라며, 필요한 독자분들을 위해서 『The Java Performance』라는 책을 참고하여 정리했으니, 보다 더 자세한 내용을 알고 싶은 독자는 참고하기 바란다. 이 책을 구입할 여력이 없는 독자들은 http://openjdk.java.net/groups/hotspot/docs/RuntimeOverview.html을 참고하기 바란다.

도대체 GC는 언제 발생할까?

들어가며

자바 기반의 시스템을 개발하면서 쓰레기 객체 처리(Garbage Collection, 이하 GC)가 어떻게 수행되는지 잘 모르고 개발하는 개발자들이 많이 있다. 물론 이 부분에 대해서 반드시 암기하고 숙지해야 자바 개발을 할 수 있는 것은 아니다. 그러나 유닉스나 리눅스 서버든 윈도 기반의 서버든 풀(Full) GC를 수행하는 시점에는 해당 JVM에서 처리되지 않는다는 단점이 있다. 다시 이야기하면 GC를 많이 하면 할수록 응답 시간에 많은 영향을 끼친다는 것이다. 그러므로 자신이 만든 자바 프로그램의 성능을 생각하는 자바 엔지니어라면, GC가 어떻게 처리되는지 기본 지식은 갖고 있는 것이 좋다.

나초보씨는 프로젝트가 막바지에 다다르면서, WAS 벤더에서 제공하는 기본 모니터링 기능을 활용하여 개발 서버를 모니터링 해 보았다. 그런데, 메모리 사용량이 지속적으로 증가하는 것을 발견하였다. 왜 자바에서 이런 일이 발생하는지 이해가 되지 않았다. C언어 개발할 때는 개발자가 반환하는 부분을 직접 작성하지만, '자바에서는 알아서 반납해 주는데, 왜?'라는 생각을 하다가 나초보씨는 새로운 의문을 갖게 되었다.

"도대체 언제 GC가 발생하는 거지?"

인터넷에서 찾아봐도 답이 없어서 아는 선배들에게 메일 컨설팅을 했다.

제목	GC는 도대체 언제 하는 거예요?
발신	나초보
수신	김경험, 이튜닝
내용	선배님 안녕하세요? 저희 개발은 거의 끝났고, 개발 서버를 모니터링하는데, 메모리 사용량이 계속 늘다가요. 이게 정상인가요?

김경험 선배의 답이 먼저 도착했다.

제목	Re: GC는 도대체 언제 하는 거예요?
발신	김경험
수신	나초보
내용	걔가 하고 싶을 때 하겠지. 머리가 꽉 차면 하지 않겠어? 개바 개발하면서 그건 신경 안 써도 돼.

나초보씨는 별로 도움이 안 되는 답장이라서 김경험 선배의 메일을 삭제해 버렸다. 그 다음에 이튜닝 선배에게서 답장이 왔다.

> **제목** Re: GC는 도대체 언제 하는 거예요?
> **발신** 이튜닝
> **수신** 나초보
> **내용** 공부하려는 열의가 있어 보기 좋구나.
> 일단 다음의 링크들을 살펴보고 공부해 봐.
> GC가 언제 발생하는지 알기 위해서는 GC가 어떻게 수행되는지 원리를 이해해야 해.
> http://www.oracle.com/technetwork/java/javase/tech/index-jsp-140228.html
> 그런데, 이 URL은 계속 바뀔 수 있는 것 같네.
> 나중에 찾아 볼 때는 'hotspot gc'로 검색해 보면 될거야.
> 네OO에서 검색하지 말고 구글에서… ㅎㅎ

선배가 보내 준 링크를 클릭해 보았다. 이런…. 다 영어다. 어쩔 수 없이 이튜닝 선배에게 가서 직접 설명을 듣기로 하였다.

GC란?

무엇보다도 자바에서 메모리 관리를 누가 해야 하는가에 대해서 생각해 보자. 자바는 누가 하고 C는 누가 해야 하는가? C를 개발해 봤으면 알겠지만, C에서는 명시적으로 메모리를 건드리고 참조할 수 있다. 자바를 개발하면서 메모리 관리에 대해서 생각해 본 적이 있는가? 아마도 없을 것이다. 위의 메일 내용에 있는 페이지에 들어가 여기저기 내용을 봤으면 알겠지만, automatic memory management라는 단어가 많이 나온다. 자바에서는 메모리를 GC라는 알고리즘을 통하여 관리하기 때문에, 개발자가 메모리를 처리하기 위한 로직을 만들 필요가 없고, 절대로 만들어서는 안 된다.

앞으로 설명하는 메모리 관련 정보는 JDK 6 기준이다. JDK 1.4와는 약간 차이가 있으나 앞으로는 JDK 6 및 JDK 7이 더 많이 쓰일 것이므로 이 버전을 기준으로 잡았다. 그럼 먼저 GC가 무엇인지 알아보자.

Garbage Collection는 말 그대로 쓰레기를 정리하는 작업이다. 자바 프로그래밍을 할 때 쓰레기란 어떤 것일까? 자바에서 쓰레기는 객체이다. 하나의 객체는 메모리를 점유하고, 필요하지 않으면 메모리에서 해제되어야 한다. 메모리 점유는 다음과 같이 쉽게 할 수 있다. 이러한 코드에서는 a라는 객체가 만들어져 메모리의 한 부분을 점유하게 된다.

```
String a = new String();
```

그럼 다음의 코드를 보자.

17.1

```
Public String makeQuery(String code) {
    String queryPre="Select * from table_a where a='" ;
    String queryPost="' order by c";
    return queryPre + code + queryPost;
}
```

앞서 '03. 왜 자꾸 String을 쓰지 말라는 거야'에서 설명한대로 이 코드에서 makeQuery() 메서드를 호출한 후 수행이 완료되면 queryPre 객체와 queryPost 객체는 더 이상 필요가 없는 객체, 즉 쓰레기가 된다고 했다. 이 쓰레기 객체를 효과적으로 처리하는 작업을 GC라고 한다.

자바의 Runtime data area는 이렇게 구성된다

자바의 GC에 대해서 살펴보기 전에 먼저 자바에서 데이터를 처리하기 위한 영역에는 어떤 것들이 있는지 살펴보자. PC 앞에 있는 독자들은 http://docs.oracle.com/javase/specs/에 접근하자.

이 페이지를 보면 오라클에서 제공하는 자바의 스펙을 정리한 문서 목록을 확인할 수 있을 것이다. 그중에서 Java Virtual Machine Specification 문서를 보면 Runtime Data Areas라는 장이 있다. 이 장을 보면 자바에서 사용하는 메모리 영역들에 대한 상세한 설명을 볼 수 있다. 여기에 명시된 영역들의 목록은 다음과 같다.

- PC 레지스터
- JVM 스택
- 힙 (Heap)
- 메서드 영역
- 런타임 상수(constant) 풀
- 네이티브 메서드 스택

이 영역 중에서 GC가 발생하는 부분이 바로 힙 영역이다. 거꾸로 말하면, 나머지 영역은 GC 대상이 아니라는 것이다. 이 영역들을 그림으로 나타내면 그림 22와 같다.

여기서 상단에 있는 '클래스 로더 서브 시스템'은 클래스나 인터페이스를 JVM으로 로딩하는 기능을 수행하고, '실행 엔진'은 로딩된 클래스의 메서드들에 포함되어 있는 모든 인스트럭션 정보를 실행한다. 이 그림을 보면 좀 복잡해 보이지만, 단순하게 이야기해서 자바의 메모리 영역은 'Heap 메모리'와 'Non-heap 메모리'로 나뉜다.

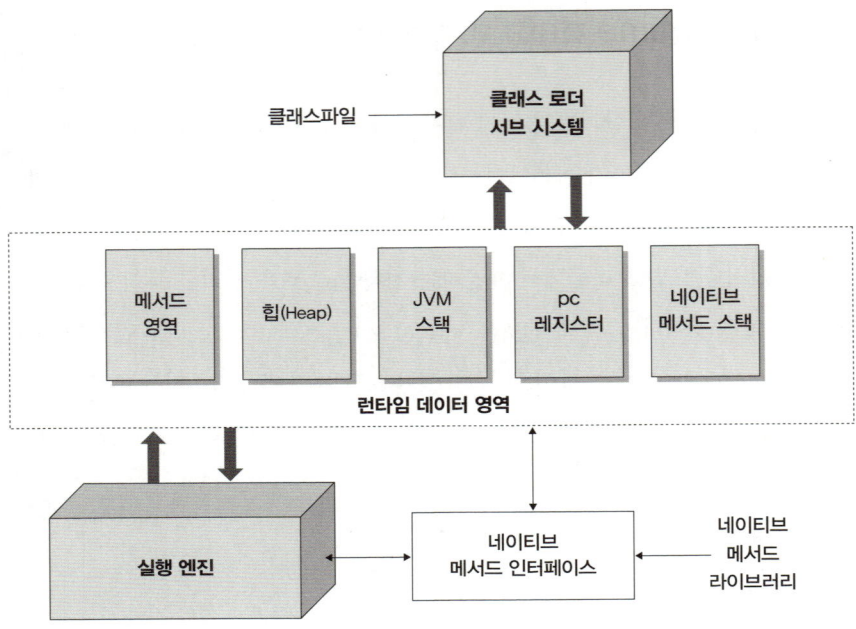

그림22 | GC가 발생하는 힙 영역

Heap 메모리

클래스 인스턴스, 배열이 이 메모리에 쌓인다. 이 메모리는 '공유(shared) 메모리'라고도 불리우며 여러 스레드에서 공유하는 데이터들이 저장되는 메모리다. 이 영역에 대한 더 자세한 내용은 다음 절에서 알아보자.

Non-heap 메모리

이 메모리는 자바의 내부 처리를 위해서 필요한 영역이다. 여기서 주된 영역이 바로 메서드 영역이다.

- 메서드 영역: 메서드 영역은 모든 JVM 스레드에서 공유한다. 이 영역에 저장되는 데이터들은 다음과 같다.

- 런타임 상수 풀: 자바의 클래스 파일에는 contant_pool이라는 정보가 포함되어 있다. 이 conatant_pool에 대한 정보를 실행 시에 참조하기 위한 영역이다. 실제 상수 값도 여기에 포함될 수 있지만, 실행 시에 변하게 되는 필드 참조 정보도 포함된다.
- 필드 정보에는 메서드 데이터, 메서드와 생성자 코드가 있다.

- JVM 스택: 스레드가 시작할 때 JVM 스택이 생성된다. 이 스택에는 메서드가 호출되는 정보인 프레임(frame)이 저장된다. 그리고, 지역 변수와 임시 결과, 메서드 수행과 리턴에 관련된 정보들도 포함된다.

- 네이티브 메서드 스택: 자바 코드가 아닌 다른 언어로 된(보통은 C로 된) 코드들이 실행하게 될 때의 스택 정보를 관리한다.

- PC 레지스터: 자바의 스레드들은 각자의 pc(Program Counter) 레지스터를 갖는다. 네이티브한 코드를 제외한 모든 자바 코드들이 수행될 때 JVM의 인스트럭션 주소를 pc 레지스터에 보관한다.

> **참고** 스택의 크기는 고정하거나 가변적일 수 있다. 만약 연산을 하다가 JVM의 스택 크기의 최대치를 넘어섰을 경우에는 StackOverflowError가 발생한다. 그리고, 가변적일 경우 스택의 크기를 늘이려고 할 때 메모리가 부족하거나, 스레드를 생성할 때 메모리가 부족한 경우에는 OutOfMemoryError가 발생한다.

여기서 Heap 영역과 메서드 영역은 JVM이 시작될 때 생성된다. 지금까지 설명한 내용들을 그림으로 나타내면 다음과 같다.

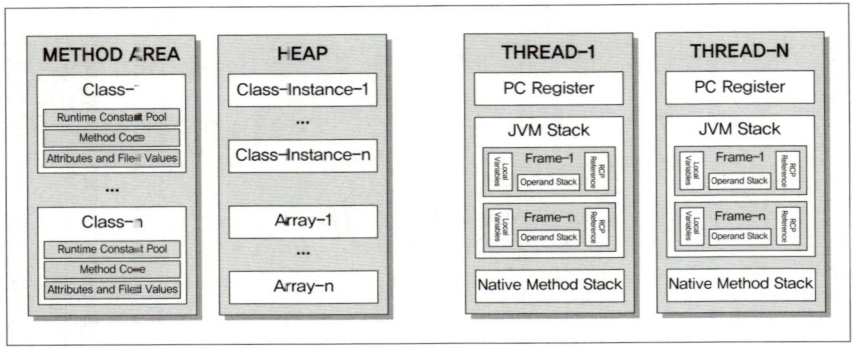

그림23 | 힙 영역과 메서드 영역

매우 생소한 영역이기 때문에 설명을 듣고 어려워하는 독자들이 많을 것이다. 모든 것을 다 기억할 필요는 없고, 자바의 GC와 연관된 부분은 힙이므로 이 책에서는 힙 영역에 대해서만 중점적으로 살펴보자.

GC의 원리

GC 작업을 하는 가비지 콜렉터(Garbage Collector)는 다음의 역할을 한다.

- 메모리 할당
- 사용 중인 메모리 인식
- 사용하지 않는 메모리 인식

사용하지 않는 메모리를 인식하는 작업을 수행하지 않으면, 할당한 메모리 영역이 꽉 차서 JVM에 행(Hang)이 걸리거나, 더 많은 메모리를 할당하려는 현상이 발생할 것이다. 만약 JVM의 최대 메모리 크기를 지정해서 전부 사용한 다음, GC를 해도 더 이상 사용 가능한 메모리 영역이 없는데 계속 메모리를 할당하려고 하면 OutOfMemoryError가 발생하여 JVM이 다운될 수도 있다. 이 경우 GC 그래프는 다음과 같다.

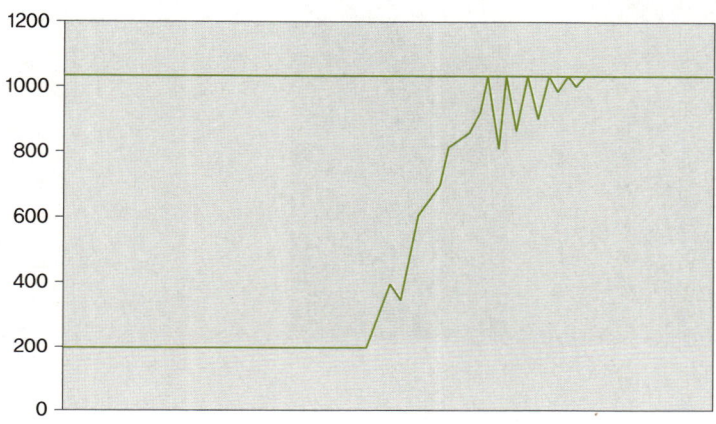

그림24 | GC가 안 되는 경우

> **참고** 행(Hang)이란 서버가 요청을 처리 못하고 있는 상태를 의미한다. 이 단어를 영어 사전에서 찾아보면, 다음과 같이 나와 있다.
>
> hang 《美속어》(컴퓨터가) 정체(停滯)하다, 움직이지 않게 되다.

JVM의 메모리는 앞 절에서 설명한 여러 영역으로 나뉘는데, GC와 연관된 부분은 힙이다. 따라서 가비지 콜렉터가 인식하고 할당하는 자바의 힙 영역에 대해서 상세히 알아보자.

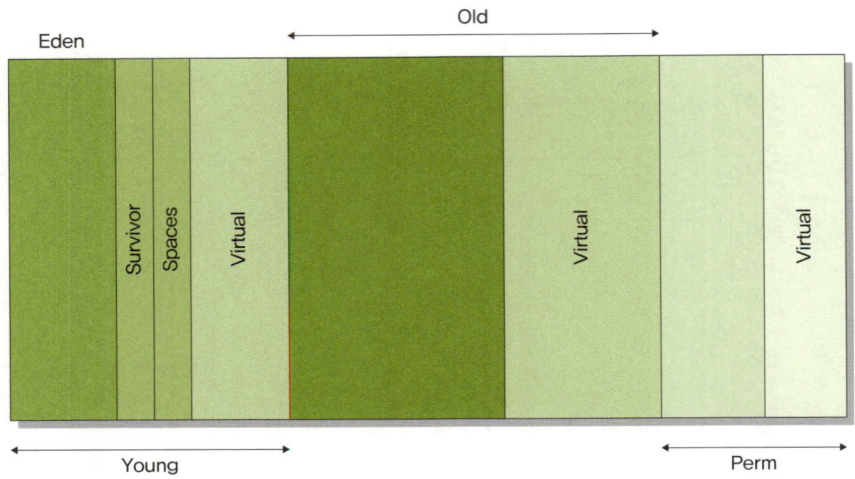

그림 26 | 자바의 메모리 영역

위 그림을 보면 크게 Young, Old, Perm 세 영역으로 나뉜다. 이 중 Perm(Permanent) 영역은 없는 걸로 치자. 이 영역은 거의 사용이 되지 않는 영역으로 클래스와 메서드 정보와 같이 자바 언어 레벨에서 사용하는 영역이 아니기 때문이다. 게다가 JDK 8부터는 이 영역이 사라진다. Virtual이라고 쓰여 있는 부분 또한 가상 영역이므로 고려하지 말자. 이 두 영역을 제외하면 Young 영역과 Old 영역 일부가 남는다. Young 영역은 다시 Eden 영역 및 두 개의 Survivor 영역으로 나뉘므로 우리가 고려해야 할 자바의 메모리 영역은 총 4개 영역으로 나뉜다고 볼 수 있다.

Young 영역			Old 영역
Eden	Survivor 1	Survivor 2	메모리 영역

그림 27 | 간략하게 표시된 자바의 메모리 영역

> **참고** Perm 영역에는 클래스와 메서드 정보외에도 intern 된 String 정보도 포함하고 있다. String 클래스에는 intern() 이라는 메서드가 존재한다. 이 메서드를 호출하면 해당 문자열의 값을 바탕으로 한 단순 비교가 가능하다. 즉, 참조 자료형은 equals() 메서드로 비교를 해야 하지만, intern() 메서드가 호출된 문자열들은 == 비교가 가능하다. 따라서, 값 비교 성능은 빨라지지만, 문자열 정보들이 Perm 영역에 들어가기 때문에 Perm 영역의 GC가 발생하는 원인이 되기도 한다. 물론 이 현상은 JDK 8부터는 발생하지 않을 것이다.

일단 메모리에 객체가 생성되면, 아래 그림의 가장 왼쪽인 Eden 영역에 객체가 지정된다.

Young 영역			Old 영역
Eden	Survivor 1	Survivor 2	메모리 영역

그림28 | Eden 영역의 객체가 할당된 경우

Eden 영역에 데이터가 꽉 차면, 이 영역에 있던 객체가 어디론가 옮겨지거나 삭제되어야 한다. 이 때 옮겨 가는 위치가 Survivor 영역이다. 위의 그림에서는 구분을 하기 위해서 1과 2로 나눈 것뿐이며, 두 개의 Survivor 영역 사이에 우선 순위가 있는 것은 아니다. 이 두 개의 영역 중 한 영역은 반드시 비어 있어야 한다. 그 비어 있는 영역에 Eden 영역에 있던 객체 중 GC 후에 살아 남아 있는 객체들이 이동한다.

Young 영역			Old 영역
Eden	Survivor 1	Survivor 2	메모리 영역

그림29 | Eden과 Survivor 영역에 객체가 할당된 경우 1

혹은 다음과 같이 할당된다.

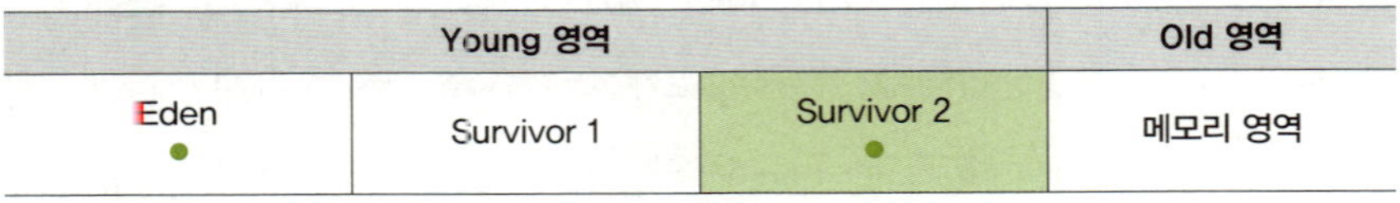

Young 영역			Old 영역
Eden	Survivor 1	Survivor 2	메모리 영역

그림30 | Eden과 Survivor 영역에 객체가 할당된 경우 2

이와 같이 Eden 영역에 있던 객체는 Survivor 영역의 둘 중 하나에 할당된다. 할당된 Survivor 영역이 차면, GC가 되면서 Eden 영역에 있는 객체와 꽉 찬 Survivor 영역에 있는 객체가 비어 있는 Survivor 영역으로 이동한다. 이러한 작업을 반복하면서, Survivor 1과 2를 왔다 갔다 하던 객체들은 Old 영역으로 이동한다.

그리고, Young 영역에서 Old 영역으로 넘어가는 객체 중 Survivor 영역을 거치지 않고 바로 Old 영역으로 이동하는 객체가 있을 수 있다. 객체의 크기가 아주 큰 경우인데, 예를 들어 Survivor 영역의 크기가 16MB인데 20MB를 점유하는 객체가 Eden 영역에서 생성되면 Survivor 영역으로 옮겨갈 수가 없다. 이런 객체들은 바로 Old 영역으로 이동하게 된다.

GC의 종류

GC는 크게 두 가지 타입으로 나뉜다. 마이너 GC와 메이저 GC의 두 가지 GC가 발생할 수 있다.

- 마이너GC: Young 영역에서 발생하는 GC
- 메이저GC: Old 영역이나 Perm 영역에서 발생하는 GC

이 두 가지 GC가 어떻게 상호 작용하느냐에 따라서 GC 방식에 차이가 나며, 성능에도 영향을 준다.

GC가 발생하거나 객체가 각 영역에서 다른 영역으로 이동할 때 애플리케이션의 병목이 발생하면서 성능에 영향을 주게 된다. 그래서 핫 스팟(Hot Spot) JVM에서는 스레드 로컬 할당 버퍼(TLABs: Thread-Local Allocation Buffers)라는 것을 사용한다. 이를 통하여 각 스레드별 메모리 버퍼를 사용하면 다른 스레드에 영향을 주지 않는 메모리 할당 작업이 가능해진다.

5가지 GC 방식

JDK 7이상에서 지원하는 GC 방식에는 다섯 가지가 있다.

- Serial Collector(이하 시리얼 콜렉터)
- Parallel Collector(이하 병렬 콜렉터)
- Parallel Compacting Collector(이하 병렬 콤팩팅 콜렉터)
- Concurrent Mark-Sweep (CMS) Collector (이하 CMS 콜렉터)
- Garbage First Collector(이하 G1 콜렉터)

여기 명시된 다섯 가지의 GC 방식은 WAS나 자바 애플리케이션 수행 시 옵션을 지정하여 선택할 수 있다. 그런데, G1 콜렉터는 JDK 7부터 정식으로 사용할 수 있다. JDK 6에서는 early access라고 해서 미리 맛보기로 사용할 수는 있지만, 안정적인 상태가 아니므로 사용하지 말기 바란다. 그럼 각각의 방식에 대해서 간단히 알아보자.

시리얼 콜렉터

Young 영역과 Old 영역이 시리얼하게(연속적으로) 처리되며 하나의 CPU를 사용한다. Sun에서는 이 처리를 수행할 때를 Stop-the-world라고 표현한다. 다시 말

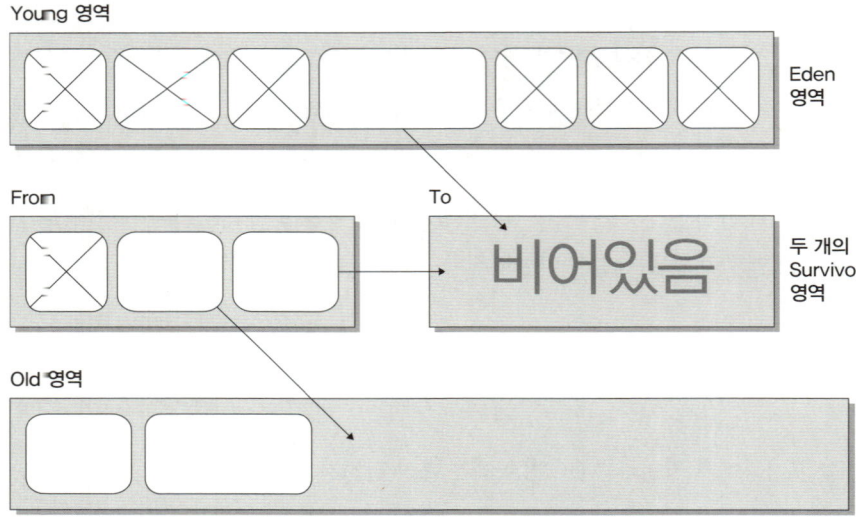

그림31 | Young 영역의 시리얼 콜렉션

하며, 콜렉션이 수행될 때 애플리케이션 수행이 정지된다.

> ✏️ **참고** 여기에 소개된 대부분의 내용은 오라클 사이트에서 제공하는 메모리 관리 백서를 참고하였으며, 구글에서 'java memory management whitepaper'로 검색하면 해당 파일의 링크가 제공된다.

그림의 내용은 다음과 같이 해석할 수 있다.

- 일단 살아 있는 객체들은 Eden 영역에 있다(각각의 둥근 사각형이 객체 하나라고 보면 된다).
- Eden 영역이 꽉차게 되면 To Survivor 영역(비어 있는 영역)으로 살아 있는 객체가 이동한다. 이때 Survivor 영역에 들어가기에 너무 큰 객체는 바로 Old 영역으로 이동한다. 그리고 From Survivor 영역에 있는 살아 있는 객체는

To Survivor 영역으로 이동한다.

③ To Survivor 영역이 꽉 찼을 경우, Eden 영역이나 From Survivor 영역에 남아 있는 객체들은 Old 영역으로 이동한다.

이동한 결과는 다음과 같다.

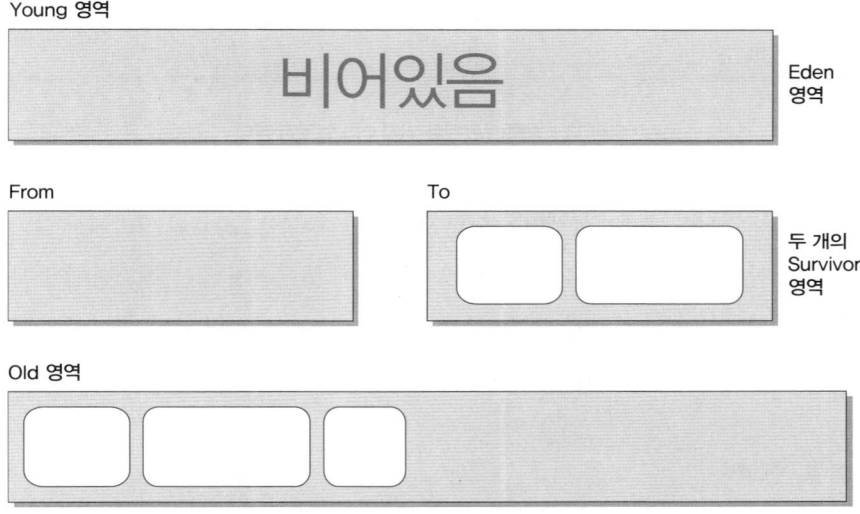

그림32 | 시리얼 콜렉션 이후 Young 영역의 상태

이후에 Old 영역이나 Perm 영역에 있는 객체들은 Mark-sweep-compact 콜렉션 알고리즘을 따른다. 이 알고리즘에 대해서 간단하게 말하면, 쓰이지 않는 객체를 표시해서 삭제하고 한 곳으로 모으는 알고리즘이다. Mark-sweep-compact 콜렉션 알고리즘은 다음과 같이 수행된다.

① Old 영역으로 이동된 객체들 중 살아 있는 객체를 식별한다(표시 단계).
② Old 영역의 객체들을 훑는 작업을 수행하여 쓰레기 객체를 식별한다(스윕 단계).
③ 필요 없는 객체들을 지우고 살아 있는 객체들을 한 곳으로 모은다(컴팩션 단계).

Mark-sweep-compact 단계를 거친 Old 영역은 다음과 같은 상태가 된다.

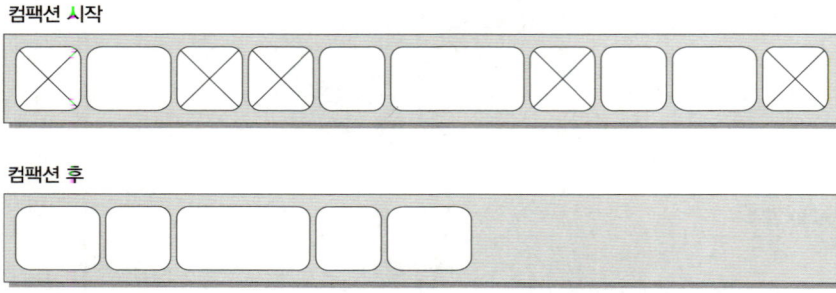

그림33 | 컴팩션 단계를 거친 Old 영역의 상태

이렇게 작동하는 시리얼 콜렉터는 일반적으로 클라이언트 종류의 장비에서 많이 사용된다. 다시 말하면, 대기 시간이 많아도 크게 문제되지 않는 시스템에서 사용된다는 의미이다. 시리얼 콜렉터를 명시적으로 지정하려면 자바 명령 옵션에 -XX:+UseSerialGC를 지정하면 된다.

병렬 콜렉터

이 방식은 스루풋 콜렉터(throughput collector)로도 알려진 방식이다. 이 방식의 목표는 다른 CPU가 대기 상태로 남아 있는 것을 최소화하는 것이다. 시리얼 콜렉터와 달리 Young 영역에서의 콜렉션을 병렬(parallel)로 처리한다. 많은 CPU를 사용하기 때문에 GC의 부하를 줄이고 애플리케이션의 처리량을 증가시킬 수 있다.

Old 영역의 GC는 시리얼 콜렉터와 마찬가지로 Mark-sweep-compact 콜렉션 알고리즘을 사용한다. 이 방법으로 GC를 하도록 명시적으로 지정하려면 -XX:+UseParallelGC 옵션을 자바 명령 옵션에 추가하면 된다.

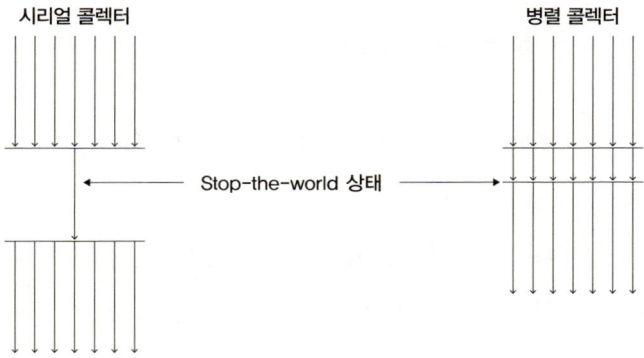

그림 34 | 병렬 콜렉션 비교

병렬 콤팩팅 콜렉터

이 방식은 JDK 5.0 업데이트 6부터 사용 가능하다. 병렬 콜렉터와 다른 점은 Old 영역 GC에서 새로운 알고리즘을 사용한다는 것이다. 그러므로 Young 영역에 대한 GC는 병렬 콜렉터와 동일하지만, Old 영역의 GC는 다음의 3단계를 거친다.

- 표시 단계: 살아 있는 객체를 식별하여 표시해 놓는 단계.
- 종합 단계: 이전에 GC를 수행하여 컴팩션된 영역에 살아 있는 객체의 위치를 조사 하는 단계.
- 컴팩션 단계: 컴팩션을 수행하는 단계. 수행 이후에는 컴팩션된 영역과 비어 있는 영역으로 나뉜다.

병렬 콜렉터와 동일하게 이 방식도 여러 CPU를 사용하는 서버에 적합하다. GC를 사용하는 스레드 개수는 -XX:ParallelGCThreads=n 옵션으로 조정할 수 있다. 이 방식을 사용하려면 -XX:+UseParallelOldGC 옵션을 자바 명령 옵션에 추가하면 된다.

> 참고 시리얼 콜렉터와 병렬 콜렉터의 Old 영역의 방식과 병렬 콤팩팅 콜렉터의 Old 영역의 방식은 어떤 점이 다를까? 두 방식의 가장 큰 다른 점은 두번째 단계이다. 즉, 스윕(sweep) 단계와 종합(Summary) 단계의 차이라고 보면 된다.
>
> - 스윕 단계는 단일 스레드가 Old 영역 전체를 훑는다.
> - 종합 단계는 여러 스레드가 Old 영역을 분리하여 훑는다. 게다가, 앞서 진행된 GC에서 컴팩션된 영역을 별도로 훑는다는 점도 다르다.

CMS 콜렉터

이 방식은 로우 레이턴시 콜렉터(low-latency collector)로도 알려져 있으며, 힙 메모리 영역의 크기가 클 때 적합하다. Young 영역에 대한 GC는 병렬 콜렉터와 동일하다.

Old 영역의 GC는 다음 단계를 거친다.

- 초기 표시 단계: 매우 짧은 대기 시간으로 살아 있는 객체를 찾는 단계.
- 컨커런트 표시 단계: 서버 수행과 동시에 살아 있는 객체에 표시를 해 놓는 단계.
- 재표시(remark) 단계: 컨커런트 표시 단계에서 표시하는 동안 변경된 객체에 대해서 다시 표시하는 단계.
- 컨커런트 스윕 단계: 표시되어 있는 쓰레기를 정리하는 단계.

CMS는 컴팩션 단계를 거치지 않기 때문에 왼쪽으로 메모리를 몰아 놓는 작업을 수행하지 않는다. 그래서 GC 이후에 그림 33과 같이 빈 공간이 발생하므로, -XX:CMSInitiatingOccupancyFraction=n 옵션을 사용하여 Old 영역의 %를 n 값에 지정한다. 여기서 n 값의 기본값은 68이다.

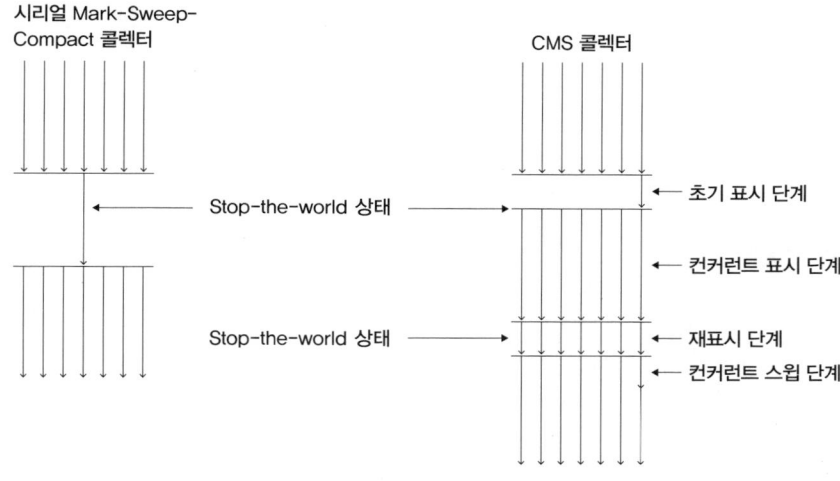

그림35 | CMS 콜렉터

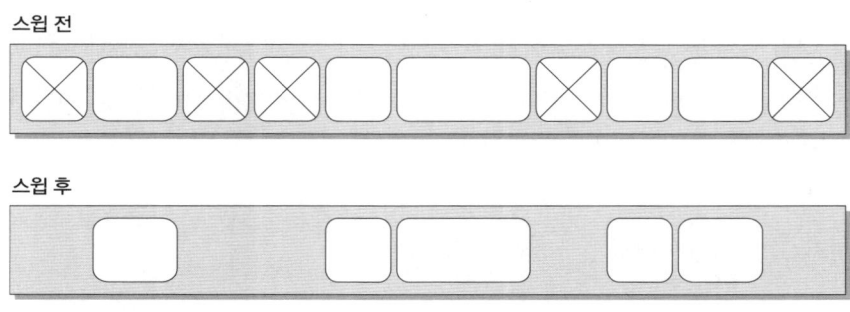

그림36 | GC 이후의 CMS 콜렉터

CMS 콜렉터 방식은 2개 이상의 프로세서를 사용하는 서버에 적당하다. 가장 적당한 대상으로는 웹 서버가 있다. -XX:+UseConcMarkSweepGC 옵션으로 이 GC 방식을 지정할 수 있다.

   CMS 콜렉터는 추가적인 옵션으로 점진적 방식을 지원한다. 이 방식은 Young 영역의 GC를 더 잘게 쪼개어 서버의 대기 시간을 줄일 수 있다. CPU가 많지 않고 시스템의 대기 시간이 짧아야 할 때 사용하면 좋다. 점진적인 GC를 수행하려면

-XX:+CMSIncrementalMode 옵션을 지정하면 된다. JVM에 따라서는 -Xincgc 라는 옵션을 지정해도 같은 의미가 된다. 하지만 이 옵션을 지정할 경우 예기치 못한 성능상 저하가 발생할 수 있으므로, 충분한 테스트를 한 후에 운영 서버에 적용해야 한다.

G1 콜렉터

지금까지 설명한 모든 Garbage Collector는 Eden과 Survivor 영역으로 나뉘는 Young 영역과 Old 영역으로 구성되어 있다. 하지만, Garage First (이하 G1)는 지금까지의 Garbage Collector와는 다른 영역으로 구성되어 있다.

필자가 이 책에서 백 마디의 말로 설명하는 것보다 구글에서 'The Garbage-First Garbage Collector'로 검색해 보자. 그러면 JavaOne에서 2008년에 발표된 PDF 자료를 볼 수 있을 것이다. 그 자료를 보고 앞으로 설명하는 내용을 읽는 것이 이해하는 데 많은 도움이 될 것이다. 그리고 http://www.oracle.com/webfolder/technetwork/tutorials/obe/java/G1GettingStarted/index.html에 있는 자료도 매우 큰 도움이 될 것이다.

먼저 G1 콜렉터가 어떻게 구성되어 있는지 보자.

G1은 그림과 같이 되어 있다. 편하게 생각하려면 바둑판 모양이라고 생각하면 된다. 여기서 각 바둑판의 사각형을 region이라고 하는데, Young 영역이나 Old 영

역이라는 단어와 구분하기 위해서 한국말로 '구역'이라고 하자. (이 구역의 기본 크기는 1MB이며 최대 32MB까지 지정 가능하다.) 그림에서 보듯이 G1은 Young 영역과 Old 영역이 물리적으로 나뉘어 있지 않고, 각 구역의 크기는 모두 동일하다. 앞서 살펴본 콜렉터들은 모두 Young과 Old 영역의 주소가 물리적으로 Linear하게 나열되지만, G1은 그렇지 않다. 여기서 구역의 개수는 약 2000개 정도라고 한다.

이 바둑판 모양의 구역이 각각 Eden, Survivor, Old 영역의 역할을 변경해 가면서 하고, Humongous라는 영역도 포함된다.

G1이 Young GC를 어떻게 하는지 살펴보면 다음과 같다.

① 몇 개의 구역을 선정하여 Young 영역으로 지정한다.
② 이 Linear하지 않은 구역에 객체가 생성되면서 데이터가 쌓인다.
③ Young 영역으로 할당된 구역에 데이터가 꽉 차면, GC를 수행한다.
④ GC를 수행하면서 살아있는 객체들만 Survivor 구역으로 이동시킨다.

이렇게 살아 남은 객체들이 이동된 구역은 새로운 Survivor 영역이 된다. 그 다음에 Young GC가 발생하면 Survivor 영역에 계속 쌓는다. 그러면서, 몇 번의 aging 작업을 통해서(Survivor 영역에 있는 객체가 몇 번의 Young GC 후에도 살아 있으면), Old 영역으로 승격된다.

G1의 Old 영역 GC는 CMS GC의 방식과 비슷하며 아래 여섯 단계로 나뉜다. 여기서 STW라고 표시된 단계에서는 모두 Stop the world 가 발생한다.

- 초기 표시 (Initial Mark) 단계 (STW): Old 영역에 있는 객체에서 Survivor 영역의 객체를 참조하고 있는 객체들을 표시한다.
- 기본 구역 스캔(Root region scanning) 단계 : Old 영역 참조를 위해서 Survivor 영역을 훑는다. 참고로 이 작업은 Young GC가 발생하기 전에 수행된다.
- 컨커런트 표시 단계 : 전체 힙 영역에 살아있는 객체를 찾는다. 만약 이때

Young GC가 발생하면 잠시 멈춘다.
- 재 표시(Remark) 단계 (STW): 힙에 있는 살아있는 객체들의 표시 작업을 완료 한다. 이 때 snapshot-at-the-beginning (SATB)라는 알고리즘을 사용하며, 이는 CMS GC에서 사용하는 방식보다 빠르다.
- 청소 (Cleaning) 단계 (STW): 살아있는 객체와 비어 있는 구역을 식별하고, 필요 없는 개체들을 지운다. 그리고 나서 비어 있는 구역을 초기화 한다.
- 복사 단계 (STW): 살아있는 객체들을 비어 있는 구역으로 모은다.

지금까지 아주 간단하게 G1에 대해서 설명했는데, 매우 복잡하긴 하지만 성능이 빠를 것 같지 않은가? 맞다. G1은 CMS GC의 단점을 보완하기 위해서 만들어 졌으며 GC 성능도 매우 빠르다. 하지만, 이 책이 집필되는 시점까지 필자는 이 GC의 안정성을 믿지 못하고 있다. 즉, 안정화 기간이 필요하기 때문에 G1이 빠르다고 무조건 이 콜렉터를 선택하는 것은 시스템의 장애로 연결될 수 있다는 사실은 안고 간다는 의미가 된다.

자바의 GC 방식에 대한 공부를 마친 나초보씨는 머리가 너무 복잡했다. 뭐가 뭔지 아직도 잘 이해는 되지 않지만, 두 번, 세 번 읽어보니 점점 이해가 되는 것 같다. 결국 자바 프로그램의 GC는 아무 때나 하는 것이 아니라, 각 영역에 할당된 크기의 메모리가 허용치를 넘을 때 수행한다는 것과 개발자가 컨트롤할 영역이 아니라는 것은 확실히 알게 되었다.

강제로 GC시키기

물론 여러분이 강제로 GC를 발생시킬 수도 있다. System.gc() 메서드나 Runtime. getRuntime().gc() 메서드를 쓰면 된다. 하지만 여러분들의 코드에 사용하면 안 되고, 특히 웹 기반의 시스템에서는 절대로 사용하지 말 것을 권장한다. GC를 강제로 하면 안 되는 이유를 알아보자.

코드 17.3

```
<%
long mainTime=System.nanoTime();
for(int outLoop=0;outLoop<10;outLoop++) {
    String aValue="abcdefghijklmnopqrstuvwxyz";
    for(int loop=0;loop<10;loop++) {
        aValue+=aValue;
    }
    System.gc();
}
double mainTimeElapsed=(System.nanoTime()-mainTime)/1000000.000;
out.println("<BR><B>"+mainTimeElapsed+"</B><BR><BR>");
%>
```

중간에 보면 System.gc() 메서드를 수행해 강제로 GC를 하도록 코딩하였다(여기에 나오는 nanoTime() 메서드에 대한 설명은 다음에 설명할 '02. 내가 만든 프로그램의 속도를 알고 싶다'에 자세하게 나와 있다). 수행을 해 보면 결과가 어떨까?

구분	응답 시간
System.gc() 메서드 포함	750ms ~ 850ms
System.gc() 메서드 미포함	0.13ms ~ 0.16ms

약 5,000배 이상의 성능 차이가 발생한다. 이것은 하나의 웹 화면의 응답 속도를 비교했을 경우임을 감안하자. GC 방식이 무엇이든 관계없이 GC를 수행하는 동안 다른 애플리케이션의 성능에 영향을 미친다는 점은 변함이 없으므로 만약 실제 운영 중인 시스템에 이 코드가 있으면 실제 시스템의 응답 속도에 미치는 영향이 엄청나게 커질 것이다. '설마 이 메서드를 포함시키는 사람이 있을까?'라고 생각하는 사람도 있겠지만, 필자는 실제 이 메서드를 각 메서드의 시작과 끝 부분에

포함시킨 소스를 보았다. 친절하게도 '메모리 청소 작업'이라는 주석과 함께….

정리하며

앞에서도 밝혔지만, 개발자 분들이 자바의 GC 방식을 외우면서 개발하거나 서버를 설정할 필요는 없다. 그냥 이해만 하고 있으면 된다. 필요할 때(시스템 오픈 전 성능 테스트 할 때나 서버 설정시), 이 장의 내용을 참고하면서 알맞은 GC 방식을 여러분이 개발한 시스템에 적용하는 정도가 가장 바람직하다.

GC가 어떻게 수행되고 있는지 보고 싶다

들어가며

앞서 우리는 GC가 어떻게 수행되고, 어떤 방식이 있는지 알아보았다. 이러한 지식을 활용하여 시스템을 분석하려면 관련된 툴을 사용해야 한다. 여러 방법이 있지만, 필자는 jstat이라는 명령을 사용하여 실시간으로 보거나 verbosegc 옵션을 사용하여 로그로 남긴다. verbosegc 옵션은 자바 수행 옵션에 추가하고, JVM을 재시작해야 한다.

나초보씨가 개발하고 있는 프로젝트는 이제 마무리가 되어 가고 있다. 지금까지 만든 기능들에 대한 고객의 확인 작업은 종료되었고, 이제 추가 요구 사항만 처리하면 되는 상황이다. 김경험 선배가 뭐 확인할 게 있다며 나초보씨를 성능 테스트 실로 불렀다. 나초보씨가 용무를 마치고 가려는데, 테스터인 박시험 대리가 화려한 UI를 띄워서 뭔가 그래프가 오르락내리락하는 것을 확인하고 있었다.

나초보 오~ 저게 뭐 하는 거예요?

박시험 저거요? GC 튜닝할 때 보는 거예요.

나초보 툴 이름이 뭔데요?

박시험 Visual GC라는 것인데, Oracle의 JVM을 사용할 때 쓸 수 있죠.

나초보 오~~ 화려하게 왔다 갔다 하네요. 마이너 GC와 풀 GC가 발생하는 것도 보이고….

박시험 GC에 대해서 좀 아시네요. GC 관련 파라미터 수정할 때 요긴하게 쓰이는 툴이죠

나초보 그렇군요. 저거 어디서 받아요?

박시험 Oracle 사이트에서 다운받아서 보시면 됩니다. JDK에 기본적으로 포함되어 있는 부분도 있구요. 근데, 지금 제가 좀 바빠서요.

나초보 네…. 죄송합니다.

나초보씨는 자리로 돌아오자마자 Oracle 사이트에서 jstat과 Visual GC 관련 내

용을 확인했다.

이 장에서는 JVM의 상태를 확인하는 각종 명령 및 옵션에 대해서 살펴보자.

자바 인스턴스 확인을 위한 jps

jps는 해당 머신에서 운영 중인 JVM의 목록을 보여준다. JDK의 bin 디렉터리에 있다. jps의 사용법은 매우 간단하다. 커맨드 프롬프트나 유닉스의 터미널에서 다음과 같은 옵션으로 수행하면 된다.

```
jps [-q] [-mlvV] [-Joption] [<hostid>]
```

jps 명령의 각 옵션은 다음과 같다.

- -q: 클래스나 JAR 파일명, 인수 등을 생략하고 내용을 나타낸다(단지 프로세스 id만 나타난다).
- -m: main 메서드에 지정한 인수들을 나타낸다.
- -l: 애플리케이션의 main 클래스나 애플리케이션 JAR 파일의 전체 경로 이름을 나타낸다.
- -v: JVM에 전달된 자바 옵션 목록을 나타낸다.
- -V: JVM의 플래그 파일을 통해 전달된 인수를 나타낸다.
- -Joption: 자바 옵션을 이 옵션 뒤에 지정할 수 있다.

> **참고** 플래그 파일이란 .hotspotrc의 확장자를 가지거나 자바 옵션에 -XX:Flags=<file name>로 명시한 파일이다. 이 파일을 통해서 JVM의 옵션을 지정할 수 있다.

커맨드 창에서 아무 옵션 없이 jps를 입력하면 현재 서버에서 수행되고 있는 자바 인스턴스들의 목록이 나타난다.

결과

```
C:\jdk1.7\bin>jps
2464 Bootstrap
4224 Jps
3732 Bootstrap
```

위 결과는 두 개의 톰캣 서버 인스턴스를 띄워 놓은 상태에서 나온 것이다. 중간에 있는 Jps는 jps 명령 자체 인스턴스를 의미하는 프로세스로 이 명령 종료 후 바로 사라진다. 프로세스 이름 좌측에 있는 수치는 프로세스 아이디이다. 당연한 이야기지만 좌측의 프로세스 아이디는 수행할 때마다 바뀐다.

그런데 이렇게 보면, 내가 모니터링하려는 톰캣이 어떤 것인지 알 수가 없다. 따라서, 이 명령을 사용할 때는 -v 옵션을 추가로 지정해 주면 자바 옵션까지 포함하여 출력해 준다.

GC 상황을 확인하는 jstat

jstat는 GC가 수행되는 정보를 확인하기 위한 명령어이다. jstat를 사용하면 유닉스 장비에서 vmstat나 netstat와 같이 라인 단위로 결과를 보여 준다. 실행 예를 보면 다음과 같다.

결과

```
C:\jdk1.5\bin>jstat -gcnew 2464 1000
  S0C    S1C    S0U    S1U TT MTT  DSS     EC      EU   YGC   YGCT
 960.0  960.0  713.5   0.0  1  15  480.0  8128.0  2438.6   6   0.089
 960.0  960.0  713.5   0.0  1  15  480.0  8128.0  2438.6   6   0.089
 960.0  960.0  713.5   0.0  1  15  480.0  8128.0  2438.6   6   0.089
```

명령어 옵션이 복잡하지 않고, vmstat 명령어와 비슷하다는 느낌을 받을 수 있다. 그럼 옵션이 어떻게 되어 있는지 알아보자.

```
jstat -<option> [-t] [-h<lines>] <vmid> [<interval> [<count>]]
```

-〈option〉 부분을 제외한 jstat 명령의 옵션을 살펴보자.

- -t: 수행 시간을 표시한다.
- -h:lines: 각 열의 설명을 지정된 라인 주기로 표시한다.
- interval: 로그를 남기는 시간의 차이(밀리초 단위임)를 의미한다.
- count: 로그 남기는 횟수를 의미한다.

참고로 -t 옵션을 주면 수행 시간을 표시한다고 되어 있는데, 여기서의 수행 시간은 해당 자바 인스턴스가 생성된 시점부터의 시간이다. 다시 말하면, 서버가 기동된 시점부터의 시간이다.

〈option〉의 종류는 다음과 같으며, 〈option〉에 따라서 나타나는 결과의 내용이 많이 달라진다. 각 옵션에 따라서 나타나는 내용이 부록에 정리되어 있으니 참조하기 바란다.

- class: 클래스 로더에 대한 통계
- compiler: 핫스팟 JIT 컴파일러에 대한 통계
- gc: GC 힙 영역에 대한 통계
- gccapacity: 각 영역의 허용치와 연관된 영역에 대한 통계
- gccause: GC의 요약 정보와, 마지막 GC와 현재 GC에 대한 통계
- gcnew: 각 영역에 대한 통계
- gcnewcapacity: Young 영역과 관련된 영역에 대한 통계

- gcold: Old와 Perm 영역에 대한 통계
- gcoldcapacity: Old 영역의 크기에 대한 통계
- gcpermcapacity: Perm 영역의 크기에 대한 통계
- gcutil: GC에 대한 요약 정보
- printcompilation: 핫 스팟 컴파일 메서드에 대한 통계

옵션 값들을 적용한 예를 보면서 어떻게 jstat를 사용해야 하는지 살펴보자.

```
jstat -gcnew -t -h10 2624 1000 20 > jstat_WAS1.log
```

- 각 영역에 대한 통계를 보여주며,
- 수행 시간을 나타내고,
- 10줄에 한 번씩 각 열의 설명(타이틀)을 나타내고,
- 프로세스 번호는 2464이고,
- 1초(1,000ms)에 한 번씩 정보를 보여주고,
- 20회 반복 수행을 한다.
- 마지막으로 Jstat_WAS1.log 파일에 결과를 저장한다.

jstat에서 프린트되는 결과를 사용하여 그래프를 그리면 GC가 처리되는 추이를 알아볼 수 있으므로 편리하다. 또한 결과를 파일로도 남길 수 있어 나중에 분석할 때 사용할 수 있다. 단, 이 결과만으로는 어떻게 해석을 하면 좋을지 알기 어렵다는 단점이 있다. 하지만 JVM 파라미터 튜닝을 할 때나, GC를 수행하는 데 소요된 모든 시간을 보고 싶을 때 유용하게 사용할 수 있다.

그런데, 이렇게 jstat을 로그로 남겨 분석하는 데는 한계가 있다. 왜냐하면, 로그를 남기는 주기에 GC가 한 번 발생할 수도 있고, 10번 발생할 수도 있기 때문이다. 따라서 정확한 분석을 하고자 할 때는 뒷부분에 있는 verbosegc 옵션 사용을

권장한다.

GC 튜닝할 때 가장 유용한 jstat 옵션은 두 개

jstat 명령에서 GC 튜닝을 위해서 필자가 가장 애용하는 옵션은 -gcutil과 -gccapacity이다. 이 두개의 옵션에 대해서 자세히 알아보기 위해 다음 코드를 살펴보자.

코드 18.1

```java
package com.perf.gc;

import java.util.ArrayList;

public class GCMaker {

    public static void main(String[] args) throws Exception{
        GCMaker maker=new GCMaker();
        for(int loop=0;loop<120;loop++) {
            maker.makeObject();
            Thread.sleep(1000);
            System.out.print(".");
        }
    }
    private void makeObject() {
        Integer[] intArr=new Integer[1024000];
        ArrayList<Integer> list=new ArrayList<Integer>(1024000);
        for(int loop=0;loop<1024;loop++) {
            intArr[loop]=loop;
            list.add(loop);
        }
    }
}
```

먼저 gccapacity 옵션을 살펴보자. 이 옵션은 현재 각 영역에 할당되어 있는 메모리의 크기를 KB 단위로 나타낸다.

결과

```
$ jstat -gccapacity 3580
 NGCMN      NGCMX       NGC       S0C     S1C        EC       OGCMN      OGCMX
  OGC        OC        PGCMN     PGCMX    PGC        PC        YGC        FGC
 43072.0   689472.0   40832.0   5632.0   64.0    29568.0    86144.0   1379008.0
 86144.0   86144.0    21248.0   83968.0  21248.0   21248.0     7         0
```

여기서 3580은 GCMaker 프로세스의 pid이다. 처음 보는 분들은 "이게 뭐지?"라고 생각할 수도 있는데, 한 줄에서 보여 주는 내용이 많아 두 줄에 걸친 것이며 타이틀과 값의 내용을 잘 확인하면서 보면 된다. 하나씩 자세히 살펴보자.

NGC로 시작하는 것은 New (Young) 영역의 크기 관련, OGC 로 시작하는 것은 Old 영역 크기 관련, PGC로 시작하는 것은 Perm 영역 크기 관련 정보이다. 중간에 S0C, S1C, EC, OC, PC는 각각 Survivor0, Survivor1, Eden, Old, Perm 영역의 현재 할당된 크기를 나타낸다. 그리고, MN, MX, C로 끝나는 항목들은 각각 Min, Max, Committed 를 의미한다. 가장 끝에 두개 항목은 각각 Minor GC 횟수와 Full GC 횟수를 의미한다.

이 gccapacity 옵션을 사용하면 어떤 점이 좋을까? 바로 각 영역의 크기를 알 수 있기 때문에 어떤 영역의 크기를 좀 더 늘리고, 줄여야 할지를 확인할 수 있다는 장점이 있다. 본인이 운영하는 시스템이 아니라도, 이 명령어만 수행해 보면 누구에게 물어보지 않아도 해당 자바 프로세스의 메모리 점유 상황을 쉽게 확인할 수 있다.

이번에는 gcutil 옵션을 살펴보자. gcutil 옵션은 힙 영역의 사용량을 % 로 보여준다. 실행하고 있는 상태에서, gcutil 옵션을 수행한 결과는 다음과 같다.

결과

```
$ jstat -gcutil 3580 1s
    S0     S1      E      O      P    YGC   YGCT   FGC   FGCT    GCT
  0.00   9.40  99.46   0.01  11.89     3  0.020     0  0.000  0.020
 10.00   0.00  25.05   0.01  11.89     4  0.023     0  0.000  0.023
 10.00   0.00  49.80   0.01  11.89     4  0.023     0  0.000  0.023
```

여기서 S0, S1은 Survivor 영역을 의미하며 E는 Eden 영역을 의미한다. 즉, 이 세 개 영역이 Young 영역에 해당하고, YGC은 Young 영역의 GC 횟수, YGCT는 Young 영역의 GC가 수행된 누적 시간(초)이다. O는 Old, P는 Perm 영역을 의미하며, 이 두 개 영역 중 하나라도 GC가 발생하면 FGC의 횟수가 증가하고, FGCT 시간이 올라가게 된다. 가장 마지막에 있는 GCT는 Young GC가 수행된 시간인 YGCT와 Full GC가 수행된 시간인 FGCT의 합이다.

아주 간단하게 Young GC가 한 번 수행될 때의 시간을 구하려면 어떻게 할까? 바로 YGCT / YGC를 계산하면 된다. 실제로 정확하게 딱 떨어지지는 않지만 평균적인 값을 확인할 수 있다. 마찬가지로 Full GC별 시간도 이렇게 구할 수 있다.

여기서 조심해야 할 것은 CMS GC를 사용할 경우에는 Full GC의 단계에 따라서 수행되는 시간이 다르다는 점이다. 다시 말해서 평균값이 낮다고 그냥 무시해서는 안 된다. 다시 한번 이야기하지만, 뒷 부분에 있는 verbosegc를 활용하는 것이 가장 확실하다.

원격으로 JVM 상황을 모니터링하기 위한 jstatd

앞서 살펴본 명령어들을 사용하면 로컬 시스템에서만 모니터링을 할 수 있다. 즉, 원격 모니터링이 불가능하다는 의미이다. 이러한 단점을 해결하기 위해서 jstatd라는 데몬이 만들어졌다. 이 명령어를 사용하면 원격 모니터링을 할 수 있지만, 중지하면 서버가 가동 중일 경우에도 원격 모니터링이 불가능하다. 먼저 jstatd 명령어의 사용법을 알아보자.

```
jstatd [-nr] [-p port] [-n rminame]
```

- nr: RMI registry가 존재하지 않을 경우 새로운 RMI 레지스트리를 jstatd 프로세스 내에서 시작하지 않는 것을 정의하기 위한 옵션이다.
- p: RMI 레지스트리를 식별하기 위한 포트 번호.
- n : RMI 객체의 이름을 지정한다. 기본 이름은 JStatRemoteHost이다.

아무 옵션 없이 jstatd를 실행해 보면 다음과 같은 오류가 발생한다.

결과

```
C:\jdk1.7\bin>jstatd
Could not create remote object
access denied ("java.util.PropertyPermission" "java.rmi.server.ignoreSubClasses" "write")
java.security.AccessControlException: access denied ("java.util.PropertyPermission" "java.rmi.server.ignoreSubClasses" "write")
        at java.security.AccessControlContext.checkPermission(AccessControlContext.java:366)
        at java.security.AccessController.checkPermission(AccessController.java:555)
        at java.lang.SecurityManager.checkPermission(SecurityManager.java:549)
        at java.lang.System.setProperty(System.java:781)
        at sun.tools.jstatd.Jstatd.main(Jstatd.java:139)
```

왜 이런 오류가 발생하는 것일까? 옵션을 지정하지 않아서가 아니다. 자바에 기본적으로 지정되어 있는 보안 옵션이 jstatd가 리모트 객체를 만드는 것을 억제하기 때문이다. 이 문제를 해결하려면 자바가 설치되어 있는 서버 내 디렉터리의 lib/security/java.policy 파일에 다음 허가 명령어를 추가해야 한다.

```
grant codebase "file:${java.home}/../lib/tools.jar" {
    permission java.security.AllPermission;
};
```

> **참고** 만약 자바의 lib 디렉터리에 security 디렉터리가 없으면 jre 디렉터리의 lib/security 디렉터리를 확인하기 바란다.

옵션을 추가했으면 다음과 같이 jstatd를 수행하자.

```
jstatd -J-Djava.security.policy=all.policy -p 2020
```

-p 2020에 있는 2020이라는 숫자는 앞의 설명에 있는 것과 같이 포트 번호를 의미한다. 만약 이 포트를 다른 애플리케이션에서 사용하고 있으면 포트 번호를 다른 것으로 지정해야 한다. 옵션에 문제가 없다면, 정상적으로 프로세스가 수행될 것이다.

이제 앞서 사용해 보았던 jps에 다음과 같은 옵션을 지정하여 수행해 보자.

결과

```
C:\jdk1.5\bin>jps minspc:2020
2904 Bootstrap
3500 Jps
```

여기서 minspc는 필자의 PC 이름이다. 여러분은 minspc 대신 모니터링할 서버의 호스트 이름을 지정하면 된다. 호스트 이름 뒤에는 콜론을 쓰고 아까 jstatd를 수행했을 때 -p 옵션에 지정했던 포트 번호와 동일한 번호를 지정한다.

jps를 통하여 프로세스 아이디를 확인하였으니 이제 jstat를 사용하여 서버의 GC 상황을 모니터링해 보자.

결과

```
C:\jdk1.7\bin>jstat -gcutil 2904@minspc:2020 1000
    S0      S1      E       O       P     YGC    YGCT  FGC   FGCT     GCT
  36.63    0.00   85.32   81.87   68.61  10897  16.334  25  1.513   17.847
   0.00   14.92    0.00   82.40   68.61  10935  16.377  25  1.513   17.890
  15.15    0.00    0.00   82.40   68.61  11047  16.486  25  1.513   17.999
   0.00   15.66    0.00   82.88   68.61  11156  16.597  25  1.513   18.110
```

이 명령어 중 앞에서 사용한 옵션과 다른 부분은 2904@minspc:2020이라고 되어 있는 부분이다. 설명하자면 2904는 프로세스 번호, minspc는 서버 명, 2020은 포트 번호다. 이와 같이 jstatd를 통하여 '호스트명:포트 번호'를 지정하면 원격으로 jstat 명령을 수행하여 결과를 확인할 수 있다. 또한 당연한 이야기지만, 원격지의 서버를 이 방식으로 사용하려면 해당 포트를 방화벽에서 열어주어야 한다.

verbosegc 옵션을 이용하여 gc 로그 남기기

jvmstat를 사용할 수 없는 상황이라면 어떻게 GC를 분석할 수 있을까? GC를 분석하기 위한 명령어로는 가장 쉬울, verbosegc라는 옵션이 있다. 자바 수행 시에 간단히 -verbosegc라는 옵션을 넣어주면 된다.

참고로 만일 HP 장비에서 HP JDK 1.3.1 이상 버전을 사용할 때는 -verbosegc가 아닌 -Xverbosegc라는 옵션을 주어야 한다. HP 장비에서 JDK 1.4.0 이상의 핫 스팟 VM을 사용할 경우에는 -Xloggc 옵션을 사용할 수도 있다. JDK 1.4.x 이상의 버전에서는 -XX:+PrintTLE 옵션을 사용할 수도 있으나, JDK 5.0 이상의 버전에서는 이 PrintTLE 옵션을 사용할 수 없다.

옵션 사용법은 다음과 같다.

```
C:\was>java -verbosegc <기타 다른 옵션들> 자바 애플리케이션 이름
```

Sun JDK를 사용할 때 verbosegc 옵션을 쓰면 다음과 같은 결과가 출력된다. 이 결과가 출력되는 기본 위치는 System.out.println() 메서드를 호출했을 때 출력되는 위치와 동일하다.

결과

```
[GC 8128K->848K(130112K), 0.0090257 secs]
[GC 8976K->1453K(130112K), 0.0090570 secs]
[GC 9581K->2242K(130112K), 0.0108919 secs]
...
[GC 120072K->112417K(130112K), 0.0019625 secs]
[GC 120543K->112988K(130112K), 0.0023279 secs]
[Full GC 121104K->9472K(130112K), 0.0647395 secs]
[GC 17562K->9935K(130112K), 0.0009996 secs]
...
```

위 결과를 보면 각각의 항목이 어떤 의미가 있는지 대충 짐작이 갈 것이다. 그래도 의미를 한번 확인해 보자.

```
[GC 8128K->848K(130112K), 0.0090257 secs]
```

Young 영역에 마이너 GC가 발생했으며, 8,128kbyte에서 848kbyte로 축소되었다. 전체 할당된 크기는 130,112kbyte이며, GC 수행 시간은 0.0090257초이다. 여기서 Full GC로 표시되어 있는 행은 수행 시간이 다른 마이너 GC에 비해서 월등히 긴 것을 볼 수 있다.

PrintGCTimeStamps 옵션

그런데 이렇게 옵션을 주고 수행하면 언제 GC가 발생되었는지 알 수 없다. 이 경우를 대비해서 verbosegc 옵션과 함께 사용할 수 있는 -XX:+PrintGCTimeStamps 옵션이 있다. 먼저 옵션을 적용한 이후의 결과를 보자.

결과

```
-verbosegc -XX:+PrintGCTimeStamps 옵션 적용 후
0.668: [GC 8128K->848K(130112K), 0.0089713 secs]
1.073: [GC 8976K->1453K(130112K), 0.0088953 secs]
1.496: [GC 9581K->2242K(130112K), 0.0111185 secs]
1.857: [GC 10370K->2993K(130112K), 0.0095970 secs]
2.136: [GC 11121K->3699K(130112K), 0.0081142 secs]
5.911: [GC 11827K->4387K(130112K), 0.0163130 secs]
6.070: [GC 12511K->4594K(130112K), 0.0069344 secs]
6.085: [GC 12722K->4604K(130112K), 0.0012633 secs]
6.095: [GC 12727K->4592K(130112K), 0.0011932 secs]
```

verbosegc 옵션만 적용했을 때와 비교하면, 가장 좌측에 수행한 시간이 포함되는 것이 눈에 띈다. 서버가 기동되기 시작한 이후부터 해당 GC가 수행될 때까지의 시간을 로그에 포함하기 때문에 언제 GC가 발생되었는지 확인할 수 있다.

PrintHeapAtGC 옵션

또 다른 옵션으로 -XX:+PrintHeapAtGC라는 것이 있다. 이 옵션을 지정하면 GC에 대한 더 많은 정보를 볼 수 있지만, 너무 많은 내용을 보여주기 때문에 분석하기가 그리 쉽지는 않다. 그러나 툴로 분석할 때는 아주 상세한 결과도 확인할 수 있다. 다음 예를 보자.

결과

```
-verbosegc -XX:+PrintGCTimeStamps -XX:+PrintHeapAtGC 옵션 적용 후
{Heap before GC invocations=1 (full 0):
 PSYoungGen      total 37696K, used 29307K [...]
  eden space 32320K, 90% used [...]
  from space 5376K, 0% used [...]
  to   space 5376K, 0% used [...]
 ParOldGen       total 86144K, used 0K [...]
  object space 86144K, 0% used [...]
```

```
  PSPermGen       total 21248K, used 2521K [...]
   object space 21248K, 11% used [...]
3.536: [GC 29307K->4649K(123840K), 0.0708125 secs]
Heap after GC invocations=1 (full 0):
 PSYoungGen     total 37696K, used 4649K [...]
  eden space 32320K, 0% used [...]
  from space 5376K, 86% used [...]
  to   space 5376K, 0% used [...]
 ParOldGen      total 86144K, used 0K [...]
  object space 86144K, 0% used [...]
 PSPermGen      total 21248K, used 2521K [...]
  object space 21248K, 11% used [...]
}
//대괄호 안에는 주소 값이 나오며, 가독성을 위해 지면상 생략했다.
```

필자가 64비트 JVM을 사용하고, 지면상 보기에 조금 정신없이 보일 수도 있겠지만, 유심히 살펴보면 그리 복잡한 내용은 아니다. GC가 한 번 수행될 때 각 영역(Eden 영역, Survivor 영역, Old 영역, 전체 영역)에서 얼마나 많은 메모리 영역을 사용하고 있는지 상세하게 볼 수 있다. 이 결과의 특징은 Before라고 되어 있는 블록에는 GC 전의 메모리 상황을, After라고 되어 있는 블록에는 GC 후의 메모리 상황을 제공한다는 것이다.

참고로 이 결과는 JVM 벤더마다 다를 수 있다.

PrintGCDetails

더 간결하고 보기 쉬운 옵션이 하나 더 있다. 바로 -XX:+PrintGCDetails 옵션이다. 이 옵션을 적용하면 어떤 결과가 나오는지 다음의 예를 보자.

결과

```
-verbosegc -XX:+PrintGCTimeStamps -XX:+PrintGCDetails 옵션 적용 후
0.719: [GC 0.719: [DefNew: 8128K->848K(9088K), 0.0090986 secs]
8128K->848K(130112K), 0.0092344 secs]
```

```
...
63.626: [Tenured: 112634K->9923K(121024K), 0.0633237 secs]
12141 5K->9923K(130112K), 0.0634597 secs]
```

이렇게 verbosegc 옵션에 다양한 추가 옵션을 사용하면 GC 현상에 대해 더 정밀하게 분석할 수 있다. 하지만 텍스트 기반으로 나온 결과를 직접 머리로 계산하면서 분석하고 싶은 사람은 한 명도 없을 것이다. 그래서 각 서버에 알맞은 분석 툴들이 존재한다. 그 목록은 다음과 같다.

- GC Analyzer: Sun에서 제공하는 GC 분석 툴이다. 펄 스크립트 기반으로 분석 결과를 정리해 준다. 이 툴의 사용법은 부록의 'GC Analyzer 사용법'을 참조하기 바란다
- IBM GC 분석기(IBM Pattern Modeling and Analysis Tool for Java Garbage Collector, IBM PMAT): IBM에서 제공하는 GC 분석 툴이다. Sun, IBM, HP 서버에서 작성된 GC 로그를 분석할 수 있다. http://www.alphaworks.ibm.com/tech/pmat에서 다운로드하여 사용하면 된다.
- HPjtune: HP에서 제공하는 GC 분석 툴이다. 오직 HP JDK를 사용하여 작성된 GC 로그만 분석할 수 있다는 단점이 있지만, 메뉴얼이 잘 되어 있다. 하지만 HPjtune은 더 이상의 업그레이드나 버그 픽스가 제공되지 않는다고 명시되어 있다. 대신, HPjmeter를 사용하면 HP 기반의 서버에서 모니터링 할 수 있다.

추가로 설명하자면 HPjmeter는 아파치 그룹에서 제공하는 JMeter와는 전혀 상관이 없는 모니터링 및 분석 툴이다. 이 툴의 단점은 HP 기반의 서버만 모니터링이 가능하다는 것이다. 모니터링 결과를 표시하는 콘솔은 윈도나 리눅스 버전도 제공된다.

나초보씨는 이제 GC 데이터를 수집하는 방법을 익혔다. 어떻게 튜닝해야 할지 걱정 반, 기대 반이다. 이제는 WAS에 부하를 가하여 각 GC 옵션을 변경하면서 해당 시스템에 가장 적절한 상태로 튜닝하는 것만 남았다.

어설프게 아는 것이 제일 무섭다

필자가 자바의 메모리 릭과 메모리 모니터링에 대해서 알려주면 얼마 뒤에 간혹 다음과 같은 문의 메일이 온다.

'저희 시스템에 메모리 릭이 있나 봐요. 진단해 주세요.'

정말 메모리 릭이 있는 경우는 필자의 경험상 전체 자바 애플리케이션 1%도 안 된다. 게다가 요즘은 대부분 프레임워크를 사용하기 때문에 개발자의 실수가 발생할 확률이 더 줄어들었다. 그런데 왜 필자에게 이런 문의가 올까?

여러분들이 운영하는 시스템이 초당 10건 정도의 요청이 오고 있다면 이런 현상이 발생하지 않을 것이다. 하지만, 분당 1건 정도의 요청이 들어오는 시스템은 이야기가 달라진다. 이런 시스템은 하루에 Full GC가 한 번 일어날까 말까 할 수도 있다.

예를 들어 메모리를 2GB로 지정한 시스템에 초당 1건이 요청되는 시스템에서 한 번 요청이 올 때 10MB의 메모리가 생성된다고 가정하자. 이 시스템의 Old 영역이 1% 증가하려면 얼마나 기다려야 할까?

한 번 요청 올 때 생성되는 10MB의 메모리는 Eden 영역에 쌓일 것이다. 이 데이터가 Survivor 영역으로 넘어가고 Old 영역까지 넘어갈 확률은 얼마나 될까? 보통의 경우 JVM이 자동으로 지정해주는 Young 영역과 Old 영역의 비율은 1:2 ~ 1:9 정도다. 그러면, 2GB에서는 100 ~ 300MB 정도가 Young 영역에 할당될 것이다. 다시 질문을 보자. 이 시스템의 Old 영역이 1% 증가하려면 얼마나 기다려야 할까? 정답은 없지만, 적어도 5분에서 2시간 정도 소요될 수 있다. 5분에 1%라면, 한 시간에 12%고, 9시간 정도가 되어야 100%에 도달하여 Full GC가 발생하게 될 것이다.

독자 여러분들이 보기에 이 시스템에 메모리 릭이 있는 것 같은가? 정답은 "아무도 모른다."가 답이다. 하지만, 메모리 릭이라고 생각할 근거는 제공할 수 있다. 하지만, 앞서 이야기한대로 메모리 릭은 1%도 안되는 시스템에서 발생한다고 했다. 다시 말해서 이 시스템은 메모리 릭이 존재할 확률이 높지 않다.

메모리 릭이 발생하는지 확인하는 가장 확실한 방법은 verbosegc를 남겨서 보는 방법이다. 그리고, 간단하게 확인할 수 있는 또 한가지 방법은 Full GC가 일어난 이후에 메모리 사용량을 보는 것이다. 정확하게 이야기해서 Full GC 가 수행된 후에 Old 영역의 메모리 사용량을 보자. 만약 사용량이 80% 이상이면 메모리 릭을 의심해야 한다. 그런데, Full GC를 한 번도 하지 않은 시스템에 메모리 릭이 있다고 생각할 수 있는가? 어떤 시스템도 Full GC가 한 번도 발생하지 않는 상황에서 메모리 릭이 있다고 이야기할 수 없다. 그런데, 시스템이 사용하고 있지 않아서 메모리가 99%에 오랫동안 머무른다고 알람을 던지는 '멍청한' 모니터링 시스템에서 알림이 온다고 필자에게 메모리 릭을 분석해 달라는 분들이 종종 있다.

제발 jstat과 verbosegc 로그 결과를 갖고 이야기하자. 그냥 보면 jstat의 Old 영역은 항상 올라가는 것이 정상이다. Full GC가 발생한 이후의 메모리 사용량으로 메모리 릭 여부를 판단하자.

정리하며

앞서 보았듯이 GC를 관리할 수 있는 툴은 여러 가지가 있다. 여러 WAS가 메모리 사용량을 간단히 모니터링하는 기능을 제공한다. 하지만 이런 모니터링 기능은 데이터를 축적할 수가 없다. 따라서 문제가 발생했을 때 상황을 알 수 없고, 나중에 확인할 수도 없다. 그래서 이 장에서는 추후에 GC 정보를 볼 수 있는 jvmstat

라는 툴에 대해서 정리를 하였으며, verbosegc라는 옵션을 사용하는 방법에 대해서도 정리했다.

GC를 분석하는 것만큼 재미없는 일은 없다. 하지만 GC를 분석하고 튜닝 작업을 하면서 자바에 대해서 보다 자세히 알 수 있다. 또한 GC를 분석하면, 코드 한 줄 한 줄 작성할 때 GC가 발생하지 않도록 하여 시스템을 효율적으로 운영할 수 있다.

GC 튜닝을 항상 할 필요는 없다

들어가며

이 장의 제목처럼 GC 튜닝을 항상 할 필요는 없다. 자바의 GC 튜닝은 꼭 필요한 경우에 하는 것이 좋다. 그렇다면, WAS를 띄울 때 아무런 옵션 없이 띄워도 된다는 말인가? 그런 말이 절대 아니다. 기본적인 메모리 크기 정도만 지정하면 웬만큼 사용량이 많지 않은 시스템에서는 튜닝을 할 필요가 없다는 말이다.

나초보씨는 GC 모니터링하는 방법을 알게 된 이후에 가장 최적화된 GC 튜닝 옵션이 알고 싶어졌다. 그래서, 이튜닝 선배에게 문의하였고, 다음과 같은 답장을 받았다.

발신	이튜닝
수신	나초보
제목	RE: 최적화된 GC 튜닝 옵션 좀 알려주세요.
내용	세상에 최적화된 GC 튜닝 옵션이 있을까? 이 세상에 모든 시스템이 동일한 패턴으로 객체가 생성되고 사라질까? 만약 그

런 막강한 옵션이 있다면 오라클에서 해당 옵션을 JVM에 심어 두고 끝내겠지.

GC 튜닝에는 절대 Silver bullet (은탄환)이 없어.

각각의 시스템에 맞추어 상황을 모니터링하면서 최적의 GC 옵션을 찾아가야 하는거야.

그런데, 너네 시스템 아직 오픈 안 했잖아.

GC 튜닝을 하는 가장 좋은 시기는 시스템이 오픈한 이후야.

왜냐하면 아무리 성능 테스트를 통해서 부하를 준다고 해도, 실제 사용자들이 사용하는 패턴과 동일하게 구현하기가 힘들기 때문이지.

시스템 오픈한 이후에 다시 물어봐.

근데, 내가 예전에 회사 블로그에 올린 글 안봤냐? 일하는 것도 중요하지만 이런 것도 짬짬이 봐.

나초보씨는 이튜닝 선배가 공유한 URL 링크를 열었다.

> 참고 Silver bullet이라는 용어는 보통 '특효약'을 나타낼 때 사용된다. 즉, 하나로 모든 것을 치료할 수 있는 만병 통치약을 의미한다. 이 단어는 주인공이 은탄환을 갖고 늑대 인간 및 유령들을 퇴치하는 약 80년전 미국 라디오 드라마에서 유래되었다고 한다.

GC 튜닝을 꼭 해야 할까?

결론부터 이야기하면 Java 기반의 모든 서비스에서 GC 튜닝을 진행할 필요는 없다. GC 튜닝이 필요 없다는 이야기는 운영 중인 Java 기반 시스템의 옵션에 기본적으로 다음과 같은 것들은 추가되어 있을 때의 경우다.

- -Xms 옵션과 -Xmx 옵션으로 메모리 크기를 지정했다.
- -server 옵션이 포함되어 있다.

그리고 시스템의 로그에는 타임아웃 관련 로그가 남아있지 않아야 한다. 여기서 타임아웃은 다음과 같은 것들을 말한다.

- DB 작업과 관련된 타임아웃
- 다른 서버와의 통신시 타임아웃

왜 갑자기 타임아웃 이야기를 하는지 의아할 수도 있다. 그런데, 타임아웃 로그가 존재하고 있다는 것은 그 시스템을 사용하는 사용자 중 대다수나 일부는 정상적인 응답을 받지 못했다는 말이다. 그리고, 대부분 서로 다른 서버간에 통신 문제나 원격 서버의 성능이 느려서 타임아웃이 발생할 수도 있지만, 그 이유가 GC 때문일 수도 있다.

지금까지 이야기한 것을 정리하자면,

- JVM의 메모리 크기도 지정하지 않았고,
- Timeout이 지속적으로 발생하고 있다면

여러분의 시스템에서 GC 튜닝을 하는 것이 좋다. 그렇지 않다면, GC 튜닝할 시간에 다른 작업을 하는 것이 더 낫다.

그런데 한 가지 꼭 명심해야 하는 점이 있다. GC 튜닝은 가장 마지막에 하는 작업이라는 것이다.

GC 튜닝을 왜 하는지 근본적인 이유를 생각해 보자. Java에서 생성된 객체는 가비지 컬렉터(Garbage Collector)가 처리해서 지운다. 생성된 객체가 많으면 많을

수록 가비지 컬렉터가 처리해야 하는 대상도 많아지고, GC를 수행하는 횟수도 증가한다. 즉, 여러분이 운영하고 만드는 시스템이 GC를 적게 하도록 하려면 객체 생성을 줄이는 작업을 먼저 해야 한다.

티끌 모아 태산이라는 말이 있듯이, 지금까지 이 책에서 필자가 이야기한 대부분의 내용들이 지켜지면 된다. String 대신 StringBuilder나 StringBuffer를 사용하는 거나, 로그를 최대한 적게 쌓도록 하는 등 임시 메모리를 적게 사용하도록 하는 작업은 중요하다.

만약 애플리케이션 메모리 사용도 튜닝을 많이 해서 어느 정도 만족할 만한 상황이 되었다면, 본격적으로 GC 튜닝을 시작하면 된다. 필자는 GC 튜닝의 목적을 두 가지로 나눈다. Old 영역으로 넘어가는 객체의 수를 최소화하는 것과 Full GC의 실행 시간을 줄이는 것이다.

Old 영역으로 넘어가는 객체의 수 최소화하기

Oracle JVM에서 제공하는 모든 GC는 Generational GC이다. 즉, Eden 영역에서 객체가 처음 만들어지고, Survivor 영역을 오가다가, 끝까지 남아 있는 객체는 Old 영역으로 이동한다. (G1의 경우 약간 상이하게 동작한다.) 간혹 Eden 영역에서 만들어지다가 크기가 커져서 Old 영역으로 바로 넘어가는 객체도 있긴 하다. Old 영역의 GC는 New 영역의 GC에 비하여 상대적으로 시간이 오래 소요되기 때문에 Old 영역으로 이동하는 객체의 수를 줄이면 Full GC가 발생하는 빈도를 많이 줄일 수 있다. Old 영역으로 넘어가는 객체의 수를 줄인다는 말을 잘못 이해하면 객체를 마음대로 New 영역에만 남길 수 있다고 생각할 수 있지만, 그렇게는 할 수는 없다. 하지만 New 영역의 크기를 잘 조절함으로써 큰 효과를 볼 수는 있다.

Full GC 시간 줄이기

Full GC의 수행 시간은 상대적으로 Young GC에 비하여 길다. 그래서 Full GC 실행에 시간이 오래 소요되면(1초 이상) 연계된 여러 부분에서 타임아웃이 발생할 수 있다. 그렇다고 Full GC 실행 시간을 줄이기 위해서 Old 영역의 크기를 줄이면 OutOfMemoryError가 발생하거나 Full GC 횟수가 늘어난다. 반대로 Old 영역의 크기를 늘리면 Full GC 횟수는 줄어들지만 실행 시간이 늘어난다. Old 영역의 크기를 적절하게 '잘' 설정해야 한다.

GC의 성능을 결정하는 옵션들

GC 옵션은 '누가 이 옵션을 썼을 때 성능이 잘 나왔대. 우리도 이렇게 적용하자.'라고 생각하면 절대 안 된다. 왜냐하면, 서비스마다 생성되는 객체의 크기도 다르고 살아있는 기간도 다르기 때문이다. 이건 필자가 하는 말이 아니라 오라클에서 자바 JVM 및 GC 로직을 개발하는 엔지니어들이 한 말이다.

아주 단순하게 생각해서, A, B, C, D, E라는 조건에서 어떤 작업이 수행되는 것과 A, B라는 조건에서 어떤 작업이 수행되는 것을 비교하면 어느 조건에서 수행되는 작업이 더 빠를까? 일반적으로 그냥 생각해도 A, B 조건에서 수행되는 작업이 더 빠를 것이다.

Java의 GC 옵션도 마찬가지다. 이런 저런 옵션을 많이 설정한다고 시스템의 GC 수행 속도가 월등히 빨라지진 않는다. 오히려 더 느려질 확률이 높다. 두 대 이상의 서버에 GC 옵션을 다르게 적용해서 비교해 보고, 옵션을 추가한 서버의 성능이나 GC 시간이 개선된 때에만 옵션을 추가하는 것이 GC 튜닝의 기본 원칙이다. 절대로 잊지 말자!

다음 표는 성능에 영향을 주는 GC 옵션 중 메모리 크기와 관련된 옵션이다.

구분	옵션	설명
힙(heap) 영역 크기	-Xms	JVM 시작 시 힙 영역 크기
	-Xmx	최대 힙 영역 크기
New 영역의 크기	-XX:NewRatio	New영역과 Old 영역의 비율
	-XX:NewSize	New영역의 크기
	-XX:SurvivorRatio	Eden 영역과 Survivor 영역의 비율

이 중에서 필자가 GC 튜닝을 할 때 자주 사용하는 옵션은 -Xms, -Xmx, -XX:NewRatio 옵션이다. 특히 -Xms과 -Xmx는 필수로 지정해야 하는 옵션이다. 그리고 NewRatio 옵션을 어떻게 설정하느냐에 따라서 GC 성능에 많은 차이가 발생한다.

간혹 Perm 영역의 크기는 어떻게 설정해야 하는지 문의하는 분들이 있다. Perm 영역의 크기는 OutOfMemoryError가 발생하고, 그 문제의 원인이 Perm 영역의 크기 때문일 때에만 -XX:PermSize 옵션과 -XX:MaxPermSize 옵션으로 지정해도 큰 문제는 없다.

GC의 성능에 많은 영향을 주는 또 다른 옵션은 GC 방식이다. 다음 표는 GC 방식에 따라서 지정할 수 있는 옵션이다(JDK 6.0 기준).

구분	옵션	비고
Serial GC	-XX:+UseSerialGC	
Parallel GC	-XX:+UseParallelGC -XX:ParallelGCThreads=value	
Parallel Compacting GC	-XX:+UseParallelOldGC	
CMS GC	-XX:+UseConcMarkSweepGC -XX:+UseParNewGC -XX:+CMSParallelRemarkEnabled -XX:CMSInitiatingOccupancyFraction=value -XX:+UseCMSInitiatingOccupancyOnly	

구분	옵션	비고
G1	-XX:+UnlockExperimentalVMOptions -XX:+UseG1GC	JDK 6에서는 두 옵션을 반드시 같이 사용해야 함

G1 GC를 제외하고는, 각 GC 방식의 첫 번째 줄에 있는 옵션을 지정하면 GC 방식이 변경된다. GC 방식 중에서 특별히 신경 쓸 필요가 없는 방식은 Serial GC다. Serial GC는 클라이언트 장비에 최적화되어 있기 때문이다.

이 외에도 GC의 성능에 영향을 주는 옵션은 많이 있다. 하지만 여기에 명시한 옵션만 제대로 지정하더라도 큰 효과를 볼 수 있다. 옵션이 많다고 GC 수행 시간이 좋아지는 것은 절대 아니다.

GC 튜닝의 절차

GC를 튜닝하는 절차도 대부분의 성능 개선 작업과 크게 다르지 않다. 다음은 필자가 사용하는 GC 튜닝 절차이다.

① GC 상황 모니터링

　GC 상황을 모니터링하며 현재 운영되는 시스템의 GC 상황을 확인해야 한다. 모니터링 방법이 생각나지 않는 독자는 앞 장을 참고하기 바란다.

② 모니터링 결과 분석 후 GC 튜닝 여부 결정

　GC 상황을 확인한 후에는, 결과를 분석하고 GC 튜닝 여부를 결정해야 한다. 분석한 결과를 확인했는데 GC 수행에 소요된 시간이 0.1~0.3초 밖에 안 된다면 굳이 GC 튜닝에 시간을 낭비할 필요는 없다. 하지만 GC 수행 시간이 1~3초, 심지어 10초가 넘는 상황이라면 GC 튜닝을 진행해야 한다.

그런데, 만약 Java의 메모리를 10GB 정도로 할당해서 사용하고 있고 메모리의 크기를 줄일 수 없다면 필자가 GC 튜닝에 대해서 안내해 줄 수 있는 방법이 없다. GC 튜닝 전에 시스템의 메모리를 왜 높게 잡아야 하는지에 생각해 봐야만 한다. 만약 메모리를 1GB나 2GB로 지정했을 때 OutOfMemoryError가 발생한다면, 힙 덤프를 떠서 그 원인을 확인하고, 문제점을 제거해야만 한다.

> **참고** 힙 덤프는 현재 Java 메모리에 어떤 객체와 어떤 데이터가 있는지 확인하기 위한 메모리의 단면 파일이라고 생각하면 된다. 이 파일은 JDK에 포함되어 있는 jmap이라는 명령으로 생성할 수 있다. 파일을 생성하는 도중에는 Java 프로세스가 멈추기 때문에 시스템을 운영하고 있을 때는 이 파일을 생성하면 안 된다. 힙 덤프에 대한 자세한 설명은 『자바 개발자와 시스템 운영자를 위한 트러블 슈팅 이야기』(한빛미디어, 2011)를 참조하기 바란다.

③ GC 방식/메모리 크기 지정

GC 튜닝을 진행하기로 결정했다면 GC 방식을 선정하고 메모리의 크기를 지정한다. 이때 서버가 여러 대이면 서버에 GC 옵션을 서로 다르게 지정해서 GC 옵션에 따른 차이를 확인하는 것이 중요하다.

④ 결과 분석

GC 옵션을 지정하고 적어도 24시간 이상 데이터를 수집한 후에 분석을 실시한다. 운이 좋으면 해당 시스템에 가장 적합한 GC 옵션을 찾을 수 있다. 그렇지 않다면 로그를 분석해 메모리가 어떻게 할당되는지 확인해야 한다. 그 다음에 GC 방식/메모리 크기를 변경해 가면서 최적의 옵션을 찾아 나간다.

⑤ 결과가 만족스러울 경우 전체 서버에 반영 및 종료

GC 튜닝 결과가 만족스러우면 전체 서버에 GC 옵션을 적용하고 마무리한다. 그런데, 이 작업은 매우 조심해서 접근해야 한다. 잘못하면 장애로 이어질 수도 있기 때문이다.

다음 절부터는 각 단계에 해야 하는 작업을 자세히 살펴볼 것이다.

1, 2 단계: GC 상황 모니터링 및 결과 분석하기

운영 중인 WAS의 GC 상황을 확인하는 가장 좋은 방법은 jstat 명령어를 사용하는 것이다. jstat 명령어는 앞 장에서 설명했으므로 어떤 데이터를 봐야 하는 지만 설명하겠다.

다음 예제는 GC 튜닝을 안 한 어떤 JVM의 상황이다.

결과

```
$ jstat -gcutil 21719 1s
    S0     S1     E      O      P      YGC     YGCT   FGC    FGCT     GCT
  48.66   0.00  48.10  49.70  77.45   3428   172.623   3    59.050  231.673
  48.66   0.00  48.10  49.70  77.45   3428   172.623   3    59.050  231.673
```

이 데이터를 보는 순서는 다음과 같다.

① YGC와 YGCT의 값을 확인한다.

YGCT 값을 YGC로 나누면 0.050초(50ms)라는 값이 나온다. 즉, Young 영역에서 GC가 수행되는 데 평균 50ms가 소요되었다는 말이다. 이 정도면 Young 영역의 GC는 신경 쓰지 않아도 된다.

② FGCT와 FGC의 값을 확인한다.

FGCT 값을 FGC로 나누면 19.68초라는 값이 나온다. 평균 19.68초가 소요되었다는 말이다. 세 번의 GC에서 모두 19.68초가 걸렸을 수도 있고, 두 번의 GC는 1초가 소요되고 한 번의 GC는 58초가 소요됐을 수도 있다. 그러나 어떤 경우이던 GC 튜닝이 필요한 경우라고 판단할 수 있다.

이렇게 GC의 상황을 jstat으로 간단하게 확인할 수도 있지만, -verbosegc 옵션으로 로그를 남겨 분석하는 것이 가장 좋다. 필자는 -verbosegc 로그를 분석하는 도구 중 HPJMeter를 가장 좋아한다. 사용법도 간단하고 분석하는 방법도 어렵지 않기 때문이다. HPJMeter를 사용하면, GC를 수행한 시간 분포와 얼마나 자주 GC가 발생하는지를 쉽게 확인할 수 있다.

지금까지 이야기한 것을 정리해보자. GC가 수행되는 시간을 확인했을 때 결과가 다음의 조건에 모두 부합한다면 GC 튜닝이 필요 없다.

- Minor GC의 처리 시간이 빠르다(50ms내외).
- Minor GC 주기가 빈번하지 않다(10초 내외).
- Full GC의 처리 시간이 빠르다(보통 1초 이내).
- Full GC 주기가 빈번하지 않다(10분에 1회).

위에서 괄호 안에 있는 값은 절댓값은 아니고 서비스의 상황에 따라 달라질 수 있는 값이다. Full GC 처리 속도가 0.9초가 나와도 만족하는 서비스가 있고, 그렇지 않은 서비스도 있기 때문이다. 따라서, 서비스의 특성에 따라 GC 튜닝 작업을 진행할지 결정한다.

한 가지 주의할 점은, GC 상황을 확인할 때 Minor GC와 Full GC의 시간만 보면 안 된다는 점이다. GC가 수행되는 횟수도 확인해야 한다. 만약 New 영역의 크기가 너무 작게 잡혀 있다면 Minor GC가 발생하는 빈도가 매우 높을 뿐만 아니라(1초에 한 번 이상인 경우도 있음), Old 영역으로 넘어가는 객체의 개수도 증가하게 되어 Full GC 횟수도 증가한다. 따라서 jstat명령의 -gccapacity 옵션을 적용하여 각 영역을 얼마나 점유하여 사용하는지도 확인해야 한다.

3-1단계: GC 방식 지정

이제 튜닝에 들어가서 GC 방식과 메모리 크기를 지정하는 방법을 살펴보자. 먼저 이 절에서는 GC 방식을 지정하는 것에 대해서 알아보자.

GC 방식은 Oracle JVM을 기준으로 총 5가지가 있다. 그중 Serial GC는 운영에서 사용하지 못한다. 그리고 JDK 7이 아니라면 이 GC를 제외해야 하므로 Parallel GC, Parallel Compacting GC, CMS GC의 3개 중에 하나를 선택해야 한다. 이 중에서 어떤 방식을 선택해야 한다는 공식이나 원칙은 없다.

그렇다면, 어떻게 정해야 할까? 가장 좋은 방법은 3가지를 다 적용해 보는 것인데, 일반적으로 CMS GC는 다른 Parallel GC보다 작업 속도가 빠르다. 그렇다면 그냥 CMS GC만 적용하면 된다고 생각하겠지만, CMS GC가 항상 빠른 것은 아니다. 일반적인 CMS GC의 Full GC 처리 시간은 빠르지만, Concurrent mode failure가 발생하면 다른 Parallel GC보다 느려진다.

Concurrent mode failure에 대해서 좀 더 알아 보자

Parallel GC와 CMS GC의 가장 큰 차이점은 압축(Compaction) 작업 여부이다. 압축 작업은 메모리 할당 공간 사이에 사용하지 않는 빈 공간이 없도록 옮겨서 메모리 단편화를 제거하는 작업이다.

Parallel GC 방식에서는 Full GC가 수행될 때마다 압축 작업을 진행하기 때문에 시간이 많이 소요된다. 하지만, Full GC가 수행된 이후에는 메모리를 연속적으로 지정할 수 있어 메모리를 더 빠르게 할당할 수 있다.

반대로 CMS GC는 기본적으로 압축 작업을 수행하지 않기 때문에 당연히 속도가 빠르다. 하지만, 압축 작업을 수행하지 않으면 디스크 조각 모음을 실행하기 전의 상태처럼 메모리에 빈 공간이 여기저기 생긴다. 그렇기 때문에 크기가 큰 객체가 들어갈 수 있는 공간이 없을 수도 있다. 예를 들어, Old 영역에 남아 있는 크기가 300MB인데도 10MB짜리 객체가 연속적으로 들어갈 공간이 없을 수 있다는 말이다. 그럴 때 Concurrent mode failure라는 경고가 발생하면서 압축 작업을 수행한다. 그런데, CMS GC를 사용할 때는 압축 시간이 다른 Parallel GC보다 더 오래 소요된다. 그래서 오히려 더 문제가 될 수 있다. Concurrent mode failure에 대한 더 자세한 설명은 구글에서 'Understanding CMS GC Logs'를 검색해서 나오는 오라클 엔지니어가 쓴 글에서 확인할 수 있다.

결론적으로, 운영 중인 시스템 특성에 따라 적합한 GC 방식이 다르므로 해당 시스템에 최적인 방식을 찾아야 한다. 운영 중인 서버가 6대 정도 있다면, 2대씩 각 옵션을 동일하게 지정하고 -verbosegc 옵션을 추가한 후 결과를 분석하는 방법을 추천한다.

3-2 단계: 메모리 크기

여기서 말하는 메모리 크기는 JVM의 시작 크기(-Xms)와 최대 크기(-Xmx)를 말한다. 메모리 크기와 GC 발생 횟수, GC 수행 시간의 관계는 다음과 같다.

- 메모리 크기가 크면,
  - GC 발생 횟수는 감소한다.
  - GC 수행 시간은 길어진다.
- 메모리 크기가 작으면,
  - GC 발생 횟수는 짧아진다.
  - GC 수행 시간은 증가한다.

메모리 크기를 크게 설정할 것인지, 작게 설정할 것인지에 대한 정답은 없다. 서버

자원이 좋은 시스템이라서 메모리를 10GB로 설정해도 Full GC가 1초 이내에 끝난다면 10GB로 지정해도 된다. 하지만, 대부분의 서버는 메모리를 10GB 정도로 설정하면 Full GC 시간이 10~30초 정도 소요된다. 물론 이 시간은 객체의 크기가 어떻게 되어 있느냐에 따라서 달라진다.

그렇다면 메모리 크기를 어떻게 설정해야 할까? 필자는 보통 500MB로 설정하라고 이야기한다. 그렇다고 WAS의 메모리를 -Xms500m 옵션과 -Xmx500m 옵션으로 지정하라는 이야기가 절대 아니다. GC 튜닝 이전에 현재 상황을 모니터링한 결과를 바탕으로 Full GC가 발생한 이후에 남아 있는 메모리의 크기를 봐야 한다. 만약 Full GC 후에 남아 있는 Old 영역의 메모리가 300MB 정도라면 300MB(기본 사용) + 500MB(Old 영역용 최소) + 200MB(여유 메모리)를 감안하여 Old 영역만 1GB 정도로 지정하는 것이 좋다. 그래서 3대 정도의 운영 서버가 있다면, 서버 한대는 1GB로, 다른 한대는 1.5 GB로, 또 다른 한대는 2GB 정도로 지정한 후 결과를 지켜 본 다음 결정한다.

이렇게 지정하면, 이론적으로 생각했을 때는 GC가 Old 영역 1GB 〉 1.5GB 〉 2GB 순서로 빠르므로, 결국 1GB일 때 GC가 제일 빠르다고 볼 수 있을 것이다. 하지만 그렇다고 1GB일 때 Full GC가 1초 걸리고, 2GB일 때는 2초 걸린다고 보장할 수 없다. 서버의 성능에 따라 다르고 객체의 크기에 따라서 시간이 달라지기 때문이다. 그러므로 측정 데이터 셋을 최대한 많이 만들어 모니터링을 통해서 확인하는 것이 가장 좋은 방법이다. 1GB일 때 1초가 소요되면, 1.5GB일 때 1.2초가 소요되는 경우도 있다. 여러분들이라면 어떤 것을 선택할 것인가? 만약 0.2초 정도의 성능 저하는 무시할 수 있다면, 1GB일 때보다 1.5GB일 때 Full GC가 수행되는 빈도가 적어지게 되므로 전반적인 Full GC 수행 시간은 적어지게 된다.

메모리 크기를 지정할 때 해야 하는 것이 한 가지 더 있다. 바로 NewRatio다. NewRatio는 New 영역과 Old 영역의 비율이다. -XX:NewRatio=1로 지정하면 (New 영역):(Old 영역)의 비율은 1:1이 된다. 만약 1GB라면 (New 영역):(Old 영역)은

500MB:500MB가 된다. NewRatio가 2이면 (New 영역):(Old 영역)이 1:2가 된다. 즉, 값이 커지면 커질수록 Old 영역의 크기가 커지고 New 영역의 크기가 작아진다.

별 것이 아닌 것으로 생각할 수 있지만, NewRatio 값은 GC의 전반적인 성능에 많은 영향을 준다. New 영역의 크기가 작으면 Old 영역으로 넘어가는 메모리의 양이 많아져서 Full GC도 잦아지고 시간도 오래 걸린다.

단순하게 생각하면 NewRatio 값을 1로 주었을 때 최고의 상황이 될 것 같지만, 필자의 경험상 NewRatio의 값이 2나 3일 때의 전반적인 GC 성능이 더 좋았다. 정확하게는 TPS가 더 높게 나왔다. 하지만, 이 결과는 객체의 크기 및 생성 주기에 따라 달라지기 때문에 자신이 운영하는 서비스의 상황에 맞는 값을 찾는 작업을 수행하는 것이 가장 중요하다.

GC 튜닝을 가장 빨리 진행하는 방법은 무엇일까? 성능 테스트로 결과를 비교하는 것이 가장 빠르게 검토 결과를 얻을 수 있는 방법이다. 동일한 서비스를 제공하는 운영 서버의 대수가 많다면 서버마다 옵션을 다르게 지정하고 상황을 모니터링하면 된다. 하지만, 이렇게 설정한 후에는 적어도 하루에서 이틀 정도 데이터가 쌓인 후에 보는 것이 바람직하다. 하지만 성능 테스트를 통해서 GC 튜닝을 하면 빠른 시간에 결과를 얻을 수 있다. 그런데 문제는 운영 상황과 동일하게 부하를 줄 수 있는 환경을 구성해야 하는 작업이 쉽지 않다는 점이다. 그리고 부하를 주는 URL과 같은 요청 비율도 운영과 동일해야 한다. 그러나 이렇게 정확하게 부하를 주는 것은 전문 성능 테스터도 쉽지 않고, 준비하는 데 오히려 더 많은 시간이 소요될 수 있다. 시간이 오래 걸리더라도 운영에 적용하고 결과를 기다리는 것이 더 간단하고 편하다.

4단계: GC튜닝 결과 분석

GC 옵션을 적용하고, -verbosegc 옵션을 지정한 다음에 tail 명령어로 로그가 제대로 쌓이고 있는지 확인해야 한다. 만약 옵션을 잘못 지정해서 로그가 안 쌓이면, 시간만 허비하게 된다. 로그가 잘 쌓이고 있다면, 하루 혹은 이틀 정도의 데이터가 축적된 후 결과를 확인해 보자. 축적된 로그는 로컬 PC로 옮긴 다음에 HPJMeter로 분석하는 것이 가장 쉽다.

분석할 때는 다음의 사항을 중심으로 살펴보는 것이 좋다.

- Full GC 수행 시간
- Minor GC 수행 시간
- Full GC 수행 간격
- Minor GC 수행 간격
- 전체 Full GC 수행 시간
- 전체 Minor GC 수행 시간
- 전체 GC 수행 시간
- Full GC 수행 횟수
- Minor GC 수행 횟수

순서는 필자 나름의 기준에 따른 우선 순위다. GC 옵션을 결정하는 데 가장 큰 비중을 차지하는 것은 첫 번째 항목인 Full GC 수행 시간이다.

운이 좋아서 한 번에 가장 적합한 GC 옵션을 찾으면 좋지만, 그렇지 못한 경우가 대부분이다. 한 번에 끝내려다가 잘못하면 서비스에 OutOfMemoryError가 발생할 수 있으니 조심해서 GC 튜닝을 진행하는 것이 좋다.

정리하며

이 장에서는 GC 튜닝을 실시할 때 필자가 사용하는 일반적인 방법에 대해서 알아보았다. 필자가 지금까지 GC 튜닝을 해 온 방식이 절대적이라고 생각하지는 않는다. 필자가 몇 번이고 이야기 했지만, 만약 현재 시스템에 대한 정확한 분석 없이 GC 튜닝을 한다고 JVM 옵션을 지정했다가는 OutOfMemoryError가 발생하는 치명적인 상황으로 갈 수도 있다. 따라서, 전문가와 함께 시스템을 분석하고 튜닝 작업을 수행할 것을 권장한다.

그리고 무엇보다도 반드시 알고 있어야 하는 것이 있다. 바로 GC 튜닝은 튜닝의 가장 마지막에 하는 작업이라는 것이다. 애플리케이션에서 임시 메모리를 가장 적게 생성하도록 튜닝을 하고, 애플리케이션 성능을 측정을 한 다음에도 문제가 있을 때 GC 튜닝을 진행하기 바란다.

모니터링 API인 JMX

들어가며

애플리케이션 서버 모니터링의 필요성은 두말할 것도 없지만 대부분의 모니터링 툴은 비싼 편이다. 이런 비싼 툴을 사용하지 않고도 어느 정도 유용한 정보를 볼 수 있는 기능을 제공하는 것이 바로 JMX이다. JDK 5.0 버전 이상의 서버에서는 필수로 제공되기 때문에, 만약 여러분의 서버가 JDK 5.0 이상이라면 이 내용을 토대로 모니터링할 수 있다.

그동안 진행해 온 프로젝트에서 나초보씨가 개발하는 범위는 마무리가 되었고, 이제 오픈만을 기다리고 있는 상황이다. 시간적 여유가 생긴 나초보씨는 여기 저기서 서버를 모니터링하는 방법을 찾다가 JMX라는 것을 발견하였다. 혼자 공부하기에는 너무 어려워 보여 이튜닝 선배에게 메일을 보냈다.

제목	JMX가 뭐예요?
발신	나초보

수신 이튜닝

내용 선배님 안녕하세요?

선배님 덕분에 프로젝트도 이제 막바지에 다다랐습니다.

제가 여유가 생겨서 모니터링 기술을 찾아보다 보니, JMX라는 것이 있더군요.

굉장히 유용할 것 같은데, 이것과 관련된 정보가 어디 없나요?

메일을 보낸 지 두 시간 만에 이튜닝 선배로부터 답장이 왔다.

제목 Re: JMX가 뭐예요?

발신 이튜닝

수신 나초보

내용 JMX란 말이지.

Java Management Extensions의 약자로 자바 기반의 모든 애플리케이션을 모니터링하기 위해서 만든 기술이라고 보면 되지.

JDK 5.0부터 본격적으로 지원되었다고 보면 돼.

JDK 1.4에서도 지원은 하는데, 지원하고 있는 WAS가 별로 없으니까….

첨부한 문서를 참조해서 보도록 해라.

먼저 뭐 실행해 보려면, 운영서버에 붙여서 확인해 보고….

나초보씨는 다시 한번 이튜닝 선배에게 감사하면서, 이튜닝 선배가 보내준 문서를 정독하기 시작했다.

JMX란?

나초보씨와 이튜닝 선배의 메일에서 나온 것처럼 JMX는 Java Management

Extensions의 약자이다. 보통 Sun에서는 JMX 기술이라고 표시한다. 여기서는 그냥 간단하게 JMX라고 하자.

이 JMX에 대해서 이미 알고 잘 사용하는 사람도 많을 것이다. 하지만 이 책을 읽는 사람들은 대부분 '그런 게 있구나~'라고 생각하는 정도일 것으로 예상하고, 프로젝트에 사용할 수 있을 정도로 설명을 하겠다. 제대로 사용하려면 JMX만으로도 또 책 한 권 분량일 것이다. 우선 JMX가 어떻게 구성되어 있는지 간단하게 알아보자.

그림 34를 보면 구성이 엄청나게 복잡하다. 여기에 명시된 JMX의 버전은 2006년 말(10월~11월 사이)에 나온 버전을 기초로 하고 있으며, 지금까지 거의 변경 사

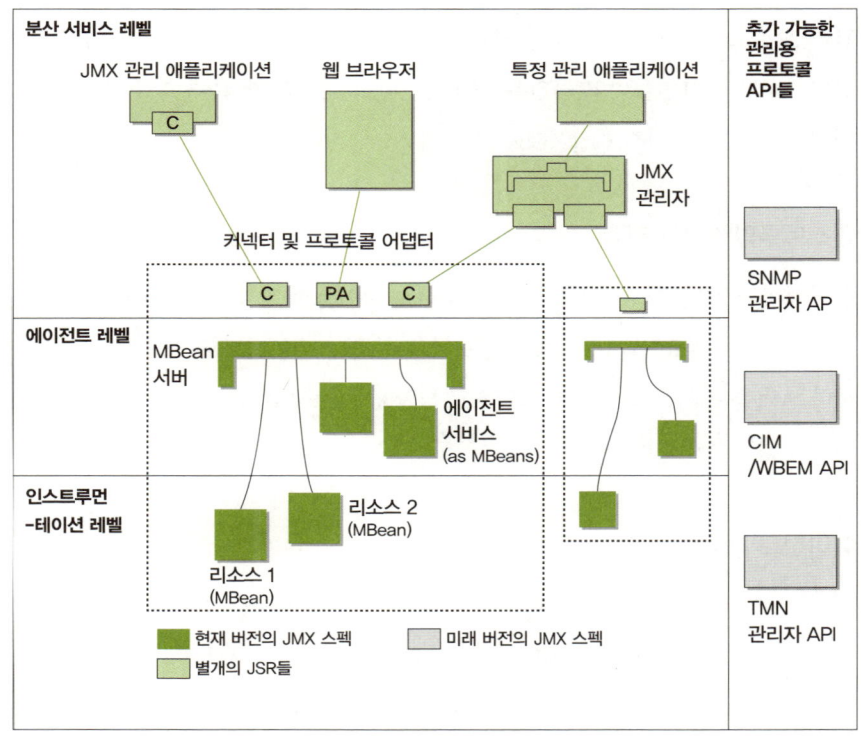

그림37 | JMX 아키텍처 컴포넌트 사이의 관계

항이 없다고 생각해도 된다. 현재 사용중인 JDK의 JMX에 대해서 확인해 보려면 자바 API가 있는 docs의 docs/technotes/guides/jmx 디렉터리에 있는 설명 파일들을 확인해 보면 된다. 먼저 그림에 대한 설명을 하기 전에 JMX의 4단계 레벨에 대해서 알아보자. 4단계 레벨은 다음과 같다.

- 인스트루먼테이션 레벨(Instrumentation Level)
- 에이전트 레벨(Agent Level)
- 분산 서비스 레벨(Distributed Services Level)
- 추가 가능한 관리용 프로토콜 API들(Additional Management Protocol APIs)

그림 34의 좌측을 보면 각 레벨 영역이 표시되어 있다. 그리고 추가적으로 다른 관리 프로토콜 API 연동을 위한 레벨이 우측에 표시되어 있다. 상단은 여러분이 모니터링하는 화면들이고 하단은 서버측이라고 생각하면 된다. 그럼 각 레벨에 대해서 조금 더 상세하게 알아보자.

인스트루먼테이션 레벨

여기에서는 하나 이상의 MBeans(Management Beans, 관리 빈즈)를 제공한다. 이 MBeans에서 필요한 리소스들의 정보를 취합하여 에이전트로 전달하는 역할을 한다. API를 통해서 최소한의 노력으로 MBean의 처리 내용을 전달할 수 있도록 되어 있다.

에이전트 레벨

이 레벨에서는 에이전트를 구현하기 위한 스펙이 제공되어 있다. 에이전트는 리소스를 관리하는 역할을 수행한다. 보통 에이전트는 모니터링이 되는 서버와 같은 장비에 위치한다. 에이전트는 MBean 서버와 MBeans를 관리하는 서비스의 집합으로 구성되어 있다. JMX의 데이터를 관리하는 관리자(Manager)와 연계를 위한 어댑터나 커넥터를 이 레벨에서 제공한다.

분산 서비스 레벨

분산 서비스 레벨은 JMX 관리자를 구현하기 위한 인터페이스와 컴포넌트를 제공한다. 여러 에이전트에서 제공하는 정보를 관리할 수 있는 화면과 같은 부분을 여기서 담당한다고 생각하면 이해가 쉬울 것이다.

이와 같이 JMX는 주로 3개의 레벨로 나뉘어져 서비스를 제공한다. 이러한 구조를 이용해 여러분들이 모니터링하고자 하는 내용을 개발하여 사용할 수도 있고, 서버에서 JMX의 스펙을 구현하여 제공하는 기능을 사용할 수도 있다. 추가 관리 프로토콜 API에 대해서는 여기에서 상세히 다루지는 않겠다.

MBean에 대해서 조금만 더 자세히 알아보자

JMX를 제대로 이해하기 위해서는 MBean에 대해서 정확하게 이해하고 있어야 한다. MBean은 4가지 종류가 있으며 각각의 사용 용도는 다음과 같다.

- 표준 MBean(Standard MBean): 변경이 많지 않은 시스템을 관리하기 위한 MBean이 필요한 경우 사용한다.
- 동적 MBean(Dynamic MBean): 애플리케이션이 자주 변경되는 시스템을 관리하기 위한 MBean이 필요한 경우 사용한다.
- 모델 MBean(Model MBean): 어떤 리소스나 동적으로 설치가 가능한 MBean이 필요한 경우 사용한다.
- 오픈 MBean(Open MBean): 실행 중에 발견되는 객체의 정보를 확인하기 위한 MBean이 필요할 때 사용한다. JMX의 스펙에 지정된 타입만 리턴해야 한다.

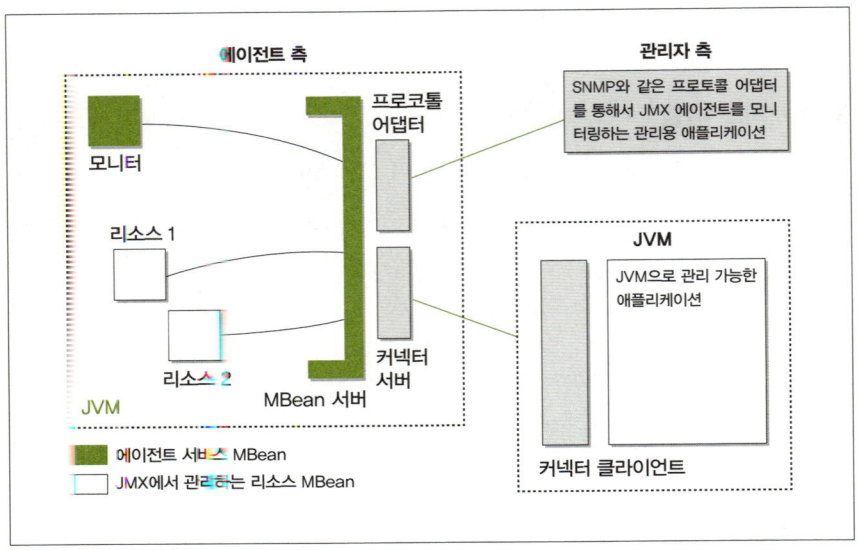

그림38 | 에이전트의 작동 원리

상황에 따라 각 MBean을 구현하는 방식이 상이하다. 더 자세한 내용은 이 책에서는 생략하고, 에이전트의 작동 원리에 대해서 알아보자.

그림 35에서 중앙에 거꾸로 된 ㄷ자 모양의 MBean 서버가 보일 것이다. 각각의 MBean는 에이전트 서비스를 통해 MBean 서버에 데이터를 전달하게 된다. 이 MBean 서버를 통해서 클라이언트에서 서버의 상황을 모니터링할 수 있다. 이 에이전트가 제공해야 하는 기능은 다음과 같다.

- 현재 서버에 있는 MBean의 다음 기능들을 관리한다.
  - MBean의 속성값을 얻고, 변경한다.
  - MBean의 메서드를 수행한다.
- 모든 MBean에서 수행된 정보를 받는다.
- 기존 클래스나 새로 다운로드된 클래스의 새로운 MBean을 초기화하고 등록한다.

- 기존 MBean들의 구현과 관련된 관리 정책을 처리하기 위해서 에이전트 서비스를 사용되도록 한다.

눈치가 빠른 독자는 알아챘겠지만, 필요에 따라 에이전트 서비스를 통해서 서버의 메서드들을 수행하고 값을 변경할 수 있다. 그러면 재미없는 JMX 기본에 대해서는 여기까지만 보자. 왜냐하면, 대부분의 독자들에게는 JMX를 구현하는 것보다 '제대로' 사용하는 것이 더 중요하기 때문이다.

Visual VM을 통한 JMX 모니터링

여러분들이 JDK를 설치하고 보면 bin이라는 디렉터리를 확인할 수 있다. 그 디렉터리 아래에는 java와 javac, javadoc만 있는 것이 아니다. 여러 가지 다양한 툴이 존재하며, 그중에서 모니터링을 위한 jconsole과 jvisualvm(이하 Visual VM)이라는 툴도 존재한다. 이 두 개의 툴은 모두 JVM을 모니터링하기 위해서 만들어진 툴이며, jconsole은 구식 툴이고 Visual VM이 최신 툴이라 생각하는 것이 편하다. 이 두 가지 툴 모두 JMX의 데이터를 볼 수 있도록 만들어졌다.

    Visual VM의 경우 필자가 집필한 『자바 개발자와 시스템 운영자를 위한 트러블슈팅 이야기』에 한 챕터에 걸쳐 설명해 놓았다. 이 툴에 대한 자세한 설명은 그 책이나 Visual VM의 홈페이지를 통해서 확인하는 것이 더 확실하다. 참고로, Visual VM의 홈페이지는 http://visualvm.java.net/이다. 홈페이지를 잘 살펴보면 이 툴이 두 가지 버전으로 나뉘어 있다는 것을 알 수 있을 것이다. 하나는 jvisualvm이라고 이야기한 Java Visual VM이고, 다른 하나는 Visual VM이다. 두 가지 툴은 거의 유사하며, 한가지 다른 점은 JDK에 기본으로 포함되어 있는지 여부이다. 만약 Visual VM의 버전은 올라갔는데, 회사에서 운영하는 시스템의 JDK 버전 때문에 최신 버전의 Visual VM을 사용하고 싶다면, 이 홈페이지에서 다운로드하여 사용하면 된다.

자세한 설명보다는 이 책에서는 간단히 JMX를 모니터링 하는 방법만 살펴보자. 먼저 JDK의 bin에 있는 Visual VM을 실행하자. 만약 맥을 사용한다면 그냥 콘솔 창에서 jvisualvm을 입력하면 된다. 그러면 무슨 Calibration이라는 작업을 거쳐서 (이 작업은 한 번만 수행) 다음과 같은 화면이 나타난다.

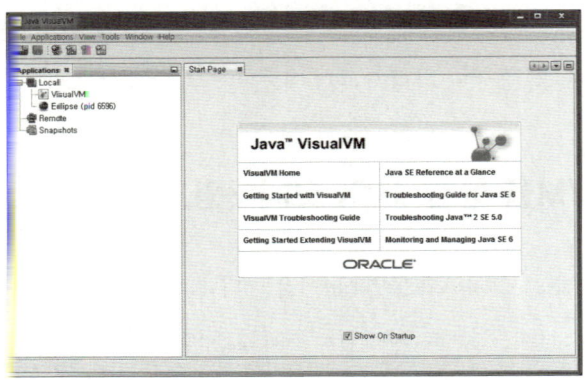

별도의 애플리케이션을 모니터링할 필요 없이 화면의 좌측 상단에 있는 Local의 VisualVM이라는 항목을 더블클릭하자. 그러면 우측에 다음과 같은 내용이 나타날 것이다.

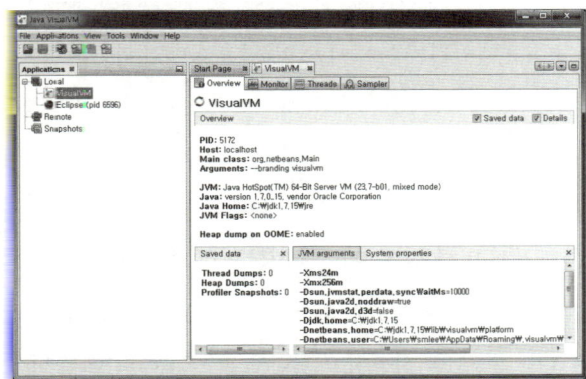

하나하나 꾹꾹 눌러 보면 어떤 데이터를 제공하는지 알 수 있을 것이다. 그런데, 여기에 있는 내용들을 아무리 찾아 봐도 JMX와 관련된 내용은 찾아볼 수 없다. 메뉴를 보면, Tools 〉Plugins라는 메뉴가 있다. 이 메뉴를 눌러 보자. 그러면 여러 탭으로 구성되어 있는 화면이 나타나는데, 거기에서 Available Plugins 탭을 누르면 설치 가능한 플러그인 목록이 나타난다. 그중에서 VisualVM-MBeans 항목을 선택하고, 하단의 install 버튼을 누르면 설치 작업이 시작된다. 설치가 완료된 후 현재 모니터링이 되던 화면을 닫고 다시 열면 다음과 같이 MBeans라는 탭이 가장 우측에 추가된 것을 볼 수 있다.

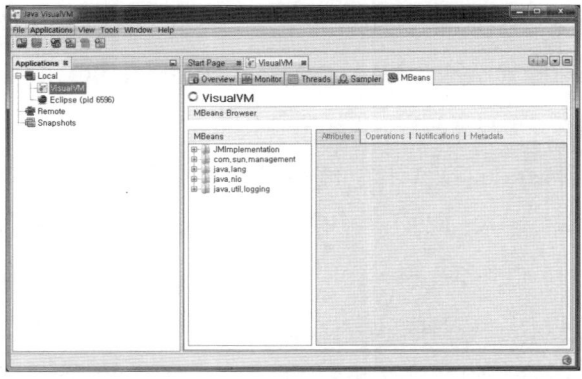

MBeans라고 써 있는 창에 있는 각종 값들을 확장해 보면 JVM에서 제공하는 기본적인 값들의 상태를 확인할 수 있다. 여기서 우측에 있는 탭들을 간단히 정리하자면,

- Attributes 탭은 각종 값들을 확인하는 데 사용되고,
- Operations 탭은 JMX에 열려있는 각종 작업들의 목록을 볼 수 있다. 여기서 작업이라는 것은 원격 메서드 호출이라고 생각하면 된다.
- Notifications 탭에는 하단에 Subscribe라는 버튼이 있는데, 이 버튼을 눌러 놓

고 해당 항목의 Attribute의 값이 변경되면 이 창에 변경된 목록이 나타난다.
- Metadata 탭은 선택한 MBean의 각종 메타 정보를 확인할 수 있다.

아주 간단하게 Visual VM에 대해서 살펴보았다. 많은 기능을 제공하는 툴이기 때문에, 상용 제품 정도의 기능은 아니더라도 기본적인 서버를 모니터링하기에는 큰 무리가 없는 툴이니 꼭 한번 사용해 보기 바란다.

추가로 Mission Control이라는 툴도 소개하겠다. 대부분의 독자가 알고 있겠지만, 자바를 만든 Sun이 몰락하고, Oracle이 Sun을 인수했다. 그런데, 오라클은 이미 JRockit 훌륭한 JVM을 보유하고 있었으며, 이 JVM은 오라클의 Weblogic과 같은 WAS를 구매하면 무료로 사용할 수 있다. 이 JRockit에는 Mission Control 이라는 훌륭한 모니터링 툴이 존재한다.

여러분들이 Mission Control을 사용해 보려면 세 가지 방법이 있다. JRockit을 설치하거나 다른 하나는 Eclipse 플러그인을 추가하는 방법이다. 그리고 Oracle JDK 1.7 update 40 이상을 사용하면 된다. Mission Control은 개발용으로 설치하여 사용하는 것은 큰 문제가 되지 않으니 한번 설치해 보자. 참고로, Mission Control은 Oracle에서 제공하는 기존의 Sun JVM도 모니터링할 수 있다.

Mission Control을 제공하는 JDK의 bin 디렉터리를 보면 jrmc라는 실행 파일이 있다. 이 파일을 실행하면 메인 화면이 나타나며, Local에 있는 JVM 목록을 선택 후 우측 마우스를 클릭하여 Start Console 메뉴를 누르면 389쪽 그림과 같은 대시보드가 나타난다.

실제 모니터링은 좌측의 General, Mbeans, Runtime, Advanced 등의 메뉴를 눌러 확인해 보면 된다. UI가 깔끔하게 되어 있어서 필자가 세세히 설명하지 않아도 사용법을 알 수 있을 것이다.

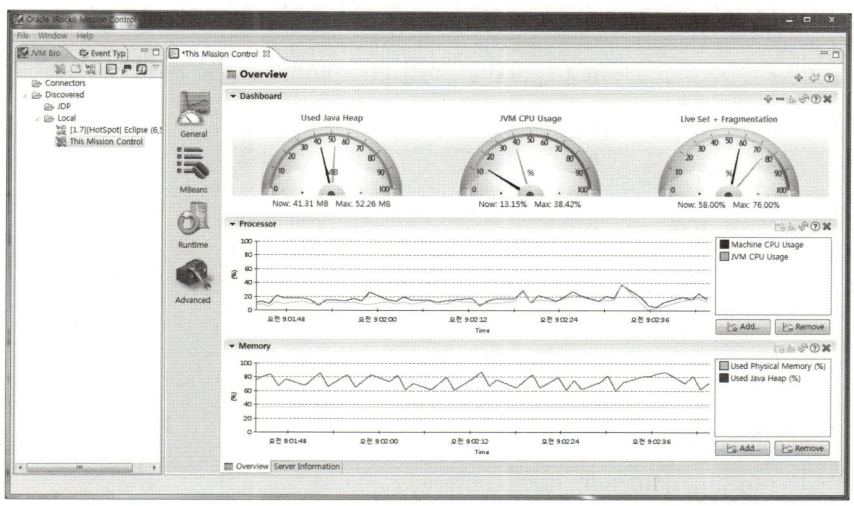

원격으로 JMX를 사용하기 위해서는…

원격지에 있는 서버와 통신을 하여 JMX 모니터링을 하기 위해서는 서버나 자바 애플리케이션을 시작할 때 VM 옵션을 지정해야 한다. 일단 간단하게 사용하려면 다음의 3가지 옵션을 지정할 수 있다.

- Dcom.sun.management.jmxremote.port=9003
- Dcom.sun.management.jmxremote.ssl=false
- Dcom.sun.management.jmxremote.authenticate=false

이렇게 지정하면 아이디와 패스워드를 지정할 필요 없이 서버의 IP와 포트만으로 서버에 원격으로 접속할 수 있다.

아이디와 패스워드를 지정하여 접속할 수 있도록 변경하려면 다음과 같이 지정할 수 있다. 여기서 jmxremote.password 및 jmxremote.access는 패스워드와 권한이 저장되어 있는 파일 이름이다.

- Dcom.sun.management.jmxremote.port=9003
- Dcom.sun.management.jmxremote.password.file=/파일위치/conf/jmxremote.password
- Dcom.sun.management.jmxremote.access.file=/파일위치/conf/jmxremote.access
- Dcom.sun.management.jmxremote.ssl=false

추가로 Visual VM 내에 있는 Visual GC 플러그인을 원격으로 보고 싶은 경우에는 jdk의 bin 디렉터리에 있는 jstatd 명령을 사용하면 된다. 해당 명령을 사용하는 방법은 '18. GC가 어떻게 수행되고 있는지 보고 싶다.'를 확인하기 바란다.

정리하며

상용 툴을 사용하지 않고 WAS를 모니터링하기 위한 기술 중 서버의 데이터를 가장 많이 확인할 수 있는 것이 JMX이다. 또한 여러분이 스스로 추가적인 기능을 개발하여 서버를 모니터링할 수도 있다. 하지만 모든 모니터링 툴이 그렇듯이, 모니터링 툴로 인한 부하는 절대 무시할 수 없다(상용 툴도 마찬가지다). 서버의 CPU 및 메모리, 네트워크 리소스에 여유가 없는 상황에서는 주의해서 사용해야 한다.

반드시 튜닝해야 하는 대상은?

들어가며

몇 개월 동안 혹은 몇 년간 개발한 시스템의 오픈 시기가 가까워졌을 때, 대부분의 프로젝트 개발자나 관리자들은 여러 가지 이유로 불안해 한다. 본인이 만든 프로그램 때문에 시스템에 문제가 발생하지는 않을까? 프로그램에 오류가 많이 발생하지는 않을까?

걱정은 한도 끝도 없을 것이다. 대부분의 프로젝트에서는 이러한 걱정을 줄이기 위해서 기능 테스트, 성능 테스트, 부하 테스트, 보안 테스트 등 여러 가지 테스트를 수행한다. 이러한 테스트를 수행할 때는 튜닝까지는 아니더라도, 구간별 응답 속도를 체크하는 작업은 필요하다. 자신이 만든 프로그램에 대한 걱정을 해소하기 위해서라도 말이다.

나초보씨가 개발한 시스템이 드디어 다음 주에 오픈한다. 요구 사항에 대한 고객의 리뷰도 완료했고, 시스템 성능 테스트도 끝났다. 나초보씨는 자신이 만든 프로그램이 오픈했을 때 문제가 되지 않을지 걱정이 된다. 나초보씨가 만든 프로그램은 화면 개수를 기준으로 100개 정도이다. 어떤 화면을 튜닝해야 하는지도 모르겠고, 하나하나 코드를 보면서 분석해 보기에는 엄두가 나지 않는다. 한 화면을 선택해서 보았지만 잘못된 부분을 찾지도 못하겠다. 그래서 튜닝하는 방법을 인터넷에서 찾아 보았지만, 뚜렷한 답이 없어서 이튜닝 선배에게 메신저로 문의했다.

나초보 선배님 바쁘세요?

이튜닝 나야 항상 그렇지….

나초보 다음 주에 오픈하는데, 성능이 걱정이 되어서요.

이튜닝 그래서 원하는 건?

나초보 모든 화면을 튜닝할 시간이 없는 것 같아요. 어떤 화면을 튜닝해야 하는 건가요?

이튜닝 모든 화면을 튜닝하는 게 좋긴 하지. 하지만 시간이 없다면, 대표적으로 많이 쓰는 화면을 하면 돼.

나초보 그걸 제가 어떻게 알아요?

이튜닝 개발하면서 감이 안 잡히냐? 모르겠으면 PL이나 고객한테 물어 봐.

나초보씨는 대충 어떤 화면을 분석해야 하는지 감이 잡히긴 했다. 그래서 '02. 내가 만든 프로그램의 속도를 알고 싶다.'에서 알아본 툴 중 하나를 선택하여 프로파일링을 하기로 했다. 다음의 예를 통하여 나초보씨가 자신이 만든 프로그램 중 어떤 화면을 분석해야 하는지 알아보자.

반드시 튜닝해야 하는 대상 선정

개발자가 시간적 여유가 있으면 자신이 만든 화면을 모두 분석할 수도 있다. 하지만 현실적으로 개발자가 자신이 만든 모든 화면에 대해서 분석하는 것은 불가능하다. 진단 전문가가 시스템을 분석할 때에도 역시 모든 화면에 대해서 분석하는 것은 불가능하다. 만약 APM(Application Performance Management) 툴이 있다면 그 툴을 사용하여 전체 프로그램을 분석하면 되겠지만, 나초보씨가 개발하고 있는 시스템에서는 그러한 모니터링 툴을 도입하여 사용할 수 없는 상황이다. 그럼 어떻게 분석 및 튜닝 대상을 선정할까?

나초보씨는 가장 많이 수행하는 상위 20%의 화면을 분석 및 튜닝 대상으로 선정하기로 했다. 이전에 읽었던 책에 나왔던 파레토 법칙이 생각 났기 때문이다. 파레토 법칙은 이탈리아 경제학자인 빌프레도 파레토(Vilfredo Federico Damaso Pareto)가 만든 이론이다. 그는 1906년, 이탈리아 토지의 80%를 이탈리아 인구의 20%가 소유하고 있다는 사실을 알아냈다. 다시 말하면, 상위 20%가 전체 부의 80%를 차지한다는 의미이다. 이러한 파레토 법칙은 우리가 개발하고 유지보수하는 시스템에도 적용된다. 나초보씨는 이러한 기준에 따라 가장 많이 사용하는 화면들을 찾기 시작했다(하지만 필자는 20:80 법칙보다는 5:95 법칙이 더 정확하다고 생각한다. 시스템 규모에 따라서 상이하겠지만, 상위 5%의 화면이 95%의 시스템 리소스를 사용하고, 95%의 사용자 요청을 받는다는 것이다).

　상위 20%의 사용량을 점유하는 화면을 어떻게 찾을까? 기존 시스템이 있다면, 기존 시스템 모니터링 툴의 통계 기능을 사용하여 쉽게 대상을 찾을 수 있다. 모니터링 툴 없이 기존 시스템을 사용해 왔다면 기존 시스템의 웹 로그(Access log)를 분석하는 방법이 있다. 이 방법에 대해서는 '22. 어떤 화면이 많이 쓰이는지 알고 싶다'를 참조하기 바란다.

　기존 시스템 없이 새로운 시스템을 만들 경우에는 어떻게 해야 할까? 고객이 있는 SI 프로젝트에서 요구 사항을 만들어 내는 대상은 고객이다. 따라서 고객에게 예상되는 화면을 선정해 달라고 요청하면 된다(이 방법이 가장 쉬운 방법이다). 그리고 대민 서비스(대외 오픈 인터넷 서비스)를 하지 않는 대부분의 시스템은 사용하는 사용자 수와 업무를 바탕으로 대상 화면을 선정할 수도 있다.

　몇 가지 종류의 시스템을 예로 들어 많이 사용하는 화면이 어떤 것들이 있는지 알아보자. 참고로 여기에 있는 예는 각 시스템에서 최고의 대표성을 갖는 화면들이다. 각 시스템의 상황에 맞게 대상을 선정하는 데 참조할 수 있도록 정리하였다.

먼저 병원 시스템을 살펴보자. 아무리 규모가 큰 대학병원이라 해도, 대부분 다음 화면이 가장 많이 사용된다.

구분	화면명
초기 화면	로그인
원무	환자 접수 신청
진료	환자 조회 처방전 지정 치료 일수 입력 처방 내림 외래 기록지 저장
원무	수납 조회 수납 처리

병원 내에서의 회계 처리 등 우리가 모르는 여러 가지 복잡한 화면들이 있을 수 있겠지만, 가장 많이 사용하는 기능들은 대부분 여기에 포함된다. 시스템을 오픈했을 때 이러한 화면에 기능이나 성능 문제가 있으면 현업에서는 바로 시스템 팀에 문의를 하게 된다. 20명의 이상의 환자가 대기하고 있는데 시스템 문제로 의사가 처방을 내릴 수 없는 상황을 상상해 보자. 그 병원의 의사들은 신규 시스템에 대해 불만을 갖게 될 것이고, 시스템의 신뢰성은 떨어질 수 밖에 없다. 그러므로 여기에 해당하는 화면들의 점검 및 튜닝은 선택이 아니라 필수이다.

하지만 예외의 화면이 문제가 되는 경우도 있다. 어떤 병원 사이트가 오픈 했을 때의 일이다.

할머니 내 손주가 이 병원에 입원을 했는데….
안내 데스크 직원 손주 이름이 어떻게 되는데요, 할머니?

할머니 김 뭐시기인데, 이름을 잘 모르겠어….

안내 데스크 직원 네, 잠시만 기다려 주세요.

할머니께서 환자의 이름을 제대로 모르시자 안내원은 환자의 이름을 '김'으로만 조회했다. 그런데 시스템의 응답이 없어서 안내원은 계속 검색 버튼을 누르기 시작했다.

안내원이 검색을 누른 후부터 해당 애플리케이션이 DB의 CPU 대부분을 점유했고, 결국 당연히 오픈도 연기되었다(물론 이 검색 하나 때문에 오픈이 연기된 것은 아니지만, 이 사건도 오픈 연기에 한 몫을 했다). 이 경우는 DB 쿼리에 문제가 있는 경우였지만, 애플리케이션의 문제 때문에 이러한 사고가 발생할 수도 있다. 자주 사용하는 화면인데도 테스트가 제대로 이루어지지 않아서 발생한 일이었다.

다른 프로젝트의 사례를 또 살펴보자. 하나의 화면(JSP) 때문에 시스템이 다운되는 경우도 있다. 한 시스템이 매일 14~16시 사이에만 다운되는 현상이 있어 진단을 했다. 이 시스템은 내부용 시스템이 아니라, 대외로 오픈된 시스템이다. 시스템의 로그 분석을 해서 하나의 화면이 한 시간에 10만 번 이상 호출되는 것을 발견하였다. 문제가 될 화면은 천 개가 넘는 관련 협력사의 요청 처리 정보가 그 시간대에 공개되는 화면이었다. 하지만 그 화면 때문에 시스템이 다운되는지는 아무도 확신할 수 없는 상황이었기 때문에, 필자는 서버 구성을 변경하도록 요청하였다.

기존 서버 구성은 두 대의 서버가 있고, 각 서버에 있는 인스턴스 3개가 서로 클러스터링이 되어 있었다(그림 39). 이러한 시스템 구성에서, 현 시스템의 인스턴스

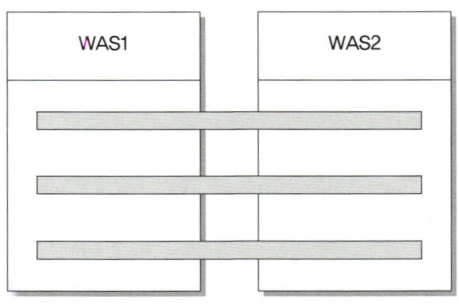

그림39 | 기존 구성

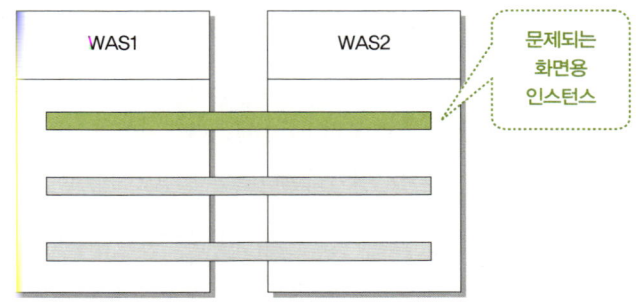

그림40 | 변경된 구성

중 각 서버당 하나의 인스턴스(두 서버의 인스턴스는 클러스터링을 하였음)에서는 문제 되는 화면만 수행하고, 나머지 인스턴스에서는 나머지 모든 화면을 수행하도록 수정하였다. 수정된 구조는 그림 40과 같다.

구성이 변경된 다음 날 오후, 결과는 어떻게 나왔을까? 예상대로 문제되는 화면만 수행하도록 한 서버 인스턴스들만 다운되었고, 나머지 시스템은 정상적인 서비스를 수행하였다. 하지만 튜닝을 시작한 이상 여기서 끝낼 수는 없다. 그 화면에 대한 튜닝을 해야 진정한 튜닝이라고 할 수 있기에 해당 화면 튜닝을 진행했다. 화면을 진단한 결과 다음의 결론이 도출되었다.

- 호출되는 화면의 응답 속도는 0.2~0.3초로 양호하다.
- 검색 시 DB 쿼리 수행 시간 대 애플리케이션 수행 시간의 비율은 8:2로, DB에서 많은 응답 시간이 소요되었다.
- 검색 조건 화면을 로딩할 때 DB에서 3회 검색을 수행한다.

실제 응답 속도는 0.2~0.3초가 소요되지만, 화면의 응답 속도는 사용자가 증가할수록 증가하는 현상이 발생하였다. 이는 DB 쿼리 수행 시간 및 애플리케이션 수행 시간이 증가하면서 발생하는 당연한 현상이다. 이 화면에서 실행되는 쿼리는 화면 1회를 수행할 때마다 총 49번이었다. 데이터를 가져오기 위한 쿼리도 있었지만, 코드성 데이터를 가져오기 위한 쿼리도 다수 존재하였다. 그 부분의 반복되는 쿼리를 수정하기 위해서, '06. static 제대로 한번 써 보자'에서 배운 것과 같이 메모리에 코드성 데이터를 올려서 사용하게 처리하였다. (요즘에는 좋은 Cache들이 많기 때문에 13장에서 배운 캐시를 적용해도 큰 도움이 될 것이다.)

또 하나의 문제는 검색 조건 화면을 로딩할 때 DB 쿼리를 수행한다는 것이다. 이 부분을 조사한 결과, 그 시스템의 표준 때문에 이러한 현상이 발생한다는 것을 발견하였다. 그 시스템은 정확한 시스템의 시간을 가져오기 위해서 DB의 시간을 쿼리해 오도록 되어 있었다. 하지만 그 검색 조건 화면은 시간까지는 필요하지 않았다. 년, 월, 일만 필요하고, DB에서 정확한 시간을 가져올 필요까지는 없는 검색 조건이었던 것이다. 그래서 이 부분은 WAS 시스템 시간을 가져오는 것으로 변경하였다.

왜 로그인 화면을 튜닝(분석)해야 하는가?

그룹웨어도 한번 살펴보자. 오래 전 필자가 개발에 참여했던 그룹웨어 시스템에서 주로 사용하는 기능을 요약하면 다음과 같다.

구분	화면명
로그인	로그인 화면 및 초기 화면
메일	메일 목록 및 상세 조회 메일 작성 및 발송
게시	게시물 목록 및 상세 조회
결재	결재 목록 및 상세 조회 결재 작성 및 상신 결재 수행
임직원 조회	임직원 조회 및 상세 조회
커뮤니티	커뮤니티 초기 화면 게시물 목록 및 상세 조회 게시물 작성
메신저	사용자 목록 메시지 전송 및 수신

그룹웨어는 그룹의 전 임직원 및 사외의 비즈니스 협력 관계에 있는 사람들과 상호 커뮤니케이션을 하기 위한 시스템이기 때문에 굉장히 중요하다. 그룹웨어 시스템이 다운될 경우 기업에 많은 손실을 가져올 수도 있다. 해외의 바이어가 계약

을 하기 위한 메일을 보냈는데 메일을 수신하지 못한 경우를 상상해 보자. 메일이 스팸으로 처리되거나 바이어가 수신 불가 메일을 받게 되면, 회사의 신용이 떨어지게 될 것이다.

그룹웨어의 사용자가 가장 집중되는 시간은 오전 출근 시간대(7시 30분~9시 30분 사이)와 오후 중식 이후 시간대(12시30분~ 2시)일 것이다. 이 시간대에 로그인이 안 되면 메일, 게시, 결재 등 중요한 업무를 처리할 기회 조차 없다. 그리고 임직원 조회가 되지 않으면 메일 발송 및 결재 상신도 절대 수행될 수 없다. 그러므로 적어도 위에 명시된 기능들은 정상적으로 수행이 되어야 한다. 그럼 로그인이 어떻게 구성되어 있는지 알아보자.

대부분의 업무 시스템에서 로그인한 후의 화면은 이 같이 여러 개의 포틀릿으로 구성되어 있을 것이다. 필자가 쓰고 있는 현재 버전의 그룹웨어는 AJAX로 구현되어 있어서 상관없지만, 하나의 프레임으로 구성되어 있는 초기 화면이라면 단 하나의 포틀릿이나 구성 요소만 응답하지 않아도 다음 화면으로 진행할 수 없기 때문에 시스템 사용자가 불편을 겪게 된다.

이 초기 화면에서, 로그인 시 몇 번의 요청(request)을 수행하는지 조사해 보았다. 필자는 15~20개 정도의 요청을 예상하였지만, 예상외로 46회나 되는 요청을 수행하고 있었다. 이 46회의 요청을 분석해 보니 다음과 같이 구분할 수 있었다. 이미지나 CSS, 자바 스크립트 등의 정적인 컨텐츠는 대상에서 제외하였다.

컴포넌트 명	개수
로그인 프로세스 관련	2개
포틀릿 관련	20개
SSO 등 컴포넌트 관련	5개
기타	19개

현재 5년 이상 유지 보수하고 있는 시스템이기 때문에, 중복해서 호출하는 것도 존재할 것이다. 만약 여러분이 시스템을 운영하고 있다면, 가장 많이 사용하는 로그인 화면이 얼마나 많은 요청을 수행하는지, 필요 없는 요청이 있는지 확인하기 바란다.

> **참고** 포틀릿에 대해 잠시 알아보자. 포틀릿이란 웹 포탈 유저들이 사용할 수 있는 사용자 인터페이스 컴포넌트이다. 유저가 마음대로 위치 수정 또는 추가, 삭제할 수 있다.

쇼핑몰 사이트에서는…

이번엔 인터넷 쇼핑몰을 살펴보자. 쇼핑몰에서 일반적인 고객이 주로 사용하는 화면의 목록은 다음과 같다.

구분	화면명
메인 화면	초기 화면 대분류 선택 중분류 선택 소분류 선택
검색	상품 검색 상품 상세 조회
전자 결제	로그인 및 즉시 결제 선택 구매자 상세 정보 입력 전자 결제 수행
My Page	구매한 상품 목록
이벤트	이벤트 조회

일반적으로 소비자는 원하는 물건을 구매할 때 쇼핑몰이나 가격 비교 사이트를 통하여 상품을 조회하고, 제품의 상세 정보를 조회한다. 쇼핑몰이나 가격 비교 사

이트의 초기 페이지가 열리지 않거나, 제품의 상세 정보 조회가 되지 않으면 해당 사이트는 많은 고객을 잃는다. 제품을 구매하기로 결정한 소비자가 결제 수행을 할 수 없을 때도 동일한 결과가 발생한다.

실제로 필자가 참여했던 쇼핑몰 시스템이 오픈한 후 모니터링을 해 보자, 위의 목록에 있는 화면이 대부분의 사용량을 기록했다. 이 때는 대상 애플리케이션에 대한 튜닝이 거의 완료되었기 때문에 시스템에 큰 문제가 발생하지 않았다.

튜닝이 반드시 필요하지만, 프로그램 내에 전혀 필요 없는 코드를 제거해야 하는 경우도 있다. 어떤 쇼핑몰 사이트의 서버 28대가 한 순간에 다운되는 사건이 발생했다. 원인도 찾기 어려웠는데, 결국 예외 처리를 하는 부분에 있던 코드 한 줄 때문이었던 것으로 밝혀졌다.

```
System.exit(0);
```

앞서 우리가 System 클래스에 대해서 알아볼 때, System.exit(int) 메서드를 절대로 사용하지 말라고 한 것을 기억하는 독자가 있을 것이다. 대부분은 main 메서드로 수행하는 프로그래밍으로 시작하기 때문에 이 메서드를 호출해도 별 문제 없이 프로그램이 종료된다. 하지만 지금 본인의 PC에 WAS가 설치되어 있다면, 아래와 같이 간단하게 하나의 JSP를 작성해서 서버에서 수행해 보자.

```
<%
System.exit(0);
%>
```

여러분이 기동한 WAS 인스턴스가 소리 소문 없이 사라질 것이다. 왜냐하면 System 클래스의 exit 메서드는 현재 수행 중인 JVM을 종료하는 메서드이기 때문이다. 이 메서드의 매개변수인 int 값은 정상 종료인지, 아닌지를 나타내는 상태 코드다. 0은 정상 종료를, 그렇지 않은 숫자는 비정상 종료를 의미한다.

어떤 일이 있어도 이 코드를 프로그램에 포함시키지 말자. System 클래스에 대해서 다시 알다고 싶다면 '02. 내가 만든 시스템의 속도를 알고 싶다.'를 참조하기 바란다.

정리하며

성능을 분석할 대상을 정할 때, 모든 화면을 대상으로 하는 것은 상당히 무모한 행동이다. 시간적 여유가 있고, 모니터링 툴이 있다면 전체 화면을 점검하는 것을 권장하지만, 시간 대비 효율을 따졌을 때 상당히 비효율적인 작업이 될 수도 있다. 따라서 여기에서 정리한 대로 로그인 및 초기 화면, 가장 많이 사용하는 화면을 위주로 성능을 분석하는 것이 가장 현명한 방법이다.

이 책에서는 소개하지 않았지만, 코드 인스펙션을 수행하는 툴을 사용하여 정적인 방법으로 시스템 오픈 전에 프로그램 상의 규칙 및 문제점을 잡아낼 수 있다. 여기서 정적인 방법이란 프로그램을 수행하지 않고, 소스만을 분석하는 방법을 의미한다. 무료로 사용할 수 있는 오픈 소스 코드 인스펙션 툴로는 PMD, CheckStyle, Hammurapii 등이 있다.

어떤 화면이 많이 쓰이는지 알고 싶다

들어가며

모니터링 툴이 없는 상황에서 어떤 화면이 많이 호출되었는지를 확인하는 것은 쉽지 않다. 하지만 웹 서버만 있다면 이 문제에 대한 답을 찾을 수도 있다. 바로 웹 로그(일명 Access log)를 사용하여 시스템을 분석하는 방법이다. 상용 툴을 이용하여 분석하는 방법도 있지만, 무료 툴을 사용해도 시스템을 분석하는 데는 큰 지장이 없다.

나초보씨가 개발한 시스템은 여러 우여곡절 끝에 큰 무리 없이 오픈했다. 개발한 프로젝트의 시스템 사용량을 모니터링해 본 결과 예상보다 많이 사용하지 않고 있다. 하지만, 화면 응답 속도가 너무 느리다는 고객의 불만 전화가 심심치 않게 오고 있었다. 김경험 선배가 나초보씨에게 또다시 숙제를 주기 위해서 나초보씨 자리로 찾아 왔다.

김경험 나초보씨 뭐 해?
나초보 그냥 뭐~~~. 서버 모니터링하고 있습니다.

김경험 상황은 어떤데?

나초보 그냥 그래요. 아침에만 잠깐 바빴고, 지금은 한가해요.

김경험 그럼 잘 됐네. 시간 되면 분석 하나만 해 봐.

나초보 네? 또 뭐요?

김경험 뭐 한가하다면서? 웹 로그 좀 분석해 놔.

나초보 웹 로그? 그게 뭔데요?

김경험 웹 서버에서 어떤 요청을 어떤 사용자가 하는지를 남기는 그런 로그야.

나초보 그걸 뭘 분석해요?

김경험 그걸 분석하면, 어떤 화면을 가장 많이 호출했는지 알 수가 있지.

나초보 아~ 네….

김경험 그리고 옵션을 바꾸면, 몇 초 소요되었는지도 알 수 있으니까, 그 옵션도 바꾸고.

나초보 네 알겠습니다.

김경험 지금까지 많이 호출한 화면하고, 분당 몇 명이 얼마나 요청했는지 정리해.
나초보 넵.

역시 김경험 선배가 한 번 올 때마다, 일이 하나씩 생긴다. 무슨 프로젝트가 모니터링 툴 하나 안 사고 생짜배기 로우(raw) 데이터에만 의지하니, 나초보씨는 하루 빨리 정리하고 프로젝트 철수하고 싶은 마음 뿐이다. 나초보씨는 먼저 웹 서버에 붙어서 웹 로그를 다운로드 받았다.

웹 로그란?

아파치나 Nginx, iPlanet과 같은 모든 웹 서버에 공통적으로 제공되는 기능이 웹 로그이다.

　서버에 어떤 사용자가 어떤 요청을 하였고, 결과는 어떠한지 파일에 한 줄씩 쌓아 준다. 사이트의 규모 및 사용자의 양에 따라서 로그가 많이 쌓이는 사이트도 있고, 그렇지 않은 사이트도 있다. 일반적인 웹사이트의 경우 사용자가 많으면 기가 바이트 단위로 웹 로그가 쌓이게 된다. 이렇게 로그가 많이 쌓이는 이유는 웹 서버에서는 모든 요청에 대한 로그를 쌓기 때문이다. 한 화면을 구성하는 이미지, CSS, 자바스크립트, 플래시 파일 등 모든 파일에 대한 요청의 결과가 이 로그 파일에 쌓인다. 대부분 하나의 클라이언트에서 동일한 파일을 한 번 다운로드 받으면 304라는 리턴 코드를 제공한다. 그래서 다시 다운로드 받지는 않지만, 서버에는 변경되었는지 확인하는 요청을 하므로, 이러한 내용도 하나하나 모두 로그에 남는다. 이 리턴 코드에 대해서는 앞서 설명한 '06. static 제대로 한번 써 보자.'편에 자세히 설명되어 있다.

웹 로그가 어떻게 구성되어 있는지 아파치 웹 서버의 웹 로그 설정 부분을 참고하여 알아보자. 앞서 알아 보았던 웹 서버 설정 중 httpd.conf 파일을 기억할 것이다. 그 파일에서 로그 포맷(LogFormat)이라는 부분을 찾아보자. 로그 포맷 설정은 다음과 같이 되어 있다.

```
LogFormat "%h %l %u %t \"%r\" %>s %b" common
```

위와 같이 % 뒤에 표시하고자 하는 데이터의 지시어를 지정하도록 되어 있다. 쉽게 이해를 할 수 있도록, 위와 같이 설정에서 어떻게 로그가 나타나는지 확인해 보자.

```
127.0.0.1 - - [22/Oct/20XX:14:04:43 +0900] "GET /a.gif HTTP/1.1" 200 2326
```

이해하기가 쉽지 않을 것이다. 각 항목이 의미하는 내용을 알아보면 다음과 같다.

- 127.0.0.1 (%h): 서버에 요청을 한 클라이언트(원격 호스트)의 IP 주소이다. 만약 HostnameLookups라는 설정값이 On이라면 IP 주소 대신 호스트 명이 명시된다. 그러나 이 설정은 서버를 매우 느리게 할 수 있으므로 추천할 만한 기능은 아니다. 클라이언트가 프록시(proxy) 서버를 사용할 경우 클라이언트의 실제 주소가 아닌 프록시 서버의 주소가 이 부분에 표시된다.
- - (%l): '-'로 표시되어 있기 때문에 요청한 정보가 없음을 의미한다. identd라는 사용자 인식 데몬이 클라이언트에서 동작하고 있을 경우에만 이 정보가 나타난다.
- - (%u): HTTP 인증을 통하여 확인된 문서를 요청한 사용자의 ID가 표시된다. 암호화 되지 않은 페이지이기 때문에 이 항목도 앞의 항목과 같이 보통 '-'로 표시된다.
- [22/Oct/2007:14:04:43 +0900] (%t): 서버가 요청을 마친 시간이다. 즉, 웹 서버에서 해당 요청이 처리되어 종료된 시간으로 보면 된다. 앞에서부터 [날짜/월/년:시:분:초 타임존]의 순서로 표시한다. 만약 시간 형식을 수정하고 싶다

면 이 부분에서 할 수 있다.

- "GET /a.gif HTTP/1.1"("\ %r\"): 클라이언트에서 요청한 Fequest의 정보를 나타낸다. 요청 방식(method)이 가장 처음 나타나며, 그 다음에는 요청 주소(URL)가 표시된다. 가장 마지막에는 클라이언트에서 사용한 프로토콜의 종류와 버전이 표시된다.
- 200 (%>s): 서버에서 클라이언트로 보낸 최종 상태 코드를 의미한다. 만약 클라이언트에 해당 파일이 존재한다면 304가 표시된다.
- 2326 (%b): 클라이언트로 전송한 데이터의 크기가 표시된다. 여기서 헤더 정보의 크기는 포함되지 않는다. 이 파일의 경우 이미지 파일이기 때문에 여기에 표시된 전송 데이터의 크기와 실제 전송된 파일의 크기는 동일하다.

여기에 설명되어 있는 로그 포맷은 표준 포맷으로, 어떤 웹 서버를 사용하더라도 대부분 동일하다. 그런데 여기서 기본 웹 로그의 단점을 알 수 있다.

우리는 지금까지 성능, 성능하면서 성능에 대한 이야기를 많이 했는데 이 로그만 갖고는 성능에 대한 아무런 데이터를 얻을 수 없다는 것이다. 어떤 URL이 언제 요청되었다는 것만 알아도 도움이 되긴 하지만, 우리는 더 많은 데이터를 원한다. 이때 로그 포맷에 %D와 %T를 추가하면 우리의 갈증을 어느 정도 해소할 수 있다. 로그 포맷에서는 대소문자를 굉장히 중요하게 생각하니, 대소문자를 정확히 구분하여 추가하기 바란다. 추가하라는 두 개의 옵션을 간단히 알아보면 다음과 같다.

- %D: 요청의 처리 시간을 마이크로초 단위로 나타낸다.
- %T: 요청의 처리 시간을 초 단위로 나타낸다.

가장 정확하게 분석하기 위해서는 %D 옵션을 사용하는 것을 권장한다.

> 참고 혼동되는 독자들을 위해서 초의 단위를 다시 한번 정의해 보면 다음과 같다.
>
> - 초: 우리가 일반적으로 이야기하는 초이다.
> - 밀리초: 1/1,000 초를 의미한다.
> - 마이크로초: 1/1,000,000 초를 의미한다.
> - 나노초: 1/1,000,000,000 초를 의미한다.

지금까지 책을 읽으면서, '하루에도 몇 기가 바이트씩 증가하는 웹 로그를 어떻게 정리하고 있나?'라는 궁금증이 생겼을 것이다(물론 궁금하지 않은 독자도 있겠지만 ·.). '툴을 따로 만들어야 하나?'라는 생각을 할 수도 있겠지만, 이미 옛날부터 이런 생각들 하고 툴르 만들어 놓은 사람들이 많이 있다. 그리고 그중에는 착한 사람들도 많아서, 무료로 사용할 수 있는 분석 툴이 상당히 많이 존재한다.

여러 무료 웹 로그 분석 툴 중에서 필자가 권할 만한 툴은 세 가지이다.

- Analog (2005년 최종 update)
- AWStats
- Webalizer (2010년 최종 update)

무료 툴이지만, 각 툴이 제공하는 기능은 막강하다. 여기에 명시된 툴 중에서 가장 최근까지 업데이트된 툴은 AWStats이다. AWStats의 홈페이지는 http://awstats.sourceforge.net/이며, 다음과 같은 기능들을 제공한다.

- 방문 횟수와 방문자 수
- 방문하여 페이지에 머무른 기간 및 마지막 방문일
- 각 시간 및 요일별 방문 페이지 수와 네트워크 사용량
- 방문자의 국가 (GeoIP 활용)

- 가장 많이 본 페이지, 유입 경로 및 마지막 페이지
- 웹 압축 통계
- 사용 OS 및 브라우저 통계
- 방문 검색 로봇의 횟수
- 검색 엔진 및 검색 키워드
- HTTP 에러 목록
- 즐겨찾기 북마크에 추가된 횟수
- 화면 크기 (이 기능을 사용하기 위해서는 초기 페이지에 HTML 태그가 추가되어야 함)

어떻게 보면 웹 로그가 각 요청별로 간단하게 한 줄일 수도 있지만, 이 한 줄로 이와 같은 통계 자료를 뽑아 낼 수 있다. 필자의 경우 성능 테스트 및 성능 분석을 위해서 웹 로그를 분석하며, 사용자가 단위 시간에 얼마나 많이 접근했는지를 확인할 수 있는 좋은 자료라고 볼 수 있다. 관심 있는 독자들은 직접 서버에 AWStats를 설치하여 확인해 보기 바란다.

웹 로그를 통해서 접근 통계를 분석하기 싫다면…

구글에서 제공하고 있는 'Google 애널리틱스'도 웹 사용자 통계를 제공하는 막강한 무료 툴 중 하나이다. 하지만 이 툴은 웹 로그 기반의 툴은 아니라, 접근하는 모든 페이지(혹은 모든 페이지가 불리는 공통 페이지)에 정보를 전달하는 자바 스크립트 코드를 넣고 구글 서버에 데이터를 쌓는 방식이다. 그러므로, 모든 정보는 구글에 위치하기 때문에, 개인 홈페이지가 아닌 회사의 서버에 구글 애널리틱스를 설치하면 회사의 사용량 정보가 유출될 우려가 있다. 이러한 문제를 해결하기 위해서 만들어진 Piwik(http://piwik.org/)이라는 오픈 소스가 있다.
 Piwik은 오픈소스로 제공되는 웹 페이지 접근 통계 툴이며, 일반 브라우저 뿐만이 아니라 안드로이드나 아이폰 등 모바일 기기에서도 데이터를 확인할 수 있다.

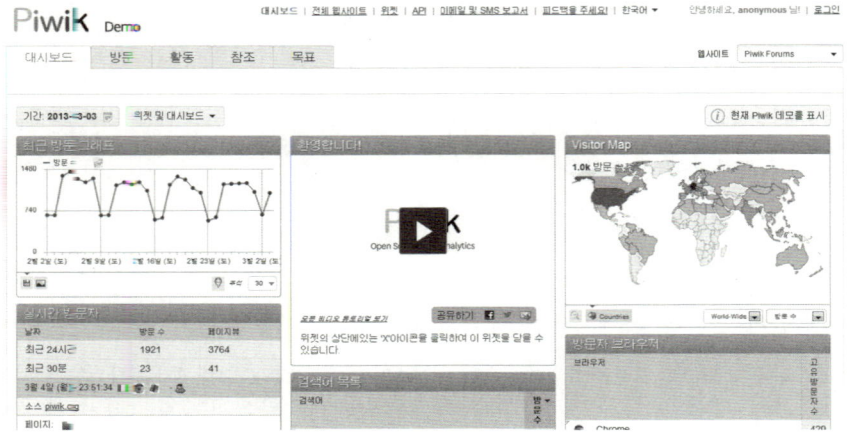

Piwik에서 제공하는 기능은 500가지가 넘는데, 그중에서 주요 기능은 다음과 같다.

- 실시간 사용량 정보
- 방문자에 대한 상세한 정보
- 변경 가능한 대시보드
- 내부 검색엔진을 통한 검색 기능
- 방문자의 위치에 대한 세계 지도

이외에 앞서 AWStats에서 제공되는 기능들은 기본적으로 제공하며 다른 기능 목록은 http://piwik.org/features/를 통해서 확인하기 바란다.

그리고, Piwik에서 제공하는 막강한 기능 중 하나는 바로 플러그인을 제공한다는 것이다. Jenkins, Sonar 등 개발과 연관된 웹 페이지에서 사용할 수 있는 플러그인 뿐만이 아니라, PHP, Java, python, django, Grails, Ruby, Objective-C, node js 등 여러 언어에서 사용할 수 있는 API도 제공한다.

그렇다면, 이런 기능을 제공하는 Piwik을 우리 회사 서버에 설치해서 사용하려면 어떤 것들이 준비되어야 할까? 당연히 데이터를 수집하는 수집 서버가 필요할 것이다. 수집 서버의 기본 요건은 다음과 같다.

- PHP 5.1.3 이상의 버전을 제공하는 웹서버
    - PHP의 pdo, pdo_mysql, GD 모듈 포함
- MySQL 4.1 이상

만약 여러분들이 이 수집 서버를 사용할 상황이 안된다면, Piwik 개발사에서 제공하는 서버를 사용할 수도 있다. 이 서버를 사용하려면 한 달에 4달러만 내면 된다.

간단하게, Piwik 서버를 설치하는 절차를 살펴보면 다음과 같다. (자세한 설명은 http://piwik.org/docs/installation/를 참고하기 바란다.)

① Piwik 소스 다운로드 (약 6 MB) 및 압축 해제 (웹 서버 홈에 piwik이라는 폴더를 만들어 해제하면 된다.)
② 브라우저를 열어 Piwik 페이지 접근 (http://웹서버URL/piwik/에 접근하면 된다.) 이제부터는 웹 페이지에서 버튼(Next)을 눌러 넘어가면 되는데, 이 때 서버의 설정 등을 변경해야 할 필요가 있다. 그러므로, 터미널 창을 열어 권한 변경 작업을 수행해야 한다.
③ 시스템 체크 (필요 모듈 및 디렉터리 권한 확인)
④ 데이터베이스 설정
⑤ 사용자 계정 설정 (아이디와 패스워드를 지정한다.)
⑥ 통계를 수집하고자 하는 웹페이지의 정보 입력
⑦ 통계를 수집하고자 하는 웹 페이지에 추가할 JavaScript 코드를 확인하고, 해당 스크립트를 복사하여 </body> 태그 앞에 붙여 넣는다.

⑧ Piwik을 통한 결과 확인

이러한 간단한(?) 절차를 거치면 여러분들이 운영하는 서버의 사용량을 모니터링 할 수 있다. 설치하기 전에 어떤 기능들이 제공되는지를 확인하고 싶은 독자는 http://demo.piwik.org에 접근해 보면 된다.

추가적인 Piwik의 사용법에 대해서는 『Piwik Web Analytics Essentials』(2012)이라는 책에 자세하게 나와 있다. 관심 있는 독자들은 이 책을 통해서 자세한 정보를 얻기 바란다.

정리하며

웹 로그를 사용하던 그 동안 생각지도 못했던 문제점을 찾을 수도 있다. 상용 툴을 사용한다면 실시간으로 데이터를 처리하여 확인할 수도 있을 것이다. 많은 내용을 담고 있는 웹 로그를 그냥 방치하거나 삭제하지 말고 의미 있는 데이터가 될 수 있도록 최대한 활용하자.

여기서는 웹 로그에 대해 정리하면서 웹의 성능에 영향을 주는 기본적인 요소들과 그 문제점을 찾는 툴들에 대해서 알아보았다. 필자가 설명한 툴 외에도 수 많은 툴들이 존재하니, 기회가 된다면 구글에서 검색을 통하여 확인해 보기 바란다.

튜닝의 절차는 그때그때 달라요

들어가며

지금까지 각종 자바의 성능에 영향을 주는 사항들에 대해서 알아보았다. 이 장에서는 그 내용들을 정리하기 전에 성능 튜닝을 어떻게 접근해야 하는지 살펴보자.

나초보씨는 시스템 오픈을 하고 나서, 이런 저런 장애 상황을 겪었다. 대부분의 장애 상황이 성능과 직결된 것은 아니지만, 성능 튜닝을 어떻게 해야 하는지, 성능 튜닝 경험이 많은 이튜닝 선배에게 메일로 문의 했다.

발신	나초보
수신	이튜닝
제목	선배님 튜닝 절차는 어떻게 되나요?
내용	선배님 안녕하세요? 선배님 덕분에 이 프로젝트는 오픈을 어렵지 않게 한 것 같습니다. 그런데, 다음 프로젝트도 있고 해서 성능 튜닝을 어떻게 접근해야 하는지 궁금

> 해졌습니다.
>
> 혹시 성능 튜닝을 진행하는 비법이 있나요?

메일을 보내고 나서 며칠이 지난 후에야 이튜닝 선배의 답이 왔다.

> **발신** 이튜닝
>
> **수신** 나초보
>
> **제목** RE: 선배님 튜닝 절차는 어떻게 되나요?
>
> **내용** 튜닝 비법?
>
> 글쎄다. 니가 질문한 것은
>
> "운전 어떻게 해요?"하고 비슷한거야.
>
> 일일이 설명하기는 쉽지 않긴 한데…
>
> 내가 예전에 세미나할 때 정리한 것인데 한번 봐봐

나초보씨는 이튜닝 선배가 전달해 준 발표 자료를 살펴보았다.

성능 튜닝을 위한 아주 기초 법칙

성능 튜닝을 위해서는 아주 기초적인 법칙 하나를 알아야만 한다. 바로 '암달(Amdahl)의 법칙'이라는 것이다.

Gene Amdahl이라는 할아버지(1922년생)가 젊을 때(1967년)에 시스템의 성능 향상에 대한 법칙을 만들었다. 이 법칙을 간단하게 설명하자면, 1 Core에서 20시간 소요되는 작업 중 1시간은 절대 개선할 수 없다면, 20배 이상의 성능 향상은 불가능하다는 법칙이다. 참고로 Law로 선언된 이러한 법칙은 묻지도 따지지도 말고 그냥 외워야 한다. 암달의 법칙을 수식으로 표현하면 다음과 같다.

$$성능\ 개선율 = \frac{1}{(1-P) + \frac{P}{S}}$$

여기서 P는 개선 가능한 부분의 비율이며, S는 개선된 정도를 말한다. 이렇게 이야기하니 이해가 안 될수도 있는데, 여기에 숫자를 대입하면 이해하기 쉬울 것이다.

만약 개선 가능한 부분이 100%이면, P는 1이 된다. 그리고, 2배의 성능 향상이 이루어 졌다면, S=2가 된다.

따라서 이 공식을 적용하면,

$$\frac{1}{(1-1) + \frac{1}{2}} = \frac{\frac{1}{1}}{\frac{1}{2}} = 2$$

가 되며 성능 개선율은 2가 된다.

만약 개선 가능한 부분이 90%라면 P는 0.9가 되고, 그 부분에서 2배의 성능 향상이 되었다면,

$$\frac{1}{(1-0.9) + (\frac{0.9}{2})} = \frac{1}{0.1+0.45} = 1.8$$

이 되기 때문에 성능 개선율은 1.8이 된다.

암달의 법칙을 그래프로 나타내면 다음과 같다.

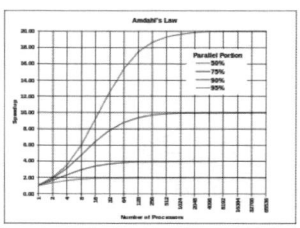

여러분들이 이 내용을 꼭 외울 필요는 없지만 위에 있는 그래프는 이해해야 한다. 어떤 프로그램이라고 할지라도 위와 같은 패턴을 보일 수 밖에 없으며, 성능 개선에는 한계가 생길 수 밖에 없다.

만약 여러분들이 어떤 시스템을 판매하는 영업사원이나 엔지니어에게서 "저희 시스템은 서버를 늘리면 Linear하게 성능이 개선되거나 확장 가능하다."는 말을 듣는다면 그 말은 100% 거짓말이다. 만약 본인들이 테스트를 한 결과 그래프를 갖고 와서, "보세요. 이 시스템은 성능이 Linear하게 증가하잖아요."라고 말한다고 하더라도, 그 테스트는 증가하는 추세가 꺾이는 부분까지 테스트를 하지 않은 것뿐이다.

다시 말해서, 아무리 최적화된 시스템이라고 할지라도 생각지도 못한 부분의 성능 저하는 발생할 수 밖에 없다는 것이다.

성능 튜닝 step by step

미리 이야기하지만, 여기서 다루는 Step by step은 단지 필자의 경험에서 우러나오는 절차일 뿐이다. 즉, 절대적이지는 않다는 것이다. 그러므로, 여러분들이 처한 상황에 따라서 그 절차는 달라진다. 필자의 작업 절차는 다음과 같다.

① 원인 파악
② 목표 설정
③ 튜닝 실시
④ 개선율 확인
⑤ 결과 정리 및 반영

매우 추상적으로 정리하긴 했지만, 큰 흐름은 다른 종류의 작업과도 별 차이가 없을 것이다. 각 사항에 대해서 간단히 살펴보고, 상세하게 살펴봐야 하는 부분에 대해서는 별도의 절로 알아보자.

원인 파악

성능 저하가 발생하는 원인을 파악하는 단계이다.

이 단계에서 원인 파악을 잘못하면 매우 많은 시간 낭비가 발생할 것이다. 따라서, 어디가 병목인지 확실히 파악하여 원인을 찾아야 한다. 그냥 단순하게 보면 별 것 아닌 단계일 수 있으나, 실제로 제대로 원인을 파악하려면 오랜 시간이 소요될 수도 있다. 그러므로, 주변의 전문가가 있다면 그들에게 부탁하는 것도 좋은 방법이다. 여러분들이 일주일 동안 걸리는 일을 그들은 한 시간만에 처리할 수도 있기 때문이다. 그리고, 원인이 아닌 곳을 원인으로 판단하여 진행하면, 첫 단추를 잘못 꿴 것이기 때문에 아무리 결과 정리까지 끝냈다고 하더라도 처음부터 다시 튜닝 작업을 해야 하는 상황도 발생한다.

목표 설정

성능 튜닝의 목표를 설정하는 단계이다.

반드시 목표를 설정할 필요는 없다. 하지만, 모든 일은 목표가 있어야만 제대로 된 결과가 나올 수 있다. 성능 개선뿐만 아니라, 향후 유지보수까지 모두 고려해서 목표를 설정하는 것이 좋다.

튜닝 실시

코드를 최적화하며 튜닝하는 단계이다.

튜닝을 실시하는 가장 좋은 방법은 프로파일링 툴이나 APM과 같은 툴을 사용하는 것이고, 개선이 얼마나 되었는지를 확인하려면 JMH나 캘리퍼와 같은 성능 비교 도구를 사용하는 것도 큰 도움이 될 수 있다.

개선율 확인

튜닝을 실시한 후 얼마나 개선되었는지를 확인하는 단계이다.

개선율을 확인한 다음에, 결과가 만족스럽지 않은 경우에는 '튜닝 실시' 단계로 다시 넘어가서 진행을 해야 한다. 간혹, 원인을 잘못 판단했을 경우 개선율이 아주 낮게 나올 수 밖에 없다. 엉뚱한 곳에서 작업을 할 수도 있으니, 때에 따라서는 '원인 파악'부터 다시 해야 한다.

결과 정리 및 반영

튜닝한 결과들을 정리하고, 실제 운영되는 시스템에 반영하는 단계이다.

만약 정리가 반드시 필요 없다고 하더라도, 아주 간단하게 어딘가에 정리하는 습관을 가져가는 것이 좋다. 가장 좋은 것은 파워 포인트나 워드와 같은 문서지만, 이 작업을 수행할 때는 꽤 많은 시간이 소요된다. 따라서, 관련인들에게 전달할 메일로 정리하거나, 회사에 위키가 있다면 위키에 정리하는 것도 좋다. 정 정리할 곳이 없다면, 에버노트와 같은 메모 툴에라도 정리하기 바란다.

간혹 전문 컨설팅하는 업체들의 문서를 보면, 무의미한 데이터들만 나열하는 경우가 있다. 필자에게는 어떤 정보를 제공하기 위해서 데이터나 그래프가 보고서에 추가된 것이 아니라, 문서 페이지가 많아 보이도록 하기 위해서 툴에서 제공하는 수치를 나열해 놓은 것으로 보일 뿐이다. 어떤 고객은 그렇게 양이 많은 것을 좋아할 수도 있겠으나, 대부분의 사람들은 그렇게 무의미한 데이터들을 볼만큼 시간이 넉넉하지 않으므로, 되도록이면 꼭 필요한 사항들만 정리하자. 만약 무의미한 데이터를 어쩔 수 없이 넣어야 한다면, 보고용 요약본도 따로 만들어야만 한다.

간단하게 각 사항에 대해서 살펴보았으니, 튜닝을 실시할 때 어떤 점을 유의해야 하는지 알아보자.

성능 튜닝의 비법

필자가 생각하는 성능 튜닝의 비법은 다음과 같다.

- 하나만 보지 말아라.
- 큰 놈을 없애라.
- 깊게 알아야 한다.
- 결과 공유는 선택이 아닌 필수!

눈치가 빠른 분들은 각 내용들이 어떤 것을 의미하는지 설명을 하지 않아도 알 것이다. 각 비법이 무엇을 뜻하는지 알아보자.

하나만 보지 말아라

시작이 반이라는 말도 있고, 첫 단추를 잘 꿰어야 한다는 말도 있다. 이 말들은 성능 튜닝 작업을 할 때 아주 깊이 고려해야 하는 사항에 속한다. 필자를 포함한 독자 여러분들이 알고 있는 병목 지점은 이 세상에 있는 병목 지점의 일부분일 뿐이다.

   예를 들어 WAS의 스레드 개수 때문에 고생한 개발자가 있다고 생각해 보자. 그 개발자가 시스템을 운영하다가 성능상 이슈가 있으면 무엇을 제일 먼저 볼까? 당연히 WAS의 스레드 개수를 먼저 확인해 볼 것이다. 만약 그 사람이 높은 직급이 되어서 관리자가 된다면, 어떤 문제가 있으면 무조건 스레드 문제 때문일 것이라고 단언할 수도 있다. 하지만, 성능상 문제를 발생 시킬 수 있는 대상은 아주 많다. 필자가 알고 있는 병목의 대상 목록들은 구분해 보면 다음과 같다.

대상	세부 대상
서버 장비	CPU, Network, Disk, Memory 등
서버 OS	OS 커널, OS 설정, 수행중인 프로세스 등
자바 애플리케이션	스레드 풀 설정, DB Connection Pool 설정, Cache 설정, GC 설정, Heap 크기 설정, 검증되지 않은 프레임워크의 버그, 개발된 애플리케이션 등
웹 서버	프로세스 개수 설정, Connector 설정, 개발된 모듈의 버그 등
네트워크	사용자의 네트워크의 종류, 사용자의 위치, L4 및 Switch 등 네트워크 장비, 방화벽 등
클라이언트	클라이언트 장비의 CPU, Network, Disk, Memory, OS 등의 성능, 클라이언트 애플리케이션, 클라이언트 장비에서 수행 중인 프로세스 등

여기서 세부 대상이라고 나열한 사항들도 더 자세히 들어가 보면 엄청나게 많은 경우의 수가 발생할 것이다.

다시 한번 이야기하지만, 성능상 이슈가 있을 때는 절대로 하나만 보면 안 된다. 전체를 봐야 한다.

큰 늠을 없애라

잔챙이 백날 튜닝해 봤자 효과 없다.

예를 들어 1초가 걸리는 애플리케이션이 있다. 이 애플리케이션을 분석해보니 0.2초가 소요되는 메서드 하나를 발견했다. 이 메서드를 여러분들이 엄청나게 튜닝해서 속도를 0.00001 초가 되었다. 그래 봤자 해당 애플리케이션은 0.80001 초가 될 것이고, 간단하게 생각하면 20%의 성능 개선밖에 이루어지지 않는다. 이 1초가 소요되는 애플리케이션의 가장 큰 성능 저하가 발생하는 부분을 찾아서 튜닝해야만 한다.

어떤 애플리케이션은 1명의 요청을 할 때는 응답이 0.1초로 매우 빠르다. 하지만, 운영 상황에서 그 속도가 나온다고 보장할 수는 없다. 즉, 부하 테스트 툴이나 간단히 스레드를 만들어서 부하를 주어 성능 측정을 해 봐야만 한다. 모든 애플리케이션을 그렇게 측정할 필요는 없지만, 해당 애플리케이션 요청의 상위 80%에 해당하는 프로그램들은 반드시 그렇게 측정하고 문제를 잡아야만 한다. 예를 들어 일반적인 경우 전체 300개의 화면이 있을 때 10개 내의 화면이 전체 요청의 80%를 차지한다. 심한 경우에는 5개도 안 되는 화면이 전체의 95%를 차지하는 경우도 존재한다.

그리고, 성능 튜닝을 하다 보면 중심이 되는 라이브러리에 문제가 발생하는 경우도 적지 않다. 이 경우 선택은 두 가지다. 하나는 해당 라이브러리를 튜닝하는 것이고, 다른 하나는 다른 것으로 교체하는 것이다. 라이브러리를 튜닝하는 것이 비용상으로 많은 절감을 가져올 수 있겠지만, 그렇게 할 수 없는 경우에는 다른 것으로 교체할 수 밖에 없다. 만약 개발이 거의 막바지에 다다랐을 때는 라이브러리를 교체하는 비용이 만만치 않게 될 수도 있다. 이런 경우가 발생하는 것을 방지하는 가장 좋은 방법은 시스템의 코어 부분이 개발 완료되었을 때 성능 테스트를 통해서 사용중인 라이브러리의 성능을 검증하는 것이다. 대부분의 프로젝트는 개발을 시작할 때 코어가 되는 부분을 먼저 개발하고, 그 다음에 관련된 기능들을 개발한다. 따라서 이 절차를 따르는 것을 권장한다.

서버의 성능도 큰 영향을 미치지만, 해당 애플리케이션을 사용하는 사용자들에게는 클라이언트의 성능도 무시할 수 없다. 웹 페이지를 만들었다면, 적어도 브라우저에서 제공하는 개발자 도구를 통해서 해당 애플리케이션의 로딩이 어떻게 되는지 확인해 보기 바란다. 구글의 Chrome, 애플의 Safari와 같은 브라우저들은 훌륭한 웹 성능 프로파일링 도구를 제공한다.

깊게 알아야 한다

개발 언어, OS, DB, N/W, 서버 등 대충 알면 대충 튜닝할 수밖에 없다. 하지만, 이 모든 것의 전문가가 되기는 어렵다. 그러니 하나라도 전문가가 되어야 한다.

이 책을 읽는 여러분들은 어느 정도 자바를 잘 알고 있겠지만, 만약 한번도 경험이 없는 Python이나 Erlang과 같이 생소한 언어로 개발하면 어떨지 잘 생각해 보자. 해당 언어를 사용해 본 적이 없기 때문에 최적화는 신경도 못쓰고, 어떻게든 기능만 잘 되도록 개발할 것이다.

마찬가지로 OS 설정이나 DB 쿼리 작성 등의 작업도 제대로 모르면 구글에서 검색한 결과를 갖고 대충 설정하고, 쿼리도 그저 수행될 수 있게만 작성해 버릴 수도 있다. 시간적 여유가 있다면, 최대한 본인이 공부를 해서 최적의 값을 찾아내도록 하는 것이 좋겠지만, 앞서 이야기한대로 모든 분야의 전문가가 될 수는 없기 때문에 그 분야의 전문가를 찾아서 문의하는 것도 좋다.

참고로, 어느 분야에 대해서 전문적으로 잘 알게 되면, 다른 분야의 전문가와 친해 질 수 있다. 서로 필요한 것을 충족해 주기 때문이다. 그런데, 간혹 그렇지 않고, 많은 사람들이 피하는 사람이 될 수도 있다. ㅎㅎㅎ

결과 공유는 선택이 아닌 필수!

결과를 잘 정리하는 것은 매우 중요하다. 잘못하면 오랜 기간 동안 힘들게 작업한 것이 인정받지 못할 수도 있다. 결과 정리를 할 때 꼭 포함되어야 하는 내용은 다음과 같다.

- 개요 : 튜닝을 실시한 배경
- 튜닝 환경 : 튜닝을 실시하고 성능을 측정한 서버 및 툴에 대한 상세한 내용
- 튜닝 결과 : 튜닝 전과 후의 결과를 비교
- 결론 : 어느 부분을 어떻게 변경하는 것이 가장 큰 효과를 줄지, 튜닝 작업을 진행한 담당자의 의견 등을 포함

이렇게 튜닝 결과를 정리할 때 몇 가지 유의사항이 있다.

- 확실한 결과 위주로 포함하자.

  간혹 튜닝 결과에 '이렇게 변경할 경우 성능 개선이 될 수도 있음'과 같이 불확실하게 명시하는 경우가 있는데, 이는 별로 좋지 않은 습관이다. 기존 대비 얼마나 성능 개선이 이루어졌는지를 수치로 보여주는 것만큼 확실한 것은 없다.

- 개선 효과가 가장 큰 것부터 나열하자.

  튜닝을 진행한 사람이 자기가 업무를 진행한 순서대로 결과를 정리할 수도 있다. 하지만, 그 결과를 받는 사람 입장에서는 그 순서는 별로 중요하지 않다. 따라서, 개선 효과가 가장 큰 부분부터 정리하는 것이 좋다.

- 개발한 사람의 심기를 나쁘게 하지 말자.

  튜닝도 사람이 하고, 튜닝 대상이 되는 프로그램도 사람이 만든다. 프로그램을 작성한 사람을 비하하면서 결과를 정리할 경우 그 개발자와는 영원히 적이 될 수도 있다.

  따라서, 최대한 존중을 하면서 결과를 정리해야 한다. 자신이 개발한 프로그램 때문에 문제가 발생했다는 이야기를 들으면 낯도 뜨거워지고, 심장도 벌렁벌렁 거릴 것이다. 완곡한 표현을 사용하자.

그래프를 그릴 때 유의사항

결과 보고서를 작성할 때 그래프를 그릴 수도 있는데, 그래프는 신중하게 생각하면서 그리는 게 좋다. 대충 의미 없이 그래프 30개를 나열하는 것보다는, 그래프 하나로 모든 상황을 볼 수 있도록 그리는 것만큼 예술적인 것은 없다. 필자가 그래프를 (엑셀로) 그릴 때 유의하는 사항은 다음과 같다.

- 전반적으로,
  - 그래프의 타이틀은 반드시 추가하자. 그렇지 않으면 비슷한 다른 그래프와

혼동될 수도 있다.
- 그래프의 러벨(Label)은 가능하면 X축 하단에 넣자. 그래야 그래프의 내용을 보다 크게 보여 줄 수 있다.
- 산포도(Scatter chart)를 보여줄 때, 데이터를 나타내는 각 점은 되도록이면 작게 표현하자 그래야 데이터가 어떻게 분포되어 있는지를 쉽게 볼 수 있다.

- Y축을 그릴 때,
  - 정수 값일 경우 1,000단위에 콤마를 추가해 주자.
  - 소수까지 내려가는 값일 경우 적어도 3자리를 보여 주자. 하지만 이 경우는 그때그때 다르다.
  - 주 단위를 표시하는 경우에는 그래프 내에 주 단위가 4개 이상 표시되지 않는 것이 좋다. 그렇지 않으면, 그래프 데이터가 잘 보이지 않는다.

- X축을 그릴 때,
  - X축의 주 단위는 10개 내외로 보여 주는 것이 좋다.
  - 주 단위를 코드로 보여 줄지, 눈금으로만 보여 줄지는 상황에 맞게 결정하자.

정리하며

이 장에서는 튜닝을 할 때 어떤 점을 유의해서 진행해야 하는지를 정리해 보았다. 물론 필자가 완벽하게 모든 사항을 일일이 알려줄 수는 없겠지만, 어떻게 튜닝 작업을 진행할지 막막한 독자들에게는 어느 정도 도움이 될 것이라 생각된다. 왕도는 없으며 상황에 맞게 대응하는 것이 가장 좋다.

애플리케이션에서 점검해야 할 대상들

들어가며

이번 장에서는 애플리케이션에서 점검해야 할 대상들을 정리했다. 지금까지 본 모든 내용들을 바탕으로, 시스템의 파일럿 부분을 개발하여 성능 테스트를 할 때, 시스템을 오픈하기 전에, 그리고 시스템을 오픈한 이후에 확인하고 넘어가야 할 사항들을 알아보자. 여기 목록의 80% 이상은 성능과 관련된 확인 사항들이다. 성능과 관련이 많지 않은 기능적 확인 사항들은 여기에 포함되어 있지 않으니 염두에 두고 보기 바란다.

패턴과 아키텍처는 잘 구성되어 있는가?

- 너무 많은 패턴을 사용하지 않았는가?
  어떤 시스템을 만들더라도 패턴은 애플리케이션을 구성할 때 반드시 적용해야 한다. 하지만 너무 많은 패턴을 적용하면 유지보수성이 떨어지고, 문제가 발생했을 때 추적하기가 어려워진다. 좋은 패턴이라고 무작정 적용하기보다는 꼭 필요한 패턴만을 사용해야 한다.

- 데이터를 리턴할 때 TO(혹은 VO) 패턴을 사용하였는가? 아니면 Collection 관련 클래스를 사용하였는가?

  데이터를 주고 받는 시간을 절약하기 위해서 일반적으로 TO 패턴을 사용한다. 그리고 때에 따라서는 Collection 관련 클래스를 사용하기도 한다. 이러한 패턴을 적용하지 않거나 관련 표준을 정하지 않고 개발을 할 경우 시스템의 응답 시간도 영향이 있겠지만, 유지 보수성이 떨어진다. 게다가 HashMap으로 데이터를 주고 받으면, 소스를 완전히 뜯어 보지 않는 이상 개발자만 어떤 키와 값이 들어 있는지 알게 된다.

- 서비스 로케이터(Service Locator) 패턴은 적용이 되어 있는가?

  서비스 로케이터 패턴을 사용하면 애플리케이션에서 필요한 대상을 찾는 룩업(lookup) 작업을 할 때 소요되는 대기 시간을 줄일 수 있다. 만약 서버의 CPU 사용량이 높지 않을 때 응답 속도가 느리다면, 서비스 로케이터를 적용해야 하는 부분이 있지 않은가 한 번쯤 확인을 해 봐야 한다.

기본적인 애플리케이션 코딩은 잘 되어 있는가?

- 명명 규칙은 잘 지켰는가?

  그 클래스 이름을 보고 어떤 일을 하는 클래스인지 바로 인식이 가능한지를 확인해야 한다. 옛날 코딩 방식처럼 AC0018과 같은 클래스로 되어 있다면, 장애가 발생했을 때 정확히 인지하기 힘들어진다. 시스템의 장애가 발생하면 클래스명과 업무명이 매핑되어 있는 문서를 일일이 보면서 확인할 시간이 없다. 문제에 더 빨리 접근할 수 있도록, 제발 자바의 기본 명명 규칙을 따라 주기 바란다. 어떤 사이트는 한글로 소리나는 대로 클래스 및 메서드 이름을 지정하는 곳도 있다. 예를 들면 JuminbunhoGwanli와 같이…. 자바는 한글 클래스, 메서드, 변수명을 지원하니 차라리 한글로 클래스 및 변수명을 지정하는 게 어떨까?

- **필요한 부분에 예외 처리는 되어 있는가?**
  예외 처리를 제대로 하지 않으면 사용자는 아무런 응답을 받지 못하고, 여러분이 운영하는 시스템을 더 이상 사용하지 않을 수도 있다. 문제가 발생했을 때 원인을 밝히기 위해서 예외 처리는 필수다.

- **예외 화면은 지정되어 있는가?**
  예외 화면에 대한 표준이 있는지 확인해 보아야 한다. 만약 예외 화면을 구성하지 않고 지정하지도 않는다면, 사용자는 여러분이 사용하는 서버의 종류가 어떤 것인지 알게 될 것이다. 때에 따라서는 시스템에 어떤 클래스가 있는지도 확인할 수 있을 것이다.

- **예외 정보를 혹시 e.printStackTrace()로만 처리하고 있지 않은가?**
  e.printStackTrace() 메서드를 호출하면 서버에서 스택 정보를 취합하여야 하기 때문에 서버에 많은 부하가 발생하게 된다. 만약 여러분의 애플리케이션이 복잡하게 구성되어 있다면, 최대 100개의 스택 정보가 프린트되기 위해서 서버에 부하를 줄 것이다. 다른 로그와 섞여 있는 스택 정보 로그를 통해서 얼마나 문제를 해결할 수 있을까?

- **System.gc() 메서드가 소스에 포함되어 있지 않은가?**
  자바는 C++이 아니다. 여러분이 개발할 때는 GC가 '언제 되어야 할지'에 대해서 절대로 신경쓰면 안 된다. 만약 여러분이 System.gc() 메서드를 소스 이곳 저곳에 심어 놓을 경우, 여러분은 운영해야 하는 서버를 2배 이상으로 늘려야 할 것이다. 아무리 많은 요청이 들어오더라도 힙 메모리의 사용량이 전혀 늘어나지 않고 일직선을 유지하고 있다면, System.gc() 메서드가 소스 안에 있

는지 확인해 보기 바란다. 그리고 이 메서드를 웹 애플리케이션에서 사용하면
WAS의 CPU 사용량은 여러분들이 상상도 못할 만큼 급격히 증가한다.

- System.exit() 메서드가 소스에 포함되어 있지 않은가?

이 메서드가 수행되면 WAS의 프로세스가 죽는다. 스레드가 죽는 것이 아니라 프로세스가 죽는 것이니 이 메서드가 소스에 포함되어 있다면 반드시 제거해 주기 바란다. 설마라고 생각할 수도 있지만, 정말 이 메서드를 사용하는 경우가 있다.

- 문자열을 계속 더하도록 코딩하지는 않았는가?

String 클래스는 더할 경우 새로운 객체를 생성한다. 한두 개를 더하는 것은 큰 문제가 안되겠지만, 몇십 페이지 정도 되는 쿼리를 더하기로 처리할 경우 서버는 GC를 하느라 바빠질 것이다.

JDK 5.0 이상을 사용하면 자동으로 StringBuilder 클래스로 변환을 해주기는 한다. 하지만, 루프를 수행하면서 문자열을 더할 경우에는 컴파일러도 어쩔 수가 없으니 반드시 필요에 따라서 StringBuffer나 StringBuilder 클래스를 선택하여 사용하기 바란다.

- StringBuffer나 StringBuilder 클래스도 제대로 사용했는가?

StringBuffer나 StringBuilder 클래스 안에서 문자열을 더하면, 이 두 가지 클래스를 사용할 필요가 전혀없다. 즉 StringBuffer의 객체가 sb라고 했을 때, sb.append("aaa"+"bbb");라고 사용한다면 제대로 이해하지 못하고 사용하는 것이다.

- 둔한 루프가 작동할 만한 코드는 없는가?

for 루프는 일반적으로 반복 횟수를 지정하고 사용하기 때문에 큰 문제가 발

생하지 않지만, while(true)의 구문을 사용한다면, 해당 루프는 언제 끝날지 아무도 보장할 수 없다. '해당 구문 안에서 조건을 만족시키지 못하고 무한루프를 돌게 된다면'이라는 가정을 할 필요가 없도록 코딩을 하자.

- static을 남발하지 않았는가?

  메모리를 아낀다고 static을 남발하다가는 시스템이 심각한 오류를 발생시킬 수 있다. 여러분이 초급 개발자라면 반드시 같이 일하는 중급 이상의 경험이 많은 개발자나 PL에게 해당 static의 사용이 적절한지 확인 받기를 권장한다.

- 필요한 부분에 synchronized 블록을 사용하였는가?

  그냥 동시에 해당 메서드가 호출될 것 같아서 synchronized 블록을 사용한 것은 아닌지 확인해야 한다. 필요 없는 부분에 synchronized 블록을 사용하게 될 경우 성능 저하를 발생시킬 수 있다.

- IO가 계속 발생하도록 개발되어 있지 않은가?

  가장 많이 실수하는 부분이 설정 파일을 매번 파일에서 읽도록 개발하는 것이다. 한두 명의 사용자가 사용하는 시스템이라면 상관 없을 수도 있겠지만, 100명 이상의 사용자가 사용하는 시스템에서 해당 설정 파일을 매번 읽기 위해 IO를 발생시키면서 시스템의 아까운 자원을 낭비하지 말자.

- 필요 없는 로그는 다 제거했는가?

  '로그 레벨이 DEBUG가 아니니 괜찮겠지.'하는 생각은 버려라. 여러분이 개발하는 시스템은 필요한 데이터만 처리하기 위해서 메모리가 소비된다. 프린트하지도 않을 로그 데이터를 문자열로 만들기 위해서 아까운 메모리를 사용하고, 그 메모리를 청소하기 위해서 GC를 해야 하는 불쌍한 JVM을 생각해 보라.

- 디버그용 System.out.println은 다 제거했는가?

  로그 레벨을 바꾼다고 해도 지워지지 않는 것이 System.out.println 로그다. 본인이 만든 애플리케이션이 조금이라도 빨라지기를 원한다면, 이 디버그용 로그도 제발 지우기 바란다.

웹 관련 코드는 잘 되어 있는가?

- JSP의 include는 동적으로 했는가? 아니면 정적으로 했는가?

  JSP를 동적으로 include하면 서버에도 부하를 줄 뿐만 아니라 응답 시간에도 영향을 준다. 꼭 필요한 부분에만 동적 include를 하기 바라며, 그렇지 않은 경우에는 정적 include의 사용을 권장한다. 그렇다고 무조건 정적으로 include를 하면 변수를 공유하게 되어 예기치 못한 문제가 발생할 수 있으므로 유의해서 사용하기 바란다.

- 자바 빈즈는 너무 많이 사용하지 않았나?

  하나의 화면에서 자바 빈즈를 수십 개씩 사용하지 않는가? 하나의 TO(Transfer Object)를 사용해서 처리할 수도 있는 데이터라면, 여러 개의 자바 빈즈를 사용해서 응답 시간에 영향을 주는 일이 없도록 하자.

- 태그 라이브러리는 적절하게 사용했나?

  많은 양의 데이터를 태그 라이브러리로 처리할 경우에는 성능에 많은 영향을 끼친다. 데이터의 양이 적을 경우에는 상관이 없겠지만 무조건 태그 라이브러리를 사용한다면, 10,000건이 넘는 여러분의 데이터 처리는 대부분 JSP에서 소요될 것이다.

- EJB는 적절하게 사용하였나?

    EJB를 많이 사용한다고 해서 시스템이 안정화되는 것은 아니다. 서버를 기동하는데 시간의 여유가 있다면, 서버의 메모리가 충분히 여유가 있다면 상관없다. 하지만 EJB 하나하나는 일반 클래스보다 많은 메모리를 점유해야 하며, 서버를 기동할 때에도 많은 시간이 소요된다. 따라서 반드시 필요한 경우에만 EJB를 사용하자.

- 이미지 서버를 사용할 수 있는 환경인가?

    이미지, 자바스크립트, CSS, 플래시 등 정적인 컨텐츠가 많고 사용자의 요청이 많은 경우에는 웹 서버 이외에 이미지 서버를 사용할 수 있다. 정적인 컨텐츠만을 제공하는 서버로서, 웹 서버에서 파일을 읽어서 처리하는 것보다 효율적이다.

- 사용 중인 프레임워크는 검증되었는가?

    검증되지 않은 프레임워크에서 많은 문제가 발생할 수 있다. 가장 좋은 방법으로는 검증된 프레임워크를 사용하는 것이지만, 만약 새로 개발된 프레임워크를 사용할 경우에는 성능 테스트 및 메모리 프로파일링을 통해서 해당 프레임워크의 안정성을 확인해 놓아야 한다.

DB 관련 코딩은 잘 되어 있는가?

- 적절한 JDBC 드라이버를 사용하는가?

    현재 DB에 맞는 버전의 JDBC를 사용하고 있는가? 간혹 버그가 있는 JDBC를 사용하여 성능이 나오지 않는 경우가 발생한다. 되도록이면 가장 최신의 WAS 및 DB 벤더에서 추천하는 문제 없는 JDBC를 사용하기를 권장한다.

- DB Connection, Statement, ResultSet은 잘 닫았는가?

  '알아서 잘 닫히겠지.'하는 생각은 버려라. 반드시 finally 구문을 사용해서 Connection, Statement, ResultSet을 명시적으로 닫아 주기 바란다. 그렇지 않으면 사용 가능한 연결이 부족해져 여러분들이 개발한 시스템이 사용 불가능한 상태가 되는 것은 시간 문제다.

- DB Connection Pool은 잘 사용하고 있는가?

  프로젝트의 규모가 크면 클수록 표준을 따르지 않을 확률도 커진다. DB 연결 부분을 개발자의 역량에 맡기면 여러 가지 형태로 DB에 연결하게 될 것이다. 관련되는 표준을 반드시 정하고, DB Connection Pool은 반드시 사용해야 DB의 리소스를 보다 효율적으로 사용할 수 있다.

- 자동 커밋 모드에 대한 고려는 하였는가?

  기본 커밋 모드는 자동 커밋으로 되어 있다. 하지만 조회성 프로그램도 자동 커밋 여부를 지정하게 되면, 약간의 응답 시간 저하가 발생하게 된다. 반드시 필요하지 않은 경우에는 자동 커밋을 하도록 하자.

- ResultSet.last() 메서드를 사용하였는가?

  전체 건수를 처리하기 위해서 last() 메서드를 사용했는지 확인해야 한다. 데이터의 건수가 많을수록 응답 시간이 느려진다. 쿼리를 두 번 수행하더라도 전체 건수를 가져오기 위한 last() 메서드의 사용을 자제해 주기 바란다.

- PreparedStatements를 사용하였는가?

  Statement를 사용하면 매번 쿼리를 수행할 때마다 SQL 쿼리를 컴파일하게 된다. 이 작업은 DB에 많은 부하를 준다. 그러므로 쿼리 문장이 계속 동적으로 변경되어야 하는 경우를 제외한 대부분의 경우에는 PreparedStatements

를 사용하기 바란다.

서버의 설정은 잘 되어 있는가?

- 자바 VM 관련 옵션들은 제대로 설정되어 있는가?

  64비트 기반의 시스템을 사용하면서 -d64 옵션을 사용하지 않는다면, 그냥 32 비트로 시스템이 운영된다.

  또한, 클래스 패스(class path)는 순차적으로 인식된다. 여러 JAR 파일 중 만약 같은 패키지명에 같은 클래스가 존재할 경우에는 앞에 명시한 클래스 패스에 우선권이 있다.

- 메모리는 몇 MB로 설정해 놓았는가?

  가끔 서버의 메모리 설정을 하지 않고, 성능이 나오지 않는다고 하는 사이트가 있다. 설정하지 않으면 서버는 기본 64MB로 시작한다는 사실을 반드시 기억하기 바란다.

- GC 설정은 어떻게 되어 있는가?

  혹시 -client로 설정되어 있는지 확인해 보자.

  또한, GC 방식에 따라서 서버의 성능이 엄청난 차이가 발생할 수 있다. 가능하면 성능 테스트를 통해서 우리의 시스템과 서버에 맞는 GC 옵션을 설정하자.

- 서버가 운영 모드인지 개발 모드인지 확인하였는가?

  서버가 개발 모드라면, WAS는 주기적으로 변경된 클래스가 있는지 확인할 것이다. 이 작업은 서버에 많은 부하를 주게 된다. 서버가 주기적으로 느려진다면, 이 부분은 반드시 확인하자.

- WAS의 인스턴스가 몇 개 기동되고 있는가?

  WAS에서 하나의 인스턴스당 적어도 한 개는 있어야 제대로 된 운영이 가능하다. CPU는 4개인데, 인스턴스가 30개 정도 있는 것은 아닌지 확인하기 바란다. 자바는 코볼이나 포트란이 아니다.

  WAS의 CPU 개수가 적을 경우, 때에 따라서 인스턴스 개수를 증가시키면 서버의 처리량이 증가될 수 있다. 이 인스턴스의 개수에 대해서는 정답이 없다. 그러므로, 서버 및 애플리케이션의 상황에 맞게 성능 테스트를 통해서 시스템의 적절한 인스턴스 개수를 도출해야 한다.

- JSP Precompile 옵션은 지정해 놓았는가?

  서버를 기동할 때 JSP를 미리 컴파일하도록 해 놓으면 사용자는 JSP가 수정이 되었는지 여부와 상관없이 일정한 응답 속도를 느낄 것이다. 하지만 이 옵션을 지정해 놓으면 서버가 기동될 때 JSP를 컴파일하기 위한 시간도 많이 소요되기 때문에 상황에 맞게 옵션을 지정해야 한다.

- DB Connection Pool 개수와 스레드 개수는 적절한가?

  스레드 개수가 DB Connection Pool의 수보다 절대로 적어서는 안 된다. 스레드의 개수는 DB Connection Pool의 개수보다 보통 10개 정도 더 많이 설정한다. 만약 DB Connection Pool의 설정을 서버 기본 설정으로 해 놓고 운영을 한다면, 서버의 리소스도 별로 사용하지 않고 10명 이상의 동시 사용자를 처리하지 못할 것이다. 대부분 WAS의 Connection Pool의 초기 값은 10~20개이다.

- 세션 타임아웃 시간은 적절한가?

  세션을 더 이상 사용하지 않을 때 세션 정보는 삭제되어야 한다. 만약 세션 타임아웃 시간을 하루 이상의 큰 값으로 지정하고, 해당 서버를 재시작하지 않으면 해당 서버는 메모리 릭이 발생하여 더 이상 사용할 수 없는 상황이 될 것이다.

- 검색 서버가 있다면, 검색 서버에 대한 설정 및 성능 테스트를 하였는가?
일반적으로 검색 서버에서 주기적으로 데이터를 모으기 위해서 서버의 리소스를 많이 사용하게 된다. 만약 검색 서버의 세팅을 점검하지 않고, 성능 테스트를 하지 않는다면, 예기치 못한 부분에서 시스템의 리소스를 점유하고 있을지도 모른다.

모니터링은 어떻게 하고 있는가?

- 웹 로그(Access log)는 남기고 있는가?
웹 로그는 애플리케이션의 사용 흔적을 남기는 가장 간단하고도 많은 자료를 제공한다. 애플리케이션의 사용량과 자주 사용하는 애플리케이션을 분석하기 위해서, 추후 용량 산정의 기초 자료가 되는 웹 로그는 반드시 남겨서 관리하자.

- verbosegc 옵션은 남기고 있는가?
GC가 어떤 형태로 발생하는지를 확인하고자 한다면, 반드시 verbosegc 옵션을 사용하여 로그를 남기자. 메모리의 크기를 지정하기 위해서나, GC 옵션을 변경하기 위해서라도 verbosegc 옵션은 매우 유용하게 활용될 것이다. 하지만, GC 튜닝을 하지 않을 시스템에 verbosegc 옵션을 남기는 것은 리소스 낭비다.

- 각종 로그 파일에 대한 규칙은 있는가?
로그 파일이 그냥 몇 기가바이트씩 쌓이고 있지 않은가? 일별로 로그를 쌓도록 옵션을 지정하면, 특정 이슈가 발생한 날짜의 데이터를 분석하기에도 좋고 백업을 하기에도 편리하다.

- 서버의 시스템 사용률은 로그로 남기고 있는가?

  WAS나 DB가 얼마나 사용을 하고 있는지 로그를 남겨야 한다. 대부분의 사이트에는 SMS나 APM을 설치하여 서버를 모니터링하고 있겠지만, 그렇지 않은 사이트에서는 서버의 사용량을 유닉스의 vmstat나 sar 명령어를 사용해서 남겨야 시간대별 서버 사용량을 구할 수 있다. 그리고 나중에 서버를 증설할 때에도 이 데이터는 매우 유용하게 사용된다.

- 모니터링 툴은 사용 중인가?

  WAS를 모니터링하기 위한 툴은 설치되었는가? 모니터링 툴이 없다면, 장님이 코끼리를 만지는 것과 비슷하다. 이제 시스템 로그만으로 시스템의 상태를 점검하는 시대는 사라지고 있다.

  그렇다고 반드시 툴을 구매하라는 것은 아니다. 만약 모니터링 툴을 구매할 여력이 안되고 서버가 많은 부하를 받고 있지 않는다면, JMX 기술을 사용하여 서버를 모니터링하는 것도 좋은 방법이다. JDK 5.0 이상에서 제공하는 JConsole을 사용하는 것도 좋다.

- 모니터링 툴에 대한 설정은 적절하게 되어 있는가?

  아무리 좋고 비싼 모니터링 툴이 있다고 하더라도, 제대로 활용하지 않으면 아무런 소용이 없다. 모든 메서드에 대해서 프로파일링을 하도록 지정을 하면 대부분의 툴이 성능에 많은 영향을 주게 된다. 그러므로 꼭 필요한 내용만 모니터링이 되도록 설정을 잘 맞추어야 제대로 사용할 수 있다.

- 서버가 갑자기 코어 덤프를 발생시키지 않는가?

 서버에서 코어 덤프를 발생시키는 경우의 수는 굉장히 많다. 만약 서버가 지속적으로 코어 덤프를 발생시킨다면 적어도 다음의 내용을 점검해 보기 바란다.

① 10,000건 이상 조회하는 것이 있나 확인해야 한다. 한꺼번에 많은 양의 데이터를 처리하려면 많은 메모리가 필요한데, 이 때 코어덤프가 발생할 수 있다. 데이터를 처리하는데 필요한 메모리가 지정된 메모리 크기보다 클 수도 있기 때문이다.

② 메모리 릭이 있는지 확인해야 한다. 메모리를 점유하고 해제하지 않는 로직이 있으면 서버를 매일 재기동해도 메모리는 점차적으로 부족해진다. 서버가 기동된 후 힙 덤프를 받아 놓은 뒤, 운영 중과 운영 후에 각각 덤프를 받아서 메모리 사용량의 추이를 확인해야 한다.

- 응답 시간이 너무 느리지 않은가?

 응답 시간이 느려지는 이유는 상상을 초월할 정도로 많다. 그러므로 이 문제를 해결하기 위해서는 상황을 정확히 판단해야 한다. WAS단 이후에서 느린 것인지, 그 이전 단계인 네트워크나 웹 서버에서 느린지 확인해야 한다. 만약 WAS에서 느리다면, 정확히 어느 부분에서 느린지 프로파일링을 해서 확인해 봐야 한다.

정리하며

우연찮게 이 장을 정리하는 날이 2012년 12월 31일 새벽이다. 한 해를 마무리하는 시점에 책의 마지막 장을 정리하니 감회가 새롭다. 어떤 독자는 이 책을 만족할 수도 있고, 그렇지 않은 독자들도 있을 것이다. 1st edition이 나온 뒤 5년이 지난 지금 2nd edition을 내면서도 부족함이 있다고 생각한다. 그래서, 이 책을 끝으로 필자는 앞으로 약 5년간은 집필 활동을 중단할 것이다. 다른 중요한 일을 하기 위해서···.

마지막으로, 책과 관련된 질문은 언제나 환영이니, 필자의 이메일(cowboy93@gmail.com)로 연락주기 바란다.

이 책에서 다루지 않은(못 한) 자바 성능에 대한 보다 심도 있는 내용은 『자바 성능 튜닝: 자바 성능 향상을 위한 완벽 가이드』(BJ퍼블릭)를 참고하기 바란다.

JMH 설치 및 설정 방법

JMH 설치

❶ Mercurial 설치

JMH는 Mercurial이라는 코드 저장소를 사용하기 때문에 Mercurial을 설치해야만 한다. 하단의 참고 박스에 있는 URL에 접근하면 각 OS별 다운로드 방법을 알수 있다. 정상적으로 설치했다면 hg 명령이 수행되는지 확인해 보면 된다.

❷ 소스 받기

먼저 Mercurial이라는 분산 저장소에 접근하는 hg라는 툴을 이용하여 소스 코드를 받자.

> 참고 각 OS별 hg 클라이언트는 http://mercurial.selenic.com/downloads/에서 다운로드하면 된다.

hg 설치를 마쳤으면 원하는 디렉터리에서 다음의 명령을 실행한다.

코드 부록 A.1

```
$ hg clone http://hg.openjdk.java.net/code-tools/jmh/ jmh
requesting all changes
adding changesets
adding manifests
adding file changes
added 98 changesets with 1035 changes to 350 files
updating to branch default
338 files updated, 0 files merged, 0 files removed, 0 files unresolved
$
```

❸ 빌드 실행

위와 같이 정상적으로 코드 다운로드가 완료되었으면 다음의 명령을 사용하여 메이븐 빌드를 실행하자.

코드 부록 A.2

```
$ cd jmh/
$ mvn clean install -DskipTests=true
// 중간 생략
pom
[INFO] ------------------------------------------------------------------------
[INFO] Reactor Summary:
[INFO]
[INFO] JMH Core ........................................... SUCCESS [3:04.527s]
[INFO] JMH Core Integration Tests ......................... SUCCESS [47.383s]
[INFO] JMH Core Benchmarks ................................ SUCCESS [8.043s]
[INFO] JMH Samples ........................................ SUCCESS [7.801s]
[INFO] JMH Simple Benchmark Archetype ..................... SUCCESS [1.153s]
[INFO] Java Microbenchmark Harness Parent ................. SUCCESS [0.055s]
```

```
[INFO] ------------------------------------------------------------------
[INFO] BUILD SUCCESS
[INFO] ------------------------------------------------------------------
[INFO] Total time: 4:28.217s
[INFO] Finished at: Mon XXX XX 23:18:08 KST 20XX
[INFO] Final Memory: 26M/314M
[INFO] ------------------------------------------------------------------
$
```

정상적으로 프로젝트 빌드가 완료되었다면 여러분들이 작업하는 장비의 메이븐 로컬 저장소에 JMH 라이브러리가 등록되어 있을 것이다.

❹ 3번 작업을 수행할 동일 디렉터리에서 벤치마크 프로젝트를 빌드하자.

코드 부록 A.3

```
$ mvn archetype:generate -DinteractiveMode=false -DarchetypeGroupId=org.openjdk.jmh -DarchetypeArtifactId=jmh-simple-benchmark-archetype -DarchetypeVersion=1.0-SNAPSHOT -DgroupId=org.sample -DartifactId=test -Dversion=1.0
// 중간 생략
[INFO] Reactor Summary:
[INFO]
[INFO] JMH Core ........................................... SKIPPED
[INFO] JMH Core Integration Tests ......................... SKIPPED
[INFO] JMH Core Benchmarks ................................ SKIPPED
[INFO] JMH Samples ........................................ SKIPPED
[INFO] JMH Simple Benchmark Archetype ..................... SKIPPED
[INFO] Java Microbenchmark Harness Parent ................. SUCCESS [7.533s]
[INFO] ------------------------------------------------------------------
[INFO] BUILD SUCCESS
```

```
[INFO] ------------------------------------------------------------------------
[INFO] Total time: 20.055s
[INFO] Finished at: Wed XXX XX 00:12:31 KST 20XX
[INFO] Final Memory: 15M/157M
[INFO] ------------------------------------------------------------------------
$
```

참고로 이 내용은 JMH의 홈페이지 메인에 있으므로, 각 명령어를 직접 입력할 필요 없이 홈페이지에서 복사해서 붙여 넣으면 된다.

마지막으로 다음과 같이 test 디렉터리에 있는 것을 빌드하면 기본적인 설정은 끝난다.

코드 부록 A.4

```
$ cd test/
$ mvn clean install
// 중간 생략
[INFO] ------------------------------------------------------------------------
[INFO] BUILD SUCCESS
[INFO] ------------------------------------------------------------------------
[INFO] Total time: 13.865s
[INFO] Finished at: Wed XXX XX 00:16:18 KST 20XX
[INFO] Final Memory: 18M/221M
[INFO] ------------------------------------------------------------------------
```

❺ 여러분이 만든 메이븐 프로젝트의 pom.xml에 JMH 관련 의존 관계(dependency)와 플러그인을 다음과 같이 추가하자. (이 내용도 홈페이지에 있으므로, 일일이 입력하는 독자는 없기 바란다.)

코드 부록 A.5

```xml
<project>
<!-- 중간생략 -->
<dependencies>
    <dependency>
      <groupId>org.openjdk.jmh</groupId>
      <artifactId>jmh-core</artifactId>
      <version>1.0-SNAPSHOT</version>
    </dependency>
  </dependencies>
  <build>
    <plugins>
      <plugin>
        <groupId>org.apache.maven.plugins</groupId>
        <artifactId>maven-shade-plugin</artifactId>
        <executions>
          <execution>
            <phase>package</phase>
            <goals>
              <goal>shade</goal>
            </goals>
            <configuration>
              <finalName>microbenchmarks</finalName>
              <transformers>
                <transformer mplementation=
                   "org.apache.maven.plugins.shade.
                   resource.ManifestResourceTransformer">
                  <mainClass>org.openjdk.jmh.Main</mainClass>
                </transformer>
              </transformers>
            </configuration>
          </execution>
        </executions>
      </plugin>
    </plugins>
  </build>
</project>
```

❻ 모든 설정이 마무리되었는지 확인하기 위해서 다음의 코드를 여러분들의 메이븐 프로젝트에 추가하자.

코드 부록 A.6
```java
package com.perf.timer;

import java.util.ArrayList;
import java.util.HashMap;

import org.openjdk.jmh.annotations.GenerateMicroBenchmark;

public class CompareTimerJMH {

    @GenerateMicroBenchmark
    public void makeObjectWithSize() {
        HashMap<String, String> map = new HashMap<String, String>(10);
        ArrayList<String> list = new ArrayList<String>(10);
    }

}
```

이클립스에서 pom.xml 파일을 선택한 후 Run As에서 Maven install을 선택하여 실행하자. 정상적으로 실행되었다면 이클립스 프로젝트의 target에 microbenchmarks.jar라는 파일이 생성되어 있을 것이다.

❼ 커맨드창을 열어 이클립스 프로젝트의 메인 디렉터리로 이동하여 다음의 명령을 실행하자.

코드 부록 A.7
```
$ java -jar target/microbenchmarks.jar ".*CompareTimerJMH.*"
No matching benchmarks. Miss-spelled regexp? Use -v for verbose output.
$
```

만약 위와 같은 결과가 나오면 정상적으로 수행이 되지 않은 것이다. 이 경우에는 당황하지 말고, 이클립스 수행 시 clean install 명령을 실행하자.

```
$ mvn clean install -e
```

여기서 -e는 오류가 발생할 경우 스택 정보를 출력하라는 옵션이다. 아마도 clean 명령까지 포함하여 빌드 후 실행하면 대부분 정상적으로 수행될 것이다.

> 참고 JMH 설정에 관해 다음 웹사이트를 참고하자.
> http://openjdk.java.net/projects/code-tools/jmh/

JMH 실행과 옵션

JMH를 실행하는 방법은 다음과 같다.

```
$ java -jar target/microbenchmarks.jar [options] <benchmark regexp> <benchmark regexp>
```

이와 같이 regexp에 해당하는 클래스 이름을 정규 표현식에 맞추어 나열하면, 나열된 클래스들이 수행된다. 여기서 options에 해당하는 값들은 선택적으로 사용할 수 있다. 즉, 없어도 기본 설정 값으로 실행된다. 기본 설정은 다음과 같다.

옵션	값
이터레이션 별 수행시간(Runtime)	5s (5초)
반복 횟수(Iterations)	20
수행 스레드 수	1
벤치마크 모드	Throughput, ops/time

여기서 다른 값들은 쉽게 알 수 있겠지만 벤치마크 모드는 어떤 것들이 있는지 알기가 어렵다. jmh-core 소스 중 org.openjdk.jmh.annotations 패키지의 Mode라는 enum 클래스를 보면 어떤 옵션들이 있는지 확인 가능하다. 간단히 정리해 보면 다음과 같다.

벤치마크 모드	MODE	단위	설명
Throughput	thrpt	ops/time	단위 시간당 수행 횟수
Average time	avgt	time/op	평균 수행 시간
Sampling time	sample	time	시간의 분산과 백분위수 예측
Single shot invocation time	ss	time	단일 수행 시간
TEST MODE	all		모든 모드 수행

벤치마크를 실행할 때 옵션을 따로 지정할 수 있다. 정규 표현식으로 클래스 이름을 지정하지 않고, -h 옵션만으로 실행하면 다음과 같은 옵션 목록이 제공된다. 용어들이 어렵지 않아 별도로 번역을 해 놓지는 않았다.

옵션	내용
--jvm JVM	Custom JVM to use with fork.
--jvmargs JVMARGS	Custom JVM arguments for --jvm, default is to use parent process's arguments
--jvmclasspath CLASSPATH	Custom classpath for --jvm, default is to use parent process's classpath
--listformats	List available output formats
--listprofilers	List available profilers
-bm (--mode) MODE	Benchmark mode
-e (--exclude) REGEXP	Microbenchmarks to exclude. Regexp filtering out classes or methods which are MicroBenchmarks.

옵션	내용
-f (--fork) { INT }	Start each benchmark in new JVM, forking from the same JDK unless --jvm is set. Optional parameter specifies number of times harness should fork. Zero forks means "no fork", also "false" is accepted
-foe BOOL	Fail the harness on benchmark error?
-frw (--forcerewarmup) BOOL	Force re-warmup for each iteration (>1) if the number of threads differ from last iteration
-gc BOOL	Should do System.gc() between iterations?
-h (--help)	Display help
-i (--iterations) INT	Number of iterations.
-l (--list)	List available microbenchmarks and exit. Filter using available regexps.
-o (--output) FILE	Redirect output to FILE
-odr (--outputdetailedresults) BOOL	Output detailed results. Default is false
-of (--outputformat) FORMAT	Format to use for output, use --listformats to list available formats
-otss (--outputthreadsubstatistics) BOOL	: Output thread sub-statistics. A threadcount of: 1,1,2,2 will display statistics between and after 1,1 and 2,2. Default is false
-prof (--useprofiler) ⟨profilers list⟩	Use profilers for collecting additional info, use --listprofilers to list available profilers
-r (--runtime) TIME	Run time for each iteration. Examples: 100s, 200ms; defaults to 5s
-sc (--scale) BOOL	Scale number of threads from 1 to -t/--threads? Default is false
-si (--synciterations) BOOL	Should the harness continue to load each thread with work untill all threads are done with their measured work? Default is true
-t (--threads) INT (or "max")	Number of threads to run the microbenchmark with. Special value "max" or 0 will use Runtime.availableProcessors()

옵션	내용
-tc (--threadcounts) INT,INT,...INT	Custom list of concurrent threads per iteration. Example: 1,2,4,8,16 (no spaces). Will override -i/-- iterationswith length of this array. Note: Only use this if you want a specificad-hoc pattern.
-tl (--tracelevel) N	Trace level, default 0
-tu (--timeunit) TIME	Output time unit. Available values: m, s, ms, us, ns
-v (--verbose) BOOL	Verbose mode, default off
-w (--warmup) TIME	Run time for warmup iterations. Result not used when calculating score. Examples 100s, 200ms; defaults to 3
-wf (--warmupfork) { INT }	Number of warmup fork executions. (warmup fork execution results are ignored).
-wi (--warmupiterations) INT	Number of warmup iterations to run.
-wm (--warmupmode) [BEFOREANY | BEFOREEACH]	Warmup mode for warming up selected micro benchmarks. Warmup modes are BeforeAny (measurements) or BeforeEach (measurement) (original mode)
-wmb (--warmupmicrobenchmarks) REGEXP	Microbenchmarks to run for warmup before running any other benchmarks. These micros may be different from the target micros to warm up the harness or other parts of the JVM prior to running the target micro benchmarks. Regexp filtering outclasses or methods which are MicroBenchmarks.

JMH 테스트 코드 작성의 기본

JMH 코드는 몇 가지 규칙만 지켜서 작성하면 벤치마크를 실행한다. 이 규칙에 대해서 정리해 놓은 문서는 아직 존재하지 않아서 JMH의 샘플 코드들을 보면서 익혀야만 하는 상황이다. JMH의 샘플 코드는 21개에 달하며, 이 코드는 언젠가 변경될 수도 있기 때문에 일일이 설명하는 것보다는 직접 확인해 보는 방법을 권장한다. 간단히 정리해 보면 다음과 같으며, 10개 정도의 샘플만 봐도 기본적인 사용은 가능할 것이다. (여기서 정리한 기준은 2013. 6월 기준이므로, 여러분들이 다운로드한 코드와 다를 수 있다.)

> **참고** 해당 절에서 언급하는 관련 샘플은 JMH 소스를 받으면 확인할 수 있다. http://hg.openjdk.java.net/code-tools/jmh/summary에 들어가서 상단의 zip 링크 누르면 코드 다운로드가 가능하다. 다운로드한 후 jmh-samples\src\main\java\org\openjdk\jmh\samples에서 직접 소스코드를 살펴보자.

- @GenerateMicroBenchmark라는 어노테이션을 메서드에 선언하면 JMH에서 측정 대상 코드라고 인식한다. (관련 샘플 : JMHSample_01_HelloWorld)
  - 하나의 클래스에 여러 개의 메서드가 존재할 수 있다.
  - 어노테이션을 선언한 메서드가 끝나지 않으면 측정도 끝나지 않는다.
  - 예외가 발생할 경우 해당 메서드의 측정을 종료하고, 다음 측정 메서드로 이동한다.
  - JMH의 오버헤드가 얼마나 되는지 확인해 보려면 내용이 없는 @Generate-MicroBenchmark를 선언한 메서드를 실행해 보면 된다.

- 벤치마크 메서드 작성 시 추가적인 어노테이션을 사용하여 벤치마크 통제가 가능하다. (관련 샘플: JMHSample_02_BenchmarkModes)

  ```
  @GenerateMicroBenchmark
  @BenchmarkMode({Mode.Throughput, Mode.AverageTime, Mode.SampleTime,
  Mode.SingleShotTime})
  @OutputTimeUnit(TimeUnit.MICROSECONDS)
  ```

- State 어노테이션 사용
  - @State 어노테이션을 적용하여 벤치마크에서 사용하는 클래스의 범위를 지정할 수 있다. (관련 샘플: JMHSample_03_States)
    - ▶ @State(Scope.Benchmark) : 모든 벤치마크에서 클래스를 공유하며, 이

렇게 선언한 클래스를 메서드의 매개변수로 사용하면 된다.

▶@State(Scope.Thread) : 각각의 벤치마크 스레드 별로 별도의 변수를 사용하며, 이렇게 선언한 클래스를 메서드의 매개변수로 사용하면 된다.

- @State 어노테이션을 클래스 선언 시 사용하면, 스레드별로 별도의 객체를 생성한다. (관련: JMHSample_04_DefaultState)

- JUnit의 Fixture 개념 사용
  - @State 어노테이션을 클래스에 선언하여 사용하면 @Setup과 @TearDown 어노테이션을 사용하여 벤치마크 클래스의 초기화와 정리 작업을 할 수 있다. (관련 샘플 : JMHSample_05_StateFixtures)
  - @Setup과 @TearDown은 다음의 레벨을 지정할 수 있다. (관련 샘플 : JMHSample_06_FixtureLevel, JMHSample_07_FixtureLevelInvocation)
    ▶Level.Trial: 모든 벤치마크가 수행되기 전과 후
    ▶Level.Iteration: 벤치마크 이터레이션이 수행되기 전과 후
    ▶Level.Invocation: 벤치마크 메서드가 수행되기 전과 후

- 최적화의 처리
  - 벤치마크하려는 메서드 내에서 호출된 메서드의 결과가 사용되지 않을 경우 JVM에서는 해당 코드에 대한 최적화를 수행한다. (다시 말해서 다음에 실행할 때는 아예 수행이 되지 않는다.) 이 경우에는 계산된 결과를 리턴하게 하면 최적화 대상에서 제외된다. (관련 샘플 : JMHSample_08_DeadCode)
  - 만약 벤치마크에서 수행되는 작업(리턴해야 하는 값)이 두 개 이상 일 경우에는 아래 방법을 사용하면 된다. (관련 샘플 : JMHSample_09_Blackholes)
    ▶두개의 값을 더해서 리턴한다.
    ▶별도의 객체를 만들어 그 객체에 결과를 담아 리턴한다.
  - 메서드의 수행 결과(메서드 결과) 값이 항상 동일할 경우에도 최적화의 대상

이 된다. 이 경우에는 매개변수로 넘기는 값을 벤치마크 클래스의 인스턴스 변수로 선언하여 최적화를 회피할 수 있다. (관련 샘플 : JMHSample_10_ConstantFold)

지금까지 설명한 내용만 알아도 이 책을 읽기에는 큰 무리가 없으니 나머지 코드들은 직접 확인해 보자.

jstat 옵션

jstat는 GC를 모니터링할 때 반드시 필요한 명령이다. 사용 시에는 아래의 옵션 중 하나를 선택하여 지정해 주어야만 한다.

class 옵션

항목	설명
Loaded	로드되는 클래스의 개수
Bytes	로드되는 Kbyte 크기
Unloaded	언로드되는 클래스의 개수
Bytes	언로드되는 Kbyte 크기
Time	클래스를 로드하고 언로드하는 데 소요된 시간

compiler 옵션

항목	설명
Compiled	컴파일 작업이 수행된 개수
Failed	컴파일 작업이 실패한 개수
Invalid	비정상적인 컴파일 작업의 개수

항목	설명
Time	컴파일 작업을 수행하는 데 소요된 시간
FailedType	가장 마지막에 실패한 컴파일 타입
FailedMethod	가장 마지막에 실패한 컴파일과 관련된 클래스와 메서드 이름

gc 옵션

항목	설명
S0C	현재 Survivor 영역 0의 허용치(KB)
S1C	현재 Survivor 영역 1의 허용치(KB)
S0U	Survivor 영역 0의 이용량(KB)
S1U	Survivor 영역 1의 이용량(KB)
EC	현재 Eden 영역의 허용치(KB)
EU	Eden 영역 이용량(KB)
OC	현재 Old 영역의 허용치(KB)
OU	Old 영역의 이용량 (KB)
PC	현재 Perm 영역의 허용치(KB)
PU	Perm 영역의 이용량 (KB)
YGC	Young 영역 GC 이벤트의 개수
YGCT	Young 영역 GC 시간
FGC	전체 GC 이벤트의 개수
FGCT	전체 GC 수행 시간
GCT	총 GC 시간

gccapacity 옵션

항목	설명
NGCMN	최소 New 영역 허용치(KB)
NGCMX	최대 New 영역 허용치(KB)
NGC	현재 New 영역 허용치(KB)
S0C	현재 Survivor 영역 0의 허용치(KB)
S1C	현재 Survivor 영역 1의 허용치(KB)
EC	현재 Eden 영역의 허용치(KB)
OGCMN	최소 Old 영역 허용치(KB)
OGCMX	최대 Old 영역 허용치(KB)
OGC	현재 Old 영역 허용치(KB)
OC	현재 Old 영역의 허용치(KB)
PGCMN	최소 Perm 영역 허용치(KB)
PGCMX	최대 Perm 영역 허용치(KB)
PGC	현재 Perm 영역 허용치(KB)
PC	현재 Perm 영역의 허용치(KB)
YGC	Young 영역 GC 이벤트의 개수
FGC	전체 GC 이벤트의 개수

gccause 옵션

이 옵션은 -gcutil 옵션과 내용이 동일하다. 추가로 마지막 GC 이벤트와 현재 GC 이벤트를 보여 준다.

항목	설명
LGCC	마지막 GC의 원인
GCC	현재 GC의 원인

gcnew 옵션

항목	설명
S0C	현재 Survivor 영역 0의 허용치(KB)
S1C	현재 Survivor 영역 1의 허용치(KB)
S0U	Survivor 영역 0의 이용량(KB)
S1U	Survivor 영역 1의 이용량(KB)
TT	테너링 지점
MTT	최고 테너링 지점
DSS	요구되는 Survivor 크기 (KB)
EC	현재 Eden 영역의 허용치(KB)
EU	Eden 영역 이용량(KB)
YGC	Young 영역 GC 이벤트의 개수
YGCT	Young 영역 GC 시간

gcnewcapacity 옵션

항목	설명
NGCMN	최소 New 영역 허용치(KB)
NGCMX	최대 New 영역 허용치(KB)
NGC	현재 New 영역 허용치(KB)
S0CMX	최대 Survivor 영역 0의 허용치(KB)
S0C	현재 Survivor 영역 0의 허용치(KB)
S1CMX	최대 Survivor 영역 1의 허용치(KB)
S1C	현재 Survivor 영역 1의 허용치(KB)
ECMX	최대 Eden 영역 허용치(KB)
EC	현재 Eden 영역 허용치(KB)

항목	설명
YGC	Young 영역 GC 이벤트의 개수
FGC	전체 GC 이벤트의 개수

gcold 옵션

항목	설명
PC	현재 영역의 허용치(KB)
PU	Perm 영역의 이용량 (KB)
OC	현재 Old 영역의 허용치(KB)
OU	Old 영역의 이용량 (KB)
YGC	Young 영역 GC 이벤트의 개수
FGC	전체 GC 이벤트의 개수
FGCT	전체 GC 수행 시간
GCT	총 GC 시간

gcoldcapacity 옵션

항목	설명
OGCMN	최소 Old 영역 허용치(KB)
OGCMX	최대 Old 영역 허용치(KB)
OGC	현재 Old 영역 허용치(KB)
OC	현재 Old 영역의 허용치(KB)
YGC	Young 영역 GC 이벤트의 개수
FGC	전체 GC 이벤트의 개수
FGCT	전체 GC 수행 시간
GCT	총 GC 시간

gcPermcapacity 옵션

항목	설명
PGCMN	최소 Perm 영역 허용치(KB)
PGCMX	최대 Perm 영역 허용치(KB)
PGC	현재 Perm 영역 허용치(KB)
PC	현재 Perm 영역의 허용치(KB)
YGC	Young 영역 GC 이벤트의 개수
FGC	전체 GC 이벤트의 개수
FGCT	전체 GC 수행 시간
GCT	총 GC 시간

gcutil 옵션

항목	설명
S0	Survivor 영역 0의 이용량 백분율
S1	Survivor 영역 1의 이용량 백분율
E	Eden 영역 0의 이용량 백분율
O	Old 영역의 이용량 백분율
P	Perm 영역의 이용량 백분율
YGC	Young 영역 GC 이벤트의 개수
YGCT	Young 영역 GC 수행 시간
FGC	전체 GC 이벤트의 개수
FGCT	전체 GC 수행 시간
GCT	총 GC 시간

printcompilation 옵션

항목	설명
Compiled	컴파일 작업 수행 개수
Size	메서드에 대한 바이트 코드의 바이트 개수
Type	컴파일 타입
Method	컴파일된 메서드의 클래스와 메서드 이름. 클래스 이름은 "." 대신 "/"을 사용한다. 메서드 이름은 주어진 클래스 내에 있는 메서드의 이름이다. 이 포맷은 HotSpo의 -XX:+PrintComplation 옵션에 지정된 것과 같이 나타난다.

부록 C
Cache의 활용

Cache is not a silver bullet!!

이 절의 제목은 한번 영어로 써 봤다. silver bullet은 우리나라말로 직역하면 은탄환인데, 제대로 번역하면 만병통치약 정도가 된다. 이 장의 제목에는 Cache를 사용하면 성능을 크게 높일 수 있다고 쓰여 있지만, 아무 곳에나 무분별하게 캐시를 쓴다고 해서 성능이 무조건 좋아지는 것이 아니다.

먼저 캐시를 분류해 보자. 캐시를 시스템 상으로 분류하면,

- CPU L1 Cache
- CPU L2 Cache
- Disk Cache

등이 있는데, 이 캐시들은 OS 및 하드웨어에서 제공하는 캐시를 말한다. 즉, 시스템의 성능을 높이는 데 사용되는 것들이다. 그런데 앞으로 이야기할 캐시는 이 레벨의 캐시가 아니다.

서비스를 개발하는 개발자들의 기준으로 보는 캐시는 다음과 같이 아주 간단하게 분류할 수도 있다.

- 로컬 (Local) 캐시
- 글로벌 (Global) 캐시

이보다 더 세밀하게 캐시를 분류할 수는 있다. 하지만, 이 책은 캐시만 전문적으로 다루는 책이 아니니 이 정도만 살펴보자.

여기서 로컬 캐시는 하나의 장비나 JVM 내에서 캐시 내용이 공유되는 것을 말한다. 다시 말해서, 서로 다른 장비에 있는 데이터를 사용하기 위한 통신비용이 들지 않는 캐시를 의미한다. 그리고, 글로벌 캐시는 다른 장비에 있는 캐시의 내용을 공유하는 것을 말한다. 왜 이렇게 분류되어 있을까?

다음의 장단점 표를 보면 이해가 조금 쉬울 것이다.

구분	장점	단점
로컬 캐시	같은 JVM내 혹은 같은 장비에서 데이터를 가져오므로 성능이 좋다.	하나의 장비 내에 있는 데이터만 동기화가 이루어진다.
글로벌 캐시	데이터 동기화가 실시간으로 이루어지기 때문에 모든 사용자가 동일한 데이터를 가질 수 있다.	성능이 로컬 캐시에 비해 좋지 않다.

이렇게 정리해 놓았다고 해서, 글로벌 캐시가 성능이 엄청나게 나쁘다는 것은 아니다. 이 책을 집필하는 시기에 잘 알려진 캐시를 정리해 보면 다음과 같다.

이름	개발사	주 개발 언어	저장 방식
EHCache	TerraCotta	자바	Key – Value
Memcached	오픈 소스	C	Key – Value
Redis	오픈 소스	C	Key – Value
MongoDB	오픈소스	C++	Key – Value 및 JSON 기반
HBase	오픈소스	자바	Tabular(테이블 기반)

여기서 Key-Value 기반의 저장 방식은 Hashtable과 같이 키와 값으로 된 저장 방식을 말한다. MongoDB의 경우는 JSON 데이터가 저장되는 방식이다. 따라서, 지금까지의 관계형 DBMS(RDBMS)가 고정되어 있는 형태의 저장소라면, MongoDB는 유연한 형태의 저장소라고 볼 수 있다. HBase는 테이블 기반의 저장소이지만, 지금까지 여러분들이 봐 왔던 RDBMS의 구조와는 매우 다르다.

캐시의 선택

만약 여러분들이 NoSQL 기반의 캐시를 사용할 때는 반드시 BMT(Benchmark Test)를 통해서 현재 개발하려는 시스템의 상황에 가장 잘 맞는 캐시를 선정해야만 한다. 이러한 선정 시간이 부족하더라도, 반드시 시간을 할애하여 BMT 시간을 갖는 것이 좋다. 왜냐하면 캐시 선택하는 시간은 2주~1달이 소요될 수 있겠지만, 여러분들이 그 캐시를 활용하여 개발하고 운영하는 것은 적게는 몇 개월에서 길게는 몇 년이기 때문이다.

예를 들어 캐시에 들어가는 데이터의 크기가 500MB 정도라면 확장성이 큰 문제가 되지 않을 것이다. 하지만, 300GB 정도의 데이터가 들어간다면 어떻게 할까? 캐시는 자주 사용하는 필요한 대부분의 내용을 메모리에만 담는 경우도 있고, 메모리와 디스크와 같은 물리 저장소에 같이 저장하는 경우도 있다. 그런데, 이렇게 디스크에 저장하는 경우 성능이 아주 좋은 SSD가 아닌 이상 매우 읽고 쓰는 성능은 매우 느려진다. 서버의 성능을 높이기 위해서 사용하는 캐시가 오히려 성능을 저하시킬 수도 있다는 이야기다. 그래서, 많은 경우에 300GB 정도의 데이터를 저장하려면 여러 서버에 분산하여 데이터를 저장하는 방식을 취한다.

그런데, 모든 캐시가 분산 환경을 제공하는 것은 아니다. Memcached에서 제공하는 기본 기능은 단독 서버에서 데이터를 제공하는 방식이며, 디스크 저장을 하지 않고 메모리에 저장한다. 따라서 여러분들이 서버에 비싼 메모리 300GB를 꽂는다면 엄청난 비용이 들게 될 것이다. 따라서, 어떤 캐시를 사용할지를 선정하는 작업은 매우 중요하다.

기본적으로 캐시에서 제공되는 기능 외에도 성능은 매우 큰 캐시 선정 요건 중에 하나이다. 데이터 100건을 넣어 놓고 성능이 잘 나오는지 확인해 보고, '잘 나오네. 이거 쓰자'고 결정했다가, 실제 데이터가 1억 건까지 들어갈 경우 응답 시간이 5초 정도 나오게 되면 어떻게 될까? 그러면, 그 캐시를 적용한 부분에 대해서 처음부터 다시 개발을 해야 하는 경우가 발생할 수도 있다. 따라서, 실제 데이터가 얼마나 들어갈지를 확인해 보고, 그만큼 데이터를 넣어두고 성능을 측정해 보는 점검작업을 수행하는 것은 매우 중요하다. '절대로' 캐시를 만든 사람들이 제공하는 수치를 믿지 말기 바란다. 대부분 이러한 캐시들은 오픈 소스이기 때문에 사용할 때 발생하는 문제점에 대한 책임은 대부분 사용하는 사람들에게 있다.

그리고, 캐시는 날아가도 상관 없는 데이터를 처리하는데 사용하는 것이 좋다. 예를 들어,

- 1분에 몇 번 로그인하는지 확인하고자 할 때
- 카페 등에서 최근에 쓴 글이 어떤 글인지 확인하고자 할 때
- CPU 사용량등과 같이 수집되는 데이터가 10만개 중 한두개 없어져도 전혀 문제 안되는 작업을 할 때

등 어떻게 보면 1분 뒤에 날아가도 되는 데이터나 RDBMS에서 데이터를 가져와도 되지만 매우 자주 사용되면서 캐시에 없으면 DB에서 가져오면 되는 것들에 적용하면 큰 효과를 볼 수 있다.

그런데, 돈과 관련된 작업에 캐시를 적용하면 어떻게 될까? 100원 이체한 결과가 사라져버린다면 크게 상관할 사람은 없을 수도 있지만, 100억원 이체한 결과가 사라져버린다면 큰 문제가 발생할 것이다. 결론적으로 캐시를 여기저기서 사용한다고, '우리도 한번 사용해 볼까?'라는 무모한 생각으로 접근해서는 절대 안 된다. 성능 개선 효과가 있고, 데이터가 날아간다고 뭐라고 할 사람이 아무도 없는 경우에 사용하는 것이 좋다.

Key – Value Cache

Key-Value 캐시는 앞서 이야기한대로 아주 단순하게 이야기하면 Hashtable과 같은 Map 구조라고 생각하면 된다. 하지만 이러한 Key-Value 캐시 내부는 단순하게 되어 있지 않다. 그중 Memcached는 메모리 기반의 캐시다. 다시 말해서, 캐시 프로세스가 종료되면 캐시 내부에 있는 데이터는 모두 사라진다. 따라서, 이런 단점을 보완하기 위해서 Tokyo Cabinet와 같이 파일에 데이터를 저장할 수 있는 캐시도 나타났다. 게다가 MemcacheDB라는 Berkeley DB와 Memcached를 조합하여 데이터를 저장할 수 있는 캐시도 존재한다. 추가로 Couchbase라는 Membase 기반의 캐시도 있다.

 Key-Value 캐시 중 대표로 Memcached를 사용하여 어떤 데이터를 처리할 수 있는지 간단히 살펴보자.

 먼저 데이터를 넣는 명령은 set, add, replace, append, prepend, cas가 있다. 각 명령은 잠시 살펴보면,

- set : 데이터를 추가하며, 기존 데이터가 있을 경우 수정한다.
- add : 기존 데이터가 없을 경우에만 추가한다.
- replace : 기존 데이터가 있을 경우에만 수정한다.
- append : 기존 데이터의 가장 뒤에 해당 데이터를 붙인다.
- prepend : 기존 데이터의 가장 뒤에 해당 데이터를 붙인다. 만약 기존 데이터가 없으면 추가한다.
- cas : Check And Set 의 약자(혹은 Compare And Swap)로 전에 읽은 후에 변경이 없을 경우에만 데이터를 업데이트 한다.

이렇게 데이터를 넣는 명령들을 보면 어떤 기능을 하는지 감을 잡을 수 있을 것이다. 이번에는 데이터를 검색하고, 삭제하는 get, gets, delete, incr/decr 명령을 살펴보자.

- get : 데이터를 조회한다.
- gets: cas를 이용한 get이다. 데이터와 함께 cas 식별 값을 받는다.
- delete : 데이터를 삭제한다.
- incr/decr : 64 비트 값을 증가(incr)하고 감소(decr) 한다. 단, 이 값은 음수를 허용하지 않는다.

이러한 Memcached는 기본적으로 데이터를 저장할 때 수명을 지정한다. 즉, 데이터가 지워지는 시기를 지정할 수 있다. 그러므로, 1분만 살아 있는 데이터, 1일만 살아있는 데이터를 처리할 경우 살아 있는 주기만 지정해 주면 알아서 캐시에서 없어진다.

간단하게 Memcached 위주로 Key-Value 기반의 캐시를 알아보았는데, 여러분들의 이해를 돕는 가장 좋은 방법은 직접 설치해서 확인해 보는 것이다. 터미널 창에서도 가능하지만 프로그램으로 확인하는 것이 더 편할 것이다. 또한, 캐시는 보통 여러 언어에서 사용할 수 있어야 한다. 자바를 사용하는 시스템도 있겠지만, Python이나 C, PHP 등을 사용하는 시스템도 존재할 것이다. 그러므로, 이렇게 다양한 언어에서 사용할 수 있는 각종 클라이언트용 API (혹은 라이브러리)들이 존재한다. 만약 여러분들이 어떤 캐시를 선택했다면 그 캐시에서 제공하는 클라이언트 API가 있는지도 확인해 봐야만 한다.

확인하는 방법은 간단하다. 해당 캐시의 위키에 어떤 클라이언트 API가 있는지 확인할 수도 있고, 구글에서 'memcached client'처럼 캐시 이름을 적고 뒤에 client만 적어주면 사용 가능한 언어별로 정리가 잘 되어 있는 페이지를 만날 수 있을 것이다.

Memcached의 경우 앞서 이야기한 언어 외에도 다양한 언어에서 사용할 수 있는 클라이언트 API를 제공하는데, 자바를 사용할 경우 spymemcached라는 것이 가장 대표적인 라이브러리다. 구글에서 한번 검색해 보면 쉽게 홈페이지를 찾을 수 있고, 매우 간단한 사용법을 익힐 수 있을 것이다.

테이블 기반의 저장소인 HBase

요즘 인기 있는 캐시 저장소 중 하나가 HBase다. 이 HBase에 대해서 간단히 살펴보고 캐시에 대한 소개를 마치고자 한다.

HBase는 초기 진입 장벽이 좀 높은 편이다. 왜냐하면 윈도에서 설치하는 것이 까다롭고, 데이터 저장소의 구조가 지금까지 여러분들이 봐온 데이터 구조와 매우 다르다. 먼저 다음의 링크를 확인하자.

http://hbase.apache.org/book/datamodel.html

HBase는 테이블 구조를 가져간다. 하지만, 여러분들이 지금까지 봐왔던 RDB(Relational database)와는 구조가 다르다. 위의 링크에 있는 테이블 구조를 보자.

Row Key	Time Stamp	ColumnFamily contents	ColumnFamily anchor
"com.cnn.www"	t9		anchor:cnnsi.com = "CNN"
"com.cnn.www"	t8		anchor:my.look.ca = "CNN.com"
"com.cnn.www"	t6	contents:html = "⟨html⟩..."	
"com.cnn.www"	t5	contents:html = "⟨html⟩..."	
"com.cnn.www"	t3	contents:html = "⟨html⟩..."	
HBase	오픈소스	자바	Tabular(테이블 기반)

HBase에서 어떤 데이터를 가져오려면 가장 좌측에 있는 Row Key라는 값을 알고 있어야만 한다. Map의 구조에서 '키'의 역할을 하는 것이라고 보면 된다. 그리고, 데이터가 저장된 순서에 따라서 Time Stamp(이하 TS)라는 값이 지정된다. 같은 Row Key를 갖는다고 하더라도, TS가 다르면 서로 다른 값을 가져오게 된다. 그리고, contents와 anchor라는 두개의 ColumnFamily라는 것이 존재한다. 동일한 ColumnFamily에는 같은 의미를 갖는 데이터들이 들어간다고 생각하면 이해가 쉬울 것이다. 그리고 ColumnFamily 뒤에 콜론(:)을 붙인 뒤에 나오는 단어는 qualifier라고 부른다.

정리하자면 HBase의 데이터는,

- Table 내에 Row Key와 TS는 필수로 존재하며, 저장하고자 하는 데이터는 ColumnFamily로 정의한다.
- HBase의 테이블을 선언할 때는 하나의 ColumnFamily에는 qualifier로 구분된 여러 가지 데이터들이 저장된다. 여기서 qualifier는 미리 정의할 필요가 없으며 필요할 때마다 지정하여 사용하면 된다.

이와 같은 HBase의 구조를 처음에는 이해하기 어렵지만, 이해가 된 다음에는

HBase가 매우 유연한 구조로 되어 있다는 것을 알게 될 것이다.

HBase의 데이터를 처리하기 위한 명령은 다음과 같다.

- Get : 하나의 Row 데이터 읽기
- Put : 데이터를 저장
- Scan : 하나 이상의 Row의 데이터 읽기
- Delete : 하나의 Row를 테이블에서 삭제

이 명령에 대해서 책에서 자세히 설명하는 것 보다는 앞서 제공한 링크에 있는 예제 코드를 통해서 직접 코드를 작성해 보는 것이 더 많은 도움이 될 것이다.

매우 유연한 HBase는 Key-Value 기반의 NoSql에 비하여 다양한 데이터를 저장할 수 있으며, 성능도 매우 빠르다.

이 부록은 지금까지 캐시를 적용해 본 적이 없는 독자를 위해서 캐시에 대해서 간단히 소개만 했다. 더 자세한 내용을 알고 싶은 독자들은 『클라우드 컴퓨팅 구현 기술』(에이콘, 2011)을 참고하기 바라며, 요즈음에는 원서로 각 캐시에 대한 가이드 서적들이 나오고 있는 상황이니 원서를 아마존에서 검색해 보는 것도 좋다.

@BenchmarkMode 36
@GenerateMicroBenchmark 36
@OutputTimeUnit 36
@Transactional 215
-Dcom.sun.management.jmxremote.
  authenticate 389
-Dcom.sun.management.jmxremote.
  port 389
-Dcom.sun.management.jmxremote.
  ssl 389
-Xbatch 301
-Xms 368
-Xmx 368
-XX:+CMSIncrementalMode 338
-XX:+HeapDumpOnOutOfMemoryError 252
-XX:+PrintGCDetails 357
-XX:+PrintGCTimeStamps 355
-XX:+PrintHeapAtGC 356
-XX:+UseBiasedLocking 157
-XX:+UseConcMarkSweepGC 337
-XX:+UseG1GC 359
-XX:+UseParallelGC 302
-XX:+UserParallelOldGC 302
-XX:+UseSerialGC 334
-XX:-BackgroundCompilation 301
-XX:CMSInitatingOccupancyFraction
  =n 336
-XX:Flags=⟨file name⟩ 345
-XX:HeapDumpPath 252
-XX:MaxPermSize 368
-XX:NewRatio 368
-XX:NewSize 368
-XX:ParallelGCThread=n 335
-XX:PermSize 368
-XX:SurvivorRatio 368
-XX:-UseAdaptiveSizePolicy 302
-XX:UseParallelOldGC 335

A

Access log 403
AOP 213
APM 20
ARO 285
ArrayBlockingQueue 63
ArrayList 61
AutoClosable 231
avro 257

B

backedge counter 300
Bootstrap 314

C

Cache 461
Caliper 34
CDN 267
Class 클래스 120
Clock time 23
CMS 콜렉터 331
CMS 콜렉터 336
Collection 58
Collection 클래스 83
CompileThreshold 300
Concurrent Mark-Sweep (CMS)
  Collector 331
ConcurrentModificationException 84
Control flow optimizations 307
CPU 시간 23

D

Dalvik VM 279
DAO 219
Data Access Object 219
DataSource 221
DB Connection 221
DB Connection Poo; 223
DDMS 286
DelayQueue 63
Dependency Injection 211
DestroyJavaVM 311
DirectByteBuffer 172
DOM 239

E, F

Eden 329
executeBatch() 234
FIFO 59

G

G1 콜렉터 331
Garbage Collection 319
Garbage First Collector 331
GC 319
GC Analyzer 358
GC 튜닝 363
GC(Garbage Collection) 42
Generational GC 366
Global optimizations 307
GoF의 디자인 패턴 7

H

Hang 327
HashMap 62
HashSet 60
Hashtable 62
Heap 323
Heap 메모리 324
HotSpot VM 297
Hpjtune 358

I

IBM GC 분석기 358
include action 206
include directive 206
Inlining 307
instanceof 130
InterruptedException 138

● 찾아보기 **471**

intterupt() 140

invocation counter 300

J

Jackson JSON 254

Java Beans 207

Java Management Extensions 380

java.util.Formatter 189

javap 93

JAXP 239

JDK 로거 183

JIT 298

JIT Optimizer 299

JMH 34, 439

JMX 379

JNI_CreateJavaVM 309

jps 345

JSON 237

JSP 201

jstat 346

jstatd 351

Just In Time 298

JVM 스택 325

K

Keep Alive 267

KeepAliveTimeout 268

L

lastModified() 175

LinkedBlockingQueue 63

LinkedHashMap 62

LinkedHashSet 60

LinkedList 61

lint 284

List 59

List 클래스 72

LoaderConstraintTable 315

Local optimizations 307

Log4j 183

LogBack 196

low-latency collector 336

M

Map 58, 59

Map 클래스 79

MaxRequestPerChild 264

Memory Leak 116

Method 클래스 120

monitor 157

Monkey 285

MPM 264

ms(밀리초) 29

mutual exclusion protocol 157

MVC 모델 3

N

Native code generation 307

NavigableSet 71

NIO 171

Non-heap 메모리 324

NoSQL 463

O

Old 328

On Stack Replacement 301

OnStacjReplacePercentage 300

OSR 301

OutOfMemoryError 251

P

Parallel Collector 331
Parallel Compacting Collector 331
PC 레지스터 325
Perm 328
Piwik 409
PlaceholderTable 315
printStackTrace() 198
PriorityBlockingQueue 63
PriorityQueue 63
ProGuard 285
protobuf 257

Q, R

Queue 59
Reader 클래스 165
red-black 트리 60
reflection 클래스 120
ResultSet.last() 233
Runnable 인터페이스 136
Runtime Data Areas 323

S

SAX 239
Serial Collector 331
Serializer 257
Service Locator 패턴 14
Session Timeout 273
session-timeout 274
Set 59
Set 클래스 63
setAutoCommit() 234

sleep(long millis) 137
sleep(long millis, int nanos) 137
slf4j 196
SortedMap 59
SortedSet 59
Spring 201
static 103
status code 105
stream 163
StringBuffer 45
StringBuilder 45
Survivor 329
switch-case문 93
SynchronousQueue 63
syncronized 133, 144
System 클래스 24
System.currentTimeMillis 29
System.gc() 340
System.nanoTime 29
System.out.format() 188
System.out.println() 185
SystemDictionary 315
Systrace 284, 289

T

Tag library 208
Thread 클래스 136
ThreadsPerChild 264
Thrift 257
Tracer for OpenGL ES 292
Traceview 284
Transger Object 패턴 12
TreeMap 62
TreeSet 60

U
uiautomator 285
UTC 29

V
Vector 61
verbosegc 354
Visual VM 385

X
XML 237
XML 파서 239
XSLT 239

Y, Z
Young 328
zipalign 285

ㄱ, ㄴ, ㄷ, ㄹ
글로벌 최적화 307
네이티브 메서드 스택 325
네이티브 코드 최적화 307
대기 시간 23
디자인 패턴 2
레이턴시 콜렉터 336

ㅁ
마크업 언어 239
메모리 릭 116, 359
모니터 157

ㅂ
배제 프로토콜 157
백에지 카운터 300
병렬 콜렉터 331, 334
병렬 콤팩팅 콜렉터 331, 335
부트스트랩 314

ㅅ
서블릿 201
서블릿의 라이프 사이클 204
수행 카운터 300
스레드 134
스레드 개수 설정 269
스트림 163
스프링 프레임워크 210
시리얼 콜렉터 331
쓰레기 객체 처리 319

ㅇ
안드로이드 277
암달(Amdahl)의 법칙 414
웹 로그 403
인라이닝 307

ㅈ
조건 구문 최적화 307
조건문 88
지역 최적화 307

ㅍ, ㅎ
표준편차 38
프로파일링 툴 20
행 327